福建歷代名人傳

郭 丹 主编 祁开龙 副主编

福建历代名人名篇丛书

福建省新闻出版局 编

海峡出版发行集团
THE STRAITS PUBLISHING & DISTRIBUTING GROUP

海峡文艺出版社
Haixia Literature & Art Publishing House

图书在版编目（CIP）数据

　　福建历代名人传/福建省新闻出版局编；郭丹主
编. －福州：海峡文艺出版社，2018.9（2019.4 重印）
　　ISBN 978-7-5550-1642-7

　　Ⅰ.①福… Ⅱ.①福…②郭… Ⅲ.①名人－
列传－福建 Ⅳ.①K820.857

中国版本图书馆 CIP 数据核字（2018）第 185809 号

福建历代名人传

福建省新闻出版局　编

主　　编　郭　丹

出 版 人　林玉平
责任编辑　余明建
出版发行　海峡文艺出版社
经　　销　福建新华发行（集团）有限责任公司
社　　址　福州市东水路 76 号 14 层　　　邮编　350001
发 行 部　0591－87536797
印　　刷　福建新华印刷有限责任公司　　邮编　350011
厂　　址　福州市福新中路 42 号
开　　本　787 毫米×1092 毫米　1/16
字　　数　438 千字
印　　张　28
版　　次　2018 年 9 月第 1 版
印　　次　2019 年 4 月第 2 次印刷
书　　号　ISBN 978-7-5550-1642-7
定　　价　60.00 元

如发现印装质量问题,请寄承印厂调换

编者的话

中华文化源远流长、灿烂辉煌。习近平总书记在党的十九大报告中指出："中国特色社会主义文化，源自于中华民族五千多年文明历史所孕育的中华优秀传统文化，熔铸于党领导人民在革命、建设、改革中创造的革命文化和社会主义先进文化，植根于中国特色社会主义伟大实践。"中华优秀传统文化，积淀着中华民族最深沉的精神追求，代表着中华民族独特的精神标识，是中华民族生生不息、发展壮大的丰厚滋养，是中国特色社会主义植根的文化沃土，是当代中国发展的突出优势。

福建优秀传统文化是中华优秀传统文化的重要组成部分。千百年来，福建文化以多元、深厚、交融的鲜明特征而著称。文化形态各具特色、交融互动，文化名人璀璨夺目、流芳千古。福建优秀传统文化已经成为福建的独特标识和八闽儿女的精神命脉，是福建值得骄傲的文化软实力。

近年来，福建省深入学习贯彻习近平新时代中国特色社会主义思想和党的十九大精神，紧紧围绕实现中华民族伟大复兴的中国梦，组织实施福建省优秀传统文化传承发展工程，推进优秀传统文化传承发展"十大行动"，大力传承和弘扬优秀传统文化。各级党委和政府把中华优秀传统文化传承发展工程纳入经济社会发展总体规划，纳入意识形态工作责任制的重要内容，纳入精神文明创建考核评价体系，通过顶层设计和项目带动，努力把福建建成中华优秀传统文化传承发展的重要基地，推动中华优秀传统文化在福建落地生根、开花结果。

当前，全省上下正在持续兴起"大学习"热潮，我们要把学习习近平新时代中国特色社会主义思想不断引向深入，坚定中国特色社会主义文化自信，坚持创造性转化、创新性发展，加强对中华优秀传统文化的挖掘和阐发，加快福建文化强省建设，为坚持高质量发展落实赶超，奋力推进新时代新福建建设提供强大精神动力和文化支撑。为了让广大干部群众精准把握福建优秀传统文化脉络，深入了解福建优秀传统文化内涵，更好地传承和发展这笔宝贵财富，我们专门组织专家学者编写了"福建历代名人名篇"丛书。丛书包括《福建历代名人传》和《福建历代名篇选读》两种，前者梳理福建历代名人的行迹，总结福建历代名人的优秀品格，诸如"自强不息"的奋斗精神，"精忠报国"的爱国情怀，"天下兴亡，匹夫有责"的担当意识，"舍生取义"的牺牲精神，"革故鼎新"的创新思想，"扶危济困"的公德意识，"三省吾身"的自省自警自律意识，既是传统优秀文化的精义所在，又与社会主义核心价值观高度吻合；后者精选福建历代诗文名篇，引导读者通过阅读陶冶情操，树立核心价值理念，践行中华传统美德，涵养中华人文精神和美学思想。

经过专家学者和编辑同志一年多的努力，"福建历代名人名篇"丛书终于要付梓了。希望丛书的出版能对福建省优秀传统文化传承发展有所助益。

本书编委会

2018 年 10 月

前　言

福建地处东南，濒临海滨，山川灵秀，人才辈出。这些杰出人才，不但对福建的发展做出了突出贡献，不少人还对中国的政治、经济、军事、学术、文学产生过重要影响。

唐代陈政父子入闽，开发漳州，在福建的发展史上写下了浓重的一笔。此后，薛令之、欧阳詹成为闽人最早的进士。薛令之以诗赋登科，是"开闽第一进士"。唐代中叶，欧阳詹与韩愈、李观等名人同科，成为唐代福建士子的杰出代表。《闽政通考》称颂他："欧阳詹文起闽荒，为闽学鼻祖。"朱熹在泉州讲学时，为欧阳詹四门祠题联曰："事业经邦，闽海贤才开气运；文章华国，温陵甲第破天荒。"高度赞扬他在福建历史上的地位和影响。到了唐末五代时期，王审知主政福建，实行了一系列的新政策，如争取土著居民，整肃吏治，发展农商，繁荣文化，推动教育，对宗教兼容并包，甚至促进海上丝绸之路建设……福建进入发展的新时期。

自宋开始，福建进入历史上最繁荣的时期。此时的经济，是中国最发达的地区；交通便利，出现了著称于世的东方第一大港泉州。到了南宋，文化的发展也走到巅峰，成为名副其实的"海滨邹鲁"。地灵人杰，福建人才更是云蒸霞蔚，扬名海内，一大批杰出人才彪炳史册。到南宋时，福建及第的进士达到七千多人，占总数的五分之二。仅在莆田、晋江、建安三地，宋代就出了近千名进士。（徐晓望主编《福建通史·宋元卷·绪论》福建人民出版社 2006 年版 15 页）这一时期，出现了一批著名的政治家。如晋江人曾公亮，在北宋英宗、神宗时期官拜吏部侍郎、同中书门下平章事、集贤殿大学士，直至礼部尚书、户部尚书等，他曾参与王安石的变法，有为官正直、治政能干的名声。他参与撰修的

《武经总要》，记载着中国的边防地理资料，也是兵器制造、兵法集大成的巨著。其中记载的"九乳螺州"就是今天的西沙群岛，表明当时的北宋朝廷已把西沙群岛置于自己的管辖范围之内，充分说明西沙群岛自古以来就是中国领土神圣而不可分割的一部分，为祖国在维护主权和领土完整时，提供了无可争辩的历史证据。

再如李纲，历仕徽、钦、高宗三朝，累官至宰相，是生活在南北宋之交的一位重要的政治家和军事家。北宋末年，政治腐败，民怨沸腾，"花石纲"扰民尤甚。李纲上疏给宋徽宗，提出"畏天戒，固民心，收士用，严守备"，要求停止宫廷园囿的修建，取消掠夺民间奇花异石的"花石纲"，整饬军备。面对金人的南侵，李纲力主抗金。北宋亡后，李纲奏请高宗，主张收复失地，迎回二帝，重整山河。虽屡遭罢官罢相，屡遭挫折，依然百折不回，锐意进取，执着追求，其爱国的一生受到后人的敬仰。

宋代福建儒学兴盛、文化发达，到南宋时，福建成为儒学中心。理学程门四大弟子中的杨时、游酢，都是福建人，二人"程门立雪"的故事，成为努力学习、尊师重道的美谈。杨时的思想对后世影响深远，《宋史》本传上说："凡绍兴初崇尚元祐学术，而朱熹、张栻之学得程氏之正，其源委脉络皆出于时。"其后的罗从彦、李侗、朱熹，一脉相承，开启了理学在闽地的衣钵传承。

闽学的代表人物朱熹，集理学之大成，是中国历史上著名的思想家、哲学家、教育家之一，被视为孔子之后的第一人。朱熹"博极群书，自经史著述而外，凡夫诸子、佛、老、天文、地理之学，无不涉猎而讲究"，他的学说不仅使得理学成为宋以后官方的意识形态，而且影响朝鲜、日本、越南等国，曾一度成为这些国家的官方哲学或占主流地位的意识形态，并得到他们的推崇和信奉。朱子学说的积极因素，在今天仍然具有极其强大的现实指导意义。

在史学方面，宋代莆田人郑樵，一生从事著书立说。他会通诸史，辑为一书，著成巨著《通志》二百卷。《通志》与唐人杜佑《通典》、元人马端临《文献通考》并称为"三通"，对后世的影响至为深远。稍后的建安（今建瓯）人袁枢，喜读司马光的《资治通鉴》，花了十年左右的时间"乃自出新意，辑抄《通鉴》"、"区别门目，以类排纂。每事各详起讫，自为标题，每篇各编年月，自为首尾"，成就《通鉴纪事本末》一书。袁枢创立纪事本末体的新体裁，丰富了史学内容，是对中国历史编撰学的一大贡献。

在文学艺术方面，宋代也是人才辈出。浦城人杨亿，奉诏编纂大型类书《册府元龟》，又是诗坛"西昆体"的代表人物，宋初西昆体风行一时，成为当时诗坛上独领风骚的诗歌流派。崇安人柳永是婉约派词的大师，这位"奉旨填词"的"柳三变"，是第一位对宋词进行全面革新的大词人，对后来的词人影响极大。永福（今永泰）人张元幹，目睹民族的灾难，扼腕痛愤，"梦中原，挥老泪，遍南州"，其词作总是和民族的命运联结在一起，慷慨悲凉。到了南宋后期，莆田人刘克庄，既是"江湖派"诗人的领头人，又是南宋后期独树一帜的重要词人，其词作同样心系国家的命运，揭露朝廷的矛盾，继承了辛派词人的爱国主义传统和豪放风格，影响深远。邵武人严羽著有《沧浪诗话》，这部与钟嵘《诗品》、司空图《二十四诗品》并称为中国文学史上最为重要的诗歌理论专著，受到了后人的重视，具有永恒的价值。此外，蔡襄书法造诣很深，乃是宋代书法四大家之一。宋慈的《洗冤录》是法医学史上的开山之作。（徐晓望主编《福建通史·宋元卷·绪论》福建人民出版社 2006 年版 18 页）这些，足以构成有宋一代壮阔的八闽伟人画卷。

进入明代，福建同样不乏杰出的人物。明代屡受倭寇的侵扰，晋江人俞大猷，明代抗倭名将，曾任福建总兵，与戚继光、谭纶一起多次大破倭寇。福清人叶向高，居相位十三年之久，敢于与魏忠贤阉党抗争，为时人敬佩。晋江人何乔远，为官正直清廉，持正敢言，几次被谪劾罢，无所畏惧，刚直不阿。何乔远还是著名的历史学家，所著《名山藏》《闽书》影响深远。明代伟大的思想家李贽，泉州人，别号温陵居士。他敢于以"异端"自居，大胆揭露封建传统教条，否定孔孟儒学，抨击程朱理学，揭露假心性，提倡真性情；其思想虽离经叛道，但却坚贞不屈，最后自杀而死。明末黄道周，是著名的学者、书画家、文学家、儒学大师、民族英雄。黄道周生性耿直，不畏权贵，弹劾阉党，"排闽叩阍"，即使丢冠去职，在所不惜，后因抗清战败被俘，绝食反抗，誓不投降，壮烈殉国。黄道周忠贞不渝、舍生取义的民族气节名垂青史、万世景仰。

在文学艺术方面，有选编了著名的唐诗集《唐诗品汇》的长乐人高棅，首分唐诗创作为初、盛、中、晚四个时期，对当时及后世产生了广泛影响。诗人中有闽中十才子的领袖人物福清人林鸿，主张师法盛唐，对杜甫尤其推崇，形成了明初诗歌界的"闽中诗派"。连江人陈第，撰著《毛诗古音考》《屈宋古音考》等，在中国古代音韵研究史上具有开创性的地位，而他撰著的《东番记》，是我国记载台湾情状和高山族生活习俗的最早的文献。福州人曹学佺，著名的官员，为官一身正气、刚直不阿、不惧权贵、勤政爱民，他不计个人安危得失，敢于与不法贵戚做斗争，表现出无私无畏的凛然正气。当国破家亡之际，他视死如归，以身殉国，具有强烈的民族气节和爱国情操。曹学佺还是著名的学者、诗人、藏书家。工于诗词，娴于地理学；其首倡"儒藏"说直接推动了乾隆三十七年《四库全书》的编撰。

到了清代，安溪人李光地在康熙朝是有名的汉人大学士，也是个有名的学者，在清初复兴理学的过程中有相当大的贡献。民族英雄郑成功，收复被荷兰殖民者侵占达38年之久的台湾，开发宝岛，对台湾的发展做出极大贡献。在学术与文学艺术方面，陈梦雷奉诏编纂《古今图书集成》，是一部百科全书式的古代规模最大的类书。清代的闽西，诞生了三位大画家——上官周、华岩、黄慎，上官周善画人物，黄慎的山水人物、花鸟虫鱼、草木石兽都非常出色，黄慎诗书画三绝，是"扬州八怪"中画路最宽的一位。此外，同是闽西（宁化）人的伊秉绶，也是诗人、书法家，诗文才气名满京城。他的书法融合古隶和北碑之长，古朴奇逸，时人视为至宝。

近现代以来，福建的杰出人物，更是像井喷似的涌现。单是福州的三坊七巷，就涌现了一批足以彪炳史册的人物。林则徐、梁章钜、沈葆桢、严复、林纾、萨镇冰、林觉民、冰心、林徽因等等，都出自于三坊七巷之中。1840年以后的中国近代社会，帝国主义列强入侵中国。在抵御外侮，振兴中华民族的奋斗中，近代开眼看世界的第一人，是林则徐。早在鸦片战争发生之时，他就提出"师夷长技以制夷"的口号。他不但坚决实施禁烟，又放眼看世界，其主持辑成的《四洲志》，是我国近代第一部系统介绍西方各国地理知识的书籍。林则徐的好友梁章钜，也曾率兵防堵英军侵略，其一生著述达七十几种。马尾船政学堂的建立，极大地推动了中国社会现代化的进程，培养了一大批了解西方文化、放眼看世界的学者。严复是我国翻译界的先驱，他翻译《天演论》，系统地介绍宣传了达尔文的生物进化论观点，引起国人极大的震动，为戊戌变法提供了思想、理论的依据。在中国近代史上，严复是第一个系统地把西方学术思想和政治经济制度介绍到中国来的人。关于翻译理论，严复提出了"信、达、雅"三条标准，对翻译界产生深远影响。同时期的林纾，虽不懂外文，他与船政学堂的朋友合作，翻译了大量的西洋名著，风靡一时，为中国人展示了西方丰富多彩的文学世界。在法国的陈季同，用法文介绍中国的传统文化；在欧洲游学多年的辜鸿铭，用莎士比亚式的典范英文展示中国古代经典和中国文化精神；他们都是为中西文化交流做出重要贡献的人物。此外，被称为"文坛祖母"的冰心，诗人兼建筑学家的林徽因，也是文学史上值得大书一笔的人物。

《福建历代名人传》虽是以个人成篇的单篇传记，但是正如黄宗羲的《宋元学案》一样，由人物个人的经历和成就，勾连起来，就成为成片的历史，犹如群星闪耀的天空，彰显福建传统文化的灿烂辉煌。

习近平总书记在党的十九大报告中指出，要深入挖掘中华优秀传统文化蕴含的思想观念、人文精神、道德规范，结合时代要求继承创新，让中华文化展现出永久魅力和时代风采。昂首新时代，阔步新征程，作为一个福建人，生活在八闽大地之上，应该了解先辈的光辉业绩，弘扬优秀传统文化，吸取人文血脉的营养，努力增强文化自信，以激励奋发向上的精神，在实现民族伟大复兴的中国梦的新征程中，做出无愧于先人的更加宏伟壮丽的事业！这就是我们编撰这部《福建历代名人传》的初心和目的。

郭　丹

2017 年冬至日

凡例

一、本书选取福建历代名人 98 人，所选名人以朝代划分，上自唐朝，下迄近现代。

二、本书以忠于史实、明白晓畅为主，旨在介绍历史上福建名人的主要事迹和精神文化风貌，未能详尽记述每位名人全部经历及事迹。

三、收录本书的名人，一般为历代良官、良士和深受百姓敬重与爱戴的有名望、德行、才华的人，包括民间义士、文化艺术名流等。个别历史人物，有才华但其德行不为百姓认可，不列入。

四、本书资料来源于福建及各地史志，尚有一些流传民间的人物传记、传说故事及其文集遗稿，暂不使用。

五、旧史志中的福建名人人数众多，但多按照旧时观点入编。本书以现代新的德行标准衡量，有些人物事迹对后人没有思想教化和精神引领作用，因此只作选择性入编。

六、本书人物编排顺序，基本按照出生年月顺序排列，少数以其主要活动经历顺序排列。

七、每篇传记后面都署编写者的名字，以示文责自负。

目　录

唐五代

陈元光 …………………………………………………………… 3

薛令之 …………………………………………………………… 6

欧阳詹 …………………………………………………………… 9

黄璞 ……………………………………………………………… 12

黄滔 ……………………………………………………………… 15

王审知 …………………………………………………………… 21

宋　元

郑文宝 …………………………………………………………… 27

林默娘 …………………………………………………………… 31

杨亿 ……………………………………………………………… 33

柳永 ……………………………………………………………… 36

曾公亮 …………………………………………………………… 40

蔡襄 ……………………………………………………………… 44

苏颂 ……………………………………………………………… 49

吕惠卿 …………………………………………………………… 53

章惇 ……………………………………………………………… 57

游酢 ……………………………………………………………… 62

杨时 ……………………………………………………………… 66

罗从彦 …………………………………………………………… 70

胡安国 …………………………………………………………… 74

黄伯思 …………………………………………………………… 78

李纲 ……………………………………………………………… 81

张元幹 …………………………………………………………… 87

李侗 ……………………………………………………………… 92

胡寅 ……………………………………… 97

刘子翚 ……………………………………… 101

郑樵 ……………………………………… 105

朱熹 ……………………………………… 110

袁枢 ……………………………………… 116

蔡元定 ……………………………………… 120

黄榦 ……………………………………… 124

陈淳 ……………………………………… 130

严羽 ……………………………………… 134

真德秀 ……………………………………… 137

宋慈 ……………………………………… 142

刘克庄 ……………………………………… 147

林希逸 ……………………………………… 152

郑思肖 ……………………………………… 157

谢翱 ……………………………………… 163

杨载 ……………………………………… 168

明　代

高棅 ……………………………………… 177

杨荣 ……………………………………… 183

林鸿 ……………………………………… 187

蔡清 ……………………………………… 191

郑善夫 ……………………………………… 195

傅汝舟 ……………………………………… 198

俞大猷 ……………………………………… 201

王慎中 ……………………………………… 206

林兆恩 ……………………………………… 209

李贽 ……………………………………… 213

陈第 ……………………………………… 219

何乔远 ……………………………………… 225

谢肇淛 ……………………………………… 230

叶向高 ……………………………………… 234

徐㷆 ……………………………………………… 239

张燮 ……………………………………………… 243

曹学佺 …………………………………………… 248

林古度 …………………………………………… 253

黄道周 …………………………………………… 257

清 代

李世熊 …………………………………………… 265

林嗣环 …………………………………………… 268

黎士弘 …………………………………………… 272

施琅 ……………………………………………… 276

郑成功 …………………………………………… 280

李光地 …………………………………………… 285

陈梦雷 …………………………………………… 289

上官周 …………………………………………… 293

蓝鼎元 …………………………………………… 297

华嵒 ……………………………………………… 302

黄慎 ……………………………………………… 307

朱仕琇 …………………………………………… 311

伊秉绶 …………………………………………… 314

陈寿祺 …………………………………………… 319

近现代

梁章钜 …………………………………………… 325

陈化成 …………………………………………… 331

林则徐 …………………………………………… 335

张际亮 …………………………………………… 340

邓瀛 ……………………………………………… 344

谢章铤 …………………………………………… 347

沈葆桢 …………………………………………… 350

陈宝琛 …………………………………………… 355

陈季同 …………………………………………… 359

林纾 …………………………………………………… 363

严复 …………………………………………………… 367

江春霖 ………………………………………………… 372

陈衍 …………………………………………………… 376

林旭 …………………………………………………… 380

方声洞 ………………………………………………… 383

林觉民 ………………………………………………… 387

辜鸿铭 ………………………………………………… 392

萨镇冰 ………………………………………………… 396

陈嘉庚 ………………………………………………… 400

林白水 ………………………………………………… 404

陈绍宽 ………………………………………………… 408

林语堂 ………………………………………………… 411

庐隐 …………………………………………………… 415

郑振铎 ………………………………………………… 419

冰心 …………………………………………………… 424

林徽因 ………………………………………………… 428

后记 …………………………………………………… 432

唐五代

陈元光

陈元光（657—711），字廷炬，号龙湖，光州固始人，是我国唐代著名的将领和政治家。在平定闽粤边民叛乱、开发漳州地区上做出杰出贡献，因此被后世尊为"开漳圣王"。著有《龙湖集》行世。

关于陈元光的籍贯，史学界有较大的争议，主要有"固始说"、"河东说"和"揭阳说"等。传统的观点，都认为他是光州固始人，唐代林宝《元和姓纂》所说的"河东"仅是他的郡望。但越来越多的学者赞成明嘉靖《广东通志》的说法，认为他是潮州揭阳人，先世住在颍川，到祖父陈洪（字克耕），是隋朝的义安（即广东潮州）郡丞，故留居于此。《丰顺县志》更是具体地描述陈洪居住的地点为清乾隆三年设县的丰顺县境内的八乡贵人村。因为这里自"秦汉迄隋，为南北通道所必经"，身为义安县丞的陈洪就居守在这个重要的军事要塞上，他的子孙也可能在这里出生。但隋末唐初群雄蜂起之际，陈洪曾率领将士回到中原，辅佐李世民匡正天下，年老之后，回到河南老家终老。

陈洪的儿子陈政，字一民，以武功著称，在与父亲追随李世民攻克临汾等郡中立下战功，"以从征功，拜玉钤卫翊府左郎将、归德将军"。唐高宗总章二年（669），"泉潮间蛮獠啸乱，百姓苦之"，陈政主动请求带兵弹压，以靖边方。朝廷也以陈政刚果有为，有勇有谋，晋封他为朝议大夫和岭南行军总管事，带兵3600人出镇绥安（今漳浦一带）。不料被土著"蛮獠"迎头反击，陈政所率府兵退守于九龙山（今福建龙海县九龙岭），阻江为界，插柳为营，奏请朝廷增兵济急。唐高宗命陈政两个兄长陈敏、陈敷率58姓军校前来援助。敏、敷二帅在征途之中，先后病死于须江县（今浙江省江山县）。随军南行的还有陈政母亲魏氏、陈政夫人司空氏及其14岁儿子陈元光。魏氏遂即代子率军，继续南下，终于与陈政会合于九龙山麓。援兵既至，陈政即挥师直取绥安，并在此处开屯建堡，实行且耕且守的军屯制度，将士过着亦兵亦农生活。

陈元光自幼聪颖好学，博通经史，喜读兵书，年十三，即领光州乡荐第一。他随军入闽之后，追随父亲南征北战。而陈政不负朝廷厚望，出生入死，历尽艰辛，"靖寇患于炎荒，奠皇恩于绝域"、"镇守闽粤之吭，泽被泉潮之野"。仪凤年间（676—678），崖山剧贼陈谦攻陷冈州城邑，遍掠岭左，闽粤惊扰，陈政在平叛过程中，积劳成疾，于仪凤二年（677）病故于军中，享寿六十二岁，谥忠肃。年仅二十一岁的陈元光代为将兵，先后平抚了潮州、循州、惠州一带的"啸乱"。至此，岭表悉平，还军于漳江流域之屯营地，继而立行台于四境，时加巡逻，方数千里无桴鼓之惊。事闻于朝，于永淳二年（683）加陈元光为正议大夫、岭南行军总管，陈元光时年二十五。

平定泉漳之乱是陈元光的功绩之一，他的更大贡献在于开发和经营漳州。永淳二年陈元光上《请建州县表》，请在泉、潮之间设立州县。有谓"其本则在创州县，其要则在举庠序"，以期长治久安。至垂拱二年（686）获准于泉潮间增置一州，按其所请设治所于云霄屯营地之漳江畔，因名漳州，下设漳浦、怀恩（今诏安）两县，任陈元光刺史兼漳浦县令，其时年甫三十。

在开发漳州的过程中，陈元光采取了一系列措施，以促进当地社会经济和文化事业的发展。一、建立行台，保境安民。漳州地连闽、粤、赣三省，一度成为"啸乱"的渊薮。为加强对地方的控制，陈元光建立了四个行台，据光绪《漳州府志》所载，分别位于泉州的游仙乡松州堡、漳州的安仁乡南诏堡、长乐里佛潭桥、新安里大峰山回入卢溪堡。另在要塞设立了36个堡所，派兵驻守，使得漳州"方数千里，无桴鼓之声，号称治平"。二、唯贤是举，量才擢用。比如对"宅心正大、处己无私"的许天正，忠直骁勇的马仁，"谋国竭忠"的林孔著，"处己方严、临事果断"的李伯瑶、林章，"用意精深、勤于职事"的卢如金、涂本顺、戴汝孙、涂光彦，"性多慈仁、急于爱民"的张伯纪，"奉公惟谨、事上能恭"的赵伯恭、郑业等随属部将和地方贤达，都能按其德才委以重任，因而在其主政期间，同心同德，上令下行。三、安抚土著，鼓励汉蛮通婚。对于啸乱流寇，实行招抚为主、威德并用的方针，孤立、惩处首恶，教化团结多数。对于归顺者，划区安置，进行教化，实行"自治"。并积极主张和鼓励部下与"蛮獠"土著和亲通婚，闽粤百姓由此逐渐汉化，实现了民族融合。四、且耕且战，寓兵于农。以火田村一带为屯垦基地，发动部众开展大规模生产建设活动，既减轻了当地百姓的负担，保障了入闽官兵的粮饷供给，又促进了地方经济的发展，诱导土著放弃原始粗放的耕作方式。五、发展经济，通商惠工。经济上，陈元光劝农务本，鼓励耕织，兴修水利，改善农耕；同时还注重发展手工业和工商业。

近海民户则晒盐、造船，内地居民则制陶、制茶，手工业渐成规模。工商行业启兴成市，商业中心蓬勃兴起，商品集散地星罗棋布，农产品、畜产品、手工业品等货物齐全，市场活跃。六、创办学校，注重教化。在其主政期间，把兴教办学视为"救时之急务"，州署（今云霄西林村）设有专管教育的行政机构，松洲书院和各地书院相继创立，兴办社学、义学蔚成风尚，使漳州大地实现了"民风移丑陋，士俗转酝醇"的巨大变革。

唐睿宗景云二年（711），匿迹多年的啸乱酋领蓝奉高等死灰复燃，妄图东山再起，率领残部潜入郡治附近的岳山发起突袭，陈元光亲阵御敌，保境安民，不幸血染疆场，以身殉职，时年五十五岁。噩耗传来，苍山垂首，江海悲咽。漳州父老悲恸欲绝，泉潮百姓哀泣遍野。纷纷"肖其像"，设灵堂，缅怀其功绩，感念其恩德，寄托无尽的哀思……唐朝和之后历代朝廷，对陈元光累有旌表追封，其中以宋朝追封的"开漳圣王"影响最为深远。

现今，在漳州供奉"开漳圣王"的庙宇有251座，在台湾供奉"开漳圣王"的庙宇有300多座。1984年台湾成立了开漳圣王庙团联谊会，信众达数百万人。迁居缅甸、印度尼西亚、马来西亚、泰国、柬埔寨、新加坡、菲律宾、日本、韩国等国家乃至欧美各地的开漳将士后裔，大多在聚居地建立了"开漳圣王"庙宇。陈元光故里河南固始有陈氏将军祠，为国家重点文物保护单位。陈元光墓位于漳州市郊浦南镇石鼓山，距市区15公里。墓碑题"唐开漳陈将军墓"，墓前有石羊、石狮及华表各一对。陈元光初葬于漳浦，后移葬今址。

（孙清玲）

薛令之

薛令之（683—756），字君珍，号明月先生。唐福建道长溪廉村（今福安市溪潭镇廉村）人，号称"开闽第一进士"，官至太子侍讲，著有《明月先生集》和《补阙集》，今已散佚。

薛令之在正史中无专传，但《新唐书·隐逸传·贺知章传》中对他的事迹有所介绍。现存有关他的史料除了闽东方志外，还包括唐人黄璞《闽川名士传》、宋人梁克家《三山志》、明人黄仲昭《八闽通志》以及何乔远《闽书》中的相关内容。薛令之以诗闻名，是闽人以诗赋登科第一人，因此，《全唐诗》中收录有他的《自悼》《灵岩寺》两首诗作。其《灵岩寺》曰：

> 草堂栖在灵山谷，勤苦诗书向灯烛。
>
> 柴门半掩寂无人，唯有白云相伴宿。

灵岩寺在廉村北约三公里处，这首诗应该写在薛令之中第之前，《寿宁寺庙志》记载："长安三年（703），长溪县石矶津的薛令之在境内南山筑庐苦读。神龙二年（706），23岁的薛令之北上长安应试，名登金榜，成为'开闽第一进士'。"

唐神龙二年，薛令之在长安应试得中，开元中，授左补阙之职，与贺知章同为太子侍讲。时东宫太子李亨受到李林甫的压制，其左右官员积年不迁，令之因此在墙上题《自悼》诗曰：

> 朝日上团团，照见先生盘。
>
> 盘中何所有，苜蓿长阑干。
>
> 饭涩匙难绾，羹稀箸易宽。
>
> 只可谋朝夕，何由保岁寒。

这首诗既是薛令之生活异常窘迫的写照，也表达了他对升迁无望的愤懑之情。不料唐玄宗到东宫看到此诗后十分不悦，以为是讥讽自己，并援笔回应说：

啄木嘴距长，凤凰毛羽短。

若嫌松桂寒，任逐桑榆暖。

　　玄宗让薛令之"听自安者"，意即去留自便，令之因此弃官，徒步归乡里。担任江西安福县县令的儿子薛国进、明经出身的侄子薛芳桂同时挂冠归隐。

　　令之回乡隐居后，寄情山水，曾到太姥山、闽南漳泉一带游历，写下《太姥山》等诗作，赞扬家乡山水的神工鬼斧：

扬灵穷海岛，选胜访神仙。

鬼斧巧开凿，仙踪常往还。

东瓯冥漠外，南越渺茫间。

为问容成子，刀圭乞驻颜。

　　但他多数的时间仍生活在家乡一带，生活窘迫，"（玄宗）闻其贫，命有司资以岁粟，令之量受不多取"。唐肃宗登基之后，念及与令之的师生情谊，欲召之入朝为官，不料令之已于数月之前去世。为嘉奖他的廉洁清正，唐肃宗封令之所在村庄石矶津为"廉村"，水为"廉水"，岭为"廉岭"。

　　除此之外，薛令之另有三首存世诗作保留在《高岑薛氏宗谱》中，分别是《草堂吟》《唐明皇命吟屈轶草》《送陈朝散诗》。

　　薛令之勤苦用功的精神与清廉刚正的风范对家乡产生了很大的影响。清光绪《福安县志》载："福安入仕者多以抗直辞旧，宦囊纤薄，盖亦薛令之遗风也。"就廉村而言，住有薛、陈等姓，陈姓于五代后唐时（923—936）迁入廉村。据统计，从唐至清，这里一共有50多人先后获取各种功名，仅宋代就出了23名进士，甚至有一门五进士，父子、兄弟同登科的盛况。宋代朱熹与其父朱松都曾慕名到廉村讲学，更是带动了这里的向学风气。朱松《题薛补阙故居》一诗对薛令之全身而退、清廉守节称赞有加："悬知野鹿欲衔花，回向桑榆全晚节""岁暮何嫌松柏寒，廉溪清风起廉顽"。在这种风气的引领之下，廉村造就一批为人刚正、爱民如子的好官员。如宋代廉村进士陈最力主抗金、反对秦桧议和而受到宋高宗赞叹。明代进士郭文周清正刚直被称为"铁面御史"，因上书弹劾赵文华，冒犯严嵩而遭贬官归乡。在廉村的陈氏支祠内，悬挂着一块"吉水流芳"牌匾，据说是宋朝廉村人陈昇在江西吉水当县令，受秦桧迫害后回到廉村。由于陈昇为官清廉，受到吉水百姓的爱戴，特意为他制作了此匾，翻山越岭从吉水县送到廉村。受到这个传统的影响，在族规中还特别写明，凡是出外为官者，若不能做到廉洁，不得回村，更不能在村中安葬。廉村祠堂、民居大厅正中悬挂的块块牌匾，既是廉村贤人辈出、光宗耀祖的记录，也体现了廉村人崇尚世德、清正廉洁的精神追求。

廉村现已开辟为文化旅游地，成为第四批"中国历史文化名村"。

福安与薛令之有关的历史文化遗存，一是灵岩寺，位于廉村北边约3公里的灵岩山上，原薛令之读书处。咸通元年（860），令之后裔舍建为灵岩寺，现仅存后殿。二是薛令之墓遗址，位于廉村北边约4公里的溪北村清风山上。宋嘉祐八年（1063），长溪知县周尹为墓建亭立碑，亭曰"清风亭"，今已不存。山麓仅存墓道碑一块，上书"有唐补阙薛公之墓"，碑座镌"墓田在此"。

另外，在福安城关的龟山下，有一座建于明代的三贤祠，分别纪念福安历史上的三个名人：唐代的薛令之、宋代的郑虎臣和谢翱。大门两边的对联写的是：

> 苜蓿望餐，侍讲东宫，清廉重典范；
> 木棉除佞，恸哭西台，忠义仰高风。

而根据朱熹《金榜山记》以及何乔远《闽书》中的相关记载，薛令之后人可能有部分南迁，成为开发厦门地区的先驱，厦门至今仍有"薛岭"的地名。自唐以来，厦门岛被称为嘉禾屿或嘉禾里，绍兴二十六年（1156），朱熹被邀请到泉州，专门寻访收集境内的先贤碑碣事传。他遍访嘉禾屿，登上金榜山，专访唐代名士陈黯事迹，于淳熙二年（1175）写下《金榜山记》曰："金榜山在嘉禾廿三都北，有岭曰薛岭。岭之南，唐文士陈黯公居焉。岭之北，薛令之孙徙居于此，时号'南陈北薛'。"陈黯（805—877），字希儒，号昌晦，又号场老，泉州南安人，为唐名士，著有《华心》《禅政》等篇章，世称"颍川陈先生"。举进士不第，后徙同安之嘉禾薛岭，过着隐居的生活。《重修泉州府志》卷六十四补充说："薛沙，长溪人，令之裔孙，为龙溪尉，因卜居于同安嘉禾屿，人称所居岭为薛岭。岭之南，陈黯宅在焉，时号'南陈北薛'。"

（孙清玲）

欧阳詹

欧阳詹（约755—800），字行周，泉州晋江潘湖欧厝人。唐贞元八年（792）进士第三人，官至四门学助教。著有《欧阳行周文集》等行世。

欧阳詹先祖来自江西，后迁至晋江潘湖。从祖父欧阳通开始，再迁到南安高盖山。欧阳詹出生在南方仕宦家庭，祖父饱读诗书，曾任温州长史等职；父亲欧阳昌，为博罗县丞；长兄欧阳谟为固安县丞，次兄欧阳謩为潮州司仓。据《南安县志》所载，欧阳詹自幼颖异，不与一般孩童嬉闹游玩，而特别迷恋诗书文章。"每见水滨岩畔片景可采，心辄娱之。稍长，恒执一篇，随人而问章句，或有契心，移日自得……遇风月清晖，长吟高啸，不能自释。"因此，福建山川处处留下他求学攻书的身影。如高盖山的白云书室，莲花峰、清源山的欧阳书屋，晋江也有他与罗山甫等人吟书作赋的吟啸桥，莆田广化寺有他和林藻、林蕴兄弟一起读书的灵岩精庐。到二十来岁，他的名气已传遍闽南地区，稍后的莆田人黄璞形容他"弱冠能属文，天纵浩汗"。但闽越自古为富饶之区，养成了闽南人故土难离的情结。欧阳修在《新唐书·欧阳詹传》中说："闽越地肥衍，有山泉禽鱼，虽能通文书吏事，不肯北宦。"直到常衮罢相，被贬为福建观察使，才改变了这种状况。常衮一面兴办学校，提倡向学仕进之风，一面加强对人才的培养与选拔。"始择县乡秀民能文辞者，与为宾主钧礼，观游飨集必与，里人矜耀，故其俗稍相劝仕。"他非常欣赏欧阳詹的才华，称之为"芝英"，在他的激励之下，欧阳詹满怀"射百步期必中，飞三年而必鸣"的信心，决定北上应试。经过一年的艰难跋涉和六年的苦苦坚持，终于如愿以偿。

唐德宗贞元八年（792）所举进士共23人，全是天下名士，有韩愈、李观、李绛、崔群、王涯、冯宿、庾承宣等人，被称为"龙虎榜"。欧阳詹是该科进士第三人。他的中第，开闽南风气之先。第二年，泉州刺史席相在东湖设宴，为8名赴京赶考的举子饯行，鼓励他们为家乡争光，并请回乡省亲的欧阳詹作陪，许多乡民目睹了这次盛会。可以说，欧阳詹中第，与他参加的这次饯行盛典对后世产生很大的影响，常衮、席相等人为培养泉州英才做出卓越的贡献。欧阳詹在宴后所写的《东湖宴秀才序》中，盛赞席相"尽心竭诚，奉主化民之宰"，而明万历《泉州府志》也称："泉自常衮倡学，欧阳詹应其选，迨后……文风大盛，乡民皆知向学。"也正是这种影响，韩愈误以为"闽人第进士，自欧阳詹始"，把他当作福建进士第一人（实是长溪薛令之）。

欧阳詹中进士后，与韩愈、柳宗元、刘禹锡等人结为志同道合的好友，他全力参与韩愈的古文运动，很想在文学上有所作为，但并未受到朝廷的重用。他在长安过着借贷赁屋、缺衣少食的生活。直至贞元十五年（799），他第四次参加礼部的选拔考试，才被授予国子监四门助教，这是皇家高等学府"四门学"的最低官职。尽管如此，但他还是福建历史上第一个担任此教职者，所以被人们尊称为"欧阳四门先生"。任内，他循循善诱，积极举荐人才。如徐晦落第，他作诗加以勉励："嘉谷不夏熟，大器当晚成。徐生异凡鸟，安得非时鸣。汲汲有所为，驱驱无本情。懿哉苍梧凤，终见排云征。"对他寄予厚望。果不其然，徐晦不负所望，第二年便考取进士第一名。太学生何蕃因双亲年老，归和州奉养，屡请不起，议论不一。欧阳詹举何蕃曾制止太学生附从朱泚叛乱一事，赞扬他是仁勇之人。韩愈从徐州回京述职，他率领学生向朝廷保奏，以韩愈为博士。史称，唐自助教设官以来，善举其职者，未有超过欧阳詹的。

正当欧阳詹要充分发展自己的才华，在文学和教育上做出更大贡献时，贞元十六年（800），不幸英年早逝，客死长安，年仅 41 岁。关于他的死，黄璞在《闽川名士传》里有详细的描述。说是欧阳詹中第之后，从京师往游太原时，恋上一个歌妓，两人山盟海誓，相约欧阳詹回京之后再来迎娶。岂料好事多磨，歌妓在欧阳詹离开之后，相思成疾，病危之际，自断青丝，藏于镂金箱匣中，并留下绝命诗云："自从别后减容光，半是思郎半恨郎。欲识旧来云髻样，为奴开取镂金箱。"但欧阳詹返京之后，为世事所阻，未能依期践诺，等到他被授予四门学助教之后，派人前往太原迎娶时，歌妓已逝。使者拿着她的遗物遗诗回去复命，欧阳詹启函检视，一恸而绝。后人虽然对欧阳詹的"情死"表示怀疑，但以欧阳詹的心性而言，是完全有可能的。欧阳修描述他："詹事父母孝，与朋友信义。其文章切深，回复明辩。"对待父母至孝，对待朋友至诚，言信必守，用情至深，也就造成这样的情殇悲剧。一代英才的诗风文采千古流芳，他的儿女情长也成为古今佳话。

欧阳詹死后，其生前好友自发地为他写诗文哭悼，如李翱为之作传，韩愈写有《欧阳生哀辞》，孟简专门做《咏欧阳行周事》诗和序，崔群哭之甚哀，而受到他勉励中第、后任福建观察使的徐晦一提起欧阳詹，便痛哭流涕。可见欧阳詹生前为人真诚、与人为善，深得上司、同僚和朋友的信赖。

根据欧阳詹的遗嘱，他的灵柩运回故里，安葬在莆田广化寺灵岩塔浮屠之阴。1993 年被定为"莆田市文物保护单位"，并立碑介绍其一生的业绩。

欧阳詹对福建的影响是深远的。他著有《欧阳行周文集》十卷行世，集赋、诗、记、传、铭、颂、箴、论、述、序、书、启等 140 余篇，《全唐诗》收有他的诗一卷。《闽政通考》称颂他："欧阳詹文起闽荒，为闽学鼻祖。"朱熹在泉州讲学时，为欧阳詹四门祠题联曰："事业经邦，闽海贤才开气运；文章华国，温陵甲第破天荒。"高度赞扬他在福建历史上的地位和影响。欧阳詹不仅是唐代福建士子的杰出代表，而且对中唐的文风也有很大影响。同时代的李贻孙为《欧阳行周文集》作序时评价："君之文新无所袭，才未尝困。精于理，故言多周详；切于情，故叙事重复：宜其司当代文柄，以变风雅。"

（孙清玲）

黄　璞

　　黄璞（837—920），字德温，一字绍山，号雾居子。唐昭宗大顺二年（891）进士，初任尚衣监主簿，后官至崇文馆校书郎。著有《雾居子》《闽川名士录》等，已散佚。

　　黄璞作为福建早期的文化名人，他的籍贯一直存在争议，有福州、莆田两说。

　　传统的观点认为，他是福建侯官（今福州）人，后迁莆田涵江黄巷（今涵江区国欢镇黄霞村）。这一观点的依据是欧阳修的《新唐书》、梁克家的《三山志》以及明黄仲昭的《八闽通志》和《兴化府志》。如《新唐书·黄巢传》记载黄巢围攻福州，"巢入闽，俘民绐称儒者，皆释。时六年三月也。儳路围福州，观察使韦岫战不胜，弃城遁，贼入之，焚室庐，杀人如藝。过崇文馆校书郎璞家，令曰：'此儒者，灭炬弗焚。'"《三山志·地理类四》更是描述说："新美坊，旧黄巷。永嘉南渡，黄氏已居此。乾符六年，黄巢儳路围福州，观察使韦岫败而遁，遂藝城中。至崇文馆校书郎黄璞之居，曰：'此儒者，灭炬弗焚。'唯此一巷以璞免，黄巷名因此益著。"

　　但相关的黄氏族谱资料，却表明黄璞先祖早就迁往莆田涵江的黄巷。黄璞先祖为光州固始人，因中原板荡，不少衣冠士族南迁，黄巷的入闽先祖是黄元方（又名彦丰），为东晋刺史，被封于晋安郡，因此卜居在福唐，即侯官黄巷，至十二世黄岸（以黄彦丰为第一世），官桂州刺史，迁居于莆田涵江黄巷。始修于宋淳祐六年（1246）的《莆田黄巷黄氏族谱》则详细地记载了黄岸迁居莆田黄巷后的世系，为黄岸—黄谣—黄华—黄昌龄—黄岏—黄璞：

　　黄岸字宗极，官桂州刺史，封开国公金紫光禄大夫，谥忠义。自闽侯官迁莆田黄巷，为黄巷始祖。黄岸生子黄谣，于唐开元八年（720）授闽县令。黄谣生黄英、黄盖、黄华、黄革、黄莫五子。第四世孙黄昌龄系黄华长子，生黄峋、黄衍、黄岏三子，第五世黄岏，系黄昌龄季子，生黄瑜、黄琰、黄璩、黄琚、黄瑶、黄璞六子，俱居黄巷。

　　这一切并不能排除，黄璞年轻时为了求学和交游有回到侯官黄巷生活的可能，因为此地为其旧业。黄巢军队灭炬而过的黄巷，当在侯官黄巷。这是因为黄巢入闽焚城，"杀人如蓺"的行为，主要是针对士大夫比较集中的福州，至于他之后南下，经过涵江黄巷的可能性较小。

　　对于黄璞生前的所作所为，从宋代莆田人、熙宁九年（1076）状元徐铎为黄璞所写的一篇纪念性文章中可以略知一二。其曰：

　　黄璞先生，唐大儒也。郡志列之《儒林传》。《儒林》恐不足以尽公也。公幼聪敏，于书过目成诵，于文下笔成章。未几，登大顺二年进士。官崇文殿校书致仕，因号雾居。古今之书，无一不读。著名立言，修德好施。著《闽川名士传》五十有八，《孝子》三十有五，《节妇》三十，《烈女烈妇》二十有四，皆核实精要，世颇传之。

　　赖先生遗泽，周急不倦，寒士穷民赖以举火者二百余家。上生寺本寂禅师，公从叔也。公胸似不挂一物，舍腴租五百石入寺，此古今所希有也。由此观之，公之视富贵为何如耶！

　　公年少，貌若玉山。公父峣，以三史擢第，官大理评事。尝戒公曰："人生贵存人道，不可入禽兽。汝若自恃门第高、容貌美，淫人妇女，汝之罪也。人入禽兽，最在于此。汝当速戒。"公曰："谨遵严训。"是后，公在山肄业，近舍有美妇，清早直入书馆，公正色拒之，不去。直入书房，公曰："吾父曾戒我勿淫人妻，吾悖父言为不孝，奸人妻为不义，吾断不为也。汝之母曾戒汝否？"曰："吾母曾戒我曰，不可作无廉耻事。但汝美貌动人，使我心火难制，故来相伴，以解愁闷之思。"公曰："吾遵父言汝遵母训，庶可不入禽兽。汝可速去，不然，吾大声呼众人至矣。"妇乃走出，回头者三。此事能不悖父训，公之至孝为何如耶！

　　壶山之下有姓陈者名尹，持金二十三两，入城遗失。被公拾之，久立以待，果有傍徨号泣而来，公审问而还之。

　　邻右有郑姓者名得，忤逆不孝。公恻然每引曾参、子路、《蓼莪》，详为劝谕。忽一日，对公流涕，自悔自艾，遂为孝子。

　　迫致仕在家，又为民息讼。若有冤枉难伸，从容言之于官。自此二十八年，几无冤民。

　　故其精神所感，名播于巢军之时。当黄巢大乱，天下求一儒者读书不可得也。时巢军有谣云："逢儒则辱，师必败。"值公在黄巷读书至深夜，统兵过之，闻公书声曰："此儒者地也。"非惟不起诛戮，反生恭敬，灭炬而过。自此巢遂败亡自颈。则是，公之一身，系天下治乱，关巨寇存亡，岂偶然哉?!

铎生也晚，观《郡志》载公行事，十无二三，因遍采群书，精求公之家乘，编成一传，补志书所未备。庶使绝世人物，炳若日星。后学可以为师，百世得以为法焉。

宋及第状元吏部尚书徐铎顿首拜谨撰

黄璞致仕之后，可能隐居于福州东边的鼓山。这里是入闽黄氏始祖黄元方的别业，称榴花洞万卷楼。黄岸之孙黄莫于《重修黄氏世系谱志》［唐德宗贞元六年（790）］中称："九十九代元方（案，此九十九代元方非入闽始祖元方，入闽始祖元方为九十代，疑谱载有错），韬公长子，号竹岩，晋安守、福建司法参军，有万卷楼在榴花洞。"同时，后人引《一统志》云："榴花洞在福州府东山，去东关外一十里，旧属瑞圣里，今属闽县遂圣里。"查宋梁克家《三山志》所载："榴花洞：唐永泰中，樵者蓝超遇白鹿，逐之，渡水，入石门，始极窄，忽豁然，有鸡、犬、人家。""唐校书黄璞幽居，璞远祖大和中于鼓山得道，遗址犹存。"黄璞死后归葬涵江国欢寺后。

黄璞生有八子，其中四人与他同任馆职，分别是：仁藻任著作郎，仁渥任太子正字，仁滔任御史中丞，仁渭任著作佐郎，世称"一门五学士"。

总之，福州黄巷和莆田涵江，都与黄璞发生关联，福州民间至今仍留传着黄璞与黄巷、黄楼的故事，说的是建在新美里的黄楼，是黄璞致仕后重建的藏书楼，因涂黄色而得名。黄巢下令"勿扰黄庐"之后，人们更是认为黄色为吉祥之色，全巷都将房子漆上黄色，因而改名称黄巷。后来，黄璞为专心治学，又在旁边幽深之处再建小黄楼。现存的黄巷小黄楼应该是清代梁章钜在旧地重建。梁章钜在其自撰的《年谱》中说："壬辰道光十二年（1832），五十八岁……是年四月，因病奏请开缺……八月回福州黄巷新宅……是年葺宅右小楼，榜曰黄楼，与同里耆旧以诗酒相往来。"20世纪50年代，还有人见过刻有"唐黄璞旧居"的石匾。而黄璞在涵江的故居位于涵江区国欢镇黄霞村黄巷，1993年6月，被列为莆田市第二批文物保护单位。

（孙清玲）

黄　滔

　　黄滔（840—911），字文江，莆田涵江人，一云侯官（今福州）人。唐末五代时期，闽中才士辈出，黄滔就是其中的杰出代表之一。其事新旧《唐书》、新旧《五代史》《唐才子传》皆不载。仅见于《福建通志》卷四十四、《兴化府莆田县志》卷二十二、《莆阳文献》列传四等，皆语焉不详。今《全唐诗》存其诗 208 首。（周雪芹：《黄滔行迹考述》，《河南图书馆学刊》，2016 年 05 期。）

　　黄滔出身贫寒，志向远大。少年时期，黄滔受欧阳詹、林藻、林蕴本土"三贤"的影响，立志读书。但自隋朝科举制度建立至唐贞元七年，这中间 180 多年，福建莆田还没有一个考取进士的人。直至林藻贞元七年（791）考取进士，才结束了莆田没有进士的历史。黄滔受到先贤的激励，且欲扬名显达。咸通元年（860），由于追慕先贤林藻、林蕴及欧阳詹的才华，年已弱冠的黄滔只身一人离开家乡涵江黄巷，与陈蔚、黄楷、欧阳碣三人，来到 30 多里外的南山东峰书堂开始十年寒窗苦读。据黄滔《莆山灵岩寺碑铭并序》："东归之寻旧址，苍苔四叠，嘉树双亚。"下注："今东峰双龙眼树即往岁书斋之庭阴也。"东峰书堂在灵岩寺东南隅，据《福建通志》卷三《兴化府》"普门庵"下注："在广化寺（即灵岩寺）东南隅，旧为大比试进士之所，唐御史黄滔尝与同志人读书于此内，有黄滔祠。"当黄滔来到这里时，东峰书堂还没有被称为东峰书堂，只不过是黄滔等四个有志青年结伴在此读书而已。根据县志记载，东峰书堂的创办者就是黄滔本人。黄仲昭的《八闽通志》载，黄滔在进士及第后，"归寻旧山，刻铭贞石以记"。

　　除东峰书堂外，黄滔还曾在湖光书堂读书，湖光书堂离东峰书堂不远。《福建通志》卷六十二"东峰书堂"下注："唐黄滔读书于此，与湖光书堂相近。"湖光书堂为梁陈时郑露所建，因凤凰山旧曰南湖，故名。《福建通志》卷三"凤凰山"下注："在府城外西南三里，陈时邑人郑露书堂在焉，后舍宅为寺，唐黄滔读书于此。"黄滔苦读四年，至咸通、乾符之交，因社会动荡，文人取仕之路颇为坎坷，陈蔚、黄楷、欧阳碣三人都放弃了科举，而黄滔则不然。

唐咸通十二年（871），黄滔单身一人背负行囊，随着执行上计任务的计吏，开始漫长的科考之路。但这次落第不过只是他屡试不第的开始。从此以后，黄滔历经名场 24 年，经过了 20 场考试（中间因河东兵变、黄巢攻破长安等，朝廷停考 4 年），场场落第。

面对多次落第，黄滔既愤慨又感伤："一年年课数千言，口祝心祠挈出门。孤进难时谁肯荐，主司通处不须论……"心灰意冷的黄滔想到了退居山林："老居江上村，孤寂欲何言"，"若有水田过十亩，早应归去狄江村"。仕途不得意，又饱尝流离贫困之苦，黄滔思想逐渐接近民众。痛恨为争权夺利而无休止的军阀混战，同情陷于战争和饥馑中的人民，写下"望岁心空切，耕夫尽把弓。千家数人在，一税十年空"的诗句。到了后来，他几乎患上了黄榜恐惧症："愁闻南院看期到，恐被东墙旧恨侵。"直至昭宗乾宁二年（895），黄滔才擢进士第，此时，黄滔已 56 岁。据《登科记考》："乾宁二年丁亥：敕：……其卢瞻、韦说、封渭、韦希震、张蟆、黄滔、卢鼎、王贞白、沈崧、陈晓、李龟祯等十一人，所试诗赋，义理精通，用振儒风，且蹑异级。其赵观文等四人，并卢瞻等十一人，并与及第。"（吴在庆：《唐五代闽中四诗人论略》，《闽江学院学报》，2000 年 01 期。）终于登进士第的黄滔踌躇满志地写下"莫论蟾宫无梯接，大抵龙津有浪翻"的诗句。但因各地藩镇争战，朝中宦官专权，政局动荡，朝廷无暇任命官吏。直到光化元年（898），黄滔才被委为四门博士，是个闲职，无所作为，且客居异地，安危难卜。

唐天复元年（901），黄滔回到福建。当时主持闽政的是王审知，王审知素知黄滔博学多才，便征聘并重用他，其官至监察御史里行、威武军节度推官，历时八年。

黄滔为官期间，以德为政，清廉自守，节俭奉公，勤政为民，悉心辅佐王审知治闽，尽情施展自己的抱负。他颇有政治见识，又直言不讳，劝王审知节约官府开支、减赋税、轻徭役；重商务、开港路、兴旺海上贸易；建学校、育人才，发展地方文化。王审知一一采纳了黄滔的建议，先后在福州大兴"四门学"，以教闽士之秀者；在各地广设庠序，搜集整理文献，使闽中文教事业得到发展；发展农业生产，采取"轻徭薄赋"的政策，鼓励垦荒，围垦造田，扩大耕地面积，又兴修水利，扩浚福州西湖、福清祭苗墩海堤、长乐海堤、连江东湖等，鼓励农民种茶，每年输出茶叶五六万斤，福州鼓山的茶叶还被列为贡品。

黄滔审时度势，以一个老练的政治家眼光，建议王审知"宁为开门节度使，不作闭门天子"。王审知接受了黄滔的建议，奉后梁、后唐为正朔，使福建在天下大乱、军阀混战的情况下，能够独享太平，30年免受兵祸。朱温为拉拢王审知，也逐步为他加官晋爵，开平三年（909），拜王审知为中书令（宰相）、福州大都督；次年，又加封王审知为闽王。对于黄滔的匡正之功，《四库全书总目提要·黄御史集》评价说："王审知据有全闽，而终守臣节，滔匡正之力为多。"

黄滔是唐末五代福建地区最有影响的作家之一，他在诗歌、律赋、碑铭等方面都取得了较高的成就。黄滔工诗、善文，是闽中诗坛领袖，还被福建文坛公推为"盟主"，称为"闽中文章始祖"。鉴于当时"尚辞而轻质"、颓靡浮华的诗风，黄滔主张诗文应重内容，贵实用，呼吁诗人应"先立行，次立言，言行相扶，言为心师，志之所之以为诗"。因此，后人称誉其作品是"其文赡蔚有典则，策扶教化；其诗清淳丰润，若与人对语，和和郁郁，有贞元、长庆风概"。

黄滔诗歌的题材，主要包含以下几个方面：悯时伤乱、揭露黑暗，羁旅乡思、寄情山水，酬唱赠别、吟咏情怀，仕途艰辛、感叹世态。这些诗歌不仅带有黄滔本人羁旅不遇的悲凉感叹，更包含乱世文人迷惘、痛苦、失望的普遍情绪，具有很强的抒情性。唱酬诗歌是他诗歌的一大门类，表达了黄滔对亲人朋友的深厚情意，也是其干谒求仕经历的真实写照。在对自然山水的关照中更表现了诗人对自然的热爱、对佛理的思索，以及对自身功名得失的心灵咏叹。黄滔的文学思想，从诗的功用、诗的审美、创作构思三个方面展开论述，继承了白居易讽喻的特点，讲求真情实感。在艺术上表现出对杜甫诗歌艺术的继承与借鉴。（张媛：《黄滔诗歌研究》，河北大学硕士论文，2010年。）

黄滔诗歌创作的内容主要有：

一是描绘家乡的秀山丽水。诗人借咏大自然之美，以忘却世俗的烦恼。如《壶公山》诗："八面峰峦秀，孤高可偶然。数人游顶上，沧海见东边。不信无灵洞，相传有古仙。橘如珠夏在，池像月垂穿。……谷语升乔鸟，陂开共蒂莲。落枫丹叶舞，新蕨紫芽拳。翠竹雕羌笛，悬藤煮蜀笺。白云长掩映，流水别潺湲。"壶公山即壶山，在荔城南向约7公里处，绵延至新度、灵川两镇之间，海拔710.5米。相传汉代有一位胡道人居于此，得名胡公山。又据《九域志》载："昔有隐者遇老翁于绝顶，忽见宫阙台殿，似非人间，曰：此壶中日月也。"故此山称壶公山。壶山八面，仪态万千。据载，山上有天池、仙井、蟹洞诸胜迹，还有虎丘岩、碧溪湾、海潮院等佳境，成为莆田名山之最。从这首诗中，可看出诗人对故乡山水有一种特殊的亲切感。

二是反映个人的仕途艰辛。由于初场的不第以及 24 年的岁月蹉跎，黄滔有较多的诗是写其科举功名过程中的经过与心态的。如《下第》诗云："昨夜孤灯下，阑干泣数行。辞家从早岁，落第在初场。"《下第出京》云："茫茫数年事，今日泪俱流。"《下第东归留辞刑部郑郎中諴》云："明日蓝田关外路，连天风雨一行人。"而《放榜日》一诗则无法掩饰他及第后惊喜和得意的心情："吾唐取士最堪夸，仙榜标名出曙霞。白马嘶风三十辔，朱门秉烛一千家。"黄滔在科第道路上的艰辛与曲折，使他对别人的及第也感到欣慰："今年春已到京华，天与吾曹雪怨嗟。"（《喜陈先辈及第》）又为落第者寄以深切的同情："为君惆怅惜离京，年少无人有屈名。"（《送林宽下第东归》）事实上，黄滔的这部分诗歌反映了唐末动乱年代知识分子的坎坷遭遇和悲惨命运。

三是表现社会动乱的现实。唐末五代是一个军阀混战、社会动荡、政治黑暗的时代。当时中原一带经常处于战乱之中，烽烟千里，田园荒废，民不聊生。黄滔曾经长期在京城、中原一带客居漂泊，亲眼目睹，不能不在他的诗歌中反映出来。如"世乱怜官替，家贫值岁荒"（《书崔少府居》），"故国田园经战后，穷荒日月逼秋期"（《旅怀寄友人》），"大国兵戈日，故乡饥馑年"（《和友人酬寄》），"大朝多事还停举，故国经荒未有家"（《别友人》）等。《书事》一诗反映了唐王朝为镇压黄巢起义，而不惜加重人民的兵役和赋税："望岁心空切，耕夫尽把弓。千家数人在，一税十年空。没阵风沙黑，烧城水陆红。飞章奏西蜀，明诏与殊功。"诗末两句点出这场战争的胜利，却以人民无限的痛苦和城郭的残破而换取的，岂不是莫大的讽刺。

四是描写人情世态炎凉。经历过坎坷的人生，黄滔对当时社会的人情世态有着更深刻的认识，如《寄友人》一诗，诗人以比兴的手法，揭露朋友之间的交情已为"势利"所扭曲，经不起时间的考验，"君爱桃李花，桃李花易飘。妾怜松柏色，松柏色难凋。当年识君初，指期非一朝。今辰见君意，日暮何萧条？入门有势利，孰能无嚣嚣。"《贾客》一诗则是当时激烈的政治斗争、阶级斗争在士大夫心理中畏惧的反映："大舟有深利，沧海无浅波。利深波也深，君意竟如何？鲸鲵齿上路，何如少经过。"实际上诗人也感慨世路的艰难，人情的险恶，表示与其艰险追逐名利，不如急流勇退，保全身家。

"诗至唐而盛，至晚唐而工"，黄滔诗歌清新自然，所呈现的是一种自然流出的情感，非雕琢堆砌之作，具有独特的艺术价值和审美价值。黄滔被奉为"闽地文章初祖"，在唐五代末期的闽中诗坛，影响非常大。

此外，黄滔还擅写碑铭，当时闽中碑铭几乎尽出其手。这些碑铭对后人研究晚唐、五代的历史和典章制度具有参考价值。

当时由于中原战乱，中原人士纷纷避乱闽国，其间很多中原名士与黄滔关系密切。黄滔虽然文学造诣高超，却丝毫没有傲气，而是团结同仁，激励上进。当时避乱来闽的中原人士，如韩偓、罗隐、崔道融、李绚等著名学士文人，"皆与滔交"。黄滔对这些文人有援引荐拔之功，怜才笃故，道高德厚，有宗主之风。他们以黄滔为中心，互相交流唱和，著作论诗，带来了福建文学的繁荣，都"称滔文章为闽初祖云"。（张媛：《黄滔诗歌研究》，河北大学硕士论文，2010 年。）

明吴源《莆阳名公传》称黄滔"居常与罗给事隐、陈侍御峤、翁谏议承赞、陈明经黯、徐正字寅、林明经乔为莫逆交，见于唱酬诗集"。黄滔不仅与这些文人私交很好，且归佐闽王的时间相比要早，是较早投王审知并被重用的文人之一，在闽国的政坛和文坛有特殊的地位。

《丈六金身碑》文中记载的入闽人物不少也与黄滔有很大的关系。例如弘文馆直学士弘农杨赞图，乾宁四年（897）状元及第；其兄杨赞禹，大顺元年（890）状元及第。黄滔集中有《与杨状头书》《与杨状头赞图启》（"赞图"应为"赞禹"之误。黄滔乾宁二年及第，赞禹及第在黄滔前，故两篇书启中都称"先辈"；而赞图及第在黄滔之后故不可能称先辈），为黄滔投谢之文。书中称"洎前年榜，伏睹先辈荣登，逮王先辈希龙之还，敬话先辈之道，某熟得而知勉。"王希龙，即王虬，泉州南安人，杨赞禹同年进士。也就是说，黄滔是经过同乡的接引认识杨赞禹的。书中表明黄滔"蒙先辈逾涯越等，加之赏录，便许荐拔，充宗伯之所求。……若某则已登选于今日也……某今感先辈之恩知……"，杨赞禹当年于黄滔有知遇荐拔之恩。杨赞图，杨赞禹之弟，乾宁四年进士及第。黄滔与赞图有诗作唱酬，滔集中有诗《寄杨赞图学士》《酬杨学士》，据诗中所言及黄滔与其兄之关系，可推测二人开始交往不会迟于乾宁年间。后中原板荡，杨氏兄弟归倚王审知，应与黄滔的援引有很大的关系。

由此可见，唐末五代时，黄滔以其特殊经历、较高的文学成就、在闽国政坛特殊的政治地位、清醒的地方群体意识，成功地团结、吸纳了一大批闽地及中原的著名文人，使五代时闽中文学空前兴盛，大大促进了福建教育、文化的发展，为五代以后的宋代闽地文人群体在全国文化中心的强势表现做了很好的准备。据学者统计，北宋一代，福建路共中进士 2600 名，居全国之冠，远多于第二位的两浙西路。这与唐末五代闽中文人群体的崛起有很大的关系。

长期勤奋刻苦的不懈努力，给黄滔带来了丰硕的创作成果，他有 208 首诗收入《全唐诗》，其《黄御史集》十一卷收入《四库全书》。宋洪迈评他的诗："清淳丰润，若与人对语，和和郁郁，有贞元、长庆风概。"杨万里认为"诗至唐而盛，至晚唐而工。……御史公之诗尤奇"。并指出他的诗可与韩偓、罗隐等的诗相比肩。（见《黄御史集序》）在唐末五代之际的闽中诗坛上，黄滔不仅是一位诗歌成就比较突出的诗人，而且是一位具有文学见解和诗歌理论的诗人。黄滔作为唐末五代之际闽中诗坛的领袖，当之无愧。正如清杨浚《论次闽诗》所说："清丰才调本无双，宾客韩崔气尽降，大有贞元长庆体，泉山领袖属文江。"

据《唐书·艺文志》记载，黄滔一生著有《黄滔集》十五卷、辑录有《泉山秀句集》三十卷，可惜都已散失。今存《黄御史集》十一卷，收入《四库全书》。明成化初，兴化知府岳正闻其大名，特地在莆阳为他建起了一座"文章初祖"坊，表彰他的突出业绩。

（谢彪）

王审知

王审知（862—925），字信通，又字祥卿。旧居今河南信阳地区（古称光州）固始县城东30公里外的分水亭乡王堂村。本琅琊人，出身名门望族。秦将王翦三十四代孙。其五代祖王晔为固始令，善政多多，民爱其仁，勉留之，因迁家于此，遂世为固始人。王审知状貌雄伟，方口隆准，喜读书，好骑射，常乘白马，号称"白马三郎"。这一美称跟随在他此后的戎马生涯中。其兄王潮（846—895），字信臣，"沉勇有智略"；次兄审邽（858—904），字次都，"喜儒术，善吏治"。

唐末，黄巢起义军打进长安，僖宗入蜀，群盗起于江淮。寿州人王绪与妹婿刘行全，聚众万余而据寿州，自称将军。攻取光州，纳收士民，以广队伍。其时，王潮为固始县佐史，王潮"志尚谦恭，誉蔼乡曲，善于和众，士多归之"。（清·吴任臣：《十国春秋·卷九十·闽一·司空世家》。）与弟审邽、审知，以才气知名，邑人号曰"三龙"。王绪为网罗人才，施以计谋，迫使王氏兄弟五百乡民从军，并任王潮为军正，主粮秣。并其二弟亦召置军中。当时，奉国军节度使秦宗权称霸蔡州一带，自制帝号，补署官吏，"恃势侵凌四境"。王绪寡不敌众，只好退出了固始。王绪率众南奔。至赣境，略得阳、赣水；入闽地，取汀州、陷漳浦，但皆未能据之。且王绪嫉妒贤能，"猜刻不仁"，凡才貌过己者，必暗除之，军中人人自危，"不保朝夕"，因而激起兵变，为部将所逼自杀，众推王潮为主。

王潮占有"五州之地"后，于乾宁元年（894）发生了黄连洞（今宁化县东）"蛮夷"聚众2万围攻汀州的事件。潮遣李承勋率军万人征讨，"蛮夷"溃逃，汀州解围。李乘胜迫击，予以全歼。由是福建局势略为安定，潮即着手从事开拓和经营福建的事业。采取还流亡、定租税、巡州县、劝农桑、交邻道等措施，发展生产，保境安民，政绩颇佳，"人皆安之"。同年，潮委仲弟审邽为泉州刺史。邽喜儒术，通《书》《春秋》，善吏治；并采取招抚流民回归原籍生产者给牛、犁和兴建庐舍予以妥善安置的措施，深得民心。

乾宁三年（896）九月，朝廷升福建为威武军，委潮为节度使；翌年，潮死。由审知充威武军留后、检校刑部尚书，继而升迁为节度使；天祐元年（904），朝廷加封王审知为"琅琊王"。天祐四年，后梁太祖朱全忠加拜王审知为中书令、福州大都督长史。开平四年（910），又封为闽王。

主政福建以后，王审知首先需要稳定政权，所以对其他势力采取招抚策略。王审知对各地方势力"感知以恩，绥之以德，且曰吏实为虐，尔复何辜。示以宽仁，俾之柔服"。招抚策略不但解除了地方武装的威胁，而且进一步收揽民心，巩固了其统治基础。政权建立后，王氏又大力整顿吏治，选用一批有才能的、执法严明的官吏。如任命"弹劾百僚，甚有风采"的张庑为殿中侍御史，任命王彦复、王审邽和王延彬先后为泉州刺史，孟威为建州刺史，钟全慕为汀州刺史等。他们任职一方，恪尽职守，为各地的发展做出了贡献。

在经济上，王审知采取了积极有效的政策发展福建的农业、商业。王审知在位时，政府兴修了大量的水利工程以灌溉农田。如在开平四年，"大浚侯官县西湖，广至四十里，溉民田无数"。在农业赋税和徭役方面，政府取消了两税之外的一切附加税，并注重"使民以时"。在发展工商业方面，王氏鼓励工商，实行宽商政策；整治河道，整修海港，新建"甘棠港"，"尽去繁苛，纵其交易，关讥廛市，匪绝往来"，（李志坚：《王潮、王审知兄弟治闽与中原文化的南传》，《信阳师范学院学报（哲学社会科学版）》，2009年01期。）发展海外商业贸易。一时福建出现"击毂摩肩"的景象。总之，良好的利农利商政策，使得福建经济发展迅速，史载"鸡犬相闻，时和年丰，家给人足"。

在整顿吏治、恢复经济的同时，"化战垒为良畴，谕编氓于礼义"，"广设庠序，至于礼闱考艺，无不言文物之盛"，出现了空前兴盛的府、县学及乡间私塾。

由于王氏采取了这一系列文化政策，闽地文人非常活跃，那些因流放或避难到闽的中原士人，原有不少就有较高的职务，阅历多，政治经验丰富。王氏兄弟十分注意对人才的吸引，使得大批的文人、儒士以及官宦参与到王闽政权。许多公卿学士如杨承休、郑璘、归传懿、韩偓、杨赞图、郑戬等，为躲避战祸和政事，纷纷挈眷或率族来归。当时福建所聚集的人才，主要包括三部分：一是从外地流入的士人；二是本地士人；三是南下的固始士人。对于士人，无论是福建本地还是外地流入，王氏兄弟都持欢迎态度。对文人士大夫大力招揽，尊崇有加。王氏兄弟在闽，"颇折节下士，开四门学馆以育才为意。凡唐宋士大夫避地而南者，皆厚礼延纳，作招贤院以馆之"。在王氏兄弟的努力下，大批的文人士大夫汇集于王闽政权。"王倓，唐相溥之子；杨沂，唐相涉从弟；徐寅，唐时知名进士，皆依审知仕宦"。"右省常侍李洵、翰林承旨知制诰兵部侍郎韩偓、中书舍人王涤、右补阙崔道融、大司农王标、吏部郎中夏侯淑、司勋员外郎王拯、刑部员外郎杨承休、弘文馆直学士杨赞图、王倜、集贤院校理归传懿等皆入闽"。

在闽，他们既显露了文才，也表现了出色的政治才干，王审知"政绩斐然"，离不开他们的积极作用。如王审知的尊奉中朝，"（黄）滔归正有力焉"；办校育人，又与翁承赞分不开。翁为唐末进士，审知用为相，进劝"建学四门，以教闽之秀者"。

仙游人郑良士"博学，善属文"，昭宗景福二年（893）"授国子四门学士"；莆田人黄滔，"光化中，除四门学士"；莆田人徐寅"登唐乾宁进士第"等，都具较高的文学素养。黄滔为崔道融作祭文，为陈峤作墓志，说明了南北文人的交融；徐寅仕唐、梁，著述颇丰，其赋脍炙人口，且流传海外，渤海国高元固说，"本国得《斩蛇剑赋》《御水沟赋》《人生几何赋》，家家皆以金书，列为屏障"，非常珍重。王审知时期文化建设的成就，为宋代福建文化地位的提高奠定了良好的基础。

王审知治闽期间，在境内兴办教育，广设学校，使州有州学，县有县学，乡僻村间设有私塾，并拨出专门经费供给师生膳食。五代后梁龙德元年（921），王审知采取翁承赞的建议在福州留晖门外（今圣庙路）建"四门学"，以"教闽士之秀者"。聘请著名文人陈郯、黄滔等为"四门博士"，其主旨在于"聚书兴教，使民知礼义，从善如流"。同时招纳文士，叙任官职，士子既有进身之阶，一时文风大振，并由管城丞周启文，设鳌峰书院于九仙山，请福州绅老吴勖进士为大教授，选拔多方之秀、读书于名山秀水。闽王并按期亲临阅卷，论才授职，八闽读书蔚成风气。

王审知治闽期间，奉行"宁为开门节度使，不作闭门天子"的从政理念，发展对外贸易，轻徭薄赋，招纳贤才，重视教育，使福建迎来了历史上难得的发展时期。王审知利用福州靠江面海的地理优势，开辟甘棠港，拓展对外贸易的新航线，使福州港在这时期成为中国"海上丝绸之路"的重要港口。王审知治闽期间福州已成为经济贸易发达的"闽越都会，东南重镇"。黄滔撰《灵山塑北方毗沙门天王碑》提到王审知疏浚福州河渠事迹，"其东画长川以为洫，西连平南，盘别浦以为沟，悉通海鳛。朝夕盈缩之波，底泽鳞介，岸泊艅艘"。这就是说，河渠疏浚以后，海鳅巨舶，可以乘潮驶入。内河两岸，停泊着大小船只（艅艘）。《旧五代史·僭伪列传》：王审知"起自陇亩，以至富贵，每以节俭自处，选任良吏，省刑惜费，轻徭薄敛，与民休息。三十年间，一境晏然"。王审知在福州发展海外贸易所取得的成就助推宋代福州港显现"百货随潮船入市，万家灯火户垂帘"的繁荣盛景。

王审知长于中原，自幼深受儒家思想熏陶，而且举于乱世，亲眼目睹了晚唐民不聊生之状，故其明白要使百姓安居乐业，应当首先施行仁政，将儒家思想当成治国的根本，"始者我公之登坛也，其一之年，偃干戈，兴礼乐。二之年，陈耒耜，均赋舆。三之年，叠贡输，祇宠泽。万乘臣其职，四邻视其睦，百姓天其政。故一川之镜如，灵台之月如。融融怡怡，愉愉熙熙。乃大读儒释之书，研古今之理。"（杨娟娟：《统合儒释：王审知治闽方略探析》，《福建论坛》，2009 年 11 期。）

从景福二年王潮、王审邽、王审知兄弟攻占福州算起，至开运二年（945）南唐灭闽止，闽国共存在 52 年的时间，其间王审知在位 27 年（898—925），占了逾半时间。这 27 年是五代闽国最为繁荣的时期，也是福建佛教的兴盛期之一。在黄滔的笔下，王审知修寺、建塔、缮经、开斋等一系列的佛教行为都是为君王、为父母、为社稷、为百姓求福的忠孝爱民之举，是其治世立国的有效手段。

此后，历朝福州的地方官对忠懿王庙都曾进行过不同程度的修葺或重修。宋政和中郡守罗畴，绍兴中郡守张守相继修葺。明万历二十八年（1600），王审知裔孙王一腾请于抚按重修，同为王审知裔孙的转运副使王亮，力襄厥成。四十年（1612），巡抚丁继嗣重修。清康熙元年（1662），巡抚许世昌重修。道光七年（1827），王审知裔族整修闽王祠。

（谢彪）

宋元

郑文宝

郑文宝（953—1013），字仲贤，一字伯玉，汀州宁化人。北宋政治家、文学家。

郑文宝所属郑姓在魏晋时期已确立了以荥阳为郡望的大姓门阀士族地位，与范阳卢氏、清河崔氏、太原王氏并称，是中古时期最为显赫的"四姓"之一。

关于郑文宝的籍贯，《宋史》从《宋太宗实录》的说法，以郑彦华父子为"福州长乐人"（今福建福州）。《十国春秋》《南唐书》均袭用此一说法。这大概是以彦华的出身地论之。现存对文宝确切籍贯的说法主要出自方志的记载，《宁化县志》《汀州府志》《八闽通志》等福建方志俱作"汀州宁化人"（今属福建省宁化县）。

郑文宝的父亲郑彦华生于后梁贞明二年（916），年轻时在福州从军，《宋太宗实录》称其"少有膂力，本道节度使李达以隶帐下，补勇胜军都指挥使"。他出镇福州约在后晋开运二年（945）。其时福州为李仁达所据。开运三年，李仁达率领福州军归降吴越，而郑彦华则归顺南唐。由于奉命"与留从效、陈洪进、董思安、张汉思戍临汀"，彦华举家迁居至汀州宁化。

归顺南唐后，郑彦华率兵与周师频频抵抗，经历了"大小百余战，身被五十余创"的惨烈战事，依靠军功一步步升迁至南唐镇海军节度使、同平章事的位置。南唐被北宋灭亡后，郑彦华随后主入宋，受封右千牛卫大将军。太平兴国五年（980），郑彦华主持整修济、郑、贝三州的河堤。太宗亲征河东时，又作为京城左厢巡检，从曹彬北征督粮运，累迁左屯卫将军，改左千牛卫大将军。端拱元年（988），郑彦华卒于任上，时年73岁，追赠上将军，归葬于汀州宁化。

在这样一个条件优越的官宦家庭里，郑文宝受到良好的熏陶和教育，加之他少时聪颖好学，勤奋刻苦，因而学业日进。郑文宝从小受业于当时能诗文工书法的南唐吏部尚书徐铉，深得徐铉真传。

宋太平兴国八年郑文宝考中进士。历任修武主簿、大理评事、颍州通判、陕西转运副使、河东转运使和工部、刑部、兵部员外郎等职，堪称一代名吏。

据《宋史》卷二七七本传的记载，郑文宝在南唐时已入仕，初授奉礼郎，掌后主之子、清源郡公仲寓书籍，不久迁为校书郎。郑文宝在南唐的仕宦时间前后或不足三年。南唐灭亡时，郑文宝仅 23 岁。在南唐为官的经历，使得他对于这个国家和其权力中心的事务有了更深刻的认识。出于个人气节的坚守，他不愿意像同侪那样以"江南旧臣"的身份入仕新朝，即使朝廷完全能够给予他这样的政策待遇。对于郑文宝而言，接受似乎并不是那么容易。陆游《南唐书》卷十五《郑彦华传》云："归朝，南唐故臣皆许录用，文宝独不自言。"其他史传所记基本相同。正是由于这份"独不自言"的气节，郑文宝受到了后世的极力称许。明人李清《南唐书合订》、陈霆《唐余纪传》二书都将郑文宝列入"忠义列传"，以示推崇。

郑文宝对故国旧主的情谊，从《宋史》卷二七七本传记载可见："入宋，煜以环卫奉朝请，文宝欲一见，虑卫者难之，乃被蓑荷笠，以渔者见，陈圣主宽宥之意，宜谨节奉上，勿为他虑。煜忠之。"正是在这样一个大背景下，郑文宝怀着对故国的情意和思恋开始了《南唐近事》的写作。他在自序中称："君臣用舍，朝廷典章，兵火之余，史籍荡尽，惜乎前事十不存一。"

此时的郑文宝仍是一个意气风发的青年，对于未来何去何从有着自己的思考。太平兴国三年（978）七月，南唐后主李煜去世。关于李煜之死有多种说法，但不管如何，旧主的离去似乎也带走了一个旧的时代。也就是在这一年，郑文宝开始备考进士，希望以这样的方式堂堂正正地进入新朝为官。可惜的是，郑文宝接连两次应试都不中。或是怀着内心的失落和迷惘，或是为了满足个人精进小篆技艺的愿望，在太平兴国五年的春天，郑文宝出发远游齐鲁大地，去访求那块传闻中的峄山秦碑。此行最后无功而返，多年后郑文宝在刊刻亡师徐铉馈赠的此碑摹本时仍念念不忘这段经历。太平兴国八年，郑文宝三考终于及第，与江南故人崔遵度、李建中、李虚己等同榜。是年，中书舍人宋白为主考官，知制诰贾黄中、吕蒙正、李至等同知贡举。由此，郑文宝正式开始了在宋朝三十多年的为官生涯。

在陕西转运副使的首个五年时间，郑文宝为政颇有实绩，主要可以概括为以下几个方面的成绩：

一是重视民生，解决当地实际问题。郑文宝到任陕西不久，当地由于粮食歉收导致大规模的饥荒。郑文宝逼诱富族豪门放出粟米三万斛，一举保全了八万多名灾民的性命。这一得民心的举动使他刚上任就获得了很好的官声，也成为地方志和史传中代代流传的佳话。

二是树立武功，协助朝廷平叛乱党。淳化（990—994）中李顺在西蜀为乱，郑文宝请兵讨伐，与其他宋将一起，平息了这场乱事。

三是深入番地，出色完成粮食督运工作。这五年间，郑文宝进入灵武地区 12 次。由于他通晓番情和语言，周转于当地部落酋长的营帐，在当地有较高的威望。

四是熟稔军事。从防备战略的角度提请修建清远城等多项建议，获得朝廷的许可后大力经营实务。

五是体恤兵士。面对士兵思归引发的哗变，郑文宝选择的是安抚而不是镇压，甘愿冒着矫诏的危险将库银分发给将士，并表示自愿代偿这笔支出。

咸平年间（998—1003），西部边境经常遭受以李继迁为首的党项族地方武装的侵扰。他们抢夺朝廷钱粮，掠夺百姓财物，使这一带老百姓陷入战乱之中，居无定所，民不聊生。一次，李继迁劫走宋朝廷运往灵武（今宁夏灵武西南）粮草；并且攻占清远（灵武东南），围困灵武，直接威胁到整个西部边境的安全。朝廷委任郑文宝以工部员外郎兼随军转运使之职负责平乱。郑文宝受命后，冒雪率精兵轻装奔袭清远，一举击败李继迁，解除了灵武的危急。

郑文宝不但是一名优秀的政治家，还是一名出色的诗人和文学家。郑文宝文采卓然，著述颇丰。除《江表志》《南唐近事》二书外，还著大量诗文作品和单本著述，在五代宋初的文坛上有"能诗"之美誉。

不过，由于个人诗文集均不传，他得以保存至今的诗作不多，大部分出自宋人诗话和笔记的摘录和点评，不少作品的诗题也失考。根据《全宋诗》及后来的订补成果，郑文宝今存诗十六首、残联十四，残句五。郑文宝完整流传至今的诗作大多是唱和、赠友和题壁。郑文宝今存文章的总体风格平实质朴，不事雕琢。当然，这主要与这些文章的公文体裁和表述内容有关。《八闽通志》：宋汀州郑文宝过猴山有诗云："秋阴漠漠秋云轻，猴氏山头月正明。帝子西飞仙驭远，不知何处夜吹笙。"后晏殊守洛，过而见之，取乐天语书其后曰："此诗在在处处，应有神物护持。"又有《题绿野堂诗》："水暖凫鹥行哺子，溪深桃李卧开花。"欧阳修谓："不减王摩诘、杜少陵。惜其全集不传，脍炙诸公谈薮者，仅存此耳。"

郑文宝的《城古威州议》等奏议文说理恳切，条理明晰，在气势上颇有递进、磅礴之感，既表现出郑文宝作为一位谋者之韬略眼光，也传达了一颗忧国忧民的赤子之心。

此外，郑文宝的篆书亦受学于徐铉，造诣颇深。现存秦铭刻文，其中《峄山碑》（重刻本）即为文宝所书（原件见于西安碑林）。文宝所写小篆，小至一片中指指甲，更是匠心独具。徐铉曾得意地对人说，篆字难于小而易于大，文宝的篆书小字胜过李阳冰，大字则与之不相上下。

郑文宝所摹刻的《峄山碑》，通篇用笔精到圆熟，气韵丰匀，独具风貌，充分体现了秦朝李斯小篆的特点，也代表了郑文宝书法的最高成就，后世给予了极高的评价。明代陈孝思论《峄山碑》各种翻刻本等第时称，"长安第一，绍兴第二，浦江第三，应开府四，青社五，蜀中六，邹县七"，还特别提到郑文宝"长安本""威思攸长"之"攸"字竖断作二笔，其他版本从"长安本"出而皆作一笔，从一个侧面进一步肯定"长安本"的精妙。明孙鑛在其《书画题跋》卷二《峄山碑》中感叹："第书严整，无转折痕，于钩填易为功，更加以石力，愈觉圆劲。但李丞相笔意无由睹耳。《峄山铭》，《史记》不载，今获传于世者，赖得博士此片石也。"清侯仁朔《侯氏出品·峄山碑》啧啧称赞："宋人郑文宝摹《峄山碑》于长安，小篆风格得再见于关中，碑字雄浑温雅，无一笔开后人恶道，《石鼓》后无所此肩，汉印之传于后者，皆步其轨躅。"晚清大儒杨守敬跋"长安本"云："笔画圆劲，古意毕臻，以《泰山碑》及《琅玡台碑》校之，形神具肖，所谓下真迹一等。故陈孝思论为翻本第一，良不诬也。"

郑文宝现存著述仅有《江表志》三卷，有陈氏晚晴轩抄本、《四库全书》本；《南唐近事》三卷，有清抄本、《荥阳杂俎八种》本；《江南余载》二卷，有清抄本、《四库全书》本。《全宋诗》卷 58 录其诗 16 首。《全宋文》卷 135 收其文 8 篇。事迹见《宋史》卷 277 本传。

大中祥符六年（1013），郑文宝在襄城居所去世，享年 61 岁。朝廷下旨追赠为工部尚书。与父亲郑彦华一样，郑文宝也归葬于汀州宁化。至今遗迹尚存，可供后人追思、缅怀这位地方先贤。

（谢彪）

林默娘

林默娘（960—987），姓林名默，莆田湄州屿人。福建有漫长的海岸线，在历史上，航海和海上贸易相当发达。渔民与航海者平日出入于大海，随时都有可能发生危险。为了祈求一帆风顺和化险为夷，福建地区的海神信仰特别发达。其中影响最大的海神是妈祖林默。

"灵妃一女子，瓣香起湄洲。"宋代诗人刘克庄的诗句讲的是妈祖从人到神的转型。妈祖名林默，民间亲切地称她为"姑妈""娘妈"或"妈祖"。福建莆田人。宋建隆元年（960）三月二十三日生于莆田县湄洲屿的一个仕宦家庭。生后直到满月，从未啼哭，因被名为"默"，又称"默娘"。

其曾祖保吉，仕周，任统军兵马使，弃官，隐于湄洲。祖孚，承袭世勋，任福建总管。父愿，宋初官福建都巡检。默娘聪慧过人，8 岁从塾师读书，就能解书中大意。稍长，好诵经礼佛。她精习医术，常为人治病，教人防疫避灾，又熟习水性。湄洲对岸有个地方叫作门夹（今忠门镇文甲村），海中礁石错杂，船只经过时常触礁遇难，默娘经常奋力拯救，乡人感颂不已。

开宝八年（975），默娘 16 岁。一次，她随父兄坐船渡海，风涛险恶，船被巨浪掀翻，她赶紧背起父亲泅水到岸边。哥哥被急流卷走，她又和母亲、嫂嫂驾船寻找，终于把尸体找回埋葬。因此，深受乡亲们的赞颂。

雍熙四年（987）九月初九日，默娘和女伴登高赏景，在湄山之巅"升化"。里人以为神，遂立祠祀之，号为"通贤灵女"。

从以上所记可以看出，妈祖生前是一位"预知人祸福"的女巫，死后被当地人奉为神灵，建庙祭祀。由于湄洲岛上的百姓多为渔民，所以妈祖一开始成为神灵就具备海上保护神的职能，不过最初的影响只限于湄洲岛。妈祖死后约 100 年，其信仰逐渐扩大。

宣和四年（1122），给事中路允迪出使高丽（今朝鲜），航行途中遇到狂风怒浪，其余的船只均覆没，唯有路允迪所乘的船避开风浪而平安到达。他认为是得到了林默神灵保佑，奏闻于上，为妈祖请功。宋徽宗特赐"顺济"庙额给莆田宁海圣墩庙。妈祖信仰得到官府的承认，开始以较快的速度对外传播。与此同时，不少文人雅士都写作了与其相关的诗文。例如，绍兴二十一年（1151），莆田人黄公度遭贬，赴平海军（今泉州）任节度判官时，曾观瞻建在圣墩的顺济庙，题诗赞道："枯木肇灵沧海东，参差宫殿崒晴空。平生不厌混巫媪，已死犹能效国功。万户牲醪无水旱，四时歌舞走儿童。传闻利泽至今在，千里桅樯一信风。"南宋时期，妈祖信仰得到统治阶级的大力扶植，先后敕封给各种封号达十四次之多，高宗、孝宗两朝，累封林默为"夫人"，光宗、宁宗两朝，累封为"妃"，开庆元年（1259），进封"显济妃"。妈祖的身份由巫转变为道教神仙，影响随之扩大，各地的妈祖庙纷纷建立，到绍定二年（1229），东南沿海各地都有了妈祖庙。

元时，妈祖成为漕运的保护神，且"护海运有奇应"，因此得到朝廷的大力扶植，元世祖、成宗、仁宗、文宗四朝，累封"天妃"。明代，妈祖除了庇护海上遇险的渔船、商船外，还常常为朝廷的使节（如郑和与册封琉球使）和水师护航。明洪武五年（1372），敕封"圣妃"。永乐七年（1409），加封"天妃"，建庙于都城外，额为"弘仁普济天妃之宫"。宣德五年至六年（1430—1431），朝廷遣官至湄洲屿，致祭并修整庙宇。

明末清初，福建、广东沿海百姓移民台湾时，船上都奉祀着妈祖神像，以保佑船的平安。清康熙二十年（1681），晋封"天后"；康熙二十三年，朝廷遣官至湄洲，修整庙宇。雍正四年（1726），世宗亲书"神昭海表"额，命匾于湄洲祖庙和厦门、台湾二处天后宫。

在由人至神的过程中，妈祖被塑造为一位颇具慈母色彩、有求必应的海上守护女神。宋元明清的 14 个皇帝赐给妈祖的封号多达 28 个，从"夫人""天妃""天后"，直至"天上圣母"。随着妈祖信仰日盛，其信仰圈也不断扩大，不但沿海百姓信仰，山区群众也崇拜。其职能也不断拓展，举凡渔业生产、男女婚配、生儿育女、祛病消灾都在她的职能范围之内。

福建和台湾是妈祖信仰的中心区。仅在福建莆田的湄洲岛就有十余座妈祖庙，莆田市有数百座天后宫。台湾省的妈祖庙有数百座，都与大陆有渊源关系，香火之旺盛在台湾的众多的神灵中独占鳌头。20 世纪 80 年代以来，林默娘被崇奉为"海上和平女神"，对妈祖的信仰遍布世界各地。湄洲岛被开辟为旅游区，世界各地人士前来朝圣妈祖的络绎不绝。

（庄恒恺）

杨 亿

杨亿（974—1020），字大年，北宋文学家，福建浦城人。北宋开宝七年（974）生于一个封建小官僚家庭。祖父杨文逸，做过南唐玉山（今属江西）县令。当时，南唐李氏政权政治没落，军事疲敝，而经济和文化却颇为发达。家庭和社会环境对杨亿后来的文学成就产生了相当大的影响。

杨亿出生时是一个带有返祖现象的毛孩，遍体生毛，经久始脱。他自幼聪明，刚会说话，母亲口授诗歌，即能背诵。7岁就会做文章，对客谈论，就像一个成年人一样。11岁时，宋太宗赵光义闻其名，遣江南转运使张去华到杨家面试，并把杨亿带到开封皇宫内，连续考了3天，试诗、赋5篇，均下笔成章，太宗很惊讶，又叫内侍把杨亿送到中书省，请宰相们命题赋诗。杨亿又赋诗一首《喜朝京阙》云："七闽波渺邈，双阙气岧峣。晓登云外岭，夜渡月中潮。愿秉清忠节，终身立圣朝。"宰相们也很惊异。太宗立予褒扬："汝方髫龄，不由师训，精爽神助。文字生知，越景绝尘，一日千里，予有望于汝也！"并仿唐朝刘晏的故事，任命杨亿为秘书省正字，又特赐袍、笏。正字是秘书省中校对书上错字的小职员，实际上只是一种荣誉。

不久，因父去世，杨亿回家丁忧。三年丧服除后，因家贫，往投当时知许州的叔祖杨徽之。在杨徽之身边读书时，"务学昼夜不息"，十分勤奋。杨徽之很器重他，对他说："将来光大杨氏门庭的就是你了。"

淳化年间（990—994），杨亿到京师开封献文，太宗授其为太常寺奉礼郎，令在秘阁读书。秘阁是宋代的皇家图书馆，收藏天下秘籍之处，这给博闻强记的杨亿提供了良好的学习条件。杨亿在秘阁读书期间，充分利用秘阁的丰富藏书，写成《二京赋》，献与朝廷。《二京赋》被视为大手笔，传诵一时。因此，杨亿又被太宗提升为光禄寺丞，赐进士及第，入翰林院试用。

在开封期间，杨亿曾参加上苑赏花曲宴，坐于太宗之侧，即席赋诗。后又献《金明池颂》，太宗非常赏识，曾当面对宰相们诵读其中警句。然而第二年，当苑中再行曲宴之时，杨亿却没有出席，仅以诗献太宗。太宗查问，为何不召杨亿。宰相们奏称："旧制，未贴职者不预。"原来宋代官制分官、职、差遣三种。官只用叙品秩，不授实任。职是殿、阁学士等翰林荣衔。差遣则是具体工作任务。以杨亿当时的情况而言，光禄寺丞是官阶，进士是出身，在翰林院试用是差遣，在翰林院还没有正式职名，就叫作未贴职。太宗闻奏，立即以杨亿直集贤院，列入翰林院的正式编制。杨亿请假返乡，太宗特赐钱 15 万，让其衣锦荣归。至道二年（996），升为著作佐郎，曾奉命充任越王生辰使。

宋真宗赵恒未立为太子时，曾任开封府尹，立为太子后仍兼管开封府事。杨徽之是赵恒的首席幕僚，府中文书多由杨亿一手草拟。因此，赵恒对杨亿也很器重，即帝位后，便破格提拔杨亿为左正言，参与编修《太宗实录》。《太宗实录》共 80 卷，出自杨亿之手者达 56 卷之多。此时，杨亿已是赵宋王朝显贵的文学侍臣，但家境仍然贫寒，生计困难。因此，曾要求外放知处州，以便从"陋规"中弄点油水、得些好处以养亲。但宋真宗以杨亿长于史才而不放，经再三请求，才蒙批准。不久，又被召回京师，任左司谏，知制诰，赐金紫。左司谏是御史台殿中的官职，仍系叙品级之用。知制诰则是翰林院学士中第三位的官职，又赐佩金鱼袋、穿紫袍，不但已跻身显贵之列，而且是实际掌握任命官职的具体工作的要职。但是杨亿却始终清廉自守。作为封建官僚，杨亿亦有其为官之道。咸平五年（1002）三月，党项部落首领李继迁攻陷宋朝西部边境要地灵州。真宗召近臣议灵州弃、守之事。杨亿顺着真宗的妥协意向说："（灵州）存有大害，弃有大利。放弃灵州，国家挽粟之劳、士卒流离之苦，悉皆免焉。"主张"弃灵州，保环庆，然后以计困之"。

景德元年（1004），杨亿又以家贫请求出守江南州郡。《武夷新集》中有一篇《再乞补任状》，其中说："既代耕而有禄，则尽室以相依。栖辇毂以食贫，已六迁于岁律。"写出了他长年累月以官为业，难以生活下去的情况，情真意切。宋真宗虽未批准他外任，但知其意图，诏令知通进、银台司兼门下封驳事。银台司是管外官进奏的机关，如此使杨亿可从外官进奏时例有的馈赠中得到收益；兼门下封驳，大概是真宗对一般翰林信不过，要亲信杨亿来把关，以免制诰、诏令出错。

不久，杨亿奉命主持史馆工作，并与王钦若同修《册府元龟》。《册府元龟》共 1000 卷，载历代君臣事迹，与《太平广记》《太平御览》《文苑英华》合称"宋四大书"，而《册府元龟》的规模，居四大书之首，数倍于其他各书。其中唐、五代史事部分，是《册府元龟》的精华所在，不少史料为该书所仅见。《册府元龟》一书，虽以重臣王钦若为总纂，但"其序次、体制，皆亿所定"。景德三年，杨亿升任翰林学士，参加编修国史，"凡变例，多出亿手"。大中祥符五年（1012），杨亿因病乞休，未准。大中祥符七年，病愈后，出知汝州，又判秘阁太常寺。天禧二年（1018）冬，拜工部侍郎。天禧四年，复为翰林学士，奉诏注释御集，兼判史馆事。十二月病卒，赠礼部尚书，谥文。

杨亿才思敏捷，文风雄健，一生基本上都是做文学近侍之臣，终身不离翰墨。草拟一份数千言的文稿，提笔立就，不加点窜，当时学者都"翕然宗之"。除参与编纂《册府元龟》等官书外，其他著作有《括苍》《武夷》《颍阴》《韩城》《退居》《汝阳》《蓬山》《冠鳌》等集及制诰文等共194卷。其著作多已散佚，从保留下来的二十卷《武夷新集》中的诗作看，其诗清新雅正，如《独怀》中的"清凉倦雨忽中断，明月背云还独行"；七律《赠别》中的"梦笔山前君别我，下沙桥下我思君。黄昏更过西阳冷，满目青山与白云"。直抒胸臆，情景交融，诗意如画，意味清远，开创晚唐诗向宋诗过渡的先河。杨亿在翰林院修书之余，与钱惟演、刘筠拈韵分题，作诗唱和，所作集成《西昆酬唱集》（共收近体诗250首）。因有许多人附合，蔚然成风，风格相近，人称为"西昆体"。西昆诗体是中国诗歌史上有争议的诗体，但是杨亿和西昆体的出现，一改宋初白体卑弱平浅的诗风，推动了宋代诗歌的发展。杨亿和同好的酬唱，首开闽人酬唱之风，对宋和宋以后闽人的唱和，以及以唱和为主要形式的诗社的建立起了潜移默化的推动作用，是闽人中第一个倡导并建立起诗歌流派的领袖。杨亿对闽中诗坛的影响也较大，北宋中后期的闽籍诗人苏颂《读杨文公集》云："潇潇建溪遗俗在，至今弦诵满山川。"

（庄恒恺）

柳　永

　　柳永（约 984—约 1053），原名三变，字耆卿，又字景庄，后改名永，因排行第七，故又称柳七。福建崇安（今武夷山市）人。约生于北宋雍熙元年（984）。祖父名崇，字子高，以儒学著名。父亲柳宜，曾任南唐监察御史，后于雍熙二年中进士。叔父柳宣等五人，也都入仕为官。柳永就生长在这样一个官宦家庭。他兄弟三人，长兄三复，真宗天禧二年（1018）进士，景祐元年（1034），柳永与次兄三接同榜登进士。兄弟三人在当时都有文名，时称"柳氏三绝"。

　　淳化元年（990），柳宜入汴京上书，授全州通判，柳永随父赴任。淳化五年，柳宜以赞善大夫调往扬州，柳永随往，习作《劝学文》。至道三年（997），柳宜命其弟携画像前往故里崇安，以慰家母思念，柳永随叔归乡。从此，柳永在家乡崇安生活了一段时间。他读书勤奋，曾留下题咏武夷山水的诗篇《巫山一段云》。后来，随父游宦汴京（今河南开封）。柳永有功名用世之志，努力想登上仕途，但在科场方面却一再遭到挫折，多次应试不第。他精于音律，善为歌词。"教坊乐工，每得新腔，必求永为辞，始行于世，声传一时"。当时仁宗皇帝也"颇好其词，每对宴必使侍从歌之再三"。柳永急于谋求仕途宦达，作宫词《醉蓬莱》，想通过内官送达后宫，以求其助。不料被仁宗皇帝发觉，不悦，"自是不复歌其词矣"。柳永郁郁不平，曾写下《鹤冲天》一词，中有"才子词人，自是白衣卿相""忍把浮名，换了浅斟低唱"等词句，更触怒了宋仁宗。在一次殿试临放榜时，仁宗说："此人风前月下，好去浅斟低唱，何要浮名？且填词去。"从此，柳永便自称"奉旨填词柳三变"，更加陶醉于青楼歌馆以求精神安慰。此后，曾几度离开汴京，漫游于江浙、江淮、长安、渭南、荆湖一带。他更加着意于填写新词，以使他的词"传播四方"。

　　景祐元年（1034），仁宗亲政，特开恩科，对历届科场沉沦之士的录取放宽尺度。柳永闻讯，即赶赴京师。是年春闱，柳永终于中了进士。暮年及第，他喜悦不已。但柳永在官场还是不得意，只当过一些小官。他先是出任睦州（州治在今浙江建德县）团练推官。他到职后，勤于职守，很快得到州官吕蔚的举荐，因"未有善状"受阻。在睦州任内，曾作一首《满江红》，生动形象地描述桐江的优美景色，深受当地人民喜爱，每逢迎神岁祀，都歌唱此词。离睦州团练推官任后，他当过余杭县令，抚民清净，深得百姓爱戴。宝元二年（1039），柳永任昌国县（今浙江定海县）晓峰盐场监，掌管场务和盐税的征输。他为政有声，任职期间接近盐民，了解到盐民终岁辛劳还是饥寒交迫，写下《煮海歌》："煮海之民何所营？妇无蚕织夫无耕。衣食之源太寥落，牢盆煮就汝输征……周而复始无休息，官租未了私租逼。驱妻逐子课工程，虽作人形俱菜色。煮海之民何苦辛，安得母富子不贫……"表达了对盐民苦难的深切同情，对残酷的官私剥削者的不满。从中可以看出，他并不是一个完全沉溺于自我的精神世界而不关心现实的人。

庆历三年（1043），柳永调任泗州判官。他当时已为地方官三任九年，且皆有政绩，按宋制理应改官，竟未成行，柳永"久困选调"，遂有"游宦成羁旅"之叹。八月，范仲淹拜参知政事，颁行"庆历新政"，重订官员磨勘之法。柳永申雪投诉，改为著作佐郎，授西京灵台山令。庆历六年，转官著作郎。皇祐元年（1049），转官太常博士。皇祐中（1049—1053），充屯田员外郎，遂以此致仕。大约在皇祐五年（1053），柳永卒于江苏镇江。

柳永是北宋著名词人，他的《乐章集》保留了近200首词。他对词的发展的贡献，首先表现在对词调的创新上。从唐至宋，词的形式多为小令或中调，与柳永同时而略晚的张先、晏殊和欧阳修，仅分别尝试写了17首、3首和13首慢词，慢词占其词作总数的比例很小。柳永是两宋词坛创用词调最多的词人，一人就创作了慢词87首、调125首。他大量运用晚唐和五代民间曲子词的形式，采取铺叙手法，大胆创新，写下"多达百十字"的长调慢词，扩大了词的题材和内容。慢词是伴随北宋"新声"流行而出现在词坛的。"新声"即流行乐曲。柳永新创的词调，就是为了配合这种"新声"。据统计，在宋词880多个词调中，属于柳永首创或首次使用的就有100多个。

与大量慢词词调创作相应的，是柳永对词的题材的开拓。他创作出了多方面题材的作品。其中最突出的成就还在于羁旅行役方面，这无疑是基于他一生宦游沉浮、浪迹江湖的切身感受。如在《八声甘州》词中，用"潇潇暮雨""霜风凄紧""残照当楼"，衬托自己"叹年来踪迹，何处苦淹留"，欲归无计的苦闷心情。除抒发自己怀才不遇、宦途坎坷、生活困顿的感慨之外，他还有写景词与咏史、咏物词。写景词，如描写汴京上元夜的《迎新春》和描绘杭州风景的《望海潮》。《迎新春》生动地描绘帝都的繁华、鳌山灯节的热闹和市民狂欢的情景,宋英宗时,大臣范镇说:"仁宗四十二年太平,镇在翰苑十余载,不能出一语咏歌,乃于耆卿词见之。"《望海潮》词所描写的杭州景色,既有"烟柳画桥,风帘翠幕"的清丽,又有"云树绕堤沙,怒涛卷霜雪,天堑无涯"的壮观,其中"重湖叠巘清嘉,有三秋桂子,十里荷花",精炼地概括了西湖山水的秀丽景色,更是脍炙人口。据说百余年后金主完颜亮闻此曲,遂起投鞭渡江之志,可见此词影响之深。柳永长期生活在都市里,对都市生活有着丰富的体验,他的词对苏州、扬州、会稽、长安等地都有描绘,对一些重要的民族节日如七夕、重阳等也有所描写,并能真实地反映人民群众游乐的生活情况。咏史的词,如《双声子》上阕写夫差旧国的萧条,下阕转入议论,"想当年,空运筹决战,图王取霸无休。江山如画,云涛烟浪,翻输范蠡扁舟",褒贬有力。又如《西施》是歌咏西施的史事,对她寄以无限同情。咏物的作品,如《黄莺儿》《咏莺》《玉楼春》等,也都表现了他创作题材的多样化。

对于柳永的词,传统观点认为有雅和俗两个方面,多崇其雅而贬其俗。其实柳永在词的创作上之所以能够取得成功,正是因为其词通俗白描和有真情实感。词本来是从民间而来,敦煌曲子词也多是民间词,到了文人手中后,渐渐被用来表现文人士大夫的生活、情感。柳永在未入仕前,敢于蔑视传统礼教,大胆和民间乐工、歌女等艺人接触,了解他们的生活和思想感情,不仅从音乐体制上改变和发展了词的声腔体式,而且从创作方向上改变了词的审美内涵和审美趣味,即变"雅"为"俗",使词从贵族的小众文艺活动重新走向市井。柳永的词,大量描写市民阶层男女之间的感情,词中的女主人公,多数是沦落青楼的不幸女子,不仅表现了世俗女性大胆而泼辣的爱情意识,还写出了被遗弃的或失恋的平民女子的痛苦心声。在词史上,柳永第一次将笔端伸向平民妇女的内心世界,为她们诉说心中的苦闷忧怨,反映了对封建礼教的非难,对被压迫妇女的同情。正是基于这样的原因,柳永的词才走向平民化、大众化,使词获得了新的发展趋势。这些所谓的"俗词"感情真挚、朴实,写爱情大胆纯真。柳永吸收了民间歌曲的长处,大胆以俚语入词,语言通俗、清丽。如在《雨霖铃》中,用"多情自古伤离别,更那堪,冷落清秋节!今宵酒醒何处?杨柳岸,晓风残月",表达与佳人怅别的情景。这类作品脍炙人口,长期为人传诵。柳永擅长运用通俗的语言抒发情感,如《凤栖梧》词云:"伫倚危楼风细细。望极春愁,黯然生天际。草色烟光残照里,无言谁会凭栏意?"把无限愁情含蓄在无言之中,使草色烟光染上感情色彩。他创作的俗词，堪与传统雅词分庭抗礼。

　　由于柳永的词作感情真挚，音律谐婉，且"善于状难状之景，达难达之情，而出之自然"，因而受到民众的喜爱，时称"凡有井水饮处，即能歌柳词"，可见其影响之大。柳永慢词虽然也存在格调不高、内容不够深厚，以及在铺叙的过程中缺乏含蓄蕴藉的问题，但是，作为慢词的开拓者，柳永大量写作慢词，扩展了词的规模和领域。词至柳永，体制始备，令、引、近、慢、单调、双调、三叠、四叠等长调短令，日益丰富。形式体制的完备，为词的发展和后继者在内容上的开拓提供了前提条件，柳永对后世慢词的创作影响很大，为我国词的发展起了重要的作用，这是应当充分肯定的。

　　　　　　　　　　　　　　　　　　　　　　　　　　（庄恒恺）

曾公亮

曾公亮（999—1078），字明仲，福建泉州晋江人，生于北宋咸平二年（999）。父曾会，官至刑部郎中、集贤殿修撰、明州知州。天圣二年（1024），曾公亮登进士第，奉派知越州会稽县（今浙江绍兴）。老百姓在镜湖旁种田，每每担心镜湖泛滥。曾公亮设置斗门，将湖水泄入曹娥江，老百姓因此享受到好处。由于父亲在会稽境内买田而犯有过失，贬官监湖州酒税。

庆历七年（1047），曾公亮调任国子监直讲，不久改诸王府侍讲。年限已满，应按旧例试馆职，他单独进献所作文章，被授为集贤校理、天章阁侍讲，修起居注。本来按铨选制度规定，曾公亮这时应迁官知制诰，但当时宰相贾昌朝跟他有亲戚关系，遂避嫌除任天章阁待制，赐予金印紫绶。宋朝制度规定，待制不改官服。在迩英阁讲《孝经》时，宋仁宗特赐他官服，对他说："我从讲席间赐给你，是用以尊宠儒臣啊。"一日，仁宗召集执政侍从诸臣商讨政事，曾公亮因母病告假。仁宗特遣内侍到其家征询，他针对当时最为急切需要解决的政事问题，提出了"完堡栅、蓄兵马、损冗兵、汰冗官、节财用、省徭役"六条建议，认为："完堡栅，蓄兵马，使主兵者久于其任，则夷狄不敢窥边；取之得其要，任之尽其材，则将帅不患无人；损冗兵，汰滥官，则财用足；省徭役，专任农，则耕者勤，……"这些建议受到仁宗的赞赏和采纳。于是，又擢升为知制诰兼史馆修撰。

皇祐三年（1051），拜曾公亮为翰林学士、判三班院。三班院是北宋前期特有的人事管理机构。其吏员一向借公事受贿赂，非行贿谢礼不能办事，凡抱案卷上院堂请求判定成绩者，均由吏员随定其高低。权贵子弟大多倚仗权势加以告求。曾公亮对律令非常熟悉，处事果断，有根有据。他上任后，把朝廷前后所订章程条款，全都置于座侧，一一秉公办事，使吏员不能插手，无法营私，受到欧阳修的极力称扬。曾公亮为官正直，治政有能干的名声。受命以端明殿学士知郑州时，盗贼全部逃窜到其他州县，以至于晚上不用关闭大门，因此被郑州人称为"曾开门"。曾经有使者丢失口袋中财物，发布文书追究盗贼，曾公亮上报："我所辖境没有窝藏盗贼，大概是随从之人偷藏。"进行搜查，果然如此。

嘉祐元年（1056），曾公亮升任给事中、参知政事。嘉祐三年，加检校太傅、礼部侍郎。嘉祐五年，除枢密副使兼群牧制置使，在任时重新编制图籍，掌握全国各路的兵屯数量。嘉祐六年，又拜吏部侍郎、同中书门下平章事、集贤殿大学士。当时，各地奏报的刑狱案件，曾公亮都要亲自审阅。比如，山东密州奏报，有恶人强掘民田取其银砂，大理寺拟按"强盗罪"论死。曾公亮认为民田中的银砂属于"禁物"，取之虽强，但性质与从百姓家中盗取财物有区别，便据理力争。于是皇帝下达给有司议论，经审议，比照劫取禁物的法令，盗贼得以不死。当初，东部各州有很多人因此被判死罪，从此后再没有被处死的。又如，契丹派人在界河捕鱼，又多次开通盐船。官吏不敢禁止，都说：和他们计较，将要生事。曾公亮说："刚开始时不禁止，以后将怎么办呢？雄州知州赵滋勇敢有计谋，能够胜任。"派他前去告谕旨意，边境祸害终于平息了。曾公亮明达详熟公文法令，经历处事久了，熟知朝廷台阁典章规定，宰相韩琦经常向他咨询。仁宗末年，韩琦请求设置皇储，与曾公亮等共同商定大计。

嘉祐八年，仁宗驾崩，赵曙继位，是为宋英宗。加曾公亮为中书侍郎兼礼部尚书。次年，迁曾公亮为户部尚书。皇上身体不适，辽国使者到而不能接见，命曾公亮在宾馆设宴，使者不肯去。曾公亮质问使者说："赐宴不到场，这是对君主命令的不敬。君主有病，却一定要他亲自接见，做这样的事能心安吗？"使者于是立刻赴宴。治平四年（1067），英宗病重，曾公亮在宫内奉旨立赵顼继位，是为神宗。熙宁元年（1068），加曾公亮为门下侍郎兼吏部尚书，封英国公，不久加尚书左仆射，改封兖国公。熙宁二年，加昭文馆大学士，进封鲁国公。熙宁三年九月，拜曾公亮为司空，兼侍中，领河阳三城节度使，集禧观使。翌年，判永兴军。在此之前，庆州军卒叛乱，平定诛杀后，余党逃散，自陕以西都警戒防备。戒严措施包括：检阅义勇民兵，增加边境军队，迁移内地租赋。人心骚乱不安。曾公亮认为，反叛者已杀，不必再如此张皇，即奏罢边兵、义勇，以裁抑冗费。长安一些豪强喜好造谣，编造军中兵卒因被裁减而不满，拟在元宵夜勾结外寇为乱的消息，百姓大为恐慌。有人劝曾公亮不要出游，他却不为所动，特地率僚属通宵张灯置酒，游览城市，谣言自息。神宗知道后，对王安石说："大臣如公亮，极不可得也。"过了一年，曾公亮返回京师。不久以太傅致仕。熙宁七年春，契丹遣使萧禧来言："代北对境有侵地，请遣使来共同分画。"神宗皇帝得报，即以手诏赐韩琦、文彦博、曾公亮。手诏言：朝廷与北虏通好已将八十年，近岁以来，生事愈多，代北之地，素无定封，设造衅端，妄来理辩……曾公亮在给神宗的疏奏中说道："乞选将帅，整兵以待敌。"准备随时给挑衅者以迎头痛击。

曾公亮端方庄重，办事细致周密，平时谨守礼仪，遵守规矩，但天性吝啬，积累财富达巨万。曾公亮曾向神宗极力推荐王安石，称王安石"文学器业，宜膺大用"。后来，王安石被任为参知政事，推行新法。曾公亮与他一起辅政，察知皇上偏向王安石，暗中替子孙考虑，凡是改革各事，一概听从，但表面上好像没有参与一样。曾公亮派遣他的儿子曾孝宽参与谋划，到神宗面前所陈述的与王安石没有什么差别，于是皇上更加信任王安石。王安石为了感激他帮助自己，因而引荐提拔曾孝宽到枢密院来报答他。苏轼曾责备曾公亮不能纠正弊病，曾公亮说："皇上与王安石如同一人，这是天意。"表示自己无能为力。世人批评他贪位固宠。

曾公亮学问渊博，著有《英宗实录》《勋德集》《武经总要》等，还参与编撰《新唐书》。《武经总要》是其与端明殿学士丁度等人在康定元年(1040)承旨主编的一部兵书。历经五年修成，仁宗亲自为该书写序。《武经总要》是中国第一部规模宏大的官修综合性军事著作，共四十卷，分前后两集，"前集备一朝之制度，后集具历代之得失"。前集二十卷内容实用，包括选将用兵、教育训练、部队编成、行军宿营、古今阵法、通信侦察、城池攻防、火攻水战、武器装备等都有分章介绍，特别是在营阵、兵器、器械部分，配有详细的插图，这些精致的图像使得当时的各种兵器装备，至今仍能具体形象地呈现在我们面前，这是研究中国古代武器史的极宝贵资料。后集二十卷则辑录历代用兵故事，论述阴阳占候（气象预测），使得大量的资料得以保存下来，对古代中国军事史、科学技术史的研究有非常重要的作用。特别值得一提的是，在该书第十一和十二卷中，记录了引火球、蒺藜火药、毒药烟球三种火药配方。这是世界上最早的火药制造配方，早于欧洲300年。这些火药配方中的组配比率，已同近代黑色火药相接近，具有爆破、燃烧、烟幕等作用，为军用火器的发明和制造提供了物质条件。《武经总要》还记载了我国制成的第一批军用火器，包括火球和火箭两类。火球类有引火球、蒺藜火球、霹雳火球、烟球、毒药烟球等八种；火箭类火器有普通火箭和火药鞭箭两种，是世界"火药火箭"的最早记载。此外，在《武经总要》内还记载着中国的边防地理资料。该书载，北宋朝廷"命王师出戍，置巡海水师营垒"于广南（即广东），"从屯门山用东风西南行，七日至九乳螺州"。"九乳螺州"就是今天的西沙群岛。这表明当时的北宋朝廷已把西沙群岛置于自己的管辖范围之内，因而派出海军到该处巡逻。

元丰元年（1078），曾公亮病卒。神宗闻耗，亲临哭祭，辍朝三日。赠太师、中书令，配享英宗庙廷，谥"宣靖"。神宗亲笔为其墓碑撰额："两朝顾命定策亚勋之碑。"

（庄恒恺）

蔡 襄

蔡襄（1012—1067），字君谟，福建仙游人。父名琇，世居仙游县枫亭驿，初务农，曾为泉州吏员。母亲卢氏，惠安县德音里（今后龙乡）圭峰村名士卢仁之女。

蔡襄童年受到外祖父的严格教育，自幼勤奋读书。宋仁宗天圣八年（1030），蔡襄19岁，离家赴京应试，举进士甲科，名噪京师。次年授漳州军事判官，任职四年。

景祐三年至庆历三年（1036—1043），蔡襄先为西京留守推官、馆阁校勘，继任秘书丞、集贤院校理知谏院，兼修起居注。他主持谏院衙署，奏疏忠诚恳切，大都关系天下利弊、一时缓急。其时，宰相吕夷简执政，树党营私，排斥异己，屡贬言者。权知开封府范仲淹见吕夷简借权徇私，"进者多出其门"，上《百官图》同他争论，被贬知饶州；集贤校理余靖入谏论救落职，谪筠州；太子中允尹洙出于义愤，自愿降黜，以示要与范仲淹同贬。司谏高若讷不敢言，馆阁校理欧阳修诘责他失职，亦被贬为夷陵令。蔡襄看到这种情况，即作《四贤一不肖》诗，称赞范仲淹、余靖、尹洙和欧阳修等是贤人，斥责高若讷为阿谀权贵的不肖之徒。诗出，汴京士民争相传抄；辽国使者适至，购买数十本回去，张贴于幽州馆舍，于是蔡襄名传北国。

在任谏官期间，蔡襄"遇事感激，无所回避"，论事直言不讳。他见吏治败坏，天灾频仍，百姓困苦，西夏侵凌，内忧外患，形势危逼，即连上《言灾异》四疏，指出天灾是由君臣上下过失所致，仁宗皇帝"不专听断，不揽威权，使号令不信于人，恩泽不及于下"，因此应自"修省"。疏上，"闻者皆悚然"。随后，他又多次上疏谏阻迎舍利入宫与修建开宝寺灵感塔等事，指出"今民生困苦，四夷骄慢"，劝仁宗皇帝不要信佛，应修人事，救时弊，加强边防，恤民苦难，以求至治。在政治上，蔡襄主张去邪人，退不肖，进贤才。因此与擅权枉法的大臣势不两立。他曾上疏参劾宰相吕夷简、晏殊与参加政事王举、陈执中等人，要求仁宗皇帝罢免他们的官职，他还斥责吕夷简儿子吕公绰"倚势卖权"。与此同时，他又向仁宗皇帝荐举范仲淹等人，说他们是治"天下病"的良医，应予以重任。后来，范仲淹执政，推行"庆历新政"，蔡襄是他的支持者。蔡襄重视边事。他看到西夏与辽国军队屡次犯边，宋军无力抗击，先后上二十余疏，指责大臣捍边无方，辱国殃民。在《乞大为边备之要》疏中，提出改革军政，选拔将帅，提高军队战斗力，边郡委任精明官员，加强边防的主张。当时，由于宋朝政治腐败，造成外患内忧日益严重的局势。蔡襄为挽救统治危机，忠告仁宗皇帝说："自古剥下无厌而民不乱，诛财无已而国不危者，未之有也。"进而指出，要使百姓心不挠，国不危，必须抚恤贫民，择官任贤，澄清吏治，方能长治久安。他认为国家安危取决于人事，国君要知人善任、辨别邪正。由于蔡襄等人的直言敢谏，当朝权贵心怀畏惧，多有收敛。蔡襄也因此获得了朝野普遍赞誉，仁宗皇帝对他也很器重，非常重视他的意见，屡次下诏书表示要"革弊修废"，以安民定天下。

庆历四年（1044），蔡襄以右正言直史馆，出知福州，七年改任福建路转运使。庆历八年，因父亲去世而离职。在任期间，兴利除害，为民办了几桩好事。首先，修复古五塘水利灌溉工程。莆田县旧有五陂塘，积水溉海滨咸卤地千余顷，八千多户农民赖以为生。大中祥符年间（1008—1016），陈清伙同30家豪绅，勾结县官，决塘为田百余顷，破坏水利灌溉，使大片农田无法耕种。蔡襄奏请朝廷准许修复五塘，蓄水以利农户。五塘修复后，农民感戴蔡襄功德，于塘侧为他建祠。其次，改革盐务。当时福建海盐由官府煎卖，利益甚少，每年还有数万人因犯禁私煎而陷刑狱，蔡襄奏请朝廷，让闽人自煎和通贩，使人民分享盐利。第三，减免税赋。身丁钱也叫丁口钱，是五代旧税，宋真宗时宣布免征，但兴、漳、泉等地人民仍交纳五代时的旧税额，每人每年要交丁口钱七斗五升米，穷人终年佣作，无法纳税，被迫流落他乡，更有穷苦农民因怕负担不起丁口钱而不敢养育儿子。有鉴于此，蔡襄奏请朝廷减免身丁钱一半，大大减轻了民众负担。

皇祐三年（1051），蔡襄回朝修《起居注》，参加政事。皇祐四年，迁起居舍人、知制诰兼判注内诠。至和元年（1054），迁龙图阁直学士，知开封府。开封乃京师地，一向难治。他上任后整饬吏治，吏不敢欺，朝野敬佩。

嘉祐元年（1056），蔡襄再知福州。他益勤于吏治，颁布"教民十六事"劝学兴善，教育民众遵法为善，改变陋习；规定官吏不得滥用职权，不许擅行科取和欺诈百姓，并允许百姓告发官吏、商贾的不法行为，深得民心。他兴修水利，造福人民。北宋时福州城区面积较小，北至屏山，南到今东街口一带，西至西湖，东到七星井一带，周围与闽县、侯官、怀安三县接壤。蔡襄再知福州时，把福州的城区建设、百姓供水、河道清污同三县兴修水利有机结合起来。他"命三县疏导渠浦"，开沟护城河浦176条，计21976丈，灌溉农田3600余顷。侯官县开淘河浦69条，大片农田得到了灌溉，农业生产发展。晋安河原是北宋开宝七年（974）刺史钱昱修筑外城时，在东门外所挖的一条"护城濠"。这条护城濠又短又窄，由于多年失修，泥沙淤积，水流不通。蔡襄经过实地考察后，发动人民拓宽晋安河河道，并南北延伸，北至新店的北峰山脚，经琴亭而下，过水部和象园，直通闽江，使晋安河变宽变长，成了沟通福州南北的大运河，并命知县樊纪在晋安河上架设了13座桥。与此同时，蔡襄还发动群众清理城区内河，并开通自清水堰起至利涉桥、清泰桥，经开元寺至东康门桥的河道，使城内的各条干渠连成一体，与晋安河相通，构成了四通八达的水网。如此，便将内河与闽江连接了起来。从此，涨潮时，潮水朔河而上流入城内，退潮时，河水顺江而下，不但解决了城市供水、防火、防涝和污水处理问题，还促进了水路交通的发展。此举大大拓展了福州的城市功能，为福州在此后千年的不断发展奠定了基础。蔡襄的另一大政绩是大规模植树。他下令各地广泛植树，在福州大义渡至泉、漳七百里大道两旁种植松树。树长庇道，暑天遮阴，便于行走。福建人民感激蔡襄为众人造福，民间传诵一首歌谣称颂他的功德："夹道松，夹道松，问谁栽种，我蔡公；行人六月不知暑，千古万古摇清风。"蔡襄在任内还兴办学校、提倡读经。当时福州儒生"重诗赋，轻经义"，读书只为了应对考取进士。蔡襄认为，要造就经国人才，必须提倡读经书。为此，聘请乡贤陈烈与陈襄、周希孟、郑穆为州学教授，向学生讲授经学，大受欢迎。周希孟精通五经，对《周易》研究尤深，有次讲解《周易》，听课的人竟有三五百人之多。蔡襄自己也"亲至学舍执经讲问，为诸生率"。由于蔡襄的倡议，福州的经学得到了很快的发展，为后来福建理学的形成创造了有利的条件。

至和、嘉祐年间（1054—1063），蔡襄两次知泉州，第一次自至和三年二月至嘉祐元年六月，第二次自嘉祐二年七月至嘉祐五年秋。蔡襄在泉州任上，首先整顿吏治。当时晋江县令章拱之贪赃枉法，蔡襄奏疏弹劾，把他革职为民。他又修建沿海州县城池，加强军事防备，教习舟船熟记水势，防备海寇。泉州城东郊有洛阳江，下游出海口江面宽五里，有渡口名万安渡。"每风潮交作，数日不可渡"，"沉舟被溺，死者无算"。皇祐五年（1053），王隽首倡建造石桥，蔡襄主持这项工程，费时 6 年 8 个月，至嘉祐四年 (1059) 十二月完工，桥长 360 丈（折 1105.92 米），宽广 1 丈 5 尺（折 4.6 米），酾水（排水孔）47 道，称名万安桥，又称洛阳桥。于是"渡石支海，去舟而徒，易危为安，民莫不利"。万安险渡变通途，千余年来一直是福建南北交通要道上一座重要桥梁。洛阳桥建成后，蔡襄亲自撰写《万安渡石桥记》，刻碑立在左岸。此碑文章简约，书法遒劲，镌刻传神，被誉为"三绝"。蔡襄知泉州时期，连年发生旱灾，他调动民力，加强水源管理，制定《龟湖塘规》，制止用水纠纷。他任转运使期间又在郡南小乌石山访得一泉，通知泉州地方官好好管理，供民众饮用和灌田。

嘉祐五年，蔡襄奉诏还京，嘉祐六年拜翰林学士权理三司使。翌年二月赴京任，主管朝廷财政。此时，朝廷财政入不敷出，"积贫"已深。蔡襄善于理财，针对北宋王朝国贫民穷，财政困难的情况，提出精兵简政，节省开支的方案，指出"较天下盈虚出入，量入以制用。划剔蠹弊，簿书纪纲，纤悉皆可法"。不久，英宗继位，正式任命蔡襄为三司使。蔡襄撰《国论要目》一文，阐述改革主张，提出择官、任才、去冗、辨邪佞、正刑、抑兼并、富国强兵的改革方案。英宗不但不采纳，反而夺其三司使职。蔡襄深感朝廷难于容身，请求外任。治平二年（1065），蔡襄以端明殿学士出知杭州。次年，徙南京留守，因丁母忧返闽，未赴任。治平四年八月，蔡襄在家中逝世，享年 56 岁。葬在枫亭蔡岭，欧阳修撰《端明殿学士蔡公墓志铭》。南宋乾道年间（1165—1173），赠谥忠惠。庆元年间（1195—1200），在洛阳桥南街尾建蔡襄祠。

蔡襄居官任职 30 余年，既勤于政事、精于吏治，又长诗文，工书画。在书法方面，世人称他与苏轼、黄庭坚、米芾为宋代四大书法家。其书法精妙，恪守法度，有晋唐风骨，前代意韵，变化无穷，真、行、草、隶四体都达到妙胜之境。黄山谷称他为"翰墨豪杰"，欧阳修称"蔡君谟（书法）独步当世"，苏轼评"君谟行书第一，小楷第二，草书第三，就其所长求其所短，大字为少疏也"。现存《万安渡石桥记》是他的大字冠冕；小楷中，《集古录序》横逸飘发，《荔枝谱》严正方重，《茶录》劲实端严，书体虽有差异，却各得精髓。他在科学文化方面取得了重大成就，撰有《荔枝谱》与《茶录》二书。《荔枝谱》分三卷七篇，内容包括荔枝的产地、生态、功用、服食、加工、贮藏、运销，介绍荔枝品种 32 种。《茶录》分上下两篇，讲述福建茶叶的生产和烹制方法。上篇论茶道，包括辨茶、煎茶、品茶等十个问题；下篇论茶器，包括制茶工具、饮茶器具等九件器物，生动详尽。史家说："蔡君谟善辨茶，后人莫及。"这两部专著被译成英、法文版，传播世界各国。蔡襄一生所著甚丰，有诗词 370 首，奏议 64 篇，杂文 584 篇，收于《蔡忠惠公全集》。

（庄恒恺）

苏 颂

苏颂（1020—1101），字子容，福建泉州南安葫芦山（今属厦门市同安区）人。他是宋代著名的政治家，曾任宰相，位极人臣。朱熹称他"道德博闻，号称贤相，立朝一节，始终不亏"。他又是一位百科全书式的科学家，主持研制了水运仪象台，著有《新仪象法要》《本草图经》等重要的科技典籍，著名科技史专家李约瑟认为他是"中国古代和中世纪最伟大的博物学家和科学家之一"。

宋真宗天禧四年（1020），苏颂出生于一个官宦之家。他的祖父苏仲昌、父亲苏绅都是进士出身，分别担任过太守、推官等职务。苏颂从小跟随父亲在任上读书，聪颖过人，5 岁就能背诵经书和诗文。他的父亲和叔父苏绎均通历数之学。在他们家中，还有一个小型浑天仪模型。有这样的家学渊源，苏颂对于天文学的兴趣也不断增长。宋仁宗庆历二年（1042），苏颂以《历者天地之大纪赋》一文，与王安石同榜高中进士。在这篇应试文章中，他旁征博引，将历法的起源、内涵、推算以及天文观测等有关历法的内容以优美的文辞表述出来。

苏颂中进士后，初授汉阳军（今湖北武汉市汉阳）判官，未赴任，改补宿州（今安徽宿县）观察推官。适其祖父去世，其父在金陵（今江苏南京）守孝，朝廷为了照顾苏颂，调其到金陵附近任江宁知县。任内清廉爱民，遇有民间纷争，亲自劝谕要亲善和睦。江宁任满，正赶上父亲苏绅病逝。苏颂葬父在润州丹阳（今江苏丹阳），自己也移居丹阳守孝。守孝期满，出任南京（今河南商丘）留守推官，成为留守欧阳修的得力助手。欧阳修十分信任苏颂，说："你办事慎重稳妥，经过你看的文件我就放心了。"将政务交给苏颂办理。

苏颂因政绩卓著，朝臣交相推荐，经宋仁宗召试，于皇祐五年（1053）被任命为馆阁校勘，开始了他校勘和整理古籍的生涯。不久迁大理寺丞。他侍奉祖母、母亲，供养姑姐妹及外族数十人，并及时给他们婚嫁。校书俸禄微薄，妻儿有时衣食不继，但大家相处融洽，亲密无间。宰相富弼称他为"古君子"。至和元年（1054），任同知太常礼院。嘉祐二年（1057），改任集贤校理、校正医书官。嘉祐四年，兼任殿试复考官，五年，迁太常博士，仍兼校正医书官等职。这是他第一次在朝廷任职，主要是编校古籍，历时九载。在这九年中，他尽览有关天文、音乐、算学、医学、典章制度的书籍，每天记诵两千言，回家便记录下来，学识更加渊博。

嘉祐六年，出知颍州。嘉祐八年，仁宗逝世，建陵墓，主管部门向各州、县征收一时难得的物资。苏颂对他们说：先帝遗诏，丧事要俭约办理，不应强征各地不出产之物，使民免受苛扰。顺州通判赵至忠是少数民族归降者，常和历任州官互相争胜，苏颂以诚待之，赵至忠感动地对他说："平生诚服者，惟公与韩魏公（韩琦）耳。"英宗即位后，召为开封府界提点诸县镇公事。不久，调任度支判官，累迁尚书工部郎中。治平四年（1067），神宗即位，知苏颂贤能，任命为淮南转运使。数月后，召修起居注。熙宁元年（1068），擢知制诰，历任知通进银台司，知审刑院，提举官告院，判司农寺等。

神宗即位之初，励精图治，改革政治，于熙宁二年起用王安石为相。王安石执政后，推行新法，受到司马光、韩琦等人极力反对，斗争激烈。苏颂和韩琦、富弼、欧阳修等反对变法官员虽然关系密切，却没有坚决反对新法，只是对实施"青苗法"提出一些批评和建议，认为发放青苗钱的官吏"不能体朝廷之意，争功邀利，务为烦扰"，请将提举青苗官改为各路监司的属官，使"事权统一，而于更张之政无所损也"。

熙宁三年，权同知贡举，因拒绝草诏李定为太子中允、权监察御史里行而被神宗撤职。熙宁四年，任婺州知州。熙宁六年，转亳州知州。熙宁八年，知应天府。苏颂关心民瘼，体恤百姓，深为皇帝所知。熙宁九年正月，苏杭地区再次闹灾。在选任地方长官时，神宗称"苏颂仁厚，必能拊安吴人"。苏颂因而知杭州。熙宁十年，由杭州召回，修撰仁宗、英宗实录。

苏颂一生，两次使辽，每次出使辽国往返时间多达四个多月。他还三次任接待辽使的伴使（陪同团团长）。他首次使辽，是在英宗治平四年八月，以三司度支判官身份，与张宗益等一同出使辽国。第二次使辽为十年后，神宗熙宁十年八月，以龙图阁直学士、给事中身份，和英州刺史姚麟等出使辽国，参加辽道宗的生辰庆典。苏颂在两次使辽、三次伴使期间，十分注意搜集整理辽国的政治制度、经济实力、军事设施、山川地理、风土民情、外交礼仪等情况，及时向朝廷提供。他认为："彼讲和日久，颇窃中国典章礼义，以维持其政，上下相安，未有离贰之意"，但也必须注意其"叛服不常"。并根据宋、辽两国的实际，提出与辽朝和睦修好的外交政策，深得皇帝的赏识与赞同，坚定了宋朝对辽推行友好政策的信心。

元丰元年（1078），苏颂知开封府。元丰二年，改知濠州。元丰三年，知沧州。元丰四年，苏颂被召入朝，判尚书吏部兼详定官制。宋哲宗元祐初年（1086），拜刑部尚书，迁吏部尚书兼侍读。元祐五年（1090），进尚书左丞。元祐七年，拜尚书右仆射兼中书侍郎（即宰相）。元祐八年，知扬州，再次出任地方官。又转知河南，苏颂推辞没有就任，因年老请辞，居京口。绍圣四年（1097），以太子少师职致仕。宋徽宗即位后，进拜苏颂为太子太保，累封为赵郡公。建中靖国元年（1101）五月庚辰，苏颂逝世，享年82岁，徽宗为其辍朝二日，追赠司空。宋理宗时，追谥"正简"。

苏颂所处的时代，朝中派系斗争席卷了整个政治舞台。他却能始终不立党援，不入派系，这既说明他的坚定和稳健，也表明他确实是位成熟的政治家。苏颂学识渊博，对音韵、算学、医药、天文诸门学问无不精通，特别是天文学的成就更为突出。苏颂天算知识的大量储备，在他晚年领导建造水运仪象台的时候派上了用场。元祐二年（1087），皇帝下诏开始水运仪象台的研制工作。苏颂组织韩公廉等人，于第二年研制出样品。元祐七年，水运仪象台竣工。它高约13米，底宽约7米，共分3层，由水力推动运转。这座天文台集天文观测、天象表演和报时三种功能为一体。水运仪象台代表了我国11世纪末天文仪器的最高水平。它具有三项令世界瞩目的发明：首先，它的屋顶被设计成可开闭的，是现代天文台活动圆顶的雏形；其次，它的浑象能一昼夜自动旋转一周，是现代天文跟踪机械转移钟的先驱。此外，它的报时装置能在一组复杂的齿轮系统的带动下自动报时，报时系统里的锚状擒纵器是后世钟表的关键部件。它是华夏大地上前无古人的成就，使许多中外科技史专家为之叹服。李约瑟曾说水运仪象台"可能是欧洲中世纪天文钟的直接祖先"。

苏颂所著《新仪象法要》，是水运仪象台的说明书，也是一部叙述宋代以前天文仪器制造的重要著作。在《新仪象法要》中，苏颂详细介绍了水运仪象台的设计和建造情况，绘制了有关天文仪器和机械传动的全图、分图、零件图50多幅，绘制机械零件150多种，其中多为透视图和示意图，这是我国也是世界上保存至今的最早最完整的机械图纸。正是根据这些图纸，王振铎、李约瑟等人，才能较准确地复原出水运仪象台的全貌。

《新仪象法要》中还绘有多种星图，如"浑象紫微垣星图""浑象东北方中外官星图""浑象西南方中外官星图""浑象北极星图""浑象南极星图""四时昏晓加临中星图""春分昏中星图""春分晓中星图""夏至昏中星图""夏至晓中星图""秋分昏中星图""秋分晓中星图""冬至昏中星图""冬至晓中星图"等，计十四幅。这十四幅星图中，最有价值的是前五幅。苏颂为了星图绘制精确，采取了圆横结合的画法。横图分成两段：东北方中外官星图是从秋分到春分，西南方中外官星图是从春分到秋分。另外，在把球面上的星辰绘制到平面上时，苏颂发现了失真问题，于是他采用了把天球循赤道一分为二，再分别以北极和南极为中心画两个圆图的方法，从而减少了失真，这是星图绘制中的一项新成就。苏颂星图是历史上流传下来的全天星图中保存在国内的最早星图。保存至今的唐代敦煌星图，在时间上比苏颂星图要早，但被斯坦因盗走，现存伦敦不列颠博物馆。但是，苏颂星图比敦煌星图更细致、更准确。如敦煌星图绘星 1350 颗，苏颂星图绘星 1464 颗；敦煌星图主要依据《礼记·月令》的资料，并非实测，而苏颂星图则是根据元丰年间的实测绘制；敦煌星图是从玄枵（子）开始，按十二次的顺序作不连续排列，中间夹以说明文字，有关分野问题也不科学，苏颂星图则从角宿开始，按二十八宿顺序，作连续排列，并完全去掉了有关分野等不科学成分。就所列星的数目而言，苏颂星图的贡献也是值得称道的。如欧洲到 14 世纪文艺复兴以前，观测的星数是 1022 颗，要比苏颂星图少 422 颗。因此，西方的科技史家蒂勒、布朗和萨顿等甚至认为："从中世纪直到 14 世纪末，除中国的星图以外，再也举不出别的星图了。"

苏颂为了让人们更直观地理解星宿在太空中的出没，又提出设计一种人能进入到浑天象内部来观察的仪器——假天仪，苏颂仍请韩公廉和自己一起设计。用竹木制成的假天仪从外面看就像一盏纸糊的特大号灯笼。"灯笼"面上按照天上星座的位置开孔，人进到里面可以看到点点光亮，仿佛看到夜空中繁星点点。扳动枢轴，"灯笼"便可转动起来，体现天体的东升西落。这和今天天文馆里演示人造星空的天象仪的原理是一样的。世界上第一架现代天象仪和第一座天文馆是 1923 年诞生的，在此 800 多年前福建的乡贤就研制出天象仪的雏形，这是值得我们自豪的。

（庄恒恺）

吕惠卿

吕惠卿（1032—1111），字吉甫，福建泉州晋江人，宋仁宗明道元年（1032）生，幼随父居泉州相公巷。

嘉祐二年（1057），吕惠卿登进士第，被任命为真州推官。任期满后进京，被枢密院使曾公亮荐为集贤殿校勘。他在这期间结识了王安石，两人经常研讨经义，意气相投，于是成为至交。宋神宗熙宁二年（1069），王安石任参知政事，执掌朝政，主持变法。他极力向神宗举荐志同道合的吕惠卿，说："惠卿的贤能，岂止是今人，即便是前世儒者也难以企及。学先王之道而能够应用于当世的，只有惠卿一人而已。"是年，朝廷设"制置三司条例司"，为改革的领导机构，指导新法的施行。王安石和知枢密院事陈升之（后改韩绛）主持。吕惠卿为检详，掌朝廷机要文字，参与草拟新法及有关奏章。事关变法，王安石都与吕惠卿商量计议，有所建请，奏章都由吕惠卿起草。吕惠卿因此成为新党核心，当时之人称王安石为孔子，吕惠卿为颜渊。不久，吕惠卿被提拔为太子中允，历任崇政殿说书、集贤殿校理、判司农寺。吕惠卿主管司农寺时，施行常平、农田水利、免役、保甲诸法，成绩显著，进对明辨，很得神宗的赞赏。神宗说：惠卿言农事甚善，然只司农寺，管理的面太小，如果让他司理农司，天下事就大定了。

吕惠卿极力推行变法，遭到守旧派官员司马光的攻击。司马光在神宗面前诋毁吕惠卿，但神宗不为所动。他还极力挑拨王安石与吕惠卿的关系，致函王安石，说："谄媚小人，对您来说确实足以感到心神舒畅，但是一旦您失势之后，出卖您来获取自身富贵的也必定是这些人。"王安石听了很不高兴。

吕惠卿父亲去世，他回家守制，居太湖山。除丧之后，召为天章阁侍讲，同修起居注，成为神宗身边带有顾问性质的人物。又晋封知制诰，判国子监，主管教育事务。吕惠卿主持国子监期间，积极建议学校挑选贡举，选通经术、谙政事的人主判太学，以有学行艺术者为教授。与此同时，在全国各地设立学校。王安石接受他的意见，罢停制举，整顿学校，从中央至地方，学官、教授全改由经过中书或国子监选择之人充任。

熙宁六年（1073）三月，朝廷设经义局，令王安石为提举，主持训释太学教科书《诗》《书》《周礼》（即所谓"三经"）。吕惠卿受命与王安石之子、太子中允王雱同修《三经新义》。吕惠卿还兼知谏院，为翰林学士，并任新设的负责制造军器的军器监长官。他主管军器监时，经过一番整顿，裁定中外所献枪刀样式，规定枪刀质量标准，又编制图书，供制造弓弩参照。从此，所制兵械精利，改善了宋军的武器装备，增强了抵御能力。当时朝廷正大力推行新法，守旧派官员抓住河北推行青苗法时有强配现象，大加指责。神宗对新法产生怀疑，发生动摇。王安石也因新法屡遭阻碍，称病家居。吕惠卿担心王安石去职危及新法，极力挽留王安石。当时吕惠卿已是王安石最信任的改革派成员。为了保护已有的改革成果，继续推行新法，王安石也极力推荐吕惠卿任参知政事。吕惠卿发动支持变法的监司、郡守，向朝廷陈说变法的重要，又借机劝说神宗下诏，不要因为具体推行变法的官员有违法行为就放弃变法。

熙宁七年四月，神宗在太皇太后、皇太后及朝野守旧派的压力下，罢王安石相，出知江宁府，拜同中书门下平章事韩绛为宰相。守旧派讽刺韩绛为"传法沙门"，吕惠卿为"护法善神"。在吕惠卿任职参知政事期间，继续推动新法的进行。在科举方面，废罢了制科。在经济方面，吕惠卿保证了市易法的继续推行。在灾荒期间，吕惠卿等变法派在汴京粜卖了数以万计的粮食，稳定了京师居民的生活。特别是在河北、江浙等地区，利用贮存的青苗钱米，募集受灾农民兴建水利和从事其他工役，度过了灾荒。吕惠卿在王安石下野之初，确实曾担心改革受到守旧派的攻击和阻挠，而尽心尽力维护改革进程。但是随着自己政治欲望的膨胀，吕惠卿想创立新法，作为自己更上层楼的阶梯。熙宁七年七月，他认为旧五等丁产簿不实，采用弟弟曲阳县尉吕和卿的计谋，制定新五等丁产簿，让百姓自报家财，连一两只家中禽畜都不许遗漏。还允许他人告发隐瞒家产者，用被告者财产的三分之一充赏告发的人，是为"手实法"。因为财产计算过细，不断引起邻里纠纷，百姓不胜其困。吕惠卿还将民众自愿请贷的青苗法，变成通过保甲系统强制发放青苗贷款，并且让保甲内的人一同前往官府认领，不得遗漏一人，以至于上下骚动。此外，吕惠卿严惩攻击变法的郑侠等人。郑侠上书说吕惠卿结党为奸，堵塞言路，认为他是还未除尽的奸人。吕惠卿大怒，并命中丞邓绾、知制诰邓润甫惩治他，郑侠被谪放至汀州。

熙宁八年二月，因韩绛不能制衡吕惠卿，因此秘密请皇帝重新启用王安石，神宗同意，次日便派遣使者去下诏召回王安石，安石不推辞，加紧赶路，七日便到了京师，吕惠卿知晓王安石回朝后感到非常愕然。六月，《三经新义》编修完成，神宗特加王安石为尚书左仆射兼门下侍郎，吕惠卿为给事中，王雱为龙图阁直学士。王雱假辞，吕惠卿劝神宗允其请。王雱由此怨恨吕惠卿。八月，御史中丞蔡承禧罗织吕惠卿罪状上疏。吕惠卿自请居家待查，听候处理。王雱趁机暗示御史中丞邓绾，告发吕惠卿的兄弟强借华亭县富民钱五百万与知县张若济买田地一同作恶，并将这两人一同下狱审问。吕惠卿以为此事是王安石所为，上书自辩并云：王安石尽弃所学，变成纵横家之流，欺君罔上。并上缴私人信件，以王安石曾书"无使上知者"为证。由于王、吕交恶，变法派力量严重削弱，吕惠卿被贬，出守陈州。王安石随即罢废"手实法"，青苗法也恢复自愿原则。第二年，王安石被罢相。

熙宁十年，吕惠卿以资政殿学士转知延州。延州常受西夏侵扰，而镇边帅臣都"养威持重"，把汉兵和番兵分开，各自为军，每次战斗不以战场形势分兵，而都以番兵为先锋，留汉兵守城，并且每一路都由数位将领一起率领。吕惠卿认为这种制度造成了调发兵力不能迅速集结，于作战不利，于是改变旧法，把汉番兵合一，先补充兵员，再从中挑选精锐出战，同时定立规约，推广置将法，每五千人设置军屯还设一将领，坚持在驻扎地就地选拔守将。西夏军欲侵犯边境，吕惠卿亲率将兵巡视边防，从东郊出师，经绥德抵无定河，前后 18 日而还，稳定边境。

元丰三年（1080），吕惠卿加大学士，知太原府。他深感因小事与王安石交恶，影响变法大局，恐抱憾终身，便主动给王安石写信，表达愿意和好，共为变法大业出力。王安石也回信，对吕惠卿支持变法表示谢意。两人冰释前嫌。吕惠卿入朝晋见，神宗本想命其仍镇守鄜延路，吕惠卿事先探知，见面时奏称：陕西的军队，不但不可以攻，也不可以守，关键在大造形势。神宗听罢大为不满，说："如你所言，意为陕西可以放弃，怎能委你守边？"又列举他种种浅薄暴躁欺蒙之罪，令出知单州，改派徐禧守。结果西夏军队大举进攻，徐禧死。神宗始悟，令吕惠卿复知太原。

元丰八年，神宗去世，哲宗即位。守旧派主国政，下令边疆官吏不得侵扰外界。当时西夏屯兵聚星湖，准备犯边，吕惠卿遣步骑 2 万袭之，毙西夏兵 600 名。守旧派官员乘机攻击吕惠卿挑起边衅。元祐元年（1086）五月右司谏苏辙上奏弹劾他，说他有妄图株连公卿、背叛恩师王安石、施行青苗等数桩罪状。御史中丞刘挚又列举他五条罪状，认为其罪恶深重，于是吕惠卿被贬为光禄卿、分司南京应天府。吕惠卿被判贬至南京后，随后又被加罪贬为建宁军节度副使，安置在建州，且不得办理所任官的公事。

元祐八年（1093），太皇太后高氏去世，哲宗亲政，开始启用原先被弃置的新党。三省呈递上了吕惠卿、王中正、宋用臣三人的无罪状，时任宰相章惇说："吕惠卿被惩极其无名。"皇帝便让吕惠卿复原职。十月，又以吕惠卿知大名府，后加观文殿学士，再知延州。

吕惠卿到延州后，修米脂诸寨，坚壁清野，加强守备。绍圣三年（1096）十月，西夏大举入侵鄜延路，即将以全军围困延安，惠卿修缮米脂诸寨迎敌。西夏军至延州，想进攻却无法靠近城寨，想抢掠则一无所得，想叫阵则诸将按兵不动，想南下则怕腹背受敌。停了两天夏军就拔营而去。吕惠卿因修筑了威戎、威羌二城而升为银青光禄大夫，又被拜为保宁、武胜两军节度使。

建中靖国元年（1101），徽宗即位，任吕惠卿为镇南节度使。因吕惠卿与时任宰相曾布曾有过节，遂转任杭州。崇宁元年（1102），曾布罢相，吕惠卿迁武昌节度使，知大名府。崇宁四年，蔡京当政，排斥吕惠卿，命令他退休。翌年，重新起用为观文殿学士，知杭州府。大观元年（1107），蔡京利用"妖人"张怀素谋反狱事，陷害吕惠卿子吕渊。吕渊被发配沙门岛，吕惠卿被贬为祁州团练副使，宣州安置。大观三年，蔡京罢相。次年，宰相张商英推荐吕惠卿为观文殿学士，担任醴泉观使。时朝臣何执中、郑居中联合攻击张商英。政和元年（1111），张商英罢相，出知河南。吕惠卿也以本官退休，不久去世。赠开府仪同三司，谥"文敏"。

吕惠卿才思敏捷，学识精深。元丰元年（1078），吕惠卿向神宗上表章，并递上所撰《道德真经传》四卷，希望作为治国之道。该书后被收入《道藏》。他的其他著作还有《孝经传》《论语义》《庄子义》《吕吉甫文集》《新史吏部式》《吕吉甫奏议》《县法》《中太乙宫碑铭》等。其中《县法》《新史吏部式》和《奏议》，都是改革变法的重要著作。

（庄恒恺）

章 惇

　　章惇（1035—1105），字子厚，福建浦城人。宋景祐二年（1035），章惇出生于官宦世家，父亲章俞，景祐初进士，官至职方司郎中，分治苏州。退休后因为章惇贵显的缘故，被授予银青光禄大夫。据说在章惇小的时候，族父章得象就惊异于他的性情品格，认为其将来一定地位优越。章惇性格豪爽，相貌俊美，举止洒脱，才智出众，学问广博，善写文章，才识超人。嘉祐二年（1057），章惇进京参加科举考试，进士及第。其族侄章衡考中状元，章惇耻于名次在章衡之后，拒不受敕。嘉祐四年，章惇再次参加科举考试，又进士及第，名列第一甲第五名，开封府试第一名。历任商洛县令、雄武军节度推官。有一次，他与时任凤翔府节度判官的苏轼一起游玩南山。到达仙游潭，潭下绝壁千仞，岸很狭窄，上架独木桥。章惇请苏轼下去题字，苏轼不敢过去。章惇独自过去，步履从容，用绳索挂着树，衣服塞入腰带中，缓缓而下，浓墨粗毫，在石壁上书写“章惇苏轼来游”六个大字。苏轼说：“您将来一定能杀人。”章惇问：“为什么啊？”苏轼说：“肯自拼命者自能杀人。”章惇大笑。

　　治平三年（1066），章惇受到参知政事欧阳修的赏识和推荐，召试馆职，考试合格，遭到知制诰王陶阻扰，未任馆职，知武进县。熙宁二年（1069），王安石执政，实行变法，受到守旧派大臣的抵制，政争激烈。李承之向王安石推荐了章惇。王安石与章惇见面后很赏识其才干，恨得之晚。二月，王安石设制置三司条例司，章惇被任命为编修三司条例官，加集贤校理、中书检正。参与制定新法，监修国史，编撰实录。熙宁四年，章惇奉命分析渝州（重庆）夷事，并分析夔州路差役事务。他在处理这件事的过程中显示出自己的才能，将一触即发的争斗调解好，处置妥当。神宗皇帝对章惇很满意。制置三司条例司撤销，朝廷改任章惇为检正中书户房公事，兼详定编修三司令式，及诸司库务岁计条例，参与制定财政机构的法规。章惇被派往邠州（今陕西彬县）调查处理案件，章惇沿途了解陕西推行雇役新法及其他情况，提出建议：粮价低时，官府大量收购以备用；边境无事时，将军队移往丰收地区就粮以解决军需。这些建议被神宗采纳。

当时，峡州（今湖北宜昌）、辰州（今湖南沅陵）等处少数民族发生骚乱。因为之前有处理民族事务的经验，朝廷改任章惇为湖南、湖北察访使、提点刑狱。章惇剿抚并用。一方面，以镇压手段派兵围剿，攻破了不服管理的几个部族，使地方震动；另一方面，他造册登记人口、田户，共计得到4809户、田26万亩，还组织百姓修筑城池，发展农业生产。在梅山，"给牛贷种使开垦，植桑植稻输缗钱"；在沅州，实行屯田，鼓励外地民迁入蛮地经营田土，"分道路甚至地里远近并附入州县图籍。令县邑城寨，常切开广，于新城地买官田，及许庶民置田"。调配土地，"峒丁皆计口给田，多寡阔狭，疆畔井台，擅鬻者有禁，私易者有罚"，不允许土地自由买卖。得到官田的峒丁，"每丁岁纳三斗三升，谓之身丁米"。随着以上政策的推动和大量汉民的迁入，山区耕地面积大幅上升，山地稻作农业得到很大发展。使这些地区从原始的刀耕火种走上了以牛耕农业为基础的封建地主经济的发展道路。后来章惇被召回朝廷，擢升为知制诰、直学士院、判军器监。章惇判军器监期间，注意改进兵器的生产，号召官吏民众献器械技艺，使北宋的武器日趋精良。他与沈括受命讨论兵车制度，研究出新式战车，神宗很高兴，在延和殿亲自审看，藏于武库。

章惇深得神宗赏识，于熙宁七年（1074）九月被任命为三司使。章惇认为天下财赋漫无标准，无以察其耗登之数。请选置才士，删修为册，每年校其增亏，以考验诸路当职之官；设置三司会计司，把天下的户口、人丁、场务、坑冶、房园、租额、年课之类，重新登记，使有无相通，以省察国家大计。吕惠卿被免职后，中丞邓绾弹劾他，说："吕惠卿所立朋党不相同，然而与吕惠卿共同作恶，互相帮助，没有比得上章惇。"章惇被贬知湖州（今浙江湖州），又转任杭州知州，没有到任，即被召回朝任翰林学士，因为母亲死亡，辞官服丧，服除，历任判三馆秘阁、知审官院兼翰林学士。元丰三年（1080），章惇担任右谏议大夫、参知政事。因为拉拢御史朱服、包庇其父占田并且私自拘押上告者等事被揭发，二罪并罚，被免去职务，任蔡州知州，转任陈州知州，改定州（河北）知州兼定州路安抚使。

元丰五年，蔡确为相，章惇被召任门下侍郎，为副相之首。神宗在陕西用兵失利，下令处死一个漕官。第二日，宰相蔡确奏事，神宗说："昨天下令处死某人，已经处理好了吗？"蔡确说："正想上奏。"神宗说："对这个人有什么疑问吗？"蔡确说："自从太祖以来，从来没有杀过文官，我们不愿意从陛下开始。"神宗沉默很久，思索之后说："可以将他刺面发配到偏远险恶的地方。"章惇说："与其这么做，还不如杀了他。"神宗说："为什么?"章惇说："士可杀，不可辱。"神宗不高兴，道："难道我连一件让自己心情舒畅的事情都不能做吗?"章惇说："这样的心情舒畅，不做也罢。"

元丰八年，神宗病危时，有人企图策立神宗二弟雍王或四弟曹王。章惇与以宰相王珪为首的宰执们一起决议立神宗长子赵煦为皇太子，章惇写在纸上，王珪拿给已不能说话的神宗看，神宗点头同意。太子赵煦即位，是为哲宗。哲宗继位后，升章惇任知枢密院事。高太后垂帘听政，内定谏官数人。章惇以为不合旧制，于帘前与太后激烈争辩，使不得行。司马光当政，全部罢废新法，举朝没有敢说话的人，章惇多次与司马光争论。章惇上疏驳斥司马光限期恢复旧差役法，累累数千言，大略是说："现在天下政事，比熙宁元年以前，变更数也数不过来，事既与相不同，怎么可以全部检用熙宁元年现行条贯，不知虽是差役一事，官司关连上下，事物目极多，条贯相互干涉，岂可单独用差役一门，显见施行未得。今天更张政事，所系生民利害，免疫、差役之法最大，急须详审，不可轻易，今天只限五天，诸县何由擎化利害，不知如此变更草率，反而更加为害。"认为其害将甚于新法，并说司马光"虽有忧国忧民之心，而不讲变法之术，苟且速就，施行无绪"。在司马光的建议施行后，章惇愤恨地在太后面前争辩，言辞颇有狂悖之处。太后很生气，御使中丞刘挚等人接连攻击他，他被贬出朝任汝州知州。此后七八年间，数次遭到言官的弹劾。

哲宗亲政后，有恢复新法之意，章惇被启用为相，凡是元祐初被废除的新法，全都恢复。并且提拔蔡卞等人担任重要职位。绍圣元年（1094），章惇执政，首先议论修复水磨。乃诏即京、索、大源等河为之，以孙迥提举，重新命令兼提举汴河堤岸，改差役制为雇役制。恢复免役法，规定各地富人缴纳免役钱在一百贯减收三分，即三十贯，力图以此减少恢复免役法的阻力。同年恢复保甲法。绍圣二年，恢复青苗法，规定借青苗的钱完全自愿，禁止强制，只收一分息，给散本钱，不限多寡，各从人愿，仍勿推赏，其出息至寡，则可以抑兼并之家，赏既不行，则可以绝邀功之吏，进一步减轻了农民负担。绍圣四年，置市易务，规定商贩向市易务购买货物一律用现钱交易，收息不超过二分，不许赊购。元符元年（1098），在章惇主持下，"以常平、免役、农田水利、保甲，类著其法，总为一书"，定名为《常平、免役敕令》，颁行全国。至此，熙宁新法基本恢复。章惇恢复熙宁新法，并修正新法的诸多弊端，从一定程度上克服了熙宁新法的缺陷。他也没有一味排斥元祐时期的政策，而是有所借鉴，体现了一位政治家的成熟。

章惇所坚持的新政实行起来成效很大。然而新法损害了保守派，也就是那些高层官员甚至是以皇帝为首的皇族们的既得利益，其结果就是这些利益集团联合起来对付章惇，不断打压他。哲宗驾崩，由于没有子嗣，所以太后与大臣商议当立何人为帝。章惇说："按照礼制法律，（哲宗）同母弟简王应当嗣位。"太后听了不高兴，说："老身无子，诸王都是神宗的庶子。"意即章惇在挑唆。章惇又说，按照长幼之序，应当是申王继位。太后说："申王多病，不可即位。"章惇还想再说，知枢密院事曾布呵斥道："章惇，听皇太后吩咐！"太后想立端王赵佶，但遭到了章惇的极力反对。章惇认为端王为人轻佻不检点，不能登基为帝。他还在垂帘听政的太后面前严厉声讨，言语之中丝毫没有给太后面子。章惇的努力没能成功，端王赵佶即位，也就是后来的徽宗。上位的徽宗想到章惇如此反对自己，自然不会放过章惇。这也给了那些看不惯章惇的朝臣们机会，于是纷纷上书弹劾章惇。他担任哲宗的山陵使，因为灵车陷入沼泽之中，被弹劾"葬事不恭"，被免职出知越州，不久又被贬为武昌军节度副使，安置于潭州（今湖南长沙）。再贬为雷州（今海南岛）司户参军。后来章惇又几度流迁，于崇宁四年（1105）病逝他乡，葬在湖州长兴。

罢免章惇、将他流放至死的宋徽宗等人，在其身后仍添油加醋，将他塑造成奸臣的形象。更为可笑的是，南宋绍兴五年（1135），高宗还"追贬"章惇，规定其子孙不得在朝中为官。但是后人的眼睛是雪亮的，即位后的徽宗如何昏聩，他如何把北宋带到亡国的地步是有目共睹的，这不是他和他的后代通过诋毁章惇就可以掩盖的。

章惇是北宋历史上具有划时代意义的人物。他治吏严明，曾经下令，不是治科、进士、上舍生而入官的人全部解除官职，解除所有凭借私人关系而任官之人的官职。章惇从不肯以权谋私。独相七年，未曾利用宰相的权力赠送官爵给自己的亲信。他的四个儿子接连进士及第，然而只有幼子章援曾经担任校书郎，其他都由吏部铨选，在州县任职，没有一人官位显赫。近人梁启超曾经评价道："就拿他（章惇）不肯把官位给自己的亲友一件事来说，他洁身自好的品格已经可以影响世俗了。"

章惇的书法成就很高，他也颇为自负，自谓"墨禅"。北宋晚期的书学理论家黄伯思说："近百年来，书法家中惟有章惇能表达笔意，虽然精巧方面不如唐人，但笔势上超过了唐人，意境在初唐四大家中的褚遂良、薛稷之上，暮年愈妙，神采像王羲之。"明代金石学家赵崡《石墨镌华》云："章子厚《草堂寺题记》用卧笔，间作渴笔游丝法，亦遒劲。"章惇存世书迹有《草堂寺题记》石刻和《会稽帖》，后者现藏于台北故宫博物院。

（庄恒恺）

游　酢

游酢（1053—1123），字子通，后改字定夫，福建建阳人，宋皇祐五年（1053）生。少年时就聪慧过人，"读书一过目辄成诵"。研读经书，擅长文学，与从兄游醇同以文章道德知名于世，喜与社会贤达名流为友。

熙宁五年（1072），游酢举乡贡，到京城游学，拜见程颢。交谈后，程颢称赞他"其资可以进道"。程颢任扶沟县（今属河南）知县时，提倡圣贤学说，聘游酢执掌县学教育之事。在此期间，游酢得程颢亲传，精研儒家经典，学问日益精进。元丰四年（1081），游酢与杨时到颍昌拜程颢为师。二人南归时，程颢目送，深情说道："吾道南矣！"翌年，游酢登进士第，初任越州萧山县（今属浙江）县尉。县积有疑案，久未判决，游酢深入调查取证，分析案情，予以结案。

元祐元年（1086），因侍臣举荐，游酢被调任太学录、富德郎、博士。因为生活困难，向朝廷请求外放，改知河清县（今属河南）事。当时，河南通判范纯仁（范仲淹之子），待游酢以国士之礼，遇有疑难政事，总是同他商量。范纯仁调任颍昌知府时，聘游酢为府学教授。元祐八年，范纯仁还朝任宰相，任命游酢为太学博士。

程颢去世后，游酢哀痛不已，在府邸设置灵堂，哭于寝门，还亲自撰写《行状》深切悼念。几年之后，他引杨时一道去洛阳拜程颢之弟程颐为师，并编《伊川先生语录》。有一天，游酢与杨时谒见程颐。程颐正在闭目静坐，他们两人在门外侍立。等程颐醒来，门外已雪深三尺，因而留下了"程门立雪"的千古佳话。游酢正是凭着这种勤勉好学的精神，尽得二程学说真传。

哲宗亲政后，罢范纯仁官，游酢请求调离京师。绍圣三年（1096）任齐州（今属山东）判官。不久，游酢因父丧，回建阳为父亲守孝。在家乡长坪鹰山之麓建草堂，讲学著述，致力于传播二程理学。

元符二年（1099），游酢调任泉州签判。赴任前，筑水云寮于武夷五曲，作为著书立说的处所。徽宗即位之初，召其入朝，任监察御史。游酢励精图治，议论士风，侃侃而言。他痛感时弊为患，曾疏奏："天下之患，莫大于士大夫之无耻。无耻，则见利而不知有义。如入市而攫金，不见有人也。"

因此认为:"朝廷之上倡清议于天下,士有顽钝无耻者,将不得齿于缙绅,亲戚以为羞,乡党以为辱,廉耻之俗成,而忠义之风起矣!"崇宁元年(1102),游酢又上言,主张为官者应当奋不顾身,为百姓分忧。游酢将社会弊端列为一纲二十目,上疏皇帝,但久未见复。因感政治日渐腐败,便申请外放,很快得到了批准。兵部侍郎邹浩不解,问其原因,答曰:"公何见之晚?如公亦岂能久此耶?"游酢先是出知和州(今属安徽),旋主管南京鸿庆宫,居太平州。两任祠官后,于政和元年(1111)复任汉阳军知军。以后任舒、濠二州(今皆属安徽)知州。所到之处,政绩斐然,深受百姓爱戴。

在濠州任上,因属官违法遭贬,游酢受到牵连,宣和二年(1120)被罢知州,寓居和州含山县(今属安徽省)。宣和五年病逝于寓所。葬于含山县车辕岭,谥号"文肃"。学者称为"广平先生""廌山先生"。著作有《易说》《孟子杂解》《中庸义》《诗二南义》及由后人所编集的《游廌山文集》十卷传世。

游酢去世后,后人把水云寮改为廌山祠,历代皆有重修。南宋末年,后裔游九言游武夷时,在水云寮岩壁上题"水云寮"三字,请名匠摩崖刻石,作为对先祖在武夷山传播洛学的纪念,至今石刻仍清晰可见。今福州乌山口有"九贤祠",奉祀游酢、杨时、胡安国、罗从彦、李侗、蔡元定、蔡沈、黄榦、真德秀等九位理学先贤。

游酢是最早接受洛学思想的著名弟子之一。他是理学中承前启后的重要人物,其哲学思想是由二程洛学到朱熹闽学必经的历史与逻辑环节。他在理论上颇有见地,对儒学的理论重构做出了贡献。他的哲学思想可以概括为如下两点。

首先,是主张"治气养心,行己接物"的工夫论。在儒家思想系统中,修养方法是最为重要的。宋儒认为,一切事业与学问,皆以修养心性为基础。因此,怎样修心养性,如何锻炼人格就被宋儒视作道德践履最重要之事。综观二程的修养方法,不外乎"知"与"行"二途,离不开"格物"与"致知",最终落实在涵养"天理"以及祛除"人欲"这两方面。他们主张涵养所以保存其天理之心,克己改过所以祛除其私欲之心,以此实现人性的复归。因此,二程特别注重心性的修养、锻炼和提升。游酢在二程门人中与谢(良佐)杨(时)鼎足而三,在思想上承接二程,其所提"治气养心"之法,可以看作是对二程"损人欲以复天理"的诠释。他说道:"斯理也,仰则著于天文,俯则形于地理,中则隐于人心。而民之迷,日久不能以自得也。冥行于利害之域，而莫之所尚。"认为人心为私欲所蒙蔽，就会迷失本来藏于心中的天理，如此，则邪念横生，"冥行于利害之域"而不自知，进而失其本心。游酢主张"治气养心"，实际上就是制定"天理"与"人欲"规范。私欲摒除后，天命之性方得以浮现。

在游酢看来，"治气养心"之法要经过"戒慎"和"诚身"两种修养功夫阶段才得以完成。所谓"戒慎"，其思想来源是《中庸》。《中庸》有云："君子戒慎乎其所不睹，恐惧乎其所不闻。"这成为后世儒家学者谈论人性修养的一种道德境界。游酢认为，通过"戒慎"的修养功夫，在乎"天理"之本然，就可以达到这种道德境界。《中庸》亦说："诚身有道，不明乎善，不诚乎身矣。"儒家学者追求理想人格，而游酢的"诚身"修养德性功夫就是以道德反省来洞悉人性与天命之间的本然状态。"明乎善，诚乎身"，最后达到完美的道德境界和顺应生命自然的合理欲望。关于"诚身"思想的具体内容，游酢也有说明："欲诚其意，先致其知，故不明乎善，不诚乎身矣！学至于诚身，则安往而不致其极哉？以内则顺乎亲，以外则信乎友，以上则可以得君，以下则可以得民，此舜之允塞所以五典克从也。"这是一种由内至外的修养方法。"以内则顺乎亲，以外则信乎友"，各方面关系得到妥善处理，以修己治人之学纠正了空谈心性之偏。游酢更进一步，将"诚身"功夫理解为：若能尽一己之性，则能尽人之性；若能尽人之性，就能尽万物之性，此乃天地万物的自然法则。他说道："惟天下至诚为能尽其性，千万人之性，一己之性是也。故能尽其性，则能尽人之性；万物之性，一人之性是也，故能尽人之性，则能尽物之性同焉。皆得者各安其常，则尽人之性也；群然皆生者，各得其理，则尽物之性也。至于尽物之性则和气充塞，可以赞天地之化育，夫如是则天复地载教化各任其职而成乎其中矣。"游酢提出"诚身"修养功夫，既与他的师承所学有关，又凝结了对社会现实的思考和体悟，是一种培养和造就个人理想人格的方式。

第二，以禅证儒、注重易学。冯友兰认为，新儒学是为禅学下一转语，没有禅学修养，是无法下得这一转语的。宋儒无不出入佛老，学缘驳杂，其思想内涵不少来源于道家与佛家。游酢生逢其时，也受此影响。他曾致书道宁禅师："儒者执父子、君臣、夫妇、兄弟、朋友，各尽其分，罔有不合道者。释氏谓世间虚幻，要人反常反道。旨殊用异，而声可入、心可通哉！"他认为要分辨禅、儒异同，必需熟读佛书。他晚年曾说："前辈往往不曾看佛书，故诋之如此之甚。"这里所指的前辈，当然是二程，具体则指程颐。

因为程颢"读得禅书透",程颐则自言"不曾读佛书"。游酢还援引程颐有关迹与道"攻迹"的话,作为佐证:"先生(程颐)不好佛语。或曰:'佛之道是也,其迹非也。'曰:'所谓迹者,果不出于道乎?然吾所攻,其迹耳;其道,则吾不知也。使其道不合于先王,固不愿学也。如其合于先王,则求之《六经》足矣,奚必佛。'"程颐"迹上求"的理论是建立在"有迹必有是心"的前提上,认为佛、道不必知。只是看到佛教"弃人伦""遗物理"的事实,就认定不合先王法制,故不愿学。在游酢看来,正因不看佛书,无从辨正儒、佛异同,因而诋之。像这样对佛教贴标签式的外在批判,既不能动摇佛教的理论基础,也不利于儒家吸收佛教的思想资源进行理论建构。需要指出的是,游酢具有明确的学派意识,非常重视儒佛分际。他在《答吕居仁辟佛说》中,旗帜鲜明地表明自己是一个坚定的儒者。他所主张的是"以迹求道""以禅证儒",入佛是为了重构儒学,即通过援禅入儒而实现儒学理论的创造性转换。这种思维方式也影响到之后闽学发展的方向,朱熹就成功地圆融儒佛而自成大家。游酢也非常注重易学的研究。他把人与社会、自然界的种种学问都归根于《易》,认为《周易》蕴含万事万物之理,尤为推许。他说:"《易》之为书,该括万有,而一言以蔽之,则顺性命而已。阴阳之有消长,刚柔之有进退,仁义之有隆污,三极之道,皆源于《易》而会于理,其所遭者时也,其所托者义也,其所致者用也。知此三者而天下之理得矣。"游酢解易精彩独到,深入浅出,切中当时的社会实际。

总的来说,游酢谈论心性,辨析义理,目的是重建社会道德价值和伦理生活秩序,力图从修心养性这一根本上匡正唐末五代以来道德滑坡的状况,使社会复归于"天理"流行的至善境界。游酢站在儒学立场上,借助佛教的概念与方法论,来扩展儒学的思想内涵,称得上是由释归儒的宗师,为儒学的重兴与发展做出了重要的理论贡献,成为程朱之间不可或缺的学术传承环节。

(庄恒恺)

杨　时

　　杨时（1053—1135），字行可，因与友人的父亲同字，后改字为中立，又因杨时的故里龙湖别名叫"龟山"，后世学者尊称其为"龟山先生"。杨时是闽中理学的开创者，在福建以至全国思想文化史上享有崇高的地位。

　　北宋仁宗皇祐五年（1053），杨时生于南剑州兴善里龙池团（今福建明溪县瀚仙镇龙湖村）。他自幼就异常聪明，4岁入学读书，8岁会写诗，9岁能作赋，当时的人称他为"神童"。幼年的杨时读书非常刻苦，与同窗好友一起避开喧嚣闹市，选择安静的地方专心攻读，据宋代祝穆《方舆胜览》记载："侍郎岩，在清流县，乃丰熙中侍郎张驾、祭酒杨时、左司谏陈瓘少时读书之所。旧传三公肄业其间，不置卧榻，歠粥饮水，终岁不到岩下。"杨时15岁时到邵武求学，继续认真研读经书史籍，学业成绩优异。经过十数年的寒窗苦读，熙宁九年（1076），杨时24岁时，考中进士。朝廷委任他为汀州司户参军。元丰四年（1081），又被授予徐州司法。"学而优则仕"，是封建时代读书人的人生追求。但高中进士、被授予官职的杨时却认为自己在学业上还需要进一步提升，他反对学子为科举考试而读书，认为那只是"以文字自售"，一旦为官，很容易就变得只会一味追求荣华富贵，而丧失了作为读书人的本色。所以，虽然成为朝廷命官，但对他而言，求得学问精进的兴趣远大于做官的吸引力。他听说河南程颢、程颐讲授孔、孟之学最为醇正，就放弃了做官的机会，专门投拜到程颢门下，继续进修学问。游酢与杨时返闽时，程颢以目送之，高兴地说："我的理学造诣和成果从此可以向南方传播了（吾道南矣）！"后来，杨时在闽浙一带收了很多学生，据估算有千余人，比较有名气的有罗从彦、刘勉之、吕本中等人。罗从彦再传弟子朱熹，终成为理学集大成者。正因为杨时的学术功底和在传播理学方面的成就，所以被东南学者们尊为"道南第一人"。

　　程颢去世后，杨时又拜师程颐。初见程颐时，正值程颐独坐打盹，杨时与一起前去拜访的游酢侍立不去。等到程颐醒来发现前来拜访的二人时，门外雪深已达一尺厚。当时杨时年届41岁，又为官多年，尚能持此待师礼，实在让人钦佩。从此，"程门立雪"也成为尊师重道的美谈。

　　从元祐三年（1088）起，杨时先后任虔州（今属江西省赣县）司法，瀛州（今河北省河间县）防御推官。自绍圣元年至宣和六年（1094—1124），历知浏阳（今湖南省浏阳市）、余杭（今浙江省杭州市余杭区）、萧山（今浙江省杭州市萧山区）三县，还任过无为军判官、荆州教授等职。杨时为官以《六经》为准绳，以仁政为信条，所到之处"皆有惠政，民思之不忘"。如任虔州司法时，主持判决了很多疑案。时任虔州太守楚潜办案公平允当，而通判杨增却过于严厉，杨时支持楚潜的做法，杨增便认为杨时是奉迎太守，看低自己，对杨时很有意见。等到楚潜任满离职，继任太守执法不公，杨时经常据理力争，这时杨增才认识到杨时是个公正无私、恪守原则的人。

　　宣和五年（1123），宰相蔡京要召杨时到都堂任职，杨时以疾辞不赴。次年十二月，徽宗御笔召为秘书郎，抵京后迁著作郎。宣和七年三月，杨时上《论时事》札子，对慎令、茶法、盐法、转般、籴买、坑冶、边事、盗贼、择将、军制等十个与时局有关的重大问题提出看法和建议。十二月，闻金人南侵，又连上《论金人入寇》二疏，对时局提出建议，但徽宗均不采纳，金兵入侵后，徽宗慌忙逊位，并与蔡京等人一同逃往镇江。靖康元年（1126）正月，金兵包围汴京，各路勤王之师纷纷来会，但缺乏统一指挥。杨时上书钦宗，建议当先"立统帅，一号令，示纪律，而后士卒始用命"，并建议"肃军政"，主张对当时弃军溃逃的三路统帅童贯、威武军节度使梁方平、河东路制置副使何灌等严正典刑，"以为臣子不忠之戒"。书上，被钦宗授为右谏议大夫兼侍讲。时集结到汴京的各路勤王兵人数已大大超过围城的金兵，但主和议者仍坚持依金人的条件，割让太原、中山、河间三镇，以换取金兵北撤。杨时又上书极言"河朔为朝廷重地，而三镇又为河朔之要藩"，决不可弃，朝廷不可专守和议。书上，钦宗虽下诏出师，但并不认真抗敌。在当时混乱危机的局势中，李纲主战最力，终因反对和约而被撤职。太学生陈东等闻讯，率诸生数百人到宣德门上书请愿，要求复用李纲，罢免李邦彦，军民不期而集者数万人。一时京师骚动，人心不稳。吴敏要求让杨时出面安定太学，杨时对钦宗说："太学生此种举动，完全出于爱国忧时的赤忱，并没有其他的企图。只要挑选一位老成持重、行谊可风的人，去开导他们，自然就会平息。"钦宗遂以杨时兼国子祭酒。其时，宋王朝已陷入深重的内忧外患危机中，杨时认为蔡京是误国的罪魁祸首，而蔡京的误国，又是王安石所导致，他在给皇帝的上疏中说道："蔡京用事二十余年，蠹国害民，几危宗社，人所切齿，而论其罪者，莫知其所本也。盖京以继述神宗为名，实挟王安石以图身利"，"今日之祸，实安石有以启之也"。因此他建议："追夺（安石）王爵，明诏中外，毁去（安石）配享（孔庙）之像。"钦宗接受了杨时的建议。但杨时攻击王安石受到谏官冯澥的反击，因而被钦宗罢去国子祭酒的职务，改任给事中。杨时力辞不就，最后以徽猷阁待制致仕。

靖康二年五月，高宗即位，改靖康二年为建炎元年。杨时被授为工部侍郎兼侍讲。他上书高宗，提出除去崇宁以来所实行的茶、盐二法，修《建炎会计录》，恤勤王之兵等建议，但均未被采纳。因忠言不遇，便要求外放。建炎二年（1128），以龙图阁直学士提举杭州洞霄宫。同年十一月，回到故乡将乐。这时，杨时已76岁高龄，仍以著书、讲学为事。绍兴五年（1135）四月二十四日，杨时辞世，享年83岁。朝廷赠左中大夫，又赠太师太中大夫，谥文靖。

杨时生前即声名远著。宣和五年，路云迪、傅国华出使高丽，高丽王问二人说："龟山先生今在何处？"二人见高丽王如此敬重杨时，因而随机应道："现在召赴京城，正要重用。"当时杨时71岁，正在毗陵（治所在今江苏常州）任闲职。杨时的思想对后世影响深远。《宋史》本传上说："凡绍兴初崇尚元祐学术，而朱熹、张栻之学得程氏之正，其源委脉络皆出于时。"从政和四年（1114）至宣和六年（1124），他在江苏一带（今常州、无锡等地）著书讲学，各地学者慕名纷至沓来，其中无锡的讲学之处后来成为著名的东林书院，对明后期政治社会产生巨大影响。他的学说很快传播到了日本、朝鲜，后来逐渐取代了在日本占统治地位的佛教禅学，成为官学。

杨时的学术思想继承了程颢、程颐的学说，并有所发展。他认为，"道"存在于日常生活的事事物物中，万物生灭，四时运行，人伦无常，都是"道"。人们要通过修养修炼，时时事事以心为主宰，达到不偏不倚、发而中节的境界，便是合乎"道"了。杨时把"性"分为"本然之性"和"气质之性"。他认为本然之性是粹然至善，而气质之性则有善有不善。其所以不善，是受气质限制的缘故，若能改变气质，依然可以实现纯粹至善的本然之性。杨时关于"性"的论述对后世影响很大。对于如何实现明"道"识"性"，杨时也提供了方法，他说："为是道者，必先乎明善，然后知所以为善也。明善在致知；致知在格物。"也就是说，要想求仁成圣，必先在"格物"上下功夫。在强调格物致知的同时，杨时也提倡重视内省的为学方法。

杨时对功名利禄、物质享受一贯淡漠。胡安国在杨时去世后撰写的《杨龟山先生墓志铭》载："视公一饭，虽蔬食脆甘，若皆可于口，未尝有所嗜也；每加一衣，虽狐貉绵袍，若皆适于体，未尝有所择也；平生居处，虽蔽庐夏屋，若皆可以托宿，未尝有所羡而求安也。故山之田园，皆先世所遗，守其世业，亦无所营增豆区之入也。老之将至，沉伏下僚，厄穷遗佚，若将终身焉。子孙满前，每食不饱，亦不改其乐也。"

杨时对儿孙、弟子的教育也很严格。勉励儿孙诗云："敝裘千里北风寒，还忆箪瓢陋巷安；位重金多非所慕，直缘三釜慰亲欢。"他告诫弟子们："富贵如浮云，苟得非所臧。贫贱岂吾羞，逐物乃自戕。胼胝奉艰食，一瓢甘糟糠。所逢义适然，未殊行与藏。"（杨时《书含云寺学者》）杨时以其语言行为，践行着儒家思想。当时李纲称赞他："儒林仪表，国家栋梁；风云翰墨，锦绣文章；驾长虹于寥廓，听凤鸣于高岗。"其赞赏是中肯的。朱熹也曾经多次盛赞杨时："孔颜道脉，程子箴规，先生之德，吾世所师。"

杨时一生著述丰富，存世著作有：《二程粹言》《春秋义》《孟子义》《字说论》《日录论》《曾肇行述》；已佚的著作有：《中庸解》《论语解》《易解》《礼记解》《周礼解》《书解》《经筵讲义》《校正伊川易传》《三经义辨》《龟山经说》《毛诗辨疑》《开成纪事》《龟山别录》。杨时门人或后人又根据杨时的著作或言论编辑成《龟山先生语录》《杨时集》《龟山集》《杨龟山先生集》《龟山先生文集选》等。福建人民出版社于 1993 年整理出版了由林海权点校的《杨时集》。

（谢彪）

罗从彦

罗从彦（1072—1135），字仲素。宋代著名理学家。罗氏入闽始祖罗周文，于唐宪宗元和十五年（820）到福建沙县任县尉，此后便由洪州豫章（今江西南昌市西南郊）迁到沙县城西仁和坊罗家巷定居。至宋仁宗天圣年间（1023—1031），七世祖觉民由沙县迁剑浦县城，随后迁剑浦县溪南的罗源里。宋熙宁五年（1072），罗从彦出生于福建南剑州（今南平市）罗源里。据记载，罗从彦出生时，他的母亲梦到文曲星坠入怀中，变化为手持白璧的士子，醒来后生下罗从彦，"美而彦者名从彦；璧洁而素又居仲，故字仲素"。后世学者取罗氏郡望，尊称其为豫章先生。

罗从彦自幼就很勤奋好学，10岁就能写诗，13岁就读于当地名士吴仪门下。吴仪在剑浦东（今南平市延平区水东一带）的藏春峡建有楼台亭阁，风景美丽，同时为聚会者提供食宿方便，是剑州各类人才研究学问的地方。罗从彦少年时期在这样的环境里求学，奠定了他学业长进、学术有成的扎实基础。他富有独立思考、寻根究底的钻研精神，从不满足于语言文字上的表面功夫。

元符三年（1100），杨时在浏阳被诬罢官回乡，在将乐县含云寺讲学。罗从彦听说龟山先生杨时得河南程氏之学，便赴将乐，拜杨时为师。见面后三日，从彦就惊惧得汗流浃背，大为感慨地说："如果没有来将乐这一趟，几乎要虚过一生了！"而杨时也很赞赏罗从彦笃志求道的精神，高度评价道："只有罗从彦可与其谈论'道'。"故在众多弟子中，悉心培养罗从彦，"龟山初以饥渴害心令其思索，先生从此悟入，故于世之嗜好泊如也"。他曾经与杨时讨论《易经》至"乾九四爻"时，杨时告诉罗从彦，从前，伊川（即程颐）对此讲解甚善。罗从彦便变卖田产充作盘缠，前往河南洛阳向程颐求教，发现程颐所说与从杨时处听到的相差无几。回来后，一心一意追随杨时读书。政和元年（1111），杨时在南京（今河南商丘）任敦宗院宗子博士，这年七月至十月，罗从彦自沙县去南京，受学于杨门。政和二年四月，杨时赴浙江任萧山知县。五月至八月，罗从彦又从沙县去萧山，受学杨时。政和七年，杨时在毗陵（今江苏常州一带）任提点均州明道观，罗从彦又跟随杨时"受学经年，尽裹其书以归"。

重和元年（1118），罗从彦拜别杨时，北上汴京、洛阳，专程去白虎山下（今河南伊川县），拜谒伊川先生陵墓。五月，返回沙县。不久，就到沙县沙阳里紫云台的罗坊村，建立了一座房屋，在此隐居下来，此后十五年，谢绝一切外出做官的邀请，专心研究理学。他在山间"终日端坐，以体验天地万物之理"；一面开馆授徒，一面辛勤著述。一时，从游者甚众，新安的朱松、延平的李侗、沙县的邓迪等都是罗从彦的高徒。

隐居期间，罗从彦还写成其代表作《圣宋遵尧录》，全书八卷，共4万多字。此书针对北宋统治集团派系斗争危及国运，博采历史经验教训，讽谏当国者要明辨忠奸，起用贤才，远避小人。《遵尧录》篇首的自序，首先交代了该书的写作动机，即"尧舜三代之君不作也久矣"，宋朝一祖开基，三宗绍述，纪纲法度"皆足以追配前王之盛"。至神宗熙宁、元丰年间，功利之说杂然并陈，徽宗宣和末年遂招金人犯阙之变。在国家内忧外患之时，为了拯救国家，辑录本朝历史写成该书。该书主旨是"以祖宗故事"与名相先儒的事迹告诫君臣要继承传统，以消除王安石新法带来的社会不稳定之弊，消弭内忧外患。全书分八个部分，前四个部分分别论述太祖、太宗、真宗、仁宗四位皇帝政治得失；后四部分论述贤相名臣辅政功过。徽宗时代北宋内忧外患严重，罗从彦以传道继统自任，认为"五经"（即《诗》《书》《礼》《乐》《易》）是孔子所删定的，"三王之道，尽于此矣"，故要学者"先明五经，然后学《春秋》"，因为"五经论其理，《春秋》见之行事。《春秋》，圣人之用也"。他的许多言论"醇正"，体现儒家正统思想，而且具有辩证思想。如在论述"治道"时指出："朝廷在立法的时候不能不严格，各级官府在执行法律时不能没有一丁点怜悯心。不严格则不足以禁止天下的恶，不懂宽恕则不足以通天下的情理。"他说："祖宗的法度不能废弃，他们的恩泽不能依仗。废弃法度就会发生变乱，依仗恩泽就会产生骄奢之心。自古以来恩泽最厚的没有人比得上尧、舜了，如果子孙可以依仗的话，那么尧、舜一定会传位给自己的儿子。法度之好没有比得上周朝的，如果周朝的子孙能够世代相守文王、武王、成王、康王的遗业，那么周朝存在至今也是可能的。"他又说："有君子在朝廷，天下一定会得到治理。这是因为君子被进用就常会发出乱世之言，使得皇帝多有忧虑而产生善心，所以天下能够得到治理。而若小人在朝廷，天下就会发生混乱，小人得到进用就常会发出治世之言，使得皇帝多有欢乐而产生懈怠之心，所以天下会混乱。"又说："天下的变乱不产生于四方之地，而产生于朝廷，就好比是人伤了元气，寒暑之疫就容易侵入；树伤了树心，就容易被风雨摧折。所以朝廷内有李林甫这样的奸臣，朝外必定有安禄山的叛乱；内有卢杞这样的奸臣，那么外必有朱泚的叛乱。"罗从彦论述士人的行为时说："周公、孔子的心使人明白道，学者如果能明白道，那么就能够领会周公、孔子的心。三代之人得到了周公、孔子的心，因而明白道的人多，所以能够把生死去就看得跟寒暑昼夜的交替一样，而实行忠义之道很容易。到了汉、唐时代，崇尚经术和古文，就失掉了周公、孔子之心，所以经术从董仲舒、公孙弘开始提倡，古文从韩愈、柳宗元开始提倡，从此明白道的人就少了，所以把生死就看得和万钧九鼎那样重，而忠义之道实行起来就很难了。"他又说："士人立于朝廷，要以正直忠厚为本。士人正直，那么朝廷就没有过失，士人忠厚那么天下就没有嗟叹和埋怨。只求正直而不助以忠厚，就会流于苛刻；只求忠厚而不辅以正直，就会流于懦弱。"罗从彦对时事的关注和议论，体现出士人对国家、民族的历史责任感。书成拟献朝廷，值金兵围困汴京，故未能如愿。

当时，与罗从彦交好的沙县人陈渊（杨时女婿），对罗从彦的学问和为人十分钦佩，曾对人说："自吾交仲素，日闻所不闻。其奥学清节，真南州冠冕也！"绍兴二年（1132），罗从彦以特奏名授广东惠州博罗县主簿。时惠州州学新成，便奉命率诸生行释菜礼，"有洙泗断断气象"。绍兴五年（1135），自广东返闽，行至汀州武平，因病去世，享年64岁。因为他的两个儿子早殁，无人料理后事，直到绍兴十年（1140），才由他的门人李侗料理扶柩还乡。淳祐七年（1247），朝廷从闽刑宪杨栋之请，赐谥文质；明万历四十二年（1614），从闽学臣熊尚文之请，从祀孔子庙庭，称先儒罗子。

罗从彦是杨时的嫡传弟子，为学严毅清苦，一生以明道为己任。治学重"静心"省察，认为修身养性是为"去心害""适正道"。他以儒家的"仁"学为本，收纳道、法的思想的合理因素，批判佛教有关论述，主张通过效仿尧舜，维护尧舜在儒家中的正统地位，从而树立规矩、人伦、君臣之道。朱熹曾高度评价罗从彦，称其"龟山倡道东南，士之游其门者甚众，然潜思力行，任重诣极，惟仲素一人而已"。

罗从彦上承二程、杨时，下启李侗、朱熹，所谓"上承龟山道南之绪，下启晦翁大成之学"，在福建理学发展史上是一位承先启后的重要人物。罗从彦的言传身教深深影响了弟子李侗。罗从彦45岁时，李侗来向他学习。他对李侗的影响是方方面面的，可以说李侗自从拜罗从彦为师，一直都在模仿罗从彦，罗从彦不愿意做官，李侗也是这样；罗从彦筑室罗浮山，谢绝世故，李侗24岁从学于罗从彦后，也"退而屏居山田，结茅水竹之间，谢绝世故四十年"；罗侗一生淡泊，"严毅清苦……于世之嗜好泊如也"，李侗也淡泊，"箪瓢屡空，怡然自适"。李侗很佩服罗从彦"不求人知，安贫乐道"的精神；"从彦好静坐，侗退入室中，亦静坐"。李侗年轻的时候"极豪迈，一饮必数十杯，醉则好驰马，一骤三二十里不回"，从学于罗从彦之后，李侗真的是判若两人。所以，明代学者欧阳佑就曾经说道："自龟山载道而归也，程师即喜之曰：'吾道南矣。'然或继承匪人，抑何以演其源而扬其波耶？幸有豫章罗先生，受业龟山之门，独得不传之秘。故自有先生之学，一传而为李延平，再传而为朱晦庵，由是海滨邹鲁，于斯盛哉！"罗从彦认为无论君臣，为政都要讲求仁义礼智、名节忠义、正直忠厚，自觉修身立命，做到不"掊克生灵"、不"阿附宦官"、不"势利相倾"、不"上下雷同"、不"枉道以求进"、不"固宠以欺君"，以使天下安宁。

罗从彦一生著述颇丰，其弟子李侗撰《豫章罗先生墓志铭》称："（罗从彦）生平雅好著述，编牒鳞集，不可枚纪。"据文献记载有名可考的著作有《诗解》《春秋指归》《语孟师论》《中庸论》《台衡录》《二程语录》《龟山语录》《遵尧录》《议论要语》等，大部分已散佚。存世著作多收集于1944年由王云五主编的《罗豫章集》中。

（谢彪）

胡安国

胡安国（1074—1138），字康侯，福建崇安（今武夷山市）人，宋代著名理学家，世称武夷先生。他精研《春秋》经传，以之阐发微言大义，开启了湖湘学的先河。湖湘学秉承河南二程之学，并独具风格，为宋明理学发展史中重要的一支。

胡安国祖先本江南人，五世祖因躲避五代战乱而移居建州崇安县（今属福建省武夷山市）开耀乡籍溪里之鹅子峰下。曾祖胡容，祖父胡罕，均未出仕，至其父胡渊始读书得进士，任宣议郎，致仕，赠中大夫。胡渊从小好学，曾从学于同县"仙洲翁"吴先生，吴先生以六经教授乡里，特别器重胡渊，就把女儿嫁给了他。此女即胡安国之母，后赠令人。

胡安国自小就表现出了特有的智慧、好学和远大志向。还在胡安国刚刚学会说话的时候，祖母就试着教他《训童蒙韵语》数十字，两遍之后就能记诵，祖母余氏非常高兴，说他长大以后必定能光大胡氏门楣。元祐五年（1090），即胡安国 17 岁时，他考入太学，结识了程颐的两个讲友朱长文与靳裁之。靳裁之最器重胡安国，经常"与论经史大义"。在太学期间，有一次博士让诸生交论文，以考评优劣而决定去留，诸生争相自送以期能博得好印象，唯独胡安国按序缴还差帖，反而博得老师们的称赞："是真可为诸生表率者矣。"不久，胡安国又结识了程门高足杨时和游酢，通过两人的转介，对程氏的学问有了更进一步的了解和体会。宋哲宗绍圣四年（1097），胡安国 24 岁，中进士，授常州军事判官，又改授江陵府观察推官。到任后，帅臣监司合章奏乞让他担任府学教授，上报后得批准。胡安国上任时，学校颓废，管理者滥用职权，贪污公粮，又欺负胡安国年少，不听从胡安国的劝阻与命令，甚至故意顶撞冒犯。胡安国秉公办事，整顿学校秩序，使风气大变，远近父老闻讯，纷纷送子弟来府学读书。江陵府教授任满后，胡安国除太学录。任职期间，胡安国拒绝请托，坚持原则，深得时人赞誉。当时有刘观、石公揆二人青俊有名，但刘观代别人考试之事被发现，公揆作轻薄之游惹了官司，很多人为他们求情，胡安国说："录以行规矩为职，规矩不行，奚以录为？且二人如此，非佳士也。"谢绝各方拉关系的请求与游说。

不久，胡安国改迁太学博士，"足不蹑权门"，坚持自己"以圣人为标的"的人格操守。一年以后，按例改京官。蔡京欲拉拢胡安国为己用，胡安国不从，因而得罪了蔡京。于是，胡安国请求外任，以避开蔡京等。"会新学法，博士例除诸道提举官"，拟除胡安国河北路。胡安国以南方人到北方任职不便于奉亲为辞，遂改除湖北路。崇宁四年（1105），胡安国赴湖北提学任。刚到湖北不久即被改派到湖南，任提举湖南路学事。崇宁五年底，宋徽宗下诏，命各路学官推荐遗贤，胡安国推荐了湖南永州的布衣邓璋和王绘，王绘年事已高不愿行，胡安国遂奏请委任他们官职以"风劝学者"。曾因贪赃枉法被胡安国弹劾而流窜的湖南零陵县主簿李良辅听说了这件事，马上密奏朝廷，说胡安国推荐的这两个人都是范纯仁的同党和门客。蔡京平时就厌恶安国与自己不和，得到主簿的话非常高兴，因此改授李良辅任京官，并命湖南宪司追查。朋友熟人皆为胡安国暗自担心。湖南帅臣曾孝广悲悯胡安国的遭遇，前来探望，看到胡安国举止不异寻常，非常敬佩，回去以后对人说："胡康侯当患难，凝然不动，贤于人远矣。"就想办法给胡安国以照应，被胡安国拒绝。蔡京见置狱不成，就直接罢免胡安国的官职，曾孝广等也因对胡安国的关怀而被罢免。胡安国少年时已有出尘脱俗之想，登科第后，安贫乐道，不求闻达，辗转流徙，宦囊羞涩，曾告诫学子："对人言贫者，其意将何求？"被罢官后，以养老奉亲为事，并且得闲读书，专意经史百家之文，宛然愉色，家人亦"忘其贫，而亲心适焉"。

宋徽宗大观四年（1110），李良辅又因其他罪案发被判刑，胡安国因而得到平反并官复原职。此后，胡安国母亲与父亲在几年内相继病故，胡安国守丧在家，加之他身体欠佳，渐生不再出仕的想法。他对子弟说："吾奋迹寒乡，为亲而仕。今虽有禄万钟，将何所施？"期间虽曾多次被授官，但胡安国均辞不赴任。宣和末年，侍臣李弥大、吴敏等合章上奏称胡安国"经学可用，齿发未衰"，免致仕，除尚书屯田员外郎，胡安国又辞而不起。靖康元年（1126）二月，又除胡安国太常少卿，亦辞。再除起居郎，不赴。不久，金兵入侵，直捣京师，宋朝廷被迫签订城下之盟。在国家民族危亡时刻，胡安国"幡然有复仕意"，六月至京师，胡安国在接受宋钦宗召见时又对朝政提出了批评，他说："如今陛下坐北朝南，掌理朝事已经半年，可是纲纪还很混乱，风俗越发衰败，治理方法不当，举措烦琐扰民；大臣竞相争官，由此而萌发朋党之患；百官窥探，奸诈逐渐兴起；用人失当，名器越发轻贱；令出数改，使士人和百姓不再相信。如果不清扫陈迹，顺势改弦更张，恐怕大势一去，就不可以再行匡正。"当时门下侍郎耿南仲攀附权贵，凡是与自己意见不合的人，就指斥其为朋党。他看到胡安国的论奏后，不高兴地说："中兴盛况如此，却说未见成效，这是诽谤圣德。"于是就对皇帝说胡安国企图为侍讲，不应该召来考试。钦宗不同意。安国屡次辞职，耿南仲又说安国有异心，钦宗问其罪状，南仲说："过去他不侍奉上皇，现在他又不侍奉陛下。"钦宗说胡安国是因病辞职，不是有向背之心。钦宗又向其他朝臣询问胡安国的情况，中丞许翰说："自从蔡京主政后，士大夫们无不受到他的笼络，像胡安国那样超然独立不与其同流合污的人实在少见。"宋钦宗嗟叹不已，遂遣中书舍人晁说之到胡安国的住所，表示希望胡安国受命，且说："他日必欲去，即不强留。"胡安国遂趋试，请求外任，后被任为中书舍人。耿南仲使人再论胡安国"稽迟君命，傲慢不恭，宜从黜削，以儆在位"，宋钦宗未准奏。胡安国在中书省任官一个月，仗义执言，又得罪了中书侍郎，后来中书侍郎联合耿南仲上奏皇帝将胡安国安排为右文殿修撰，知通州。通州地处海门，其地非常潮湿，中书侍郎知道胡安国足疾严重，最怕潮湿，因此就把他安排到了通州。

胡安国离开京师才十余日，金兵就把宋都汴梁再度包围了，此时胡安国的长子胡寅任校书中秘，正在汴梁城中。朋友都替胡安国担心，胡安国却说："圣上在重围中，号令不出，这是卿大夫的耻辱。我只恨没有办法效忠，哪里还敢只为自己的儿子担心呢？"听闻这话的人都深受感动。

南宋高宗即位后，以给事中的官职召安国，安国上奏说："过去我因为驳回奏章，已经把权贵都得罪了，现在陛下准备立中兴大业，可是政事的宽严，人才的升降，还不很适宜，我如果按照职守一一履行职责，一定会妄发议论，触犯别人而身陷囹圄。"任职的事在权贵的干预下不了了之。建炎三年（1129），枢密使张浚举荐安国可以重用，建议再次授予安国给事中。高宗赐信给他的儿子起居郎胡寅，让他以皇帝的名义催促安国赴任。安国赴任经过池州时，听到皇帝去吴、越的消息，就称病返回。绍兴元年（1131），诏为中书舍人兼侍讲。胡安国上《时政论》，提出宏大、周密而又系统的保国方略，包括定计、建都、设险、制国、恤民、立政、核实、尚志、正心、养气、宏度、宽隐等十二分略，他还建议高宗"当立于恢复中原"，"必志于扫平仇敌"，积极主张抗金，收复失地。随后胡安国又因事得罪了朱胜非、吕颐浩等当朝权贵，被诬以秦桧"朋党"之名落职。胡安国遂决心退出官场。同年，胡安国带着妻室儿女离别湖北荆门，来到湘潭碧泉结庐定居，开办书院讲学，并专心撰写《春秋传》。

绍兴五年，朝廷召胡安国为经筵旧臣，令其继续撰修《春秋传》。《春秋传》为其传世之作，胡安国从潜心攻读《春秋》到著作《春秋传》三十卷，历时三十载。胡安国曾经自述治《春秋》之始末："某之初学也，用功十年，遍览诸家，欲多求博取以会要妙，然但得其糟粕耳。又十年，时有省发，遂集众传，附以几说，犹未敢以为得也。又五年，去者或取，取者或去，几说之不可于心者，尚多有之。又五年，书成，旧说之得存者寡矣。及此二年，所习似益察，所造似益深，乃知圣人之旨益无穷，信非言论所能及也。"绍兴八年书成，高宗称赞"深得圣人之旨"，诏令列入经筵读本。胡氏《春秋传》对后世也有深远影响。元皇庆二年（1313），行科举新制，《春秋传》被钦定为经文，与《春秋》齐名，《春秋传》遂风行天下，成为明清时期科举考试的范本。绍兴八年四月十三日，胡安国病逝，谥文定。

胡安国作为湖湘学派的开创者，他在理学方面有自己的主张，主要是"心与理一"的本体论和"致知穷理"的为学论。他提出："无所不在者，理也；无所不有者，心也。物物致察，宛转归己，则心与理不昧，故知循理者，士也。物物皆备，反身而诚，则心与理不违，故乐循理者，君子也。天理合德，四时合序，则心与理一，无事乎循矣，故一以贯之，圣人也。"他认为"理"是无所不在的客观本体，"心"为无所不有的主观本体，因而只有心、理合一，才是人道与天道的契合。胡安国既提出了以"心"为体，又提出以"理"为体，反映了两宋之交理学内部尚未分化的特点，直到南宋淳熙以后，理学阵营内部才分化出以"理"为本的考亭学派和以"心"为本的象山学派。在为学方法论上，胡安国更强调致知穷理的方法。

胡安国的主要著作除《春秋传》三十卷外，还有《资治通鉴举要补遗》一百卷及《文集》十五卷。

（谢彪）

黄伯思

黄伯思（1079—1118），字长睿，别字霄宾，号云林子，福建邵武人。黄伯思在古文奇字、器皿款识考证及书法上卓有成就，尤其擅长鉴定古器、法帖，"世称书家董狐"。传世之作《东观余论》，是我国第一部从学术角度考证法帖的名著，对后世有重大影响。

黄伯思的先祖自光州固始县迁到福建，定居邵武。传至其祖父黄履，考中嘉祐元年（1056）进士，授南京（今河南商丘）法曹。神宗朝累官御史中丞。不久，改任崇政殿说书兼知谏院。哲宗即位，除翰林学士兼侍讲。绍圣初，为御史中丞，仰章惇风旨，弹击吕大防、刘挚等元祐旧臣甚力。元符初（约1099），黄履拜尚书右丞，遇正言邹浩反对章惇请立刘妃为皇后，遭到迫害，他为之鸣不平，被降职知亳州（今安徽亳县）。元符三年（1100），徽宗赵佶即位，召黄履为资政殿学士兼侍读，复拜右丞。建中靖国元年（1101），他以大学士、提举中太一宫职务告退返籍，当年去世。黄伯思的父亲黄应求，曾任饶州司录、奉议郎。

黄伯思自幼天资聪敏，爱好学习，每天读诗书千余言，均能背诵。听祖父黄履讲解经史，能毫无遗漏地向其他小朋友复述全部内容，见者都啧啧称奇。经过刻苦努力，他打下了深厚的基础。据说他曾梦见一群孔雀在庭院起舞，醒后作《孔雀赋》，遣词用句的华丽准确令看到的人钦佩不已。刚满20岁就进太学，由于学问根底扎实，历次考试成绩屡占上游，被列为优等。

元符三年，黄伯思考中进士，被任命为磁州（今河北磁县）司法参军，不久改任通州（今江苏南通）司户，因适逢祖父黄履逝世，伯思需为祖父在家守孝，也因为哀痛过度，身体也变得极为虚弱，人称他"体弱如不胜衣，而风韵洒落，有凌云之意"，所以他没有正式赴通州司户之任。守孝结束后，被任命为河南府（今河南洛阳）户曹参军。洛阳曾是古都，又临近北宋都城汴京（今河南开封），王侯之家比比皆是，鸿儒博士车载斗量，文化积淀极为深厚。黄伯思在这样的地方任职，正好发挥其精通文史的特长。他很快与当地官员和士大夫交成朋友，出入公卿之家，鉴赏古物，切磋翰墨，对古代文化进行了深入广泛的研究。当时曾有人担心像黄伯思这样一个专心致志于文史古籍，对官场世事不感兴趣的人，在河南府这样一个官员众多的地方，恐怕难以称职。但出人意料的是，这位学者型官员在处理日常事务和用人方面都显得从容不迫，游刃有余，成绩相当突出。所以任满之时，莘国公邓洵武舍不得他走，又将他留任知右军巡院。黄伯思对洛阳人物和风景都非常留恋，自然也乐得留下。

崇宁元年（1102），黄伯思调任《详定九域图志》编修官，兼《六典》检阅文字。不久，监护崇恩太后园陵使司，掌管笺奏。以修书擢升为秘书省校书郎，累迁秘书郎。秘书省是皇家图书文件馆阁，收藏极为丰富，黄伯思废寝忘食，博览册府藏书，对六经、历代史书、诸子百家、天文地理、律历卜筮无不涉猎。每次应召讲解前代典故、考定古器真赝，议论阐述精辟，馆阁诸公均自愧不如。在秘书省任职期间，他除应召向皇帝汇报前朝典章文物疆域地图情况外，还对馆藏鼎彝古器的真赝进行鉴别，并整理为两部著作——《古器说》和《地志说》。《古器说》收入论文426篇，博古图527幅，印章45枚。《地志说》则编汇成九域图志，图文并茂，这两部书都被皇家图书馆（御府）收藏。不久，他的父亲黄应求去世，伯思回家奔丧守孝。服满再回开封时，已因哀伤过度而形销骨立，仅几个月便一病不起，于政和八年（1118）二月逝世，年仅40岁。黄伯思去世后，因当时子女年幼，未举行葬礼，直至17年后的绍兴五年（1135）十月才下葬于镇江府丹徒县的招隐山麓。

黄伯思一生以读书著述为乐。他逝世时，"家无余赀，盈箧笥者，书籍而已。"他平时习惯在图书满前的环境中诵读写作，若因外出，哪怕是短短几天，也必选一处明窗净几的居所，以便诵读。他在法帖刊误、识别古文奇字方面的突出才能，与其文学修养是分不开的。《宋史》记载他"学问慕扬雄、诗慕李白、文慕柳宗元"。

黄伯思也是一位书法名家。他的书法取法高远，尝自述弱龄即从岱宗秦刻中学篆法，后得《鼓岐》《坛山》字及三代彝器文识又学之，"仰其高古、惟是之师"，后又广泛涉猎汉、魏碑首印章。李纲《梁溪集》介绍黄伯思学书"初仿颜、柳（颜真卿、柳公权），后乃规摹钟、王（钟繇、王羲之），笔势简远，有魏晋风味"。宋史中记载黄伯思"篆、隶、正、行、草、章草，飞白皆至妙绝，得其尺牍者多藏弆。"历朝书家对其书艺评价亦十分高，元赵孟頫云："长睿书如山泽之癯，骨体清澈。"明陶宗仪《史书会要》、丰坊《书诀》、清钱咏《书学》等均载有书家赞其通书明理之言。

　　黄伯思逝世后，其子将其所著《法帖刊误》《古器论》两书及考证、题跋等辑为一书，凡二百余篇，于宋绍兴十七年（1147）刊印，因伯思原已有《东观文集》等一百卷，此书在《东观文集》之外，故称之为《东观余论》。《东观余论》收入的《法帖刊误》一书，主要是对我国第一部大型法帖《淳化阁帖》刊误纠错。《淳化阁帖》系宋太宗赵光义于淳化三年（992）命侍书学士王著将内府所藏墨宝遴选摹刻于枣木板上，拓赐大臣。计184版，2287行。该帖包罗汉魏、两晋、南北朝、隋唐历朝帝王名臣法书510余轴，可谓洋洋巨制。但由于王著学识有限，选择不精，造成《淳化阁帖》真伪参半，宋人米芾首先发难，在《跋淳化阁帖》中评其真伪，然多为意断，未有考证。伯思则旁征博引，逐帖一一评析，从学术性的考证方面下了很大功夫。是书引据充分，考证精确，使真伪了然，为后世众多考证学家所推许。除此，《东观余论》还涉及历朝许多石刻、碑帖，其中下卷第146条考证江苏镇江焦山摩崖石刻《瘗鹤铭》为何人所书，尤可窥伯思鉴赏之精。《瘗鹤铭》字体楷参隶意，字势雄伟秀逸，结体宽绰舒展，素为历代书家瞩目，黄庭坚曾有诗云："大字无过瘗鹤铭"，称其为"大字之祖"，但此石刻无纪年，后题"华阳真逸撰，上皇山樵书"，世人慕其字而不知其人，宋代学者众说纷纭，伯思从文格、字体、别号、行踪、落款习惯等五个方面确切考出为南北朝时梁陶弘景所撰书，一时"众意释然"，人赞"长睿之鉴赏、可谓精矣"。清钱大昕说："自黄伯思定此铭为陶贞白书，后世罕有异论。"《东观余论》问世后，多次重版，据《四部总录艺术编》第二册所载，后世版本计有王氏书苑本，明万历间嘉禾项氏万卷楼仿宋刊本，津逮秘书本，学津讨原本，邵武徐氏丛书本，四库全书本等6种。

　　除《东观余论》外，黄伯思其他方面的著述也很多。《直斋书录解题》载其著作八种：《博古图说》十一卷、《石渠录》十一卷、《法帖刊误》二卷、《校定楚辞》十卷、《翼骚》一卷、《洛阳九咏》一卷、《校定杜工部集》二十二卷、《东观余论》二卷。《宋史》本传及《艺文志》著录其著作四种：《文集》五十卷、《东观余论》二卷、《法帖刊误》一卷、《翼骚》一卷。去其重复，共9种，即黄伯思《文集》五十卷及《直斋书录解题》所列8种。

（谢彪）

李 纲

　　李纲（1083—1140），字伯纪，号梁溪居士，福建邵武人。他历仕徽、钦、高宗三朝，累官至丞相，是生活在南北宋之交的一位重要的政治家和军事家，是著名的抗金将领，是东京保卫战的直接领导人。

　　北宋神宗元丰六年（1083），李纲出生于一个官僚家庭。父亲李夔（字师和），于元丰初年考中进士后，任华亭县尉，因为政绩突出升为县令，累官右文殿修撰、知邓州，兼西南路安抚使，后来因李纲做了宰相而被赠太师、卫国公。李夔与杨时关系非常好，杨时曾在李夔去世后撰写《李修撰墓志铭》，其中回忆两人的关系时说："余与公（指李夔）俱闽人，又尝同为诸生，肄业于上痒，挟策考疑，时相从也。俯仰四十余年，一时朋游，凋丧略尽，与公有平生之旧，而知公之详，盖无遗矣。"

　　李纲幼怀大志，有强烈的忠君爱国思想。14 岁时，随父戍边，适值夏兵来犯。按宋代法律，边城被围，守城人以日论赏。别的官宦子弟一心等待奖赏，只有李纲骑着战马在城池四周巡逻，显示了他的大无畏精神。《宋史》赞他："负天下之望，以一身用舍为社稷生民安危……其忠诚义气，凛然动乎远迩。"

　　崇宁三年（1104），李纲补国子监生，名列第一。政和二年（1112），上舍及第，授镇江教授。不久，调朝廷任国子正，又转任尚书考功郎，升任监察御史兼权殿中侍御史。任职才一个月，即因论事切直忤权贵，改任尚书比部员外郎。

　　当时，徽宗重用蔡京、王黼、童贯等人，政治腐败，民怨沸腾，"花石纲"扰民尤甚，但无人敢揭露时弊。宣和元年（1119），李纲任太常少卿，借京城水灾，上疏给宋徽宗，提出"畏天戒，固民心，收士用，严守备"，要求停止官廷园囿的修建，取消掠夺民间奇花异石的"花石纲"，整饬军备。徽宗却认为"所论不当"，把李纲降为南剑州沙县监税，兼任武平县事。李纲于宣和元年十二月到沙县任。二年六月起任承事郎，十月中旬离开沙县。李纲兼任武平县事期间，针对当时武平"伏莽滋蔓，草木皆兵，四郊多垒，鸡犬靡宁"的情况，采取了"申严保甲、盘诘奸宄，凡各隘口同心守望，巡缉稽查，协力提防，夙夜无间固结民心，安内攘外"等措施，短时间内使"不轨之徒闻风星散，使四民咸登衽席之安，商贾得免裹足之患"。李纲还建起"读书堂"，召集士子在此课文讲艺，"谕以道德文章为修身之本，忠孝节义为致君之源"。在李纲的治理教化下，当地民风大变，据康熙《武平县志》记载："绅士靡不感而思奋，咸以道德节义相尚。嗣是忠孝迭兴，贞烈相继，皆其流风余韵，普被无穷也。"以至于李纲离任时，当地百姓依依不舍，沿途挥泪相送，有的拉住李纲马车，有的抢下他的马镫，夺去马鞭，俯卧在马路上不忍李纲离去。

宣和七年（1125），金兵南侵，直逼汴京。在朝官员，茫然无策。时任太常少卿的李纲可谓人微言轻。宋代太常少卿的职责无非是在举行祭祀时负责迎送神主、搞搞卫生、摆摆香案、点点香烛、斟斟酒之类。然位卑未敢忘忧国，虽此前李纲曾多次因上疏不合时宜遭到贬斥，在国难当头之际，他再次挺身而出，慨然上疏，献"御戎五策"，主张收拾人心，施惠于民，蓄积财力，以强国势。又上三策：上策莫如亲征驱虏；中策莫如坚守，待敌自退，断其归路；下策一味避乱，以中原界豺虎。李纲的奏疏未能引起宋徽宗的重视。怎样才能打动徽宗呢？李纲想起了好友给事中吴敏。他诚恳地对吴敏倾吐了自己的想法，并以唐肃宗李亨灵武称帝退敌复兴的故事激励吴敏，希望他与自己携起手来，一道说服徽宗禅位于太子赵桓，以增强朝廷的凝聚力和号召力，招徕天下豪杰，拼死一战，守卫大宋的宗庙社稷。吴敏对李纲的提议极为赞赏。第二天，吴敏请求朝对，在朝堂之上直言不讳，吁请徽宗禅位于太子，并特别申明："李纲之论，盖与臣同。"于是，"有旨召纲入议，纲刺臂血上疏云：'皇太子监国，典礼之常也。今大敌入攻，安危存亡在呼吸间，犹守常礼可乎？名分不正而当大权，何以号召天下，期成功于万一哉？若假皇太子以位号，使为陛下守宗社，收将士心，以死捍敌，天下可保。'"

靖康元年（1126），徽宗禅位给钦宗。钦宗下诏亲征，命李纲为兵部侍郎、亲征行营参谋官，后又升为尚书右丞、亲征行营使，许以一切便宜行事。李纲乃团结汴京军民及各路勤王军队，对金兵展开汴京保卫战。当时，各路勤王之师共20多万，而金兵不过6万。在这种有利形势下，宋朝廷不肯把军队交给李纲统一指挥，而是把他们分成几个独立的单位，使事权分散，作战方针犹豫不定，甚至借守城将领姚平仲带兵夜袭金营的失利，便罢免李纲官职，并以大量金银、缎匹和割让太原、中山、河间三大军事重镇的优厚条件向金兵谢罪求和。太学生陈东等闻讯，伏阙上书乞罢李邦彦等，复用李纲。军民不期而集者数十万人，群情汹汹。钦宗不得已，恢复李纲的官职。金兵见宋军不断增援，而宋廷又已允割太原、中山、河间三镇，便撤兵北去。

金兵退后，徽宗自镇江回汴京，李纲因保卫汴京有功，任枢密院事，封开封伯。李纲预计金兵虽退，必再入寇，在具奏"备边御敌八事"之后，又奏请改革政治，荐用贤能，及诏发天下防秋之兵，加强防卫。但这时朝中主和派张邦昌、耿南仲之流又得势，一方面罢遣各路勤王军和民众自动组织的义军，一方面将李纲调离，出任河北、河东安抚使，继又调回京任观文殿大学士，知扬州，最后竟以"专主战议，丧师费财"的罪名，将其撤职，提举亳州明道宫，责授保静军节度副使，安置建昌军（今四川西昌县），再谪云南宁江。

靖康元年秋天，金兵再度南侵，汴京被围。钦宗感到和议失策，又起用李纲为资政殿大学士，领开封牧，想倚靠其再解汴京之围。但李纲未至而汴京失守，金人立张邦昌为伪楚皇帝，并在大肆掳掠后，挟徽宗、钦宗父子北去。北宋遂亡。

建炎元年（1127），康王赵构在南京（今河南商丘）即位，是为宋高宗。高宗以李纲素孚威望，任命为尚书仆射兼中书侍郎，晋封开国侯。不久又兼御营使，晋封开国公。李纲接到任命，迅速奔赴南京，殚精竭虑，为高宗筹划重整朝纲，组织抗金，并与朝中汪伯彦、黄潜善、颜岐等投降派大臣展开了尖锐斗争。高宗召集大臣讨论如何处置张邦昌。黄潜善、颜岐等主张给张邦昌加官晋爵，委以重任，理由竟是"他很受金人的喜欢"；其他一些大臣则模棱两可，首鼠两端；李纲的主张非常明确，张邦昌作为宋朝重臣，奴颜卑膝，向金人献媚，在徽、钦二帝被掳后即位伪帝，罪该万死，向高宗涕泣进言："臣不可与邦昌同列，当以笏击之。陛下必欲用邦昌，第罢臣。"高宗大为感动，将张邦昌贬谪潭州。李纲力主抗击金兵，收复失地，迎回二帝，重整山河。为加强防御，增强抗金斗争力量，他奏请高宗，设置河北招抚司和河东经制司，并推荐战功卓著的张所任河北招抚使、傅亮任河东经制副使；推荐屡建功勋坚决抗战的老臣宗泽出任东京留守；还针对长期以来军政官吏腐败、赏罚不明等积弊，颁布了新军制，着手整顿军政，并建议在沿江、沿淮、沿河建置帅府，实行纵深防御。高宗非常信任李纲，对于李纲的请求一一准奏，立即颁布施行。然而，随着金兵铁蹄的步步逼近，再加上朝中投降派大臣的蛊惑，高宗抗金的决心渐渐发生了动摇，又渐渐由动摇倒向了害怕和逃跑。这自然会遭到李纲的强烈反对。不久，高宗颁布诏书要"去东南躲避"，李纲极言其不可，上疏说："自古中兴之主，起于西北，则足以据中原而有东南，起于东南，则不能以复中原而有西北。盖天下精兵健马皆在西北，一旦委中原而弃之，岂惟金人将乘间以扰内地；盗贼亦将蜂起为乱，跨州连邑，陛下虽欲还阙，不可得矣，况欲治兵胜敌以归二圣哉？……况尝降诏许留中原，人心悦服，奈何诏墨未干，遽失大信于天下！"有好心人奉劝李纲："皇上要逃到东南，去意已决，再说什么都没用了，你还是明哲保身吧。"李纲回答说："国之存亡，于是焉分，吾当以去就争之。"此后，李纲逐渐失去了高宗的信任。

建炎元年八月，李纲遭罢相，主政仅 70 天。"自纲罢……车驾遂东幸，两河郡县相继沦陷，凡纲所规画军民之政，一切废罢。金人攻京东、西，残毁关辅，而中原盗贼蜂起矣。"十一月二日，被责鄂州（今湖北武汉市）居住。二年十月，移居澧州（今湖南澧县）。十一月四日，又责授单州团练副使、万安军（今海南万宁县）安置。三年，李纲过象州、郁林州，七月抵雷州。十一月二十六日抵达琼州。十二月六日，尚未来得及去万宁的李纲获诏命渡海北归。他在海南只居住了十天，用他自己的话说是"琼山十日"。李纲也把这段经历自比苏东坡，他说："幼年，术者谓命似东坡。虽文采声名不足以望之，然得谤誉于意外，渡海得归，皆略相似。"同年，金兵又大举南侵，高宗被迫下海出逃。建炎四年，金兵在河北立刘豫为伪齐皇帝后北撤。高宗回到绍兴。为了抵抗金兵，保全残破的东南半壁江山，不得不把李纲调回，先任银青光禄大夫。绍兴三年（1133），朝廷为安定后方，又重新起用李纲为观文殿大学士、荆湖广南路宣抚使，兼知潭州（今湖南长沙）。李纲到湖南后，对各地武装力量，分别不同情况，采取不同的对策。对"小民迫于衣食"者，以抚为主。不到一年，湖南"境内遂安，流移归业"。在招抚中，"尽选精强付诸将"，使之转为抗金力量。这时主和派又纷纷在高宗面前攻击李纲是"藩镇跋扈之渐……使军民独知有纲，不知有陛下"，于是高宗又下诏将李纲撤职，提举西京崇福宫。李纲自湖南回福州。

绍兴四年冬，金兵与伪齐军队渡江攻建康（今江苏南京），南宋主战派宰相赵鼎劝高宗亲征。李纲上奏防御三策：上策为派岳飞疾趋襄阳，震慑伪齐，不但可牵制南下金兵，且可进而恢复中原；中策为驻跸江上，召上游之师顺流而下，再命韩世忠、刘光世等率师进攻淮南要害之地，断金兵粮道，金兵必退遁；下策为借亲征之名，举棋不定，必使卒伍溃散，州县残破，

"则其患不可测"。高宗以李纲所陈皆当务之急，付三省、枢密院施行，并降诏奖谕，称李纲"料敌于千里之外，制胜于三策之间"。由于宋廷采纳李纲积极战守的建议，军民配合作战，在前线大获胜利，金兵和伪齐军被迫后退。

绍兴五年，高宗诏前宰执议战守方略，李纲应诏直言，对于和、战、守三者关系的看法："臣窃以和、战、守三者一理也，虽有高城深池，弗能守也何以战？虽有坚甲利兵，弗能战也则何以和？以守则固，以战则胜，然后其和可保。不务战守之计，唯信讲和之说，则国势益卑，制命于敌，无以自立矣。"当时朝内多数官僚都是畏敌如虎的，这些人把议和希望寄托在取得金人的欢心上。对女真人所提出的一切苛刻要求，都尽量予以满足，并极力反对备战，说这样会触怒了他们，破坏了和议，其结果恰恰招致了他们的加速进攻。李纲驳斥了这种谬论，提出了能战而后能和的主张，是十分正确的。抗金初期，由于北宋政府军队的腐败无能，一触即溃，使得金兵长驱直入。当时朝中的投降派，惊惶万状，说敌人势如泰山，宋朝如累卵。夸大敌人的声势，灭却自己的威风。但李纲却看出敌人在这次战争中是不得人心的，虽然貌似强大，并不可怕。他又看到宋朝军民爱国情绪的高涨，认为只要政府举起抗战的旗帜，一定能得到人民的支持，虽弱必兴，必能转弱为强，取得最后的胜利。

疏奏，高宗亲笔褒谕，复任李纲为观文殿大学士、江西安抚制置大使，兼知洪州（今江西南昌）；不久，又兼本路营田大使。淮西宋将郦琼因与主将张浚不和，率众叛投伪齐，建康震动，高宗退回平江。主和派乘机攻击李纲，称"江西大旱，而纲课民修城"，"妄自尊大，恣为苛扰……违法虐民"。高宗又将李纲撤职，提举临安府洞霄宫。绍兴八年正月，李纲自江西回福州。金国以攻宋久不能克，扶植伪楚、伪齐阴谋又迭遭失败，只得应允南宋求和，但要高宗跪拜接受诏书。李纲闻之，极为气愤，向高宗痛斥金国无礼，并称人心物力还可以有为，当"应天顺人，光复旧业"。高宗虽赞扬李纲"大臣当如此矣"，但还是在绍兴九年正月，与金国订立屈辱的"绍兴和议"，向金称臣纳贡。和约签订后，高宗举行庆祝活动，命百官进呈贺表，普遍加官晋爵。因李纲深受众望，也被任命为荆湖南路安抚大使，兼知潭州。李纲坚决反对和议，不肯受命，以疾力辞。高宗诏允所请，仍旧提举临安府洞霄宫，居福州。

李纲痛国事无可为，衰病交加。绍兴十年正月，正值上元节，举行家祭。李纲抚几号恸，感怆疾剧，当日殁于福州楞严精舍。讣闻，高宗诏赠太师。同年十二月，葬于福州怀安桐口乡大嘉山（今闽侯荆溪镇光明村湖里）。绍兴十三年，赠太保；绍兴二十八年，再赠太师；淳熙十六年（1189），特赠陇西郡开国公，谥忠定。李纲曾于绍兴二年谪居鄂州时写下脍炙人口的传世名篇《病牛》："耕犁千亩实千箱，力尽筋疲谁复伤？但得众生皆得饱，不辞羸病卧残阳。"以咏牛来表达自己虽屡遭挫折依旧百折不回锐意进取的执着追求，可以说是其一生真实的写照。李纲爱国的一生受到后人的敬仰。朱熹评价李纲："纲知有君父而不知有身，知天下之安危而不知身之有痼疾，虽以逸间窜斥濒九死，而爱国忧君之志终不可夺者，可谓一世伟人矣！"清代林则徐十分尊崇李纲，在福州西湖建造李纲祠，并题联："进退一身关社稷；英灵千古镇湖山。"

李纲著作有：《易传内篇》十卷，《易传外篇》十二卷，《论语评说》十卷。又有《靖康传信录》《奉迎录》《建炎时政记》《建炎进退记》《建炎制诰表札集》《宣抚荆广记》《制置江右录》及文章、诗歌、奏议百余卷。这些著作后来均收入《梁溪全集》。

（谢彪）

张元幹

张元幹（1091—约1170），字仲宗，自号芦川居士、真隐山人，晚年又称芦川老隐、芦川老人，福建永福（今永泰县）人，是两宋之际著名的爱国词人。

宋元祐六年（1091），张元幹出生于官宦之家，祖父张肩孟，字醇叟，宋皇祐五年进士，官至朝奉郎、歙州通判。伯父张劢（深道）、张勔（臻道）、张劝（闳道）相继登进士第而知名当世。父亲张安道，进士及第，曾仕宦于邺（今河北临漳县）。

张元幹从小聪明好学，因早岁丧母，十四五岁时即随父至河北官廨。这时候他已经能写诗，而且在官府里与父亲的"座客赓唱"。据当时的欧阳懋追忆："初若不经意，而辞藻可观，莫不骇其（指元幹）敏悟。"他自己也曾说过："少时有志从前辈长者游，担簦竭蹶，不舍昼夜。"（见《芦川归来集》卷九《跋了堂先生文集》）。在后来所作的《陇头泉》一词中，张元幹追忆少年时代的理想抱负说："少年时，壮怀谁与重论？视文章真成小技。要知吾道称尊。奏公车治安秘策，乐油幕谈笑从军。"表现出了想要建功立业的豪情。

大观四年（1110），张元幹到江西南昌向东湖先生徐师川请教。这时，江西诗派的洪刍、洪炎、苏坚、苏庠、潘淳、吕本中、汪藻、向子湮等九人组成诗社，饮酒赋诗作乐。向子湮是张元幹的舅父，张元幹因此"亦获攘臂其间"。

政和初年，张元幹随父亲到京师汴京（今河南开封），入太学，为太学上舍生。此时，张元幹的学业和诗词创作均大有长进，开始显露才华。李纲后来在为张元幹的文章作跋时就说过："予昔与安道少卿（即元幹父）游，闻仲宗有声庠序间，籍甚，恨未之识。"能够得到当时名宦的赏识，可见张元幹的才名流传甚广。

宣和元年（1119），张元幹又因事返回家乡永泰。他在《芦川豫章观音观书》中说："元幹以宣和元年三月出京师，六月至乡里，十一月乃复始行。"八月，张元幹在外孙陈氏家得到了祖父张肩孟的手泽，游酢、杨时、陈瓘、李纲、叶梦得、吕本中等三十多位当时名士为其祖父张肩孟的手泽题跋。返乡期间，他又上祖坟墓祭扫，为文刻石以表识之，今存《幽岩尊祖事实》和《祭祖母彭城郡夫人刘氏墓文》。

宣和二年春，张元幹至江西，拜忠肃公陈瓘于庐山之南，并留山中者甚久。宣和五年，张元幹在东都和陈与义、吕本中诸人交游酬唱，曾同避暑于资圣阁。宣和六年春，张元幹又返乡。在还京路过福州时，拜访了李纲。当时，李纲正罢官闲居。李"自宣和己亥（元年），以左史论事，谪官闲废七年"。李纲首次见到张元幹就非常赞赏，他高度评价张元幹说："今年春，仲宗还自闽中，访予梁溪之滨。听其言，鲠亮而可喜；诵其文，清新而不群。"宣和七年夏，李纲被召回朝，任太常少卿。同年冬，金兵大举进攻。次年正月，金兵渡过黄河，围攻汴京。徽宗内禅，钦宗即位，改年号靖康，任李纲为亲征行营使。李纲征召张元幹为行营属官。胡仔《苕溪渔隐丛话后集》引《诗说隽永》说："李（纲）伯纪为行营使时，王仲时、张仲宗俱为属。王颀长，张短小，百事相随。一馆职同在幕下，戏云：'启行营：大鸡昂然来，小鸡竦而侍。'"当时，徽宗仓皇出逃，钦宗也打算逃走，因李纲主战，力谏死守，才使金兵不能得逞。但钦宗竟同意割让中山、太原、河间三镇与金人议和，并为讨好金人，以"专主战议，丧师费财"的罪名，罢免李纲官职，张元幹也同时获罪。不久，张元幹怀着国家危亡的极其悲愤的心情离开了京城，沿着淮水漂流南下。

靖康元年（1126）冬天，张元幹听到汴京沦陷的消息，在淮水上写了四首《感事》诗，以抒发国家残破的无比沉痛，其中第三首是这样写的："贼马环京洛，朝廷尚议和。伤心闻殉地，痛恨竟投戈。始望全三镇，谁谋弃两河。群凶未菹醢，吾合老江波。"这首痛恨朝廷屈辱求和的诗篇，充分反映了作者抗金爱国的思想感情。

靖康二年春，张元幹到达临安（今浙江杭州），寓居西湖之滨。同年，康王赵构在南京（今河南商丘）即位，改号建炎。开始，宋高宗起用李纲为宰相，张元幹为朝议大夫、将作少监，充抚谕使。但高宗信任的仍是主和派，李纲仅任了70多天宰相，就被罢免，张元幹为此深感愤慨。这时他写的《建炎感事》诗就显得十分沉痛、悲凉而又激愤。他愤怒地指出"乾坤忽震荡，土宇遂分裂"的原因是："议和其祸胎，割地亦覆辙。倪从种将军，用武寨再劫。不放匹马回，安得两宫说？"痛斥南宋王朝屈膝议和的行为，开创了南宋爱国诗词的先河。

建炎三年（1129）十月，金兵又南下攻宋，张元幹避难湖州。乘舟在烟波迷茫的水面上，写下了《石州慢·己酉秋吴兴舟中作》词，抒发收复中原的豪迈气概和壮志难酬的悲愤心情。

绍兴元年（1131），秦桧自金还归后不久，宋高宗即于是年二月授以参知政事（副宰相）。八月，任宰相。秦桧"专意与敌解仇息兵"（《宋史·秦桧传》）。面对朝廷腐败，张元幹于是年二月毅然辞官归里。当时沈与求作诗勉励他说："相逢无日不怀归，义是春山听子规。休叹豺狼迷道路，似闻貔虎仆旂旗。"但是，他为了"不屑与奸佞同朝，飘然挂冠"。

张元幹休官还乡后，仍然十分关心社会现实，竭力主张抗金，渴望宋王朝收复中原。这从他还乡后的一些交游活动中可以看出来。他所交往的大都是一些具有民族气节的反对和议的爱国之士，如李纲、张浚、胡铨、陈与义、吕本中、叶梦得、富直柔、李弥逊等。张元幹在这段时间里，常常外出游山玩水，写下了不少寄情山水景物的诗词，以此排遣郁积于胸的爱国抱负不能实现的苦闷。

绍兴八年二月，李纲在洪州（今江西南昌）上书宋高宗，反对宋金和议，被罢职，还归福建长乐。张元幹此时正寓居福州，愤然写下《贺新郎·寄李伯纪丞相》一词，慷慨悲凉，感人至深。绍兴十年正月十五日，李纲在福州逝世，张元幹怀着悲痛的心情写了《挽少师相国李公五首》及《追荐李丞相设斋疏》等，高度赞扬李纲坚定的抗金精神，寄托深切的哀思。

此前绍兴八年，张元幹的挚友、枢密院编修官胡铨，因反对与金议和，曾上书乞斩权奸秦桧、王伦、孙近以谢天下。绍兴十二年九月，宰相秦桧唆使亲信诬陷朝廷官员胡铨，诏除名，押送新州（今广东新兴县）编管。当时抗金名将岳飞已被害，秦桧气焰熏天，"一时士大夫畏罪箝舌，莫敢与立谈"。张元幹对投降派的卖国行径愤怒难平。为伸张正义，不顾个人安危，作《贺新郎·送胡邦衡待制赴新州》一词，与之饯别，以壮其行。绍兴二十年（1150），秦桧探知张元幹送李、胡《贺新郎》词后，将张追赴临安（今杭州）大理寺削职、除名、入狱、抄家，但他并未屈服。张元幹的《贺新郎》一扫缠绵低徊的情调，沈郁顿挫，充溢了饱满的爱国热忱。尤其可贵的是，他在词中直指宋高宗"天意从来高难问"，在抗战问题上采取暧昧的态度，因而造成了"昆仑倾砥柱""九地黄流乱注"的惨痛局面；"目尽青天怀今古，肯儿曹恩怨相尔汝"，表现了回荡在张元幹和胡铨这对爱国志士心头的，不是那种琐细的儿女之情，而是出于对'万里江山'的关切，彼此肝胆相照，死生相托。正如刘熙载所赞扬的，"张元幹仲宗因胡邦衡谪新州，作《贺新郎》送之，坐是除名，然身虽黜而义不可没也"。胡仔《苕溪渔隐丛话》也称赞张元幹送李、胡两首《贺新郎》词一出，"不胫而走，天下争相传诵"。同时代蔡勘在《芦川居士词序》中说："其忧国爱君之心，愤世嫉邪之气，间寓歌咏"。清《四库全书总目》也评论说："其词慷慨悲凉，数百年后尚想其抑塞磊落之气。"1933年秋，周恩来在建宁时，偶然中看到了中共地下福建省委负责人陈金来在笔记上抄录的张元幹给胡邦衡的词，说："我们共产党人要好好学习这首词。学习张元幹锄奸靖国、抵抗侵略的精神。"又说："张元幹是你们福建人，我很为福建人骄傲。"

　　绍兴二十五年（1155）秦桧死后，张元幹才出狱，后在吴越一带漫游。曾到苏州，写下《水调歌头·癸酉虎丘中秋》，流露游子思归的心境。大约在绍兴二十六年（1156）前后，张元幹重到临安，羁寓西湖之滨，与旧友刘质夫相遇，又结识周德友、张孝祥等人。绍兴二十七年，拄杖登上吴兴垂虹桥，感慨万千，写下《水调歌头》词一首。这年夏天，又到浙江嘉兴。绍兴三十年，张元幹在临安，作《上平江陈侍郎》十首七言绝句，诗前有小序云："辛亥休官，忽忽二十九载，行年七十矣，日暮途远，恐惧失坠。"而他在《苏养直诗跋尾》中则说自己"华发苍颜，羁寓西湖之上"，不过身体"尚幸强健"。胡仔《苕溪渔隐丛话前集》（卷五十四）记道："余宣和间居泗上，于王周士处见张仲宗诗一卷，因借录之。后三十年，于钱塘与仲宗同馆谷，初方识之。余因戏谓仲宗曰：三十年前，已识公于诗卷中。仲宗请余举其诗，渠皆不能记，殆如隔世，反从余求之。"《苕溪渔隐丛话后集》（卷三十九）又云："余往岁在钱塘，与仲宗从游甚久。"可知张元幹晚年主要在江浙一带活动，最后于80岁左右客死异乡。

　　张元幹虽然出身于官宦世家，又长期为官，但却一生清贫，特别是靖康之变后，张元幹流落于镇江、杭州等地，其家产在南渡时的逃难途中损失较多，从而失去了生活的经济基础和积蓄。如建炎三年在避乱途中，就已经陷入贫困之中，其有《冬夜有怀柯田山人四首》诗记其事："客里了无况，乱来何止贫。淹留频换岁，老大更思亲。泥饮思田父，供粮乏故人。自怜归未得，不是白头新。"第二年甚至还有过绝粮的经历，张元幹曾作《绝粮五绝》，可惜已佚。其朋友葛胜仲有《次韵张仲宗元幹绝粮五绝》其五云："不悟宦游成左计，只今无米糁藜羹。"可以想见当时张元幹当时穷困之窘况。贫困的境遇长期得不到缓解。绍兴十年（1140），他在《庚申自赞》中又说道："行年五十矣，虽髭发粗黑，然田庐皆无。"此时距张元幹致仕归家已有十年，可他却仍然没能置上一份像样的家业，生活应该算不上优渥；而其在绍兴二十一年所作的《本命日醮词》中又提到："去国门仅周二纪，归故里殊乏一廛。未免口腹以累人，所望儿女之毕娶。"

张元幹一生的主要成就在文学，尤其是词的创作方面，他的《芦川归来集》十卷，有词三卷，计 180 余首。这些词作大多表现了他憎恨丑恶现实、厌倦官场倾轧而企求超然世外的感情。其中有的词以谈禅论佛寄托自己的不满和怨愤，流露出较浓的消极思想，还有些平庸的酬唱之作，这些都不必讳言。然而，《芦川词》的精华却是那十几首洋溢着民族激情的爱国词。正如后人所评：张元幹"长于悲愤"（毛晋《芦川词跋》），曹噩在《原序》中也说"其忧国爱君之心，愤世嫉邪之气，间寓于歌咏"。这些力透纸背的词作，表现了张元幹对国家民族的赤子之情，成为千古绝唱。诗人应是时代的喉舌。张元幹这十数首号角般的爱国词所传达的正是时代的呼声，它标志着南宋爱国词人的崛起，表现了张元幹词的高度艺术成就。

（谢彪）

李　侗

　　李侗（1093—1163），字愿中，南剑州剑浦县（今福建南平市延平区）人。宋代著名理学家。李侗出生于官宦世家，曾祖父李幹，天圣二年（1024）进士，官封屯田郎中，为政清廉，赠金紫光禄大夫。李侗的祖父李繟，宝元元年（1038）进士，官封朝散大夫，文采斐然，赠中奉大夫。李侗的父亲李涣，封朝奉郎。

　　李侗从小机敏聪慧，勤奋好学，同时性格豪爽，吟诗作赋，豪饮骑射。据《朱子语类》记载朱熹的话："常闻先生（指李侗）后生时，极豪迈，一饮必数十杯。醉则好驰马，一骤二三十里不回。后来却收拾得恁地纯粹，所以难及。"又说："李延平初间也是豪迈底人，到后来也是磨琢之功。"在家庭的影响下，他也致力于准备科举考试，钻研举子业，"孜孜矻矻，为利禄之学"。24岁前后，李侗的思想行为发生很大的转变。当时，他听说罗从彦得"河洛之学"于杨时，便写信给罗从彦，表达了决心放弃举子业、专心求圣贤之学的愿望。他在信中说："自己这么些年来，因为愚鄙而花了太多时间去攻习举业，所以没有及时拜授于先生门下。今天之所以抱着一颗拳拳之心前来求教，就是为了寻求到一种高于利禄之学的圣贤之学。……我之所以要攻取举业，完全是因为我的祖上都是以儒学起家，我不忍心看到子承父业的希望毁于一旦，所以才勤勉不懈地为之耗费了二十四年时光。我今年24岁了，混混沌沌没有找到可以栖止的地方，事理不明，是非不辨，心智没有开通，喜怒容易变化，操守不完备而悔恨颇多，精神不充足而智慧贫弱，拣拾起来拣不干净，收藏起来又不够，从早到晚都非常恐惧，就像是饥寒交迫的人想要寻求充饥御寒的衣食一样。要不是这样，怎敢以像我这样差劲的人拖累先生呢。"罗从彦看到他的书信后，于政和六年（1116）接纳他为弟子。据《闽贤事略初稿》记载："从彦素清介绝俗，人见侗游其门，犹有从而非笑之者；从彦不顾，授以《春秋》《中庸》《语》《孟》之说。"李侗没有辜负老师的期望，跟随罗从彦潜心静思后，李侗一改此前豪勇做派，退居山间，结茅舍于水竹之间，谢绝一切世故往来，继续从事理学研究，"从容潜玩，有会于心，尽得其所传之奥"。讲诵之余，效法罗从彦，终日静坐，体会

"喜、怒、哀、乐未发前之气象，……而求所谓'中'者"。久之，天下之理"莫不该摄洞贯，以次融释，而各有条理"。罗从彦对李侗很满意，他在《与陈默堂书》中，赞许"后生李愿中者，向道甚锐，曾以书求道，趋向大抵近正"。

李侗自从潜心儒学之后，彻底放弃了科举考试之路，隐居山林，谈经论道，并且很注意身体力行。他居家时事亲孝谨，左右无违，仲兄性刚多忤，也以诚敬事之，深得其欢心；行一二里山路，亦从容缓步；终日危坐，略无颓惰之气。产计素薄，然处之有道，租赋必为邻里先；遇亲戚中有贫苦不能婚嫁者，便节衣食相助，为之经理；与乡人相处，不论长者、少者、贱者，皆各尽其道，各得其宜，故深受乡人敬重；接待后学，总是终日答问不倦，并能因材施教，"随人浅深，诱之各不同"。常要求学生反身自省，以入于"圣贤之域"。指出："学问之道，不在多言，但默坐澄心，体认天理。若是，虽一毫私欲之发，亦退听矣。""读书者知其所言莫非吾事，而即吾身以求之；则凡圣贤所至而吾所未至者，皆可勉而进矣。若直求之文字，以资诵说，其不为玩物丧志者几希！"因切志求道，深受人们敬重。

李侗的为学思想得自罗从彦。朱熹曾评价道："李先生（李侗）教人大抵令静中体认大本未发时气象分明，即处事应物自然中节。此乃龟山门下相传指诀。"可谓切中肯綮。李侗曾在《与刘平甫书》中明确提出，默坐澄心，就是体认天理。他曾教导朱熹说："罗先生（罗从彦）令静中看喜怒哀乐未发谓之中，未发时作何气象。此意不唯于进学有方，兼亦养心之要。元晦偶有心恙，不可思索，更于此一内求之，静坐看如何，往往不能无补也。"指出"默坐澄心"既是进学之方，又是养心之要，是认识方法和道德修养的结合。李侗认为，学习圣贤的道理学问，应当反复推寻，循序渐进。他说："为学之初，且当常存此心，勿为他事所胜。凡遇一事，即当就此事反复推寻，以究其理，待此一事融释脱落，然后循序少进，而别穷一事，如此既久，积累之多，胸中自然洒然处，非文字言语之所及。"此处的"反复推寻""融释脱落""循序少进""积累之多"，足见李侗治学的方法。

绍兴二十三年（1153），朱熹于赴同安县主簿之任途中，在延平首次拜见李侗。当时，朱熹受佛道思想影响颇深，曾与李侗当面"说禅"。李侗不以为然，只教他多看"圣贤言语"。朱熹在同安县主簿任上，闲暇时认真思考李侗的建议，在广泛阅读儒家经典著作的同时开始深入思考儒学思想，逐渐看出"释氏之说"的破绽，而对"圣贤言语渐渐有味"。绍兴二十八年，卸同安之任后，朱熹徒步数百里到延平，就《春秋》《论语》等书中问题向李侗求教。李侗告诉朱熹说，"道学就是日用间做功夫处来理会"，"凡遇一事即当就此事反复推寻以究其理，待此一事融释脱落，然后循序少进而别究一事"。绍兴三十年冬，朱熹第三次到南平拜会李侗，并在先生寓所旁的西林院住了数月，李侗把《易经》的"太极论"和"理一分殊"理论结合探讨，在总结"总天地万物之理便是太极"，而更看重每一种事物具体的理之分殊，即认识事物矛盾的特殊性，并教导朱熹，要从平实处下功夫。李侗的"重在分殊"之说被认为是"理"的核心问题，这是他在理论上最重要的贡献之一。朱熹四次拜会和求教李侗，是他从 24 岁至 33 岁的十年间，这阶段也正是形成朱熹哲学思想体系的重要时期。十年间，两人信件来往频繁，信中内容有教诲、有探讨、还隐有辩论。信的内容被朱熹编辑收入到《延平答问》一书中（上、下集约二万六千言）。李侗的许多精辟论述也常被朱熹引用。李侗的人生之教、求中未发、实处用功、经中求义，都为朱熹哲学思想的形成起到了极大的作用。朱熹很佩服李侗的学问，而李侗对朱熹也很满意，一再称赞朱熹"颖悟绝人，力行可畏。其所论难、体认切至。从游累年，精思实体，而学之所造益深矣"。正是在李侗的影响、引导和教育下，朱熹最终完成了"逃禅归儒"的思想转变。朱熹对李侗有着很深的感情。隆兴元年（1163）十月十五日，李侗在福州病逝，朱熹因被孝宗皇帝召见而未能回闽为李侗治丧。次年，上疏归来的朱熹赶赴南平哭祭李侗，作《祭延平李先生文》《延平先生李公行状》。同年八月，李侗入葬，朱熹再次来到南平参加了李侗的迁葬仪式，写了《甲申挽李先生三首》。

李侗生活的年代，正是中原动荡、内忧外患的年代。当时民族矛盾突出，社会弊端重重。所以李侗虽然一生乡居，没有当过官，但"伤时忧国，论事感激动人"。绍兴三十二年（1162），宋孝宗即位，召见朱熹陈述政事。朱熹先大致草拟出自己的意见，表达自己的抗金立场，然后寄给自己的老师李侗进行审阅，向李侗征求意见。李侗支持抗金，十分赞成朱熹反和议的思想，鼓励朱熹向宋孝宗进言，表达抗金的意见。李侗还给朱熹回信，详细表达了自己的看法，他说，自己已经仔细地阅读了朱熹所写的内容，并称赞朱熹说"立意甚佳"。李侗还表达了自己对政治形势的看法，他说道，如今宋朝之所以"不振"，而且出现"立志不定，事功不成者"，正是因为那些建议议和的人的错误的政治立场造成的。李侗认为朱熹"书中论之甚善"，并对朱熹在信中所陈述的抗金意见提出了一些订正和个人意见，称自己因为年事已高，"不能文，不能下笔"，所以把自己对朱熹的陈述中存有疑虑或感觉不妥的地方，都用贴纸标注出来，写上了详细的修改意见，建议朱熹予以修改。李侗忧国忧民忧天下的忠义之心洋溢于字里行间。到了孝宗隆兴元年，朱熹奉旨即将上殿回答皇帝的诏问，于是，朱熹便就回答诏问的时候应该把什么问题作为首要问题向李侗请教。李侗回答他说，如今整个朝廷处于"三纲不振，义利不分"的状态，而究其原因，"三纲不振，故人心邪僻，不堪任用，是致上下之气间隔，而中国日衰；义利不分，故自王安石用事，陷溺人心，至今不自知觉。人趋利而不知义，则主势日孤"。所以，他建议"人主当于此留意，不然，则是所谓虽有粟，吾得而食诸也"。朱熹按照老师的教导应答了诏问。

绍兴二十七年，李侗儿子李友直、李友谅同登进士第，要到外地去做官，想请李侗到他们的任职地供养。隆兴元年，李侗自建安（今福建建瓯）赴江西铅山，又到邵武访外家，并顺路游武夷。归来后，应闽师汪应辰之请到广州，不料病发，卒于州署。

李侗一生"不著书，不作文，颓然若一田夫野老"，但在当时及后世得到了很高的评价，学者称之为"延平先生"。当时人朱松（朱熹之父）曾与沙县邓迪语及侗。沙县邓迪说："李愿中如同冰壶秋月，晶莹透彻，毫无瑕疵。"朱熹也赞叹李侗："姿态禀性刚劲独特，气质豪迈，而个人修养完备纯粹，没有尖利的棱角，精粹淳厚之气已在脸上显现出来，表情温和，语言犀利，神态安详，气质和谐，说话还是沉默、行动或是静止，都是那样端庄祥和、闲适泰然，自然之中，似乎有一定成法，平日温顺恭谨，对什么事都不置可否，等到其与人应酬，遇到非常之事，则以义理为决断，又是那样大义凛然，不可侵犯。"朱熹又说："自跟从李侗学习，放假辞去开学再回来，听到的教诲就更加深刻，提高了一个层次，他就是这样不断追求上进啊。他不求为世所知，也未尝轻易与哪个人交往，所以高层的人士既不知道他，学者也都不认识他，所以他进没有在当世展示他的抱负，退没能把他的精辟思想传给后人。但李侗先生自我感觉尚且安逸快乐的地方，是徜徉于田野之中，悠然不知老之将至。系所谓依照《中庸》'遁世不被人知却不后悔'的精神指导行为，先生就是这样的人啊！"民国时郑贞文撰《闽贤事略初稿》时评论道："夫邓迪之言，状侗之胸襟；朱熹之言，状侗之气概。观斯二者，侗之为人可概见矣。自伊洛之学入闽上游，学者辈出。然杨龟山政声卓著，罗豫章尚有著述，独李侗远政治而不忘君国，无著述而言行服人，至今闽省人士无不知有李侗先生者，斯益难矣。"可以说，李侗是闽学发展传承中承前启后的人物，在传道继统上占有重要地位。自杨时从河南二程处"载道南归"后，先传罗从彦，再传李侗，李侗又传给朱熹。至朱熹，理学遂大盛于天下。因此，淳祐七年（1247），宋朝应福建提刑杨栋之请，赐谥文靖。元至元二十八年（1291），元朝赠为太师，追封越国公。明万历四十五年（1617），明朝又从福建提学熊尚文之请，诏准从祀孔子庙庭。

李侗的著作，主要有三种：一是李侗逝世后，朱熹将李侗与其往来的书札编辑成册，成《延平答问》一书；二是清初李侗后人在《延平答问》的基础上增补、改编而成《李延平先生文集》；三是李侗门人罗博文所编《延平语录》，以及后人编的《道南三先生遗书》等。

（谢彪）

胡 寅

胡寅（1098—1156），字明仲，又字仲虎、仲刚，学者称致堂先生。南宋建州崇安县（今福建武夷山市）人。他是两宋之交比较著名的理学思想家，湖湘学派的主要成员之一。

胡寅的身世颇有些传奇色彩。胡寅出生后，其母因男孩多而欲将其溺死，被胡安国之母所救，并由胡安国抚养成人。关于胡安国收养胡寅的记载，据《宋史·胡安国传》说："寅，安国弟（按'弟'应作'兄'）之子也。寅将生，弟妇（按'弟妇'应作'嫂'）以多男不欲举。安国妻梦大鱼跃盆水中，急取而子之。"他在自述中也称："臣闽人也。闽之俗，地狭人稠，计产养子。臣祖母悯臣之必不生也，委臣父收养之。臣父其年时二十有五，方事婚娶，岂有无子之虑？而必至收养堂兄已弃之子者，缘臣祖母知书好善，告戒之初，于是抚怜鞠育，以为元嗣。凡幼时疾病粥药之勤，长后教训维持之备，义方恩爱，老而弥笃。最后感疾，付臣主祭。于臣大恩，本末如此。"闽北穷困偏僻，生计艰难，很难养活众多子女，因此胡寅降生后面临着被父母所抛弃的生死大难。胡寅在出生之初就几乎命悬一线，经祖母怜惜授意，被叔父胡安国收养，认作长子。

虽然是养子，但胡安国夫妇对胡寅并没有偏见，视为己出，疼爱有加，培养教育之功更是不遗余力。《宋史》记载：胡寅"少桀黠难制，父闭之空阁，其上有杂木，寅尽刻为人形。安国曰'当有以移其心'，别置书数千卷于其上，年余，寅悉成诵，不遗一卷"。胡寅小时候虽然很顽劣，但经过其父胡安国的教诲，便表现出与众不同的天赋，他能在一年多的时间里遍览阁中群书，打下良好的学术基础，并科举中榜，为他日后从政和成为一名儒家学者，理学的传承之人做好了准备。

在胡安国的影响和引导下，胡寅年轻时即受二程博大精深思想的吸引，坚定了儒学治学的方向，反对王安石父子所倡导的新学。他自述自己十六七岁时治学的情况说："某年十六七，见先君书案上有《河南语录》，上蔡谢公、龟山杨公《论语解》。间窃窥之，乃异乎塾之业。一日，请诸塾师，曰：'河南杨、谢所说，与王氏父子谁贤？'塾师曰：'彼不利于应科举。尔将趋舍选，则当遵王氏。'于时某未能树立，而辄萌好恶矣。"王安石新学是当时科举考试的标准学说，当时大多数学子想要通过科举考试获取功名，需要钻研熟读王安石新学，而胡寅却不为所动。他在此时虽然没有树立弘扬二程理学思想的志向，但也表现出浓厚的兴趣。可以说，胡寅与胡安国虽不是亲生父子关系，却胜过亲生父子。胡安国对胡寅有再生之德、养育之恩，因而胡寅受胡安国影响至深。无论是学术研究还是为人从政，日后他都能谨遵其父胡安国教诲，是当时儒家学者当中少有的言行一致、始终不渝之人。

宣和三年（1121），胡寅考中了进士甲科，名列第十。当时胡寅并未曾议婚，因鄙视公卿鲜廉寡耻因循苟且，拒绝娶中书侍郎张邦昌之女。后来在胡安国的主持之下，娶兵部郎中张愿之女张季兰为妻。宣和六年四月得子名大原，胡大原后来跟从叔父胡宏学习，与张栻、朱熹等相友善，成为湖湘学派重要学者之一。宣和七年，胡寅任西京国子监教授，此时正处在北宋内忧外困最危急时刻，京东、河北饥民纷起反抗，又传金将入侵。就在这一年，宋徽宗禅位给太子赵桓，是为钦宗，改明年为靖康元年。靖康初年（1126），因御史大夫何栗的荐举，胡寅迁秘书省校书郎。当时著名学者杨时在朝为祭酒，胡寅得以从杨时受学，从此比较系统而全面的接触二程理学思想。

宋高宗建炎元年（1127），胡寅正是而立之年，正逢北宋灭亡南宋建立的非常时期，他亲身经历了亡国之痛，有着强烈的山河破碎的激愤之情与屈辱之感。建炎元年三月，金人商议在金陵（今南京市）建立异姓王朝以汉治汉的政策，胡寅坚持赵宋正统，即与张浚、赵鼎逃出太学中，不书议立张邦昌为帝的奏状。当金人扶立张邦昌为帝，建立伪楚国号，他即弃官归家，因此受伪楚言官弹劾降官一级，遂隐居武夷读书讲学。建炎三年七月，宋高宗改杭州为临安府，以张浚宣抚川、陕。因金人继续南侵，宋高宗诏议移跸之所。胡寅当时经张浚荐举，复任驾部郎官，迁起居郎。对宋高宗移跸这一做法，胡寅极为不满，他于九月二十一日上《上皇帝万言书》，另附有《进万言札子》。他在《上皇帝万言书》中慷慨陈词，书拨乱之计，认为高宗应当出师河北、纠集义师，北向迎请二帝，而不宜亟居尊位，安逸享乐。胡寅因为《上皇帝万言书》而遭到当时宰相吕颐浩的嫉恨，认为其言辞过于激切，有损圣颜，故让他奉祠，离开朝廷，除直龙图阁学士，主管江州太平观。奉祠之后，胡寅于次年五月回到湘潭家中。

建炎四年十一月，胡宏母王令人病故，胡寅作为长子，按照传统的礼仪为母亲守制三年。绍兴四年（1134），胡寅随父亲在南岳衡山居住，作《崇正辩》。绍兴五年，宋高宗回临安，胡寅到临安，复为起居郎，迁中书舍人，赐三品服。他多次上劄子进谏宋高宗要端本清源，拨乱反正以图中兴，其殷切期盼之情溢于言表。特别是当这一年四月宋徽宗赵佶死于金国，当时南宋统治者尚未知晓，竟于五月还要打算遣使金国谋和。胡寅于五月十一日上《论遣使劄子》中痛斥这种委曲求全的行径，疾呼以中国万乘之君而称臣于仇敌，则宰相而下皆其陪臣。宋高宗对此不得不做出回应，降旨安抚嘉奖："中书舍人胡寅论使事，辞旨剀切，深得献纳论思之体，可令学士院降诏奖谕。"高宗表示已披览至再，嘉叹不忘。但不久之后张浚自江上还，奏请派使议和，作为兵家机权，高宗以此为借口一反前言，积极推行议和主张。胡寅只好再次上《再论遣使劄子》，列举遣使无益之十事，但终无法挽回高宗和议之志而不果。胡寅遂乞请便郡就养。

绍兴七年，胡寅知严州。这一年秦桧任枢密使。何藓、范宁之从金国回来，带回了太上皇赵佶和宁德皇后相继在金国逝世的消息，百官七次上表，要求缩短丧期，遵以日易月之制成服。胡寅坚决反对，要求"兴自朕躬，服丧三年，即戎衣墨，况有权制，布告中外，昭示至怀"。实质是想借此激起南宋君民同仇敌忾不忘雪耻之志。绍兴八年，胡寅除尚书礼部侍郎兼侍讲。这年三月，宋高宗任命秦桧为尚书右仆射、同中书门下平章事兼枢密使，独揽大权，专主与金议和。四月，胡安国病逝于家，胡寅回家守制丁忧。绍兴十二年父丧服除后，胡寅奉祠，不久再知永州。绍兴十三年，胡寅在永州任上罢官免职。绍兴十六年，胡寅一度回福建崇安老家小住一年多，次年秋天回到湘潭。直到绍兴二十年，胡寅一直住在南岳。秦桧知道胡寅生活贫苦，乘胡寅往建州省觐世母，赠给百金。胡寅回信说："愿公修政任贤，勿替初志，尊王攘夷，以开后功。"秦桧认为胡寅这是在讥讽自己，心中恼怒。胡寅曾游岳麓寺，在壁间大书对联："是何南海之鳄鱼，来作长沙之鹏鸟。"当时长沙帅臣刘旦，是广东潮阳人，他认为胡寅在利用此对联嘲弄自己，对胡寅痛恨不已。刚好此时刘旦受朝廷使命，收取张浚诸人罪证，于是向秦桧告胡寅诽谤朝廷命官。绍兴二十年正月，秦桧兴起文字狱，借李光私撰国史一事拟出讥讪朝政之罪名，将胡寅贬为果州团练副使，安置在新州。

正是在新州，胡寅开始著述《致堂读史管见》："乃其谪居之时读司马光《资治通鉴》而作。"胡寅认为《资治通鉴》一书"事备而义少"，即认为司马光叙述历史事实多，但阐发儒家义理少。因此，胡寅借论评周秦至五代历史的政治得失，以阐发他的儒家理学思想。在书中，胡寅承袭了胡安国著

《春秋传》的基本宗旨，贯穿了孔、颜、思、孟的义理思想，凡事皆以上古虞、夏、商、周的史实作为评判依据。因胡寅力主抗金而反对和议，故文中往往借古讽今，讥刺蔡京、秦桧等人的卖国行为。朱熹对此有相关记载："《致堂读史管见》乃岭表所作，当时并无一册文字随行，只是记忆，所以其间有牴牾处。"对此胡寅也曾自述："绍兴庚午，余自休官中谪置新昌。夏六月，息肩。既无书可观，又不敢从事翰墨。"这说明当时写作这本书的时候条件非常艰苦，主要依靠胡寅自己几十年所积的学术功底而成。虽然这本书在后世看来其间有纰漏错误之处，但却是胡寅真实的一己之意的表达，最能体现他的思想倾向和理论志趣。

绍兴二十五年（1155），《致堂读史管见》三十卷写成，也就在这一年十月，秦桧中风死去。在秦桧死后，胡寅才得以复官，为徽猷阁直学士。次年，胡寅归南岳，在这一年，朱熹曾见过胡寅，并对其做了很高的评价："胡致堂议论英发，人物伟然。向尝侍之坐，见其数杯后，歌孔明《出师表》，诵张才叔《自靖人自献于先王义》、陈了翁《奏状》等，可谓豪杰之士也。"

胡寅回到衡山之后，因在岭南被贬时身染瘴疠毒发，很快就发病，而且迅速恶化。绍兴二十六年闰十月十四日，胡寅卒于衡州，后谥文忠。胡寅的著作有《斐然集》《致堂读史管见》《崇正辩》和《论语详说》等。

（谢彪）

刘子翚

刘子翚（1101—1147），宋代著名理学家、诗人，南宋早期道学发展的关键人物，他悉心教诲朱熹并为他开示了理学门户，他的儒学立场和归宿对朱熹思想体系的形成有着重要影响。

刘子翚，字彦冲，又作彦仲，号屏山，又号病翁，学者称屏山先生。建州崇安（今福建武夷山市）人，赠太师资政殿大学士刘韐子，刘子羽弟。以荫补承务郎，通判兴化军，因疾辞归武夷山，专事讲学，邃于《周易》，朱熹尝从其学。著有《屏山集》。

刘子翚"少负奇才，未冠，游太学，声誉出等夷。以父任补承务郎。"宣和七年（1125），娶浙江山阴奉直大夫陆寔之女为妻。青年时代的刘子翚目无俗子，豪气干云，多与乡里豪士交游，进取之志颇锐，正如其诗中所云："旧知吾里多豪隽，亲识君家好弟兄。"随着年龄、阅历的增长，壮年以后，刘子翚的心性逐渐发生变化，开始修身养性，变得性情平和，精华内敛。《云际会刘致中》云："少年鼻哂轻流俗，敛锐收豪今碌碌。"《出郊》云："平生豪横气，未老半消磨。"诗中所描述的便是刘子翚性格变化的过程。

靖康元年（1126），刘子翚父刘韐在真定，辟刘子翚为主管真定府路安抚都总管司书写机宜文字。同年九月金兵攻破太原时，刘子翚正在江南为其父招募幕府人才，其所赋《醉歌赠金元白》："我家光禄新出塞，群彦入幕君宜先。自言衰发已种种，岂复有意仍腾骞。强饭廉颇思故国，据鞍马援忘华颠。只今左臂虽小病，尚想揽辔能周旋。兴来且酌杯中酒，边庭消息君知否？经天太一位临坎，干戈丧乱已经久。南关兵败上将戮，太原城破群胡守。呜呼国步危若此，每惜壮士时难偶。猝嗟未是真英雄，纶巾羽扇聊从容。何当矍铄渡河去，一洗塞北烟尘空。"诗中所言"光禄"即为任银青光禄大夫的刘韐。真定陷落后，皇帝任命刘韐为宣抚使，令其出塞，扼守邢洺。靖康之变后，京城陷落，宋朝廷割地赔款，向金乞和。刘韐奉命出使金营议和，金人向其劝降。刘韐不为所动，于第二年春天，自缢而亡。刘子翚时年30岁，接到噩耗后，悲愤交集，与其兄刘子羽、刘子翼扶柩返里。

刘韐的死给刘子翚以极大的打击，以至于他"间走其父墓下，瞻望徘徊，涕泗呜咽，或累日而返"。刘子翚为父守墓三年，执丧过礼，留下病根。南宋建炎三年（1129），守丧期满。次年，刘子翚以父荫补承务郎，授兴化军（今福建莆田）通判，后因体弱多病辞职。

为福建兴化军通判时，刘子翚身患疾病，因而对有关生命的问题较为敏感，开始与佛道之士密切交往，听佛道之士讲解清净寂灭的道理，以为道在其中。默照禅的思彻禅师对刘子翚的影响最大。默照禅所提倡打坐时应屏绝理智和欲望，身心如寒灰枯木，静观默究真如体用的方法，迎合了士大夫喜欢安静、厌弃尘世、想要跳出尘世生活的心理。

绍兴元年（1131），刘子翚因体弱多病而辞官，后归武夷山并主管冲佑观，讲学传道。掌管冲佑观本为一闲职，然刘子翚"惭愧君恩犹窃禄"，不愿终日无所事事。见观中三清殿年久失修，立即上疏朝廷，奏请"愿推乐施以就胜缘，指虏推赢；倘更新于琳馆，清新释累，会同宴于幔亭"。在他的再三请求下，武夷山冲佑观的三清殿及其他配殿建筑得以重建翻新。三月，其妻子陆氏去世，年仅24岁，而此时刘子翚才31岁，却"妻死不再娶，事继母吕氏及兄子羽尽孝友"。其嫂熊氏早陆氏而亡，故在川陕的刘子羽来信说："国事未既，怀恩责亏义，弃成责失武。一集吾私，二疚深矣。何以归乎？时方艰虞，涂殡非策，汝嫂汝妇，可共茔窀。"于是，刘子翚将妻子和嫂夫人熊氏安葬在拱辰山开善寺之东原。熊氏墓在左，陆氏在右，异穴而同丘。

刘子翚辞官后隐居在屏山，而隐居后最重要的职责便是主管家族的学堂，讲学论道，广收门徒，并延请与之过从甚密的刘勉之、胡宪等执教。当时，朱熹从子翚学。刘子翚把朱熹当作自己的亲子侄，悉心教诲，从不敢有任何的怠慢。

绍兴十二年，刘子翚的族弟刘如愚和刘子羽长子刘珙同登进士第。刘子翚感到十分高兴，并做《寄如愚珙二首》诗："吾家亦有胪传喜，叔侄联名赐第归。"次年，朱熹奉母命居崇安，受学于刘子翚、刘勉之、胡宪门下。最初，刘子翚等三位先生教授的重点是作为如何应付科举考试的程文和诗赋。刘子翚选用司马光的《温公集》、陈了翁的《了斋集》作为朱熹练习程文的范本。除此之外，刘子翚还亲自监督诸生读书。朱熹对刘子翚严谨的治学态度，十分敬畏。朱熹的学生评价朱熹对刘子翚的评论说："文公称其（刘子翚）文辞之伟，足以惊一世；精微之学，静退之风，足以发蒙蔽。"

绍兴十七年，行役在外的朱熹听说刘子翚病重的消息后，立刻赶回崇安。自此以后，朱熹终日侍奉在刘子翚左右。朱熹在同病榻上的刘子翚讨论入道的次第时，刘子翚欣然讲授了自己早年沉溺于佛道的经历以及复归儒学的经历："吾少未闻道，官莆田时，以疾病始接佛老子之徒，闻其所为清净寂灭者而心悦之，以为道在是矣。比归，读吾书而有契焉，然后知吾道之大，其体用之全乃如此，抑吾于《易》得入德之门焉。所谓'不远复'者，则吾之三字符也。佩服周旋，罔敢失坠。于是尝作《复斋铭》《圣传论》，以见吾志。然吾忘吾言久矣。今乃相为言之，汝当勉哉。"从刘子翚与朱熹的谈论中可以看出，刘子翚由相信佛老思想到向儒家思想回归的自我反省与心路历程，显示了刘子翚最终的儒学立场与归宿。刘子翚称儒家经典为"吾书"、儒道为"吾道"、孔子为"吾夫子"等，充分说明了刘子翚身为儒者的自我角色与归属感。《宋史》将刘子翚列入《儒林传》，《宋元学案》将其归入"伊川私淑"。

刘子翚所强调的"三字符"最早见于《寄魏元履》诗中："尝闻不远复，佩作三字符。"刘子翚在与魏元履钻研《易经》的过程中，在魏元履向刘子翚请教时，刘子翚授以"不远复"三字符。三字符的提出表明，刘子翚已经从佛道居士的文人转变为理学的文人。在刘子翚的理学体系下，"不远复"可以说是其核心命题，它是克己复礼、识体归人、制情复性的集中体现。

刘子翚的理学思想主要体现在《复斋铭》《圣传论》中，而其中的三字符"不远复"和道统心传说更是构成刘子翚理学体系的基石。其理学思想以《易经》为主导，承接胡瑗、程颐、胡安国等人的学说，又与佛老禅玄相糅合，有着独特的意缊。刘子翚以佛老思想来解释《易》学。他认为："晚而窥大《易》，稍解寂然意。"复卦在《周易》中具有特殊地位，刘子翚说："学《易》者必有门户，《复卦》，易之门户也。入室者当自户始，学《易》者当自《复》始。"复卦对《周易》中通过卦象显示阴阳二气周流六虚，凡动必复，变无穷始的循环变化做了高度的概括。

刘子翚的三字符并未被朱熹立刻接受，在胡宪的影响之下，朱熹出入佛老思想十余年，直到遇见李侗，在其指导下，才重新复归儒学。朱熹复归儒学与其老师刘子翚的心路历程大致相同，其理学的定位验证了刘子翚所提出的三字符中包含的睿智。三字符的思想结晶深深积淀在朱熹的文化理论结构之中，成为朱熹理学结构的重要基础。由此可见，朱熹放弃佛老而崇尚儒家经典绝非偶然，在朱熹漫长的学术求索道路上，"不远复"所包含的理学精神和根基已经深埋在朱熹的头脑中,正在等待合适的时机迸发出巨大的能量,进而推动朱熹学术思想体系的建立和发展。

在朱熹诗作中可以看见刘子翚所授予的"不远复"三字符,如《游昼寒以茂林修竹清流激湍分韵赋诗得竹字》云:"十年落尘土,尚幸不远复。"又如《复斋偶题》说:"出入无时是此心,岂如鸡犬易追寻?请看屏上初爻旨,便识名斋用意深。""初爻旨"指《复卦》初九之爻辞:"初九,不远复,无祇悔,元吉。"尽管青年朱熹的学术构架中以道禅学说为核心,未能在刘子翚的指引下当即复归儒学门庭,但在三字符确实在朱熹文化心理和学术理论体系中埋下了日后复归儒学的思想根苗。

(杨冬冬)

郑　樵

　　郑樵（1104—1162），中国历史上著名的思想家、史学家、语言学家、文献学家、目录学家、博物学家。生于崇宁三年（1104）三月三十日，卒于绍兴三十二年（1162）三月七日。年五十九岁。字渔仲，号夹漈，自称溪西遗民，福建兴化军兴化县（今莆田市）人。他一生从事著书立说，所著《通志》与杜佑《通典》、马端临《文献通考》并称为"三通"，对后世的影响至为深远。郑樵一生不出仕，刻苦读书 30 年，立志读遍古今书，他和堂兄郑厚到处借书求读，毕生从事学术研究，在经学、礼乐之学、语言学、自然科学、文献学、史学等方面都取得了成就。

　　郑樵出生于书香门第。先祖汉代时曾聚居河南荥阳。他在《荥阳谱序》中说："吾祖自荥阳过江入闽，皆有源流。"唐时从福州、永泰迁徙到莆田。祖父郑宰，熙宁三年（1070）进士，父郑国器，为太学生。因此，郑樵从小便受到了良好的家庭教育和文化熏陶。显然，郑氏家族重视文化教育的家风为郑樵的成长和今后取得的巨大成就奠定了坚实的基础。

　　不幸的是，宣和元年（1119），郑樵的父亲郑国器从太学回家，在路上客死姑苏（今江苏苏州）。噩耗传来，年仅 16 岁的郑樵只好徒步到苏州，扶柩而归，并葬父亲于越王山。受到郑庄兄弟庐墓建书堂修儒学的影响，翌年，郑樵也在夹漈山兴建了三间茅屋，号"夹漈草堂"，在此刻苦读书。正是在此时，郑樵就把读书治学作为自己一生奋斗的目标，其在《献皇帝书》中说："臣本山林之人，入山之初，结茅之日，其心苦矣，其志远矣。"在立下读古人之书、通百家之学问远大志向的同时，更是决定此生拒绝参加科举考试。他随同学识渊博的堂兄郑厚刻苦攻读，决心著书立说。郑厚是一位学识渊博、思想解放、有独立见解的学者。他在学术上对传统观念的怀念、批判精神，对郑樵产生了深刻的影响。

　　靖康二年（1127），金兵攻陷汴京，金人掳走徽、钦二帝，北宋灭亡。金人于同年三月立张邦昌为傀儡皇帝。五月，赵构在南京（今河南商丘）称帝，重建赵宋王朝，史称南宋，改元建炎。国家兴亡，匹夫有责。立志治学的郑樵按捺不住心中的爱国热情，决心投笔从戎。"建炎初，时方多故，先生与弟慨然有捐躯殉国之志，福帅江公常称之。"一个普通的知识分子要想从军报效祖国，在当时也不是一件容易的事情。郑樵兄弟先后给宇文虚、江常写了两封信，期望二位能够给予郑氏兄弟施展才华、报效国家的机会。但由于得不到引荐，报国的愿望未能实现。报国无门的苦闷情绪在郑樵《建炎初秋不得北狩消息作》中表露无遗，诗云："昨夜西风到汉军，寒鸿不敢传殷勤。几山衰草连天见，何处悲笳异地闻。犬马有心虽许国，草茅无路可酬君。微臣一缕申胥泪，不落秦庭落暮云。"

不久，堂兄郑厚到泉州做官去了。郑樵孑然一身，继续在夹漈草堂埋头苦读，并从事著述。他在草堂先后完成了经旨、礼乐、方书、图谱等数百卷著作。绍兴十九年（1149），他选了一百四十卷，分别缮写成十八韵类，带到京城临安，要求进献朝廷，藏于秘府（国家图书馆）。献书后，郑樵满怀兴奋回到了家乡。随着名气的增大，从学的学生也越来越多，他写的文章，总是一写完就被拿去传诵。"贫居深山勤苦读，闹市官儿闻名来"，许多达官显贵也纷纷来访，要举他为孝廉、遗逸，让他出来做官。但郑樵无动于衷，始终专志于著述。

绍兴二十七年，因侍讲王纶、贺允中的推荐，郑樵再到临安，接受高宗皇帝的召见，表示要效法司马迁并参考其所纂《史记》的体例而编撰《通志》，并面呈《通志》大纲。郑樵的满腹经纶和表现出的才华，得到了高宗的赏识和称赞，但高宗并未给予郑樵高官厚禄，只给他一个右迪功郎的小官，但郑樵却并未计较。在受到同僚的排挤和打压后，郑樵感到无比的愤怒，不久便辞官回家。无情的事实使得郑樵清醒地认识到，通过给皇帝献书以求得官职，进而帮助自己治学修史，也是困难重重。只好继续从事著述，终于完成了二百卷的《通志》。绍兴三十二年，高宗下诏，命以《通志》缴进，郑樵因积劳成疾，未能成行，于是年三月间与世长辞。郑樵的去世引起许多人的哀悼，其亲朋好友、学生也为之祭奠。"海内之士，知与不知，皆为痛惜。太学生三百人为文以祭。归正之人感先生之德，莫不惜哭之。"但最重要的是郑樵耗费毕生心血著成的《通志》一书，为自己树立了一座不朽的丰碑。

郑樵在堂兄郑厚去泉州做官后，便把其主要的精力用在深入系统研究天文地理和草木虫鱼。天文地理、草木鱼虫属自然科学，与当时主流的科举考试格格不入，根本无法受到其他学者的重视。郑樵把其大部分的精力用在观察天文地理、草木鱼虫上，表明他的远见卓识要远远超出一般的知识分子。

更为可贵的是，郑樵能够把理论与他的实际观察结合起来获得自然科学的相关知识，并在实践中去检验这些知识的正确与否。他为了学习生物知识，亲自到田间地头向农夫们请教并观察动植物的生长情况。为了研究地理学，亲自实地进行考察。在游历名山大川时，不仅丰富了地理知识，更促进了对异地风俗人情的了解和热爱。他《夹漈草堂》中记述："堂后拖柴堂上烧，柴门终日似无聊。蓼虫不解知辛苦，松鹤何能慰寂寥。述作还惊心力尽，吟哦早觉鬓毛凋。布衣蔬食随天性，休讶巢由不见尧。"

郑樵无论是对自然科学天文地理、草木鱼虫的研究，还是对文献学、目录学等的研究都是建立在其丰富藏书的基础上的。郑樵喜游览名山大川，搜奇访古，遇藏书家，必读尽所藏。于礼乐、文字、天文、地理、虫鱼、草木、方术之学，皆有论述。他广搜博览，积累了丰富的资料。郑樵除了大量阅读自己的藏书以搜集资料外，还大量借阅他人的藏书，并且认真阅读。他还总结出一套访书的经验，《通志·校雠略》中说："求书之道有八：一曰即类以求，二曰旁类以求，三曰因地以求，四曰因家以求，五曰求之公，六曰求之私，七曰因人以求，八曰因代以求。"在《上宰相书》里，他说："三十年著书，十年搜访图书，竹头木屑之积，亦云多矣。将欲一旦而用之可也。"此外，在《重刻福建兴化县志·儒林传》中也有郑樵四处访书的记载，"莆中故家多书者，披览殆遍，犹以为未足，周游所至，遇有藏书之家，必留，读尽乃去。"

搜访图书对郑樵著述所起的作用极为重要。他先后完成了《书考》《书辨诡》《诗传》《诗辨妄》《春秋传》《春秋考》《诸经序》和《刊谬正俗跋》等八种有关经学著作。郑樵治学极严谨，要求著述要有创新，不可人云亦云，抄袭旧文等等。他在写每一部著作之前，首先就是广泛搜集资料，占有资料，利用一切机会出外游历访书，从书本中吸取养分，从实际中学习知识。他也非常重视各种碑文载记等出土、文物资料。他在《通志·金石略》序中说："方册者，古人之语言，款识者，古人之面貌，……今之方册所传者，已经数千万传之后，其去亲承之道远矣，惟有金石，所以垂不朽……"在《通志》总序中还说："盖金石之物，寒暑不变，以兹稽古，庶不失真。"

此外，他还主张著书要把理论与实践相结合，注重实地考察。他认为"大抵儒生多不识田野之物，农人又不识诗书之旨，二者无由参合，遂使鸟兽草木之学不传"。因此，他写《昆虫草木略》以实际经验校正谬误。他虽然结庐山中，却时时向农夫等了解各种实际情况。他还认为史官会写天文志，但不认得星象，而认得星象的史官又不会写天文志，在他看来，这就是理论和实际相脱离的结果。因此他在写《天文略》时，"尝尽求其书，不得其象，又尽求其图，不得其信"。而"一日得步天歌而诵之，时素秋无月，清天如水，长诵一句，凝目一星，不三数夜，一天星斗尽在胸中矣"。这种注重理论与实际相结合，是郑樵"核实"精神的集中体现，也是他治学科学精神体现。

他早年曾立下三个志愿："欲读古人之书，欲通百家之学，欲讨六艺之文而为羽翼，如此一生则无遗恨。"为了实现这个宏愿，无论生活多么艰苦，郑樵都孜孜以求，刻苦读书，可以说他的一生都在追求学术。郑樵一生著述宏富，蔚为壮观，但流传下来的，却寥寥无几，只有一部《通志》是完整的，这不禁让人们感到扼腕叹息。完整保存下来的《通志》，不得不说这是史学界、文学界之一大幸事。

《通志》共二百卷，从三皇到隋代，凡《帝纪》十八卷，《皇后列传》二卷，《年谱》四卷，《略》五十一卷，《列传》一百二十五卷。不仅记载了古代社会的历史资料，而且涉及天文、地理、动物、植物、文学、音韵等学术领域，并研究了这些学科本身的发展过程。可以说它是一部百科全书性质的著作。全书的精华在于"二十略"。郑樵在《通志总序》中说："臣今总天下之大学术而条其纲目，名曰略，凡二十略，百代之宪章，学者之能事，尽于此矣。"二十略是：一曰氏族，二曰六书，三曰七音，四曰天文，五曰地理，六曰都邑，七曰礼，八曰谥，九曰器服，十曰乐，十一曰职官，十二曰选举，十三曰刑法，十四曰食货，十五曰艺文，十六曰校雠，十七曰图谱，十八曰金石，十九曰灾祥，二十曰草木昆虫。

这二十略是郑樵学术精华之所在，全面地反映了郑樵的理论水平和学术上的高深造诣。他自己也对这二十略也是非常满意和感到骄傲的。他说："总天下之学术而条其纲目，名之曰略，凡二十略。百代之宪章，学者之能事，尽于此矣。其五略，汉唐诸儒所得而闻；其十五略，汉唐诸儒所不得闻也。"他所指的五略为：礼、职官、选举、刑法、食货。而十五略则指：氏族、都邑、六书、七音、天文、地理、谥、器服、乐、校雠、艺文、图谱、金石、昆虫草木、灾祥。郑樵这样说难免会让人感觉有些过于自负和自大，但也不是毫无道理可言。郑樵所说的二十略不但涉及领域、范围之广，而且还丰富了历代史书中所缺失的文献内容。尤其是《校雠略》《艺文略》《图谱略》《金石略》，集中体现了郑樵的文献学思想。他要求会通文献等图书著作理论的解释，对当世学者仍有借鉴意义。

《通志》中的氏族、六书、七音、都邑和草木昆虫为旧史中所没有，为郑樵所独创。其余部分多节录前人著述。他的《通志》是继司马迁之后的又一部有影响力的通史。历代学者对郑樵和《通志》也赞誉有加。清代章学诚说："郑氏通志，卓识名理，独见别裁，古人不能任其先声，后代不能出其规范，虽事实无殊旧录，而辨名正物，诸子之意寓于史裁，终为不朽之业矣。"章学诚的评价，道出了《通志》的成就和价值。特别在编纂学方面，《通志》有较高的成就。元马端临修的《文献通考》、清纪昀修的《续通志》和嵇璜修的《皇朝通志》，都是根据它的编纂体例、方法或吸取它的优点编成的。当然，《通志》在编纂上也有一些缺点，但毕竟瑕不掩瑜，后来有些人横加抨击，全盘否定，这是不公允的。整个说来，《通志》是我国古代文化遗产中的一份珍品，我们研究史学发展史和编纂学方面的学问时，必须充分重视《通志》这部书。

郑樵一生治学修史，始终如一，坚决不参加科举考试，即使想要通过向皇家献书以求得功名，但也仅仅是希望利用皇家藏书以完成私人修史的宏愿。他能广泛收集、借阅藏书并认真阅读，其渊博的知识为士子们所公认。最为重要的是，郑樵治学能够始终坚持把理论和实践相结合。在教学的过程中能够做到教学相长，并把自己无论是在阅读中和实践中所获得的知识上升为理论，更为难能可贵的是，郑樵在其一生的治学中始终充满着批判精神，这是他同时代的士子们所不具备的。

（杨冬冬）

朱 熹

朱熹 (1130—1200)，集理学之大成，是中国历史上著名的思想家、哲学家、教育家。他的学说不仅使得理学成为宋以后官方的意识形态，而且影响朝鲜、日本、越南等国，曾一度成为这些国家的官方哲学或占主流地位的意识形态，并得到他们的推崇和信奉。朱子学说的积极因素，在今天仍然具有现实意义。

朱熹小名沈郎，小字季延。后改字元晦、仲晦，号晦庵，别号紫阳，60岁后称晦翁，又号云谷老人、沧州病叟。祖籍徽州婺源松岩里（今江西婺源），建炎四年 (1130) 生于福建尤溪县城外毓秀峰下郑安道馆舍，这是朱熹一家的寄居之所。庆元六年 (1200) 卒于福建建阳，葬于建阳唐石里大林谷，年七十一岁。

朱熹的家世为"婺源著姓，以儒名家"。到其祖父、父亲时，家境已经衰落。祖父死时，因贫而不能归葬婺源。朱熹父亲去世后，家里生活孤苦，寓居崇安刘子翚家，虽寄人篱下，精神压抑，但可确保生活无忧，专心读书。后迁徙建阳考亭。19 岁登进士第，历任福建同安县主簿、知江西南康军、任提举浙东常平茶盐公事、知漳州、知湖南潭州，还在宁宗时任侍讲秘阁修撰等职。朱熹为官关心民间疾苦，反对横征暴敛；遇到灾荒，就上书朝廷请求减免赋税并赈济灾民；他创立社仓法，以解农民青黄不接之困，使他们免受高利贷的剥削；他重视兴修水利，实施奖励生产的政策。此外，他还注意整顿吏治，认为奸吏豪民"嗜利无耻"，必须严厉打击。还反对土地兼并，主张丈量土地，以减轻贫困农民的负担。他这样做，虽然是从维护封建统治阶级的长远利益出发，但毕竟有利于社会的发展和人民的利益。

当时北方沦入金人之手，宋王朝偏安东南一隅。朱熹主张抗金，曾上书孝宗皇帝，批评议和，提出富国强兵的政策。而要抗击北方金人南侵，首要整顿朝廷纲纪，励精图治，这样才能为胜利抗金提供保障。

朱熹一生主要从事学术研究和讲学活动。他先后主讲白鹿洞书院、岳麓书院、紫阳书院，晚年居于建阳考亭，人称其学派为考亭学派。他"博极群书，自经史著述而外，凡夫诸子、佛、老、天文、地理之学无不涉猎而讲究"，经、史、子、集无所不通。在哲学、教育学多有创见，在史学、文学方面亦有所建树。朱熹的著作有《诗集传》《周易本义》《四书章句集注》《楚辞集注》等。其用力最多的是《四书章句集注》，他曾经多次修改，直到临终前三天还在修改《大学·诚意章》注。此书后来成为明清科举考试的标准。朱熹的著作，除了有单行本外，其余的语录和文章，经后人编辑为《朱子语类》和《朱子文集大全类编》。

朱熹是著名的哲学家，他创立了一元论客观唯心主义哲学体系，其中夹杂着朴素的唯物主义和辩证法。他认为宇宙间的本源是"理"，"理"具有神秘的创造性。他认为："理也者……生物之本也。……人物之生，必察此理。""理"具有主宰万物的性质，他说："所谓主宰者，即是理也。"他还认为："万物皆有此理，理皆同出一源，但所居之位不同，则其理之用不一，如为君须仁，为臣须敬，为子须孝，为父须慈。物物各具此理，而物物各异其用，然莫非一理之流行也。""理"只有一个，"理在物体上则可多可少。多少虽不同，但对于每个物体，则是所该有的理是都有了。""理"具有三纲五常至善的道德属性，他说："理者，……仁义礼智信皆有之。"总之，朱熹认为"理"是绝对的精神本体，而自然界以及整个人类社会则不过是这种"理"的表现而已。朱熹称"理"的总体为"太极"，说太极（理）动而生阳，静而生阴，阴阳相磨，产生出金、木、水、火、土五种元素，由此构成天地万物。这是唯心主义的本体论。

朱熹承认物质是由"气"所构成的。他说的"气"是物质性的东西，认为只有气"能凝结造作"。就具体物质而言，理、气是同时存在，并且是密切结合，不可分割的，"天下未有无理之气，亦未有无气之理"。但从本原上来说，朱熹认为"理"是生物之本，"气"是生物之具，天地万物生长，要有理，也要有气。但"理"是万物本原，而"气"则是构成万物的材料。理是第一性的，气是第二性的，理在先，气在后，气是从理生出来的。理与气的关系，理与气则以理为主。

朱熹的自然观以"理"为最高范畴，但他在自然观上也提出某些合理的因素。首先，他承认事物有客观的规律性，有物则有"理"，这个理，显然是指事物的客观规律。其次，他提出"万理俱实""理寓于气""理在事中"，否认佛、道的绝对的"空"和"无"，认为理并非是"空""无"，而是"理在事中"，是真实存在的，"道理"是不能离开具体事物而独立存在的，因此，人们只能从具体事物上去"理会"那"道理"，如从航船行车中去"理会"舟车之理。第三，他认为宇宙以及人和万物都是气化产生的。朱熹说："天地初间，只是阴阳之气，这一个气运行，磨来磨去，磨得急了，便拶许多渣滓，里面无处出，便结成个地在中央。气之清者便为天、为日月、为星辰，只在外常周环运转。"上述观点含有合理的因素。朱熹哲学的根本在于维护封建专制制度，用"理"去论证封建纲常的合理性，因此，他在方法论上有许多形而上学的说教。他认为总天地万物之理的太极是不变的，"天理"是不变的。朱熹说："天下有万世不易之常理"，"三纲五常亘古亘今不可易"。还认为，事物的发展乃是"终而复始，始复有终，又未尝有顷刻之或停也"的循环过程，这是循环论的形而上学。

但朱熹还看到事物的矛盾和运动变化，因此，在他的哲学中还包含着辩证法思想：第一，他提出了"一分为二"，肯定事物矛盾的普遍性。认为"理是一分为二，节节如此，以至于无穷，皆是一生两尔"。矛盾是普遍的，"天地万物之理，无独必有对，皆是自然而然，非有安排也"，"譬如阴阳，阴中有阳，阳中有阴"，这表明他把"一分为二"看作是事物发展普遍规律。第二，肯定了事物的发展变化，研究了变化的状态和原因。他认为，从阴阳二气到天地万物都处在不断运动变化之中。他说："一元之气运转流通，略无停间，只是生出许多万物而已。"还认为事物的变化发展有"渐变"和"骤变"的两种状态。他说："变、化二者不同，化是渐化，……变是顿断。"在他看来，"化"是指"渐渐消化"的量变；"变"是指"顿断有可见处"的质变，而事物变化发展的原因在于事物内部有"两"。朱熹说："凡天下之事，一不能化，惟两而后能化，且如一阴一阳始能化生万物。"朱熹的这些观点是对我国古代朴素辩证法思想的继承和发展。

在认识论上，朱熹的基本观点是唯心主义先验论，但也有不少唯物主义的因素。朱熹认识论的基本命题是"格物致知"。认为："人心之灵莫不有知，而天下之物莫不有理。"要致知，需格物。"格，尽也。须是穷尽事物之理。""物，犹事也。"朱熹认为格物的范围是很广泛的，"上而无极太极，下而至于一草、一木、一昆虫之微，亦各有理。……一物不格，则阙了一物道理，须著逐一件与他理会过。"格物的重点应该放在"穷天理，明人伦，讲圣言，通世故"这些封建道德原则上。因此他说："格物是穷得这事当如此，那事当如彼，如为人君便当止于仁，为人臣便当止于敬。""致知者，推致其知以至于极耳。""致，推极也，知，犹识也。推极吾之知识欲其所知无不尽也。"朱熹的格物致知主要是认识先验的"天理"，同时也包括认识具体事物的规律，认为只有与外在事物的接触中才能获得对于事物之理的认识，主张普遍地接触和观察周围的世界而去懂得"道理"，反对关门独坐，苦思冥想，只讲"一个'悟'字"的认识方法，认为"学问无此法"。这种反对空谈，主张"务实"的学风，是值得肯定的。

朱熹还认为格物致知的关键是居敬。他说："圣贤千言万语，大事小事，莫不本于敬，收拾得自家精神在此，方看得道理尽。"居敬就是无事时敬在心上，有事时敬在事上。无事时敬在心上，是集中注意力，使心不受外界物质的引诱；有事时敬在事上，是使处理问题合于封建道德标准。只有这样，才能领悟到先验的"天理"。

朱熹还认为格物致知离不开力行。他说："义理不明，如何践履？"只有先明了义理，才能做出合乎义理的事。但是，只有去"行"，才算真知，而且"行"能使"知之益明"。只有践行封建道德，才能深刻领悟"天理"。他的这些观点虽然还是唯心主义的先验论，但他提倡的"行为重""知行相须"，显然有其合理性，至少可以启发人们注意"行"在认识中的重要性，以及知和行的密切关系。

在伦理学方面，他认为"理"体现在人身上就叫作性，每个人都既具有天命之性又具有气质之性。他说："论天命之性，则专指理言，论气质之性，则以理与气杂而言之。"天命之性专指理而言。理是完美无缺的，它体现到人性也应当是完美无缺的。但实际上并不是所有的人都能做到仁义礼智，这是因为人的气质之性有差别，各个人禀受的气有清浊昏明的差别，所以气质之性有善有恶，"禀气之清者，为圣为贤"，"禀气之浊者，为愚为不肖"。气质之性好的人能够做到仁义礼智；而气质之性不好的人则做不到。但因为他们都有天命之性，即都有十分完善的封建道德品质，所以气质之性是可以改变的，"善反之，则天命之性存焉"。不遵守封建道德的人，可以改变为遵守封建道德的人，如宝珠落在浊水中染污，拭去其污水，宝珠就恢复本来的面目。朱熹认为多数人的气质之性不好，因此必须从理论上接受道德的教化。

朱熹还从人性论出发，对"道心""人心"进行了分析，进而提出"存天理，灭人欲"的道德说教。朱熹认为与天命之性相对应的就是"道心"，与气质之性相对应的就是"人心"。所谓道心就是指封建的道德观念，所谓人心就是指人的生理要求。道心是从天命之性出发的，就是天理，是至善。人心是从气质之性出发的，而气质之性有善有不善，所以人心也可善可不善。道心就是符合于封建道德的心。而人心里面合于天理的就复归于道心，这就是善，违背天理的叫人欲，这就是恶。换句话说，所谓人欲就是违背封建道德标准的思想和行为。朱熹认为气质之性不好的人，往往都有违背天理的人欲，因此要对之进行封建道德教育，使他们"存天理，灭人欲"，成为自觉遵守封建道德的人。在当时情况下，朱熹的上述说教，一方面钳制人民的思想，另一方面也压抑大官僚地主的胡作非为，对于整顿腐败的社会风俗起一定的作用。

朱熹是我国封建时代著名的教育实践家和教育理论家。他非常重视教育，始终未停止过对弟子门人的教授。他极重视建设学堂，而且在公务之余亲自讲学。并从其哲学理论出发，认为人人都需要受教育，人人都有穷理尽性的天职，人人当以圣贤为己任，以学问为己分内事。学问是自家合做的，不知学问则欠缺了自家，知学问方无所欠缺。朱熹就是要人们"正心克己"，"存天理，灭人欲"，死心塌地服从封建礼教。朱熹的教育实践和目的，就是为封建统治阶级服务。朱熹的教育实践有着积极的一面。他采用启发式的教学方法，而非填鸭式。他说："某些间讲说时少，践履时多，事事都用你自己去理会，自去体察，自去涵养。书用自己去读，道理用你去研索，某只是做得个引路的人，做得个证明人，有疑难处同商量而已。"朱熹还认为自觉学习非常重要，在学习过程中要重视实践，而教师只是学习过程中的引路人，尤其是在学术问题上，教师要平等对待学生，相互之间进行讨论、相互启发。毫无疑问，在封建等级森严的年代，朱熹提出这样的教学观点，并且能在教学实践中加以贯彻，这是十分难能可贵的。

朱熹在生活上能与学生同甘共苦，"诸生自远而至者，豆饭藜羹，率与之共"，"闲暇时，与其门生弟子挟书而诵，取古诗三百篇及楚人之词，哦而歌之，得酒啸咏"，师生关系很融洽。此外，朱熹还教导学生做学问时要立志。他说："然所谓立志者，必当勇猛精进不断，学乃有成。"立定志向，就有一种精神的鼓舞作用，精神一到何事不成。

朱熹要求学生读书要有个人的心得和见解。他说："读书之法识得大义，得他滋味。没要紧处，纵理会得也无益。"他还要求学生阅读各种不同见解的学术著作，借以互相比较，鉴别是非，从而开阔自己的思路。他说："凡看文字，诸家说异同处最可观。某旧日看文字，专看异同处，如谢上蔡之说如彼，杨龟山之说如此，何者为得，何者为失，所以为得者如何，所以为失者是如何。"有比较才能有鉴别，才能判断是非得失，这确实是个行之有效的方法。他还要求学生读书时不要预先设立立场，不存偏见，或因人废言，善于从各方而认真地吸取各家所长，以避所短，这样才能博采众家。

朱熹还教导人读书要以实用为主。他认为做学问不是为了向别人炫耀，而是要切实有益于己，那才是高贵。为学须是切实为己，则安静笃实，承载着许多道理，得到入道之门，将自家身子入那道理中去，渐渐相亲，久之与己为一。学贵体之于身，验之于事，始不为徒读书。

朱熹认为做学问要循序渐进，要打好基础。他特别强调小学教育。他说："教育之事，小学尤要，盖蒙养以正，则此后之成材可冀也。"学习要由浅入深，小学要多讲传记之类的东西，要学习具体的事物，然后进入大学，学习做事、做人的道理。朱熹教人读书要精熟，默识其文句，学习其中的道理，而竭力反对"贪多嚼不烂"。熟读精思，要多生疑问，反复思考，才能精进。

（杨冬冬）

袁　枢

袁枢（1131—1205），字机仲，福建建宁府建安县（今建瓯县）人，是我国南宋时期杰出的史学家。

袁枢的先祖在汉代定居在河南汝南一带，魏晋时因躲避北方战乱而迁往南方，南宋时定居福建建安。随着经济重心的南移，北方的先进文化对南方的影响也越来越深，使得建安地区文化相当发达。

袁枢幼年聪慧，异于他人，年幼就能作诗，即："泰山一叶轻，沧浪一滴水。我观天地间，何啻犹一指。"时人都为诗中所表现出的不凡气概而感到惊奇。17 岁入杭州太学，20 岁参加国子监考试，作《修身为弓赋》一文，受到时任太学录的周必大和周琪赏识。33 岁参加礼部考试，隆兴元年（1163）登进士。

同年，袁枢授温州判官，旋即调任兴化军教授，又调任礼部试官除太学录。乾道七年（1171）除太学录，出为严州教授。撰《通鉴纪事本末》成，以大宗正簿召，迁太府丞，兼国史院编修官。淳熙九年（1182）迁军器少监，出提举江东常平茶盐，改知处州。入为大理少卿，因事贬秩。绍熙元年（1190）知常德府。庆元元年（1195），知江陵府，寻罢，自是闲居十载。开禧元年（1205）卒，年 75。

袁枢晚年退隐山林，在山中建有楼台亭榭，称为溪北四景。除游山玩水、饮酒赋诗外，还致力于对《易经》的探索。退隐山林十年间，著有《易传索隐》《周易辩异》等书。

袁枢非常痛恨南宋官场的腐败现象。他于乾道七年（1171）给孝宗的上书中提出："一论开言路以养忠孝之气，二论规恢复当图万全，三论士大夫多虚诞、侥荣利。"希望扫除南宋统治集团中因偏安东南所产生的结党营私等腐败现象和贪图安逸的思想。

袁枢敢于直言进谏，乾道九年援引典籍，列举历代君王因偏听信奸臣言论所造成祸乱的历史教训，劝诫孝宗要辨别是非、忠奸，远离"小人"。淳熙五年（1178），因曾觌、王炸、甘升三人互相勾结，招权纳赂，致使纲纪不振，袁枢向孝宗进谏说，臣子出现结党的根源在于主君有偏党思想。更是在谏言中历陈孝宗"宠任武士，厌薄儒生，猜疑大臣，亲近左右"的事实，以此希望规劝孝宗广开言路，改革朝廷弊政。淳熙十三年，袁枢任处州知州，"处江湖之远，则忧其君"，依然在上报朝廷的奏章中指出君主势孤、政令不畅，是由于大臣结党营私、权臣弄权、阻塞言路造成的。

袁枢对南宋统治集团的腐败现象是深恶痛绝的。他曾直言张说因攀皇权、娶皇亲而飞黄腾达，进而掌握兵权，权倾朝野，因此被誉为"遇事直书，雅有古风"。淳熙十四年，袁枢任大理少卿，大胆揭发殿中侍御史冷世光收受贿赂，包庇豪民的事实。孝宗只好罢免冷世光。史称"以朝臣劾御史，实自枢始"。

南宋自高宗以来一向偏安东南，孝宗即位后虽修筑城防，积极备战，但也只是虚张声势而已，并无北伐收复北方失地的决心。淳熙五年，袁枢上书孝宗提出收复北方的策略："古人谋人国者，必示之以弱，苟陛下志复金仇，臣愿蓄威养锐，勿示其形。"淳熙七年袁枢在巡视真、杨、庐、和四郡灾情时，发现前线军事部署存在巨大漏洞，"徒知备江，不知保淮，置重点于江南，委空城于淮上"，指出前线军事部署的重点应在两淮地区，"两淮坚固，则长江可守"。

袁枢在视察真、杨、庐、和四郡旱情归来后，向孝宗如实反映灾情，指出豪强地主大量兼并土地，却承担较少的赋税，反而无地的农民却要承担大部分的税收，造成大量穷苦农民破产，要么背井离乡，要么落草为寇。他上疏建议"占田多而输课少，随田增之，其余闲田给以佃，庶流民有可耕之地，而田业不至多荒"。

袁枢一生公正不阿，忠诚亮直。他要求抗金，收复中原，捍卫民族利益，"有爱君忧国之心，有愤世疾邪之志"。他的谏言切中南宋朝廷的弊病，被誉为净谏名臣。显然，袁枢的这些言论是为了维护南宋王朝的长治久安，但是，在等级森严的封建社会中，袁枢这些言论还是难能可贵的。

袁枢博通经史，在任国史院编修期间，负责《宋史》之列传部份。北宋章惇的子孙请托袁枢对章惇的传记多加文饰。袁氏驳斥曰："子厚为相，负国欺君。吾为史官，书法不隐，宁负乡人，不可负天下后世公议！"他严词拒绝了章惇后代的请求，这种不徇私情的治史精神，受到宰相兼总管修史的赵雄赞赏，称他"无愧古良史"。袁枢爱读司马光的《资治通鉴》，并花了十年左右的时间"乃自出新意，辑抄《通鉴》"，"区别门目，以类排纂。每事各详起讫，自为标题，每篇各编年月，自为首尾"，成就《通鉴纪事本末》一书。

历史学发展到宋代，著作繁多，自《史记》至《资治通鉴》已有一千多卷。但只有纪传、编年两种体裁。《四库全书总目》指出，"自汉以来不过纪传、编年两法，乘除互用。然纪传之法，或一事而复见数篇，宾主莫辨，编年之法，或一事而隔越数卷，首尾难稽"，《资治通鉴》也不能避免这样的弊端。但袁枢却"自出新意"，在编年体和纪传体之外，别开生面地创立了以历史事件为中心的新体裁——纪事本末体。

袁枢继承和融会了司马光编修《资治通鉴》的意图，把《资治通鉴》294 卷的内容归为总计 305 题，题后或文中也列有司马光的评语"臣光曰"。袁枢的《通鉴纪事本末》始于三家分晋，终于后周世宗征淮南，和《资治通鉴》一样涵盖了 1362 年的历史。袁书一付梓刊印，即获得广为流传。参知政事龚茂良认为此书"有补治道"，遂把它推荐给孝宗，孝宗读而嘉叹，把书分赐给皇太子和江上诸帅，且令熟读，曰："治道尽在是矣。"并诏严州摹印十部。

袁书广为流传后，名士学者朱熹、吕祖谦、杨万里等倍加推崇，纷纷为之作序作跋。清人章学诚在《文史通义》中说它有化腐朽为神奇的功效。袁书有三大优点：一是将重要史实按次序分别立目，独立成篇，可补编年、纪传两体之不足，这样"文省于纪传，事豁于编年"，"纪传、编年贯通为一，实前古所未有也"；二是把浩繁的历史事件整理得"经纬明晰，节目详具，前后始末，一览了然"，弄清历史事件来龙去脉，前因后果，便于读者学习，诚是"史学之捷径也"；三是把治乱兴亡的政治系统化、故事化，增强人们读史的兴趣。

在一片赞扬声中，有人对袁枢所创立的纪事本末体的来源进行了探讨。朱熹、焦斌复、章学诚、周中孚等学者认为"纪事本末体"不是来源于《国语》就是来源于《尚书》。但《国语》分国叙事，并未以一事为起讫，《尚书》分篇命题，也不详细记载史事的始末，可以说它既非源于《国语》，也非源于《尚书》，是综合和发挥了《国语》《尚书》等史书体例的优点而成的。

有人指责袁书的最大弊端就在于"所述不容出《通鉴》外"。然而，袁枢把《资治通鉴》中所记述的 1362 年的历史，分门别类整理在 239 个标题之下，脉络清晰，且每个标题都包含着作者对历史事件的认识和理解，在编纂上也表现了袁枢对历史全貌的深刻理解以及整理史料的技巧和高度概括力。标题以时间先后为序，但也注意到历史事件之间的相互联系，如不能对历史了然于胸，这样的剪裁显然是无法完成的。因此，《四库全书总目提要》说："盖枢所缀集，虽不出《通鉴》原文，而去取剪裁，义例极为精密，非《通鉴》总类诸书割裂扯寻可比。"

袁枢对后代撰写纪事本末体史书的学者有深刻的影响。明冯琦以续袁书而作《宋史纪事本末》，未就而卒；明陈邦瞻得琦遗稿，增订成编，并撰《元史纪事本末》，清谷应泰撰《明史纪事本末》，清高士奇撰《左传纪事本末》，近代人黄鸿寿撰《清史纪事本末》。

以上这些著作都未能达到袁枢的高度，梁启超评价道："枢书出后，明清两代踵作颇多，然谨严精粹亦未有能及枢者。"《四库全书总目提要》则认为："其后陈邦瞻、谷应泰等递有沿仿，而包括条贯不漏不冗，则皆出是书下焉。"不仅如此，直至近代现代的史学著作，大多是沿袭了这种体裁。梁启超说："夫欲求史迹之原因结果，以为鉴往知来之用，非以事为主不可。故纪事本末体于吾侪之理论的新史学，最为相近，抑亦旧史界进化之极轨也。"又说："今日之西史，大率皆纪事本末之体也，而此在中国实推袁枢创之，其功在史界者亦不少。"

《通鉴纪事本末》为中国第一部纪事本末体史学著作。创造记事本末体这一新的写史体例。同《史记》的纪传体，《资治通鉴》的编年体，同列为史学上的三大体裁。

（杨冬冬）

蔡元定

蔡元定（1135—1198）为南宋著名理学家、律吕学家、堪舆学家，朱熹理学的主要创建者之一，被誉为"朱门领袖""闽学干城"。元定，字季通，谥文节，人称西山先生，建宁府建阳县（今福建建阳）人，宋代著名理学家、天文学家、地理学家蔡发之子。南宋绍兴五年（1135）十二月十七日生于建宁府建阳县麻沙镇蔡氏官宦之家。西山位于建阳县崇泰里（今莒口镇）东山村，距麻沙镇二十公里。逶迤数十里，石壁陡峭，山顶平旷。其一生与西山结缘，人以山名，山以人名，西山蔡先生名满天下。庆元四年（1198）九月十一日卒于道州。年64岁。

蔡元定生而颖悟，异于常人，8岁能诗文。7岁时，随父亲游学莒口的西山、云谷山，经常游览麻沙八景，写下《麻沙八景诗》，其中一首为："望断高峰眼不花，个中仿佛认人家。情知一样青山色，才有斜阳景更加。"为了让蔡元定有一个安静读书的场所，蔡发在麻沙之东建造书屋"显庆堂"。

蔡元定年幼时，从其父学。其父先教《西铭》，稍长教授二程《语录》，邵氏《经世》，张氏《正蒙》，系统接受儒家正统教育。并告诫蔡元定："此孔孟正脉也。"蔡元定年幼时能理解其中的部分含义，稍长就能够独立辨析，为成为南宋著名理学家奠定了坚实的基础。绍兴二十九年（1159），拜师朱熹，朱熹视其为讲友，博览群书，探究义理，一生不涉仕途，不干利禄，潜心著书立说。为学长于天文、地理、乐律、历数、兵阵等，精识博文。著有《大学说》《大衍详说》《律吕本源》《律吕新书》《燕乐原辨》《皇极经世指要》《太玄潜虚指要》《洪范解》《八阵图解》《家引经引义》《地理发微论》《阴符经注解》《〈玉髓真经〉发挥》《气运节略》《脉书》等，并协助朱熹撰写《近思录》《太极图说解》《周易本义》《易学启蒙》《资治通鉴纲目》《周易参同契考异》等著作。此外，朱熹还专门将他们之间讲论学问的谈话编为《翁季录》刊印。《宋史》《四库全书》《续编四库全书》《潭阳蔡氏九儒书》《庐峰蔡氏族谱》《朱子全书》中均有收录上述著作。朱熹称赞他"精诣之识，卓绝之才，不可屈之志，不可穷之辩，不复可得而见矣"。

绍兴二十三年，19岁的蔡元定，秉承父亲的遗志，在西山绝顶筑屋，以野菜充饥，刻苦读书，遍读天文、地理、数学、礼乐、兵制等书籍，并将其融会贯通。蔡元定远离尘嚣，与青山绿水为伴，与日月星辰齐辉。他曾作诗云："独抱韦编过客稀，箪瓢不厌屡空时。幽然自与庖羲近，春去人间总不知。"就是在这样清闲的环境中，他不断遍览群书，终至融会贯通，乃至化境。

绍兴二十九年，25岁的蔡元定前往崇安县五夫里，拜朱熹为师。朱熹在经过简单的考试后，见他谈吐非凡，大为惊奇，有相见恨晚之感，"此吾老友也，不当在弟子列"。从此，朱熹与蔡元定四十年间亦师亦友，亲密无间。蔡元定成为朱熹学术上的左膀右臂，是朱熹学问的讲论者、启发者和朱熹著作的撰写者、修改者和校订者。蔡元定对朱熹理学的主要贡献，主要表现在以下三个方面：

第一，以象数易学补充朱熹的义理易学，以数明理，二者相辅相成。中国易学的发展过程中有义理易学和象数易学之分。儒家文化在宋代表现为程朱理学，并达到中国思想文化的高峰，主要是在两宋学者在辨析义理的前提下，又辅助以象数之学。蔡元定家学渊源，其父蔡发也精通易学。"于易学、天文、地理三式之说，无所不通，而皆能订其得失。……而季通乃能成厥志于今日，学行之余，尤邃律历，讨论定著，遂成一家之言，使千古之误，旷然一新。"蔡元定继承和发扬了其父的易学思想，并以其全部的精力贡献于朱熹理学的创见，使朱熹的理学思想，在宋代逐步走向高峰。后世学者的评价道："濂溪、明道、伊川，讲道盛矣，因数明理，复有一邵康节出焉。晦庵、南轩、东莱，讲道盛矣，因数明理，复有一蔡西山出焉。孔孟教人，言理不言数，然天地之间，有理必有数，二者未尝相离，河图、洛书与危微精一之语并传。邵、蔡二子欲发诸子之所未发，而使理与数粲然于天地之间，其功亦不细矣。"

第二，教授学生，逐渐凝聚闽学骨干，形成闽学群体。唐末，中原战乱频仍，北方士族纷纷南下躲避战乱。以建阳为中心的闽北山区风景秀丽、物产丰富，是北方士族躲避战乱的首选之地。中原士族的迁入和闽北盛产竹木的天然优势，使得建阳刊刻图书的事业极为发达。"书籍出麻沙、崇化两坊，昔号图书之府。"北宋中期以后，闽北学者迭出，先后出现了游酢、杨时、胡安国、蔡发等一大批著名学者。到南宋乾道、淳熙年间，更是形成了以朱熹为核心，以蔡元定、黄榦、真德秀等为骨干，包括其数百门人弟子的闽学群体。在维护这一群体的过程中，蔡元定发挥了巨大作用。

首先，建造书院。乾道六年（1170），朱熹选择寒泉坞作为朱熹母亲祝氏的陵寝，并在此地建造寒泉精舍和云谷晦庵草堂，作为朱熹重要的讲学之地。由此，朱熹将其讲学和著述的中心逐渐由五夫里迁移至建阳。蔡元定参与了寒泉精舍选址、建造的全部过程，更为重要的是，蔡元定成为朱熹在寒泉精舍讲学和著述的亲密战友和得力助手，束景南在《朱子大传》中说："在寒泉精舍，朱熹的一系列重要著作就在蔡元定的相聚讲学讨论中诞生了，蔡元定常常是朱熹著作的修改者、校订者和撰写者。"在寒泉精舍，蔡元定除了协助朱熹讲学和撰写著作外，还在淳熙二年（1175）协助朱熹在寒泉精舍接待浙东名儒吕祖谦，史称"寒泉之会"。他们一起研究周敦颐、二程和张载的理学名著，深感博大精深，难以为初学者所掌握，于是采其中之精华编成《近思录》，作为学习理学的入门之书，蔡元定则协助他们编辑此书。并与朱熹、吕祖谦一起游览武夷胜景，并由朱熹题写游记，并各自留名以做纪念，时至今日，这一题刻在响声岩上仍清晰可见。在游览武夷胜景后，蔡元定又陪同朱熹前往江西参加著名的"鹅湖之会"。在这次聚会之上，蔡元定声名鹊起。寒泉精舍期间，朱熹完成了《太极图说解》等11部著作，这些著作的完成，蔡元定功不可没，可谓"紫阳羽翼"。

其次，力劝朱熹返回福建，定居建阳。淳熙三年中，"文公归展祖墓，慨然思返其故庐。因挟西山蔡元定与俱。蔡氏虽精堪舆之说，而实则闽产，力劝文公返闽。则先生平日惓惓于新安之山水可知也"。朱熹三代客居福建，若其返回故里，也许其学术轨迹将是另外一番境况。再次，与朱熹讲论学问，教授生徒。为了更好地照顾朱熹的生活，蔡元定举家迁往崇泰里后山，与朱熹朝夕相对。朱蔡二人"对榻讲论诸经奥义，每至夜分。四方来学者，熹必俾先从元定质焉"。黄榦对蔡元定表达了深深的感激之情，"榦始受学于晦庵先生，首识西山蔡公。先生之门，从游者多矣。公之来，先生必留数日，往往通夕对床不暇寝。从先生游者，归必过公之家，听其言论不忍去，去皆充然有所得也。盖公负英迈之气，蕴该洽之学，智极乎道德性命之原，行谨乎家庭唯诺之际，于先生之门可谓杰然者矣。榦之识公为最久，而荷公之教为最深。其卜居乎此也，固为先生是依，亦庶几资公之教以自老。"在朱熹和蔡元定的努力之下，福建人才辈出，在中国学术史上占有重要地位。而福建学者群体的形成过程也是朱熹理学形成和发展的过程。为了使得福建学术群体更有凝聚力，蔡元定可谓呕心沥血，鞠躬尽瘁。

第三，参与朱熹学术著作的讲论、撰写和校订。朱熹的理学是一个庞大的学术体系，绝非朱熹一人之力可以完成，是群体智慧的结晶。蔡元定在朱熹学术体系的形成中功不可没。蔡元定生平的许多著述，都毫无保留地融汇在朱熹的学术思想中，朱熹取得的成就，蔡元定的功劳最大。《宋史·蔡元定传》载："熹疏释《四书》及为《易》《诗》《传》《通鉴纲目》，皆与元定往复参订；《启蒙》一书，则属元定起稿。……其平生学问，多寓于熹书集中。"蔡元定的学生翁易在《蔡氏诸儒行实》中云："季通生平著述多谦让，寄寓于熹书集中，此见其有功于晦庵最大。"乾道八年（1172），蔡元定与李伯谏、詹体仁等协助朱熹起草《资治通鉴纲目》，东汉之前由蔡元定负责。同年十月，协助朱熹完成《西铭解义》。次年，协助朱熹撰写《太极图说》初稿，并完成《伊洛渊源录》。《周易本义》和《易学启蒙》就是朱熹与蔡元定反复商量与修订后完成的。朱熹的其他著作如《近思录》也是在蔡元定的协助撰写和修订后完成的。由此可见，蔡元定是参与朱熹著作最力的撰写者与修订者。

朱熹高度评价蔡元定的杰出贡献，更是将其与张栻相提并论。其诗云："风月平生意，江湖自在身。年华供转徙，眼界得清新。试问西山雨，何如湘水春？悠然一长啸，妙绝两无伦。"

蔡元定除了博览群书，对朱熹的理学有重要贡献外，对儒学中的礼乐之学亦造诣颇深。对其所著《律吕新书》，朱熹亦有较高的赞誉，"其律书法度甚精，近世诸儒皆莫能及"。又在为其书所作序言中说："黄钟围径之数，则汉斛之积分可考；寸以九分之法，则《淮南》太史、小司马之说可推；五声、二变之数，变律半声之例，则杜佑之《通典》具焉；变宫、变徵之不得为调，则孔氏之《礼疏》固可亦见。至于先求声气之元，而因律以生尺，则尤所谓卓然者，而亦班班杂见于两汉之制、蔡邕之说，与夫国朝《会要》以及程子、张子之言。"从朱熹的序文中可以看出，此书应是朱熹与蔡元定合力完成，固此朱熹才能如此独到的见地。

《律吕新书》全书二卷，上卷《律品本源》十章，下卷《律品辩证》十章。此书主要探讨了音律中旋宫问题，为我国音乐学理论的发展做出了贡献，首次提出了十八律的理论，解决了古代十二律旋宫后的音阶关系与黄钟宫调不一致的问题。这一理论又被称为蔡氏律，对南宋以后中国音乐学的发展有着重要影响。

（杨冬冬）

黄　榦

　　黄榦（1152—1221），字直卿，号勉斋，称勉斋先生。绍兴二十二年（1152）生于福建长乐，后迁徙到闽县（今福州）居住。嘉定十四年（1221）卒，年70岁。后由门人向朝廷请求谥号，特赠朝奉郎，谥文肃。清雍正十年（1732），从祀孔庙。

　　黄榦父亲黄瑀为官多年，以笃行正直闻名，而且家法甚严，亲自教授黄榦读书写字，并寄望他能走学而优则仕的道路。黄瑀去世前，命20岁的黄榦拜"天资绝人，心平气和，志笃行醇，博及群书"的刘清之为师。黄榦在祭祀刘清之的文中写道："榦也颛愚，少无师承，年已逾冠，始来庐陵。抠衣趋隅，历问所学，直指前修，以警后觉。"刘清之非常崇尚朱熹的学问，特命黄榦拜大儒朱熹为师。

　　《宋史·黄榦传》中对黄榦拜师朱熹的过程有着较为详细的记载："瑀没，榦往见清江刘清之。清之奇之，曰：'子乃远器，时学非所以处子也。'因命受业朱熹。榦家法严重，乃以白母。时大雪，既至而熹它出，榦因留客邸，卧起一榻，不解带，少倦则微坐一椅，或至达曙。"从中可以看出黄榦对于求学的渴望，也正如朱熹对其称赞说："直卿志坚思苦，与之处甚有益。"在拜朱熹为师后，黄榦读书更加刻苦努力，并且数年如一日，从问学于朱子到朱子逝世，从无间断，对朱子之学的领悟最为深刻。正如福州鳌峰书院的创建者清代著名学者张伯行所说："晦翁倡道东南，士之游其门者无虑数百人，独勉斋先生从游最久，于师门最为亲切。"

　　黄榦对朱子的学问掌握"具体而微者也"，对朱子相关著作"纂集考订之功居多"。编《礼书》时，独于门人中以《礼》《祭》两篇让黄榦撰稿。稿成后，朱熹见而高兴地说："所立规模次第，缜密有条理，他日当取所编家乡、邦国、王、礼，悉仿之更定之。"除了对朱子学问领悟最为深刻、对朱子著作考订用功最多外，黄榦还可以代替朱子担任讲席。朱熹在竹林精舍建成时，在给黄榦的信中说："他时便可请直卿代即讲席。"而朱熹也早知道可以将自己毕生所学托付给黄榦。"文公早知其足任其道之托，而先生果能不愧负荷。"并亲自写信给黄榦说："吾道之托在此，吾无憾矣。"由此可以看出，黄榦对朱熹学问真谛把握至深，所以朱熹为黄榦举荐官职，还把自己的女儿许配给他，更是把自己毕生积累的图书和房屋赠给黄榦。

朱熹去世后，黄榦对朱熹临终所托及所担负传播朱子学问的重担不敢有丝毫怠慢。黄榦自己说："自仙师梦奠以来，向日从游之士，识见之偏，义利之交战，而又自以无闻为耻，言论纷然，狂惑斯世，又有后生好怪之徒，取于立信，无复忌惮，盖不待七十子尽没，而大义已乖矣。由是私窃惧焉。故愿得强毅有立，趋死不顾利害之人，相与出力而维持之。"可见，黄榦非常渴望与志同道合之人共同努力，为传播和发扬朱子的学问创造良好的条件。

黄榦虽然极力提倡朱子学说，但并非一味固守朱子学说，而是根据实际发展的需要对朱子学说做出修正和补充。黄震说："晦庵谓《春秋》止是直书，而勉斋则谓其间亦有晓然若出于微意者；晦翁论《近思》先太极说，勉斋则谓名《近思》反若《远思》者；晦庵解'人不知而不愠'，唯成德者能之，勉斋提云：'是君子然后能不愠，非不愠然后为君子'；晦翁解'敏于事而慎于言'，以慎为不敢尽其所有余，勉斋提'慎字本无不敢尽之意，特以言易肆，顾当谨耳'。"从黄震的论述中可以看出，黄榦对朱子学说做出了修正，使得朱子学说更接近完美，这种维护朱子学说的努力，在当时产生了良好的效果，正如袁楠所说："朱子门人，当宝庆绍定间，不敢以师之所传为别录，以黄公勉斋在也。"从袁楠的论述中不难看出黄榦在朱子门人中的地位，而理学发展的实际情况也是如此，就是黄榦的弟子以及再传弟子如何基、王柏、金履祥和许谦为代表的金华朱子学，也被视为理学正宗。

庆元元年（1195），朱熹上书宁宗为黄榦请官。而早已不惑之年的黄榦开始出仕为官，补将士郎，铨中，并授为迪功郎，督管台州酒务。朱熹病故后，黄榦为朱熹守陵三年，后督管浙江嘉兴府石门酒库，随后任浙江临川县令。因黄榦政绩突出，再调任浙江新淦县令，新淦县民众和官员都了解黄榦在临川的政绩，非常敬服，故黄榦在新淦在还没有下达政令之前，地方已经开始实行其政令。后又改差为通判安丰军及督办和州的狱吏，其判案的公正和效率着实令人叹服。

因政绩突出，黄榦不断升迁。后又升任湖北汉阳知州、安徽安庆府知府等职。无论担任何种职务，他都能够以民众为中心，坚持为民请愿，造福地方百姓。黄榦始终坚信朱熹所提倡的"华夷之辨高于君臣之分"的观点，并始终保持强烈的民族气节。面对金人的南侵，黄榦坚决反对向金纳币求和，主张全力抗金。《宋史》中对黄榦坚持抗金的活动有详细的记载："以五鼓坐于堂，濠砦官人听命，以一日成算授之，……俱受命毕，乃治府事、理民讼、接宾客、阅士卒、会僚佐讲究边防利病，次则巡城视役，晚入书院讲论经史。"在黄榦的领导之下，尽管金兵攻克了黄州沙窝等，关及淮东、淮西都受震动，但黄榦治下的安庆府却平安无事，即使暴雨数月，洪涝灾害泛滥，安庆城却依然屹立无恙。当地民众都非常感激黄榦所做的贡献，相互传颂"不残于寇，不滔于水，生汝者黄父也。"黄榦为官，深得当地百姓的敬仰和感激。

黄榦虽为官，但并没有忘记教育，也没有放弃朱子教书育人的理念。他认为只有不断教化民众，培养他们的道德风尚，只有如此，社会才能安定和发展。黄榦更是在凤栖山构筑房屋，把周、程、游、朱四位先贤立于祠堂，一边追忆四位先贤对其教化和培育，一边传播四位先贤的学术思想，以教育学童，为国家培育英才，达到教书育人的目的。

朱子是宋代理学的集大成者，在哲学上其核心思想就是理气论。作为中国哲学史中最为古老的议题之一的"太极"，被后世学者所重视，并不断演绎和解读。然而，朱子却并没有对"太极"做出任何的论述，这样朱子就无法理清其所提倡的理气之间的关系，所以要讨论朱子的学说，就必须要套理论"太极"。作为朱子学说的继承者和主要传播者，黄榦也非常重视"太极"这一概念。他说："易有太极，易即阴阳也。太极何尝在阴阳之先？是先两仪，何尝生一而后生二？尝窃谓太极不可名状，因阴阳而后现。一动一静，一昼一夜，以至于一生一死，一呼一吸，无往而非二也。因阴阳之二而反以求太极所以为阴阳者，亦不出乎二也。"

从黄榦的上述论述中可以看出，黄榦并不同意老子的"道生一，一生二，二生三，三生万物"的观点。他认为事物是运动变化，即存在矛盾的对立面，也即黄榦所说的"二"。他认为作为宇宙本体的"太极"并非先于阴阳，并不是太极产生阴阳，而是太极之中就包含着阴阳的变化，也就是说"太极分为阴和阳"。他同样也不同意《易经》中"太极生两仪"的论述。由此可见，黄榦认为太极就是阴阳二者，这是黄榦的创建，也是其坚持朱子"一分为二"朴素辩证法的结果。黄榦的创见既是对朱子学说的发展，也是对朱子"无极而太极"观点的修正和补充。朱熹在解释其"无极而太极"时说："方浑论未判，阴阳之气，混合幽暗。""太极无方所，无形体，无地位可顿放。"而黄榦则认为"太极"不可名状，不可形容，只有这样，"才能配至高之范畴，才能存万化之机。"从而使"太极"的本体地位不可撼动。

关于"理"和"太极"之间的关系，黄榦却全面接受了朱熹的观点，认为"太极只是极至之理，不可形容"。这样，黄榦就把"太极"改造成了宇宙本体论的重要范畴。并且还认为"理"与"太极"之间也存在着微小差别，"理"有许多层次，"太极"则从根本上解决世界的统一性问题。他认为："统体太极，各具太极，则兼体用。毕竟，统体的又是体，各具的又是用。有统体的太极，则做出各具的太极。"因此，他把"太极"和"理"的关系确定在两个方面，一是太极是总天地万物之理，它是从全体上言理，是最高层次的理；二是理由多层次性，低层次的理不名为太极。

黄榦除了在本体论上对朱子学说的继承和发展之外，还对朱子在心性学方面也做了进一步的阐发和运用。心性之学，在理学的体系中占有着重要的地位，主要是解决人的本质、本性及人的道德本质的表现形式与实现途径。

历代学者对心与性多有所论述，黄榦博览群书，对于历代关于心、性的问题进行了归纳和总结。黄榦认为："商书则言常性，在周书则言节性，在孔子则言性相近，在孟子则曰性善，圣贤立论固已不同，下至诸子，则荀子言性恶，杨子言善恶混，韩子言性三品，佛氏则又以知觉言性。"通过对历代论述心性的研究，黄榦认为，商书中所说的"常性"、孟子提倡的"性善"都是"理"的范畴，是"天命之性"；周书中所说的"节性"、孔子论述的"性相近"属于"气"的范畴，因气是不断运动变化的，所以周书、孔子所论述的性也就可以是不断变化的；黄榦认为荀子、杨子有关性的论述则属于异端；认为性是恶的，那何谈"性善"呢？佛家所认为的知觉论性，更是荒谬；而韩愈总结心性论，进而得出"性三品"说。"性之品有三，则孔子相近之谓也，所以为性者五，则孟子性善之谓也"，黄榦则认为这并不是论述"性"的根本。黄榦认为历代论述心性的学者中，只有关、洛的学说是发明孔孟不传之遗旨，认为"性即理也，天下之理，原气所自，未有不善，又曰：人生气禀，理由善恶，又曰：形而后有气质之性善，反之，则天地性存焉。"黄榦此论一出，则圣贤之意、性之本然就豁然开朗，而诸子之异说也就无处藏身、也就无人谈及了。此外，他还认为学者明白"理"是至善的，就应当加强存养之功，懂得气质之性后善、恶之分，就应当重视力行而养性。

道德论是我国古代哲学中有关人生哲学的重要内容，它所探讨的是人与人之间、人与社会之间的关系问题或者是人与人、人与社会相处过程中应遵循什么样的原则的问题。周公认为"以德配天"、孔子认为"仁"是道德的最高境界、汉代的"三纲五常"则是以天人感应来论述君臣、父子、夫妇之间的关系。黄榦受学继承并传播朱子的学问，故也致力于义理之学的研究，对古代所提倡的仁义礼智信等道德规范进行了明晰的界定和论述。

关于古代社会中的纲常伦理，从汉代开始，就一直受到儒家学者的重视。汉儒主要是从天人感应来论述，但在宋代，有关纲常的论述则被义理所取代。黄榦对待这个问题的论述则是想要为伦理纲常提供一个基础，因为只有如此才能使得伦理纲常中的具体规定有一个内在的、稳定的逻辑基础。宋代的大儒二程强调天理是自家体贴出来的；恩师朱熹则注重理欲之辨，这些都无法摆脱形而上的本体。尽管黄榦把道看作人事之理，认为："道者何？君之仁，臣之敬，父之慈，子之孝，与人交至信。"这些都是日常交往之用，并非为至幽难穷之理、甚高难行之事。黄榦谨守师训，"凡看道理，需要穷个根源来处，凡道理皆从根源处来究，方见得确定，不可只道我操修践履便了"，因而黄榦从显出去探求隐处，注意思考存在事理背后的终极原因。他认为仁义礼智信都是根源于心之本然而形见于事，是"其然"之"所以然"。黄榦认为日用之间的人事之理都是来自于天命，人伦道德都是天理流行的产物，是自然而然的。黄榦认为道德的本源是来自于天理，是人秉五行之秀气与生俱来就在我们心中所有的，并非是通过后天的学习或者所接受的教育得来的，而且人道的弘扬要靠"扩充于业"上。由此可见，黄榦并非只是空谈心性，而是较为重视实践，认为德业是相互促进的，"不敬则所主纷扰矣，不义则所性悖缪。"

黄榦一生受到朱熹的影响极深，朱熹为之上书请官、妻之以女、授之以书和屋。因此，黄榦的一生都是在致力于朱子学问的学习、研究、弘扬和传播。在中国哲学史上，黄榦的重要历史地位首先就体现在对朱子学的传播和推广上。因此，鳌峰书院的创办者、清代学者张伯行说："又见其所以孜孜与教人者，确乎其至实，懔乎其至严，见道明而守道笃。如此真可谓不负师传者，……巴蜀江湖之士，皆来受学。推衍文公之道，以传诸奕也，其功不亦大乎！先生文集凡若干卷。其义理精深，未易窥测。文章亦宏伟，与文公气象不异。学者读其书，亦可知所师承矣。"朱熹死后，黄榦成为朱门子弟的领袖。南宋的黄震说："晦翁既没，门人如闽中则有潘谦之、杨志仁、林正卿。门人号高弟者，遍于闽、浙、江东，独勉斋先生强毅自立，足任负荷，同门有误解，勉斋一一辩明。"初传朱子之学者大都出于黄榦门下，黄百家说：“黄勉斋得朱子之正统。其门人一传于金华何北山基，以递传于王鲁斋柏、金履祥、许白云谦，又于江右传饶双峰鲁，其后道又吴草庐澄，上接朱子之经学，可谓盛矣！”黄百家描述了朱子之学有宋代到元的传播过程，路线分明。

黄榦为学博采众长，而不局限于朱子一家之学。他最忠实于朱子的学问，但对于其他学派的知识也多有涉猎，如当时流行的心学、象数以及经世致用等。他说：“先生之道初无粗精，惟其合乎天理，当于人心者，是其所以为道也，所谓执中者，正以其事事无适而非中也。”从中可以看出，黄榦以“执中”的态度来面对学术上的争端，《勉斋集·提要》中认为：“榦能坚守师说，始终不二，然林栗与朱子论易不合，朱子门人中有想火烧栗之书，但是黄榦独能不毁灭栗之长处，可见毫无门户之见。”黄榦在学术上的包容态度，也正合乎中国哲学包容的特点。

黄榦一生著书立说，流传后世的主要著作有：《周易系辞传解》《续仪礼经传通解》《孝经本旨》《论语注语问答通释》《勉斋先生讲义》《朱侍讲行状》《勉斋诗抄》《晦庵先生语续录》《勉斋集》。

（杨冬冬）

陈　淳

　　陈淳（1159—1223），字安卿，号北溪，福建漳州龙溪北溪人，学者尊称为北溪先生。绍兴二十九年（1159）正月十五日，生于龙溪的一个淳朴农民家庭。其家族有着"学而优则仕"的浓厚氛围。"曾父大有，大父尚德，父怀忠，咸韬德弗耀"，家族的氛围和社会环境的要求，都希望他能够追随先人、博取功名而光宗耀祖。"少习举子业，嗜学精勤，趣向不凡"，"享姿无华，识性颖悟"的陈淳同其他学子一样，在科举的道路上艰难求索，发愤苦读，在科举取士、博取功名的道路上前行。

　　朱熹出任泉州同安县主簿时，林宗臣与之相识，非常赞赏朱熹的学问。在遇见"乡之先儒"林宗臣并成为其学生后，陈淳的人生轨迹由此发生转变。林宗臣将朱熹的《近思录》指给陈淳研读，从此，陈淳开始走上研读、发扬朱子学说的道路。在陈淳后来所撰《初见晦庵先生书》中写到："初不识圣贤门户，年至二十有二关，得先生所集《近思录》读之，始知有濂溪，有明道，有伊川，为近世大儒而于今有先生。"读罢《近思录》的陈淳，开始茅塞顿开，心中已然坚定自己的求学方向，内心中更是向往朱子学说。在内心中更是对朱熹本人也充满了敬意，但终因自己家庭贫困的原因未能早日见到朱熹。《宋史·陈淳传》中云："少习举子业，林宗臣见而奇之，且曰：'此非圣贤事业也。'因以授《近思录》，淳退而读之，遂尽其业焉。"由此可见，林宗臣是陈淳追随朱子学说的领路人。对此，清代张伯行亦有记述："北溪陈先生，赋姿淳朴，颖悟过人，自少即高嗣得考亭夫子所编《近思录》读之，确然深信而不疑。"

　　自从醉心研读《近思录》后，陈淳便一心研读朱子学问，执意成圣成贤。"自是稍稍访寻其书，间一二年，三四年，又得《语孟精义》《河南遗书》及《文集》《易传》《通书》与夫先生所著定《语》《孟》《中庸》《大学》《太极》《西铭》等传，吟哦讽诵，反诸身，验诸心，于是始慨然叹当时师友渊源之盛，抽关启钥如此之至。"由此可见，陈淳在思想上早已自认为朱子学派中的一员，并通过"反诸身、验诸心"的学术轨迹，已经完全服膺朱子学说。他说："故孔孟周程之道，至先生而益明。所谓主望斯世，惟先生一人而已。"陈淳如此认识，注定其一生都要为研读、发扬朱子学说而奔波，同时也预示着陈淳对朱子学说的认识和理解已经达到了新的高度。

陈淳所处的年代蒙学教育非常普及，蒙学的普及也相当广泛。他因生活所迫，不得不一边教授蒙童，一边钻研理学，并且把理学思想灌注在儿童身上。他说："人禀五行秀，卓然与物异。由其达大经，秉彝不容已。"只有坚持常道、法度，才达到大的原则。世人之所以达不到，是因为"病于有我私，私者，人欲也，正因为有个人的私欲，天理才不育不能相流通"。此种体会，无异于"穷天理，灭人欲"的翻版。由此可见，陈淳在深刻领悟朱熹思想之后，处处不离程朱思想的原则，这便是陈淳早年求学的路向。

经过十年的钻研，陈淳基本领悟朱子学说的精髓，但他还觉得不够，原因是"求诸书，未知亲炙之浃洽；传言之诵，未若讲订服行之为实益"。绍熙元年（1190）五月，他想亲自师事朱熹的机会终于到来。当陈淳参加临安会试后回到漳州时，他一直想谒见的老师已于四月间来知漳州。但陈淳归家后，得了一场大病，又考虑地位悬殊及其他客观原因，未能如愿见到朱熹。在陈淳顾盼两难的时候，朱熹也了解到漳州一带较有影响的学人，并对陈淳印象深刻，并且也想会见陈淳。正如朱熹在《答田侍郎》的信中说："士子之贤，如施（允寿）、林（易简）诸人已相见，皆如来喻，但陈（淳）、郑（可学）未见，且夕访问之，当肯顾也。"一个拜师未遂，一个求贤未遇，所以到当年十一月间，当朱熹读罢陈淳的求见信后，欣然应允。第二天便接见了陈淳，由此也开始了陈淳问学的历程。

我们可以从《朱子语类·训门人五》中可以了解陈淳第一次随朱熹问学的经历："淳冬至以书及自警诗为贽见。翌日入郡斋，问功夫大要。曰：'学固在乎读书，而亦不专在乎读书。公诗甚好，可见亦曾用工夫。然以何为要？有要则三十五章可以一贯。若皆以为要，又成许多头绪，便如东西南北御寇一般。'曰：'晚生妄意未知折衷，惟先生教之。'先生问：'平日如何用工夫？'曰：'只就己上用工夫。''己上如何用工夫？'曰：'只日用间察其天理、人欲之辨。''如何察之？'曰：'只就秉彝良心处察之。'曰：'心岂直是发？莫非心也。今这里说话也是心，对坐也是心，动作也是心。何者不是心？然则紧要著力在何处？'扣之再三，淳思未答。先生缕缕言曰：'凡看道理，须要穷个根源来处。如为人父，如何便止于慈？为人子，如何便止于孝？为人君，为人臣，如何便止于仁，止于敬？如论孝，须穷个孝根原来处；论慈，须穷个慈根原来处。仁敬亦然。凡道理皆从根原处来穷究，方见得确定，不可只道我操修践履便了。'"

另外，《北溪外集》中也有记载："一见与语，知其用功之深久。直以上达之理发之。谓凡阅义理，必寻究其根源：如为父何故止于慈，须穷慈之根源所自来；为人子何故止于孝，须穷孝之根源所自来。"

由此可见，陈淳此次问学，主要是如何寻求问题的"根源"。朱熹告诫陈淳，要透过表象进而探究问题的本源。自此，"根源"成为陈淳苦苦追寻的学术目标，并对陈淳一生的学问产生重要影响。

其后，陈淳不时到朱熹的郡斋里讲论，有时甚至讲论到夜半时分。朱熹对陈淳的善问表达了赞扬。在朱熹的鼓励和指导下，陈淳写了一系列"寻究根源"的文章，如《孝根源》《君臣夫妇兄弟朋友根源》《事物根源》。他认为，"其根源之所自来，皆天也"，"其根源所自来，莫非天命自然，而非人所强为"。陈淳在问学后，"深思默探，日求其所未至，不以苟得而遽止也"。朱熹于次年离任后，陈淳把推求所授"根源"汇为《问卷》，以书信的形式寄给朱熹继续问学。朱熹看完后，批答曰，"看得甚精细"，"看得道理尽密"，欣喜之情溢于言表。他在信中说，"区区南官，亦喜为吾道得此人也"，"夫子去漳，每语人，屡以南来，吾道得一安卿为喜"。

庆元五年（1199）陈淳第二次侍学朱熹，拜谒朱熹于考亭，直到第二年拜别而归。此时，朱熹已卧病在床。于是，陈淳侍病于床榻间，并请教学问。《北溪外集》曰："时文公已寝疾，延至卧内，呵以十年之别，有甚大头项工夫？先生缕缕开陈。文公复抑之曰：所欠者惟当大专致其'下学'之功尔。盖至是甚嘉先生已见根源大意，复欲其详验实体于日用事物之中也。"这次侍学，对陈淳而言又是一个质的飞跃，"故竹林所闻，与昔日郡斋从容和乐之训，迥然同。""后十年，淳复往见熹，陈其所得，时熹已寝疾，语之曰'如公所学，已见本原，所网者下学之功尔。'"三个月之后，朱熹病逝，陈淳"追思师训，痛自裁抑，无书不读，无物不格，日积月累，义理贯通，洞见条绪"，成为朱熹门人中最为晚出而又占有重要地位的人物。

陈淳两度侍学于朱熹，先后学到了"上达"与"下学"的功夫。第一次侍学后，他进学不倦，在理解和阐发理学方面，格尽心力，做出了进一步的努力和尝试，后又通过与朱熹书信往来的形式继续问学，并且在自己的家乡训蒙和讲学。随着他的"下学""上达"功夫的练成和思想的日臻成熟，他的声名开始播扬起来。

宁宗嘉定五年（1212），赵汝谠守漳州，招致陈淳，以很高的礼遇对待他。于是，陈淳的影响迅速扩大，陈淳的弟子记叙道："壬申夏，赵公汝谠守临漳。一见先生貌粹而古、言约而精，信其为得道君子也。重礼招致，处以宾师之位。先生逊谢不获而后就。其后，大老贤侯时造其庐，或质以所疑，或咨以时政。而一时之硕儒学子，问道踵至。"

从文里可以看出当年陈淳讲学的情形。后在嘉定十年，待试于中都的时候，远在四川等地的学子争相拜师问学，由此可见其影响。回来时经过严陵，郡守郑之悌便请他到郡学讲学。陈淳为抨击陆王之学及佛学，在此讲了四个问题，即道学体统、师友渊源、用功节目、读书次第，汇编成著名的《严陵讲义》；从中都归来后，当地的人更是争相以之为师，陈淳更是勤奋讲学，曾经"为之讲解，率至夜分"。晚年的陈淳，辛勤讲学，声名日益高涨。

陈淳是朱熹后学中被认为是深得朱子之传的嫡派人物之一。他的思想特点，可以概括为"卫师门甚力，多所发明"。他是传播朱子学的首要门人，一方面积极批判陆王心学，以维护和捍卫程朱理学的正统地位，另一方面对朱熹思想做了重要的发挥，如他的《北溪字义》，对朱熹哲学中的重要范畴做了详细解释。陈钟凡说："（淳）信能笃守师说，折衷群言者也。盖朱子之说过于繁富，至淳而融会贯通，秩然有纪，固不谨以排斥陆学，著称朱门也。"

其实，陈淳不仅以"卫护师门、排除陆学"而在朱门学派中占有一席之地，我们认为，更为重要的是他推进了朱熹哲学的演变，或者说推进了理学在南宋末年的演变，使得博大精深而又繁富庞杂的朱熹理学思想沿着两条不同方向的路径而演进、分化和发展。

身为朱子门人，陈淳肩负着传播朱子学说的重任，他对于朱子学说的形成、发展与传播做出了不可磨灭的贡献。他不仅仅是朱子的门人，更是朱子学说最重要的传人。陈淳在许多方面丰富和发展了朱子学说，如在本体论提出"理气不离，难分先后"的观点，是对朱子学说的修正。另一方面，陈淳因门户之见排斥陆学，这极大限制了陈淳的学术视野，妨碍了他对于其他学说、学派合理成分的吸收和转化，影响了他在理论上进一步的创新。

（杨冬冬）

严　羽

　　严羽（约 1192—约 1245），字丹丘，一字仪卿，邵武人，自号"沧浪逋客"，生卒年不详。是中国古代最杰出的文艺理论家之一，在中国文学思想史上产生过重要影响。严羽为福建邵武严坊人。其先祖世代居住华阴，唐末五代时迁徙入闽，择居沧浪溪边，至严羽时，数代有诗名。他一生主要活动于宋宁宗、理宗两朝，"少小尚奇节，无意缚圭组"，拒绝科举，修炼文武，好研纵横之策，终生不肯出仕。

　　严羽 22 岁时，离开家乡，投入包扬门下学习，与包扬子包恢关系极为密切，心学、理学和诗学皆有所通。与同族严参（一作粲，字少鲁）、严仁（字次山），皆有诗名，号为"三严"。隐居期间，除写诗外，被人传为美谈的，是他与戴复古的友谊。旧邵武东城上有"诗话楼"，原名"望江楼"，又叫"三滴水楼"，就是当年严羽经常与戴复古论诗的地方。

　　戴复古生于乾道三年（1167），为南宋著名的江湖派诗人之一。他长期浪迹江湖，于绍定五年（1232）来福建任邵武军教授，与严羽为代表的邵武青年才俊来往密切，并与严羽、李友山等结下深厚友谊。戴复古对严羽的人品、学问、诗作均给予较高的评价，甚至还将身后整理诗稿之事托付二严，可见他们相知之深。据说戴复古在邵武时，恰逢严羽与郡守王子友论诗意见不合，戴氏作十首绝句为他们调解，其中有："飘零忧国杜陵老，感遇伤时陈子昂。近日不闻秋鹤唳，乱蝉无数噪斜阳。"可见，严羽的诗作在当时已为人所推重。

　　南宋后期，政治愈加腐败，人民生活极端贫困，到处爆发起义。宋理宗时，福建有陈三枪、晏彪起义。晏彪（一作"晏梦彪"）于绍定三年在汀州（今福建长汀）起义，北上攻克建宁、泰宁、邵武军；向南发展到泉州、兴化军一带。严羽大概是在这支起义军攻克邵武时，避乱离开家乡的。从此，他就长年在江楚一带漫游。他漫游的范围很广，在江西的时间最多，足迹遍及南昌、九江、吉安、临川、南康等地，他乘船溯江而上，到过长沙、汉阳；还到过江苏南面的吴江和北面的镇江、瓜州，他去过都城临安，观赏过名闻天下的钱塘潮。所到之处，皆有诗以志之。他暮年仍未回乡，而且生活也很穷困："天涯十载无穷恨，老泪灯前语罢垂。""穷老嗟身拙，狂歌畏酒醒。此生何定着，江汉一浮萍。"他久别家乡，对家中情况一无所知："路逢故里亲，挥泣问我乡。妻子离别久，不知今存亡。"因而无时不在思念着自己的家乡和骨肉兄弟："年衰愁作客，秋近苦思家"，"一身避乱辞乡国，千里相思隔弟兄"。久客他乡，风雨飘零，他死于何时何地，今天已经不得而知了。

纵观严羽一生，尽管早期退隐，晚期浪游，然而他从未忘怀国事和人民，他对当时发生的一些重大事件都态度鲜明地提出自己的看法。

宋、金长期对立，双方国势渐渐衰弱。从当时宋、金形势看，宋比金更弱，而外戚韩侂胄为了捞取政治资本，立功自固，于开禧二年（1206）在准备不充分的情况下，对金仓促用兵，以致大败。对此严羽在作品中表示愤慨："王师北伐何仓卒，六郡丁男亳州骨。……偏裨入救嗟已晚，万国此恨何时终。"这与辛弃疾的"元嘉草草，封狼居胥，赢得仓皇北顾"的政治主张不谋而合。南宋后期，除宋、金对峙外，蒙古日益壮大，成为宋、金最大的威胁。蒙古采取联合宋王朝攻金的策略，金国在宋、元夹攻下，于1234年宣告灭亡。但蒙古随即连年派兵进攻南宋，江淮等地人民又遭涂炭。严羽在《有感六首》中写道："误喜残胡灭，那知患更长。黄云新战路，白骨旧沙场。巴蜀连年哭，江淮几郡疮。襄阳根本地，回首一悲伤"，"王师曾北伐，胡马尚南侵。谋国知谁计，和亲岂圣心"，流露出忧国忧民的感情。

严羽留下的巨大遗产是他的《沧浪诗话》。这部与钟嵘《诗品》、司空图《二十四诗品》并称为中国文学史上最为重要的诗歌理论专著，受到了后人的重视。据郭绍虞先生考证，《沧浪诗话》成书较早，可能在绍定元年至六年（1228—1233）以前，至迟在淳祐元年至淳祐十二年（1241—1252）以前。宋诗受理学和江西诗派的影响，存在议论化、散文化和讲究用典等弊病，严羽在《诗话》中，针对宋诗的弊病，反对宋诗的散文化、议论化，反对掉书袋。认为"近代诸公乃作寄特解会，遂以文字为诗，以才学为诗，以议论为诗，夫岂不工，终非古人之诗也"。他对苏轼、黄庭坚和江西诗派都表示不满。严羽论诗，重视诗歌的艺术特点，提出"别材""别趣"说。他把"兴趣"作为诗歌创作与批评的最基本范畴。严羽还以禅喻诗，认为学诗如参禅，并用"妙悟"概括诗歌创作的基本规律。他标举唐诗，特别把盛唐诗歌作为学习的楷模。《沧浪诗话》着重探讨了诗歌的艺术特点、风格、形象性和形象思维问题，成为元、明直至清初三百余年来诗歌创作理论中的一个重要指向，影响是巨大的。

严羽自己的诗歌创作正是其理论的实践。由于半生漂泊，诗稿散失甚多，今存《沧浪吟》中仅一百余首。这些诗不发议论、不用典，风格清新自然，基本上描绘出诗人的行踪、思想轮廓及其所处时代的风貌。在江西诗派风靡一时的南宋文坛上，有其独创性的一面。

（杨冬冬）

真德秀

真德秀（1178—1235），字景元，后改字希元，号西山，福建浦城人。真德秀出身贫寒，曾祖真齐、祖父真京、父真嵩皆为贫民。真德秀本姓慎，因避孝宗讳，祖父真京改姓真。生于淳熙五年（1178），卒于端平二年（1235）。庆元五年（1199）登进士第，开禧元年（1205）中博学鸿词科，入闽帅幕，召为太学正，嘉定元年（1208）迁博士。历任太学正、博士、学士院权直、军器少监、起居舍人、右文殿修撰、王府教授、礼部贡举、户部尚书和参知政事。在地方曾任江东转运副使、泉州知州、知潭州湖南安抚使、知隆兴江右帅、知福州福建安抚使等职。

真德秀4岁受书，其父真嵩为其蒙师，才华出众，过目成诵。后拜同乡杨圭为师。十五而孤，母吴氏在真父去世后，含辛茹苦、躬织持家，以一人之力扛起整个家。魏了翁《真公神道碑》云："年十五而孤，吴夫人幼躬教育，不以家事累其志。"每逢佳节或吴夫人的寿诞，真德秀都要请道士做法事，以祈求其母平安健康。

南宋偏安东南，政治腐败，对外媚于金国，每年输币纳贡，以求得宋金边境的暂时和平和安定。真德秀为官正直清廉，爱国勤政，善举颇多，颇为时人所称道。长身广额，容貌如玉，望之者无不以公辅期之。"立朝不满十年，奏疏无虑数十万言，皆切当世要务，直声震朝廷"。四方人士诵其文，想见其风采。及宦游所至，惠政深洽，不愧其言，由是中外交诵。都城人时惊传倾洞，奔涌出关曰："真直院至矣！"

嘉定四年，真德秀奉命出使金国，并参加金国皇帝登基典礼，行到良乡，获悉金国都城被蒙古围困，只得返回。回朝后他向宁宗建议说，自扬州经楚到盱眙，凡数百里，平畴沃壤，极目无际，重湖陂泽，渺莽相连，而民风强悍。惜田畴不辟，沟恤不治，丁壮不练习。今宜亟行经理，垦田养财，建垒戍守，操练武勇，则可以为长江之屏障。同时应修明政治，武备自强，和金之盟约不可恃。不能以"忍耻和戎为福，息兵忘战为常"。今日女真尚存，则把玉帛给女真，他日强敌更生，便委之于强敌，这都是苟安之计。国家应自立规模，则国势日立，人心日奋，虽强敌骤兵，也不能为我患。对于荆、襄应多方优抚，俾获苏醒，以收边氓之心。北方遗民，本吾赤子，日夕南望，如慕慈亲，襁负而来，不可拒纳。连营列戍，宜勤操练，精阅舟师，布列要津。两淮固，则戎马无饮江之忧，固如金汤。把输金岁币颁犒诸军，缮修戎备，以激士心。真德秀以满腔的爱国热情提出中兴之计，可惜，他的计策未被宁宗采纳。

史弥远居相位，用爵禄培植党羽，德秀慨然对刘爚说："吾徒须急引去，使庙堂知世亦有不肯为从官之人。"遂力请去，出为秘阁修撰，江东转运副使。正当山东盗贼横行，朝廷依然与金国纳币求和，真德秀奏曰："国耻不可忘，邻盗不可轻，幸安之谋不可恃，导谀之言不可听，至公之论不可忽。"宁宗曰："卿力有余，到江东为朕撙节财计，以助边用。"

江东旱灾、蝗灾并发，广德、太平最为严重。德秀与留守、宪司分所部九郡大治荒政，而自领广德、太平，更是亲临广德。他在广德严惩贪官污吏，并与太守魏岘同以便宜发廪，使教授林庠振给，事毕而还。还从镇江、建康府拨米五十万石贩济饥民。百姓数千人送到郊外，指道旁丛冢泣曰："此皆往岁饿死者，微公，我辈已相随入此矣。"江东灾情经德秀悉心措置，"所活甚众"，"政誉日闻"。

宋室偏安东南，与外国交往多由海路。泉州是"海上丝绸之路"的起点，也是当时闻名遐迩的国际大港。嘉定十年（1217），德秀以右文殿修撰知泉州。绍定年间（1228—1233），泉州市舶净得九十八万缗，景定三年（1262），泉州、广州两舶司净入两百万缗。所以高宗说："市舶之利，颇助国用"，"提举市舶官，委寄非轻，若用非其人，则措置失当，海商不至矣！"

"泉之为州，所恃以足公私之用者，蕃舶也。"真德秀认识到治理好泉州的关键就在于发展泉州的海外贸易，于是他采取了四条措施。

一、整顿吏治。他晓谕所属州县官吏，要以"律己以严，抚民以仁，存心以公，往事以勤"四端为座右铭。所谓律己以严，就是为官要廉洁，他说贪污便是大恶，失廉犹女之不洁。"不廉之士纵有他美，何足道哉。"他告诫同僚，要"循冰霜之规，励雪玉之志"。

从前到泉州的番商，要用犀、珠、香、药、象牙等贵重物资奉献官吏，名之曰"呈样"。舶船进港，检视之官又要索取贿赂，接收舶货之官吏还要收取龙脑一匣，重征苛索，致使番商望而却步，以至每岁来泉海舶仅三四艘，海外贸易大大衰落。真德秀知泉州后，会同提举市舶之赵崇度，力革前弊，严禁重征，并减免各种赋税，税率一如定制，深得番商的欢心。不但繁荣了泉州的商业，而且增加税收。经过真德秀的改革，第一年海舶来泉十八艘，第二年增加到二十四艘，第三年增至三十六艘，泉州的海外贸易由复苏到发展。

与此同时，真德秀严禁官吏苛扰百姓，申明税制，规定田粮须及省限起催，只催当年及递年未纳之税，不准预借。他说："税出于田，一岁一收，可使一税而再税乎！"虽然州里的官俸兵粮已苦不继，他到任六月，仅领两月之薪，但仍禁止非法借税，以便稍宽民力，舒张贸易市场。

真德秀治理泉州，重视狱讼，不许诸县轻易收禁，擅自拷掠，变乱情节。他自己决断诉讼，自卯至申未已，或劝啬养精神，他答道："无以惠民，仅有政平讼理事当勉耳。"

真德秀劝部下严守操行，自己亦身体力行，他说："位于朝者以馈送及门为耻，位于外者以苞苴入都为羞。"有一次宰相史弥远寿辰，四方官吏竞献珍异，真德秀独送条幅，书写"开诚心，布公道，集众思，广忠益"十二个大字。这种不趋炎附势的品行，在当时是难能可贵的。

二、发展生产。泉州濒临晋江入海处。晋江流域经济幅域宽广，物产丰富，这是泉州成为国际贸易港的重要原因。泉州的"陶瓷钢铁，泛于蕃国，取金贝而还"。稻麦蚕桑之属亦无所不有，泉州所产泉缎，内为贡品，外销远国。泉州的瓷器，远销南洋、波斯湾、红海和地中海沿岸。但是，自庆元（1195—1200）以后，泉州的生产和海外贸易都中落了。真德秀知泉州，以发展生产为急务，每逢仲春望日，便出郊劝农，劝说父老教育乡闾后生子弟，重视用天之道，因地之利。所谓用天之道，即春宜深耕，夏宜数耘。豆麦黍粟，麻芋蔬菜，各宜及时用力播种。陂塘沟港，潴蓄水利，各宜及时用功浚治。所谓用地之利，即高田早种，低田晚种，燥处种麦，湿处种禾，田硬宜豆，山畬宜粟，随地所宜，无不栽种。他的《劝农文》说："时不可常，天不可恃，必殚人为，以逐厥施，尔耒尔耜，必举以时"，"惟勤则不匮，必须竭人力，乃可尽地利"。真德秀以农事为要务，他"身居黄堂，心在阡陌，十日不雨，则忧旱干，五日之雨，又虞水患"。因此，在他守泉之时，"岁以上熟，有黍有禾，有麦有菽……斗惟百钱"。

三、崇尚风教。真德秀以"廉、仁、公、勤"作为官吏的准则，用周敦

颐、胡安国、朱熹和张栻的学说教育士人。他的《长沙宴十二邑宰》诗云："从来官吏与斯民，本是同胞一体亲。既以脂膏供尔禄，须知痛痒切吾身。此邦素号唐朝古，我辈当为汉吏循。今日湘亭一杯酒，便吹散作十分春。"真德秀自奉甚俭，《福建通志》说他"豫章归来未有居室，先筑精舍，以奉先生，自长沙归，始有粤山新居，又数年，厅廊乃具，负郭薄产皆出自玉堂俸赐。常以廉俭诲子弟，作楷솔"。

真德秀尤重民间风教，他勉励百姓"尽力以务本，举以节用，与其怠惰而饥寒，何如勤俭而温饱，与其奢侈而穷困，何如勤俭而丰足"，"莫贪浪游，莫看百戏，庶几田亩辟，百谷丰，家给人足，风俗近厚"。凡州县军民，对风教优异而堪表率的，或精忠国事的，他就设州宴犒赏，或予升迁，反之，则绳之以法。

真德秀推行勤俭节约、敦睦安定的风教，旨在巩固封建秩序，客观上也有利于社会经济的发展和民生的改善，有利于振兴泉州的海外贸易。

四、整治海疆。嘉定元年（1208）之后，泉州武备空虚，温州、明州（宁波）的海盗和菲律宾人，乘机前来寇掠，"所至剽夺，重为民旅之害"，甚至深入广南，劫掠来泉或离泉的海舶，威胁福州、泉州和兴化三郡军民米粮供应。海盗意在"劫米船以丰其食，劫番舶以厚其财，掳丁壮舟船以益其势"，以至州郡不安，海交受阻。

真德秀知泉州后，亲率僚属，遍行海滨，审视形势，对宝林、法石、永宁、石湖和小兜等各寨的水陆官兵人数、营房、器械的添置、船舰停驻与添修、各寨巡绰海疆的范围，都逐一作了调整和精心的规划，并在本州的海道门户围头创立新寨。诸凡驻寨官兵人员的轮换、职责与升迁，都做了明确的规定。于是，泉州海防得以整顿，海道较为宁静，颇得民心。泉州的海外贸易复盛。

真德秀是南宋著名的学者，学承程朱，有学者认为他和魏了翁是确立理学思想统治地位的有力人物。他一方面宣扬三纲五常，天人感应，另一方面又告诫人们，"时不可常，天不可恃"。其哲理思想含有辩证的因素。他说："器是有形之物，道是无形之理，凡有形有象的都是器，理便存在其中。譬如灯和烛是器，其所以用以照明便是理，天下没有无理之器，也没有无器之理，即器以求之，而理便在其中。"但总的说，真德秀是坚决维护封建伦理道德的卫道者。真德秀曾与刘克庄一起编选过《文章正宗》，他继承发展了北宋以来和南宋朱熹、张栻的道学文论，反映出道学家的文论观点。

真德秀在浦城粤山之麓筑"西山精舍"，收徒讲学，讲友有魏了翁等，门人有王墊宁、马光祖、吕良材、刘克庄、王迈和刘汉弼等，皆登进士第。真德秀著述有《大学衍义》《江东救荒录》《清源杂志》《星沙集志》《西山文集》和《西山全集》等。真德秀去世后，谥文忠。

(杨冬冬)

宋　慈

宋慈（1186—1249），字惠父，号自牧，建阳童游里人，生于南宋孝宗淳熙十三年（1186），卒于理宗淳祐九年（1249）。官至焕章阁直学士、广州知州、广东经略安抚使。作为南宋著名的法医学家，宋慈于淳祐七年整理编著完成的《洗冤集录》五卷，既是我国第一部系统的法医学专著，同时也是目前所知世界最早的法医学专著，因其成就与影响，又被尊为世界法医学的鼻祖。

宋慈出生于建阳一个官宦世家，"宋氏自唐文真公传四世，由邢迁睦，又三世，孙世卿丞建阳，卒官下，遂为邑人"。其父宋巩以特科进士出任广州节度推官，宋慈本人则"耸秀轩豁"，年少时曾受业于朱熹的弟子吴雉，并得与杨方、黄榦、李方子、蔡渊、蔡沉诸儒论学，学问日进。南宋开禧元年（1205），得入太学，深得太学博士真德秀的赏识，"真德秀衡其文，谓其源流出肺腑"，宋慈遂拜其为师。

宋宁宗嘉定十年（1217），宋慈于"丁丑南宫奏赋第三"，中乙科进士，被授以浙江鄞县尉，尚未及任即遭父丧，随即回乡守孝。当其被重新起用任江西信丰县主簿，已是宝庆二年（1226），这一年的宋慈已是不惑之年，这也成为其仕途的正式起点。安抚使郑性之慕其才，将其延入幕府，宋慈在军政事务方面亦多有襄助。

赣闽交界地区素来是山多地狭，人稠民贫，故常发生匪患兵乱。当时南安军境内发生了三峒贼乱，江西提点刑狱使叶宰决意剿除，故辟宋慈为差遣官，前往平叛。作为当时的副都统陈世雄却拥军不进，宋慈见此情景，首先是赈济了六堡饥民，稳定民心，使不从乱，随后又带领兵士三百人大破石门寨，俘获敌军首领。陈世雄知道后贪功冒进，轻率出兵，被贼军所诱，"兵将官死者十有二人"，陈世雄最终败走赣州，峒贼得势，三路震动。就此宋慈再次提出赈济饥民的策略，希望时任提举常平司的魏大有能加以支持，不想魏大有却置若罔闻。宋慈只好"率义丁力战，破高平寨，擒谢宝崇，降大胜峒"，三峒贼乱由此得以平叛，宋慈也因战功卓著而被"特授舍人官"。接任提刑之职的魏大有当众侮辱宋慈，宋慈不堪其辱，愤而拂衣而去，并对人说："斯人忍而愎，必召变。"魏大有闻知后大怒，接连几次弹劾宋慈。不过没多久魏大有就被其部卒戕害，果然被宋慈言中。

绍定三年（1230），陈鞾被擢升为福建路招抚使，在真德秀推荐下，宋慈又进入陈鞾的幕府，与李华同议军事，参加平定闽中盗乱。当时淮西名将王祖忠认为宋慈只是一介书生，颇为慢待，故意与宋慈兵分两路，提出"与约分路，克日会老虎寨"。宋慈"提孤军从竹州，且行战三百余里，卒如期会寨下"，王祖忠由此对其刮目相看，称赞他"智勇过武将矣"！在随后的军事谋划中，多次咨访于宋慈。在此后的平叛策略中，宋慈先计后战，所向克捷，同时直趋招贤、招德，擒获王朝茂，随后又杀严潮，降王从甫。在破潭飞漈的百年巢穴时，与偏将李大声在石城的平固捕获贼酋邱文通以及吴叔夏、刘谦子等人。在归途中，招德贼酋余友文谋划于道上掩夺，也被宋慈一并俘获，至此大盗无一漏网。也正是在陈鞾的上奏辩诬下，使得之前的魏大有对宋慈的弹劾得以昭雪。

同年十二月，汀州军卒哗变，囚禁了当时的知州陈孝严，并婴城自守。陈鞾派宋慈与李华前去平叛。宋慈在去汀州平定兵变前，做好了营救陈孝严的各种准备，并制作了安抚军士的榜文，随后与李华端坐在于公堂上，犒劳郡中军士，当时带头兵变的军士带着兵器来到公堂，李华面有惧色，宋慈则雍容如常，看准时机，示意手下杀掉带头的七个军士，随即又出示安抚榜文。参与兵变的军士见此情形，都不敢喧哗，汀州兵变得以平息。

绍定四年，宋慈在陈鞾的举荐下，被任命为长汀知县。宋慈莅任之初，就发现长汀地方盐政问题颇多。由于长期以来长汀食盐都是到福州搬运盐纲，因路途遥远，搬运艰难，食盐不仅质量低下，而且价格高昂，还经常是供应量不足，史称"吏减斤重，民苦抑配"。宋慈以长汀处韩江上游的汀江航段，改运潮盐最为经济便捷，并可节省运费及沿途损耗，故上奏"请改运于潮，往返仅三月"，由是长汀盐价得以平抑，官府的盐利也得到保障，公私两便，百姓对此无不讴歌载道。

理宗端平二年（1235），枢密使曾从龙督师江淮，拟聘宋慈为幕僚，宋慈未及赴任，曾从龙便去世了。端平三年，同知枢密使魏了翁督荆襄，宋慈入为幕僚。

嘉熙元年（1237），宋慈被任命为邵武军通判，仅及周年，"摄郡有遗爱"，民有余念。嘉熙二年，浙西饥荒，斗米万钱，时任宰相的李宗勉赏识宋慈在长汀及邵武任上的为官能力，特推荐其前往浙西赈灾。宋慈奉召入境后，访问民俗，叹曰："郡不可为，我知其晚矣！强宗巨室，始去籍以避赋，终闭粜以邀利，吾当代其谋尔。"故而推行"济粜法"，即将在地人户分为五等，最富有者出存粮半济粜，较为富有者次粜而不济，中等的不济也不粜，次贫者半粜半济，赤贫者全济之，济米由官府统一拨付，与此同时还停征一半租税。富户不敢违命，贫者得以度过荒年。

嘉熙三年，宋慈被擢升为司农丞，知赣州。不久，提点广东刑狱。在其提点广东刑狱任内，发现所属官员多不奉公守法，有拘押数年的案犯都未审理的。宋慈于是制订办案规约，责令所属官员限期清理滞狱案件，才八个月，就审理了 200 多个死囚案件。嘉熙四年，宋慈又移任江西提点刑狱兼知赣州，同年十一月又被授以朝奉郎。在当时，赣民在农闲时，经常是成群结队，武装走私私盐于闽粤之境，名曰"盐子"，这些盐贩子"各挟兵械，所到剽掠，州县单弱，莫敢谁何"。也因打劫平民，反抗官府，成为赣闽粤边有名的"盐贼"或"盐寇"。为了打击私盐走私，宋慈下令各个州县严密布防，同时推行"保伍法"，即每五户人家为一伍，户与户之间相互立保，互相监督，只要有一家或一人出事，这五户人家都要受到牵连，盐贩子逐渐销声匿迹，赣州境内秩序趋于安定。因其成效显著，有"谏者奏乞，取宋某所行，下浙右以为法"。其方法在周边省份得到借鉴执行。

淳祐五年（1245），宋慈转任常州知州，在其建议下，《毗陵志》得以重修。与此同时，宋慈也开始编辑《洗冤集录》。任满后又转任广西提点刑狱，巡行各部，雪冤禁暴，虽偏僻恶溺处所，亦必亲往视察。淳祐七年，宋慈任直秘阁、湖南提点刑狱使，同年朝廷又"诏除陈韡为湖南安抚大使兼节制广西"，经过福建任内的合作，宋慈深得陈韡的赏识，故聘宋慈为"大使行府参议官"，以协助筹划湖南及广西防务。时广西南丹州与罗施鬼国正在争夺金矿，南丹州谎称有蒙古大军来犯，请求陈韡派兵增援。陈韡闻报后拟派兵增援，宋慈劝阻到："此虏无飞越大理、特摩二国，直捣南丹之地。"不久证明宋慈的判断是正确的。是年冬，宋慈撰成《洗冤集录》。

淳祐八年，宋慈任宝谟阁直学士，奉使四路，皆司臬事，即掌管刑狱。听讼清明，决事果断，"抚善良甚恩，临豪猾甚威，属郭官吏以至穷阎委巷、深山幽谷之民，咸若有一宋提刑之临其前。"淳祐九年，宋慈升任焕章阁直学士、广州知州、广东经略安抚使，其在任内"持大体，宽小文，威爱相济，开阃属两"。一天，宋慈忽患末疾，但仍参加学官的祭孔典礼，因积劳过度，由此委顿不起。是年三月初七病逝于广州官寓，享年 64 岁。次年七月十五日，宋慈归葬于建阳县崇雒里之张墓窠，也即今天的建阳市崇雒乡昌茂村旁，墓为石砌穹隆形封土堆，碑上刻"慈字惠父宋公之墓"。

在宋慈二十余年的仕宦生涯中，曾先后担任过广东、江西、广西、湖南四省的提刑官，执掌地方诉讼、断案、刑狱，也积累了丰富的断狱经验及法医检验程序。宋慈在办理案件的过程中，认识到"狱事莫重于大辟，大辟莫重于初情，初情莫重于检验"，并发现"年来州县，悉以委之初官，付之右选，更历未深，骤然尝试，重以仵作之欺伪，吏胥之奸巧，虚幻变化，茫不可诘。纵有敏者，一心两目亦无所用其智，而况遥望而弗亲，掩鼻而不屑者哉"。宋慈就此反复强调办案官员要"审之又审，不敢萌一毫慢易之心"。

为防止仵作、胥吏以权谋私，与作案者串通勾结，故意欺瞒或谎报案情细节，宋慈再三教诫审案人员"须是多方体访，切不可凭信一二人口说"，同时强调检验官要亲临检验，"须在专一，不可辟臭恶"，"须是躬亲诣尸首地头"，"免致出脱重伤处"，只有深入现场调查，才能澄清案件，避免因证据链缺失，导致判断失误，以至黑白颠倒，是非混淆，冤狱丛生。宋慈就此也总结出"每念狱情之失，多起于发端之著；定验之误，皆原于历试之涉"，这些办案过程中的缺失都是冤假错案得以产生的原因。有鉴于此，宋慈也就逐渐形成了"洗冤泽物"的理念，进而萌生了编写出一本足以指导司法检验的实用书籍。

宋慈广泛收集《内恕录》等数家之说，总结前人法医检验经验的基础上，"会而粹之，厘而正之"，增入自己的见解，汇而成编，名曰《洗冤集录》，以期"示我同寅，使得参验互考"。《洗冤集录》一书分五卷共 53 目，达 7 万余字，内集法律条令、司法检验原则及程序规定，并记人体解剖、尸体检查、现场勘察、死伤原因鉴定及急救、解毒等内容，是我国现存第一部系统的、理论性的法医学专书，同时也奠定了法医学的理论基础。

是书除了卷首为宋慈亲自撰写的序言外，卷一内容包括检验的法令及概说，分为《条令》《检覆总说》《疑难杂说》等目，其中《条令》目下辑录有宋代历年公布的 29 则条令，这些条令都是针对检验官员所做的规定及勘验时所应注意的事项。余下四卷，分列各种尸伤的检验区别等项，内容包括检验尸伤的征状及检验、急救措施等，涉及解剖、生理、病理、诊断、治疗、急救、内科、外科、妇科、儿科、骨科等各方面的知识，并分别论述了如何进行辨尸、尸变、凶杀、奸杀、自缢、假自缢、溺死、杀伤、火烧、服毒等几十种死因及其检验法。

由于《洗冤集录》一书材料充实，内容丰富，分析透彻，说理简明，实用性强，甫一问世就被"官司检验奉为金科玉律"，举凡"士君子学古入官，听讼决狱，皆奉《洗冤集录》为圭臬"，"入官佐幕无不肄习"，成为历代刑狱官案头必备的参考用书。是书反映了宋慈为官治民的思想精神和探寻事物真理的研究方法，同时还是其求真求实精神的集中体现，即将相关的生理、病理、药理、毒理等知识及诊察方法运用于检验死伤的实际，而不是如当时的理学家一味地向内心穷理。

《洗冤集录》自刊行后已沿用流传了 700 余年，对后世相类似的检验类书籍产生重大的影响，如《平冤录》《无冤录》《宋元检验三录》《洗冤录补》《洗冤集说》《福惠全书》《洗冤汇编》《洗冤录备考》《洗冤录表》《洗冤录集证》《洗冤录辨正》《洗冤录解》《洗冤录详义》《洗冤录义证》等，皆以之为蓝本加以订正、注释及增补。

值得一提的是，《洗冤集录》不仅在中国得到广泛传播和应用，因其内容精辟而又全面，还被传播到海外，包括东北亚的韩国、日本，东南亚的越南，以及欧美国家。西方学者普遍认为《洗冤集录》是"世界现存最古的法医学著作"，比意大利人佛图纳图·菲得利写成于 1602 年的《医生的报告》（欧洲第一部系统的法医学著作）要早 300 多年。

刘克庄在为宋慈所撰《宋经略墓志铭》中，曾高度赞扬其官格人品，认为宋慈虽"禄万石，位方伯，家无钗泽，厩无驵骏，鱼羹饭，敝温饱，萧然终身。晚尤谦挹"。其以民为本、清廉守正、不徇私情、不畏强暴、死而后已的为官节操，是值得后人学习的。在墓志铭末尾，刘克庄更是动情地写道"嗟后之人，勿伤其宰上之木也"，希望后人别去砍伐墓地的林木，不要破坏了宋慈的墓地，于此亦可见刘克庄对宋慈的殷殷深情。

（林瀚）

刘克庄

刘克庄（1187—1269），初名灼，字潜夫，号后村，为宋兴化军莆田县人。生于宋孝宗淳熙十四年（1187）七月二十九日，卒于宋度宗咸淳五年（1269）正月二十九日，享寿 83 岁。官至修史、侍读、权工部尚书，进龙图阁学士，积阶正议大夫，封莆田县开国伯，食邑 900 户。作为南宋福建文学领域卓越成就的人物，有《后村先生大全集》196 卷传世。《宋史》无传，其事迹主要保存在林希逸《后村先生刘公行状》与洪天锡《后村先生墓志铭》中。

刘克庄"幼颖异，出语惊人，书过目辄成诵，为文未尝起草，弱冠以词赋魁"。宋宁宗嘉定二年（1209），以郊恩奏补将仕郎，应友人洪天锡之请，更名"克庄"，同年娶福清林璟之女林节。翌年，刘克庄初仕靖安县主簿，是时又被袁燮延入幕中，委以文字之职。

嘉定六年，其父病逝，刘克庄丁父忧守制乡里。嘉定八年终制除服，为怀安尉，任福州右理曹，隔年改任真州（今江苏仪征）录事参军。嘉定十年，做过江淮制置使李珏一小段时间的幕僚。嘉定十二年，逢金兵围攻滁州，滁州虽围解，仍受到幕划失宜的非议，故于同年自请奉祠南岳祠，回到莆田乡居。胡槻任广西经略安抚使，刘克庄在乡居两年后，受胡槻之邀前往八桂，任其幕僚。也正是在这两年中，后村专力攻诗，多有酬唱，据说得诗三百，诗几成集。嘉定十五年，也正是在其 36 岁时，所著《南岳稿》初出，即得到当时名宿前辈赵汝谈、真德秀、叶适等人的称赏，由是诗文名大著。

宝庆元年（1225），刘克庄被举荐起用为建阳令，并师事真德秀。这一时期乃戒诗癖，专习为吏，书有"聊为尔民留饭碗；岂无来者续心灯"一联挂于门上，做到了庭无留讼，《行状》称其"为麾为节，剖决如神，处事倅倅有方略"。同时还翻新了朱熹祠，增加赈粜仓库二千斛，并定义役之法而实行之，民人称便，郑清之称其吏才为文名所掩。也在这一年，其《南岳稿》收入陈起刊印的《江湖集》，其中的《落梅》诗有"东风谬掌花权柄，却忌孤高不主张"之句，这成为其后来遭受监察御史李知孝、梁成大等人弹劾，被诬以谤讪时政罪名的缘由，后幸得郑清之在朝为之辩护，才免遭遣，这也就是刘克庄常以之自比苏轼"乌台诗案"的"梅花诗案（江湖诗祸）"。

绍定元年（1228）秋，秩满归里，其妻林节卒，年39。这一年真德秀编选《文章正宗》，刘克庄负责诗选，不过其诗论意见与真德秀不尽相同。绍定二年原拟任潮州通判，因赵至道诬陷其嘲咏谤讪，改主仙都观。绍定六年起任为吉州通判，未及任，即于端平元年（1234）春，受旨赴都堂审察。同年九月，应诏入朝，除宗正主簿，真德秀闻知后喜曰"方是本色"，因其长于史学，此任刚好是用起所长，人尽其才。在同月奏对中，刘克庄劝奏理宗慎始善终，要常忧勤于边患，择选将帅，筹边防财用之计。

端平二年五月，真德秀去世，刘克庄上请朝假赴丧，不许。六月，擢任枢密院编修官，兼权侍右郎官。这一年，他在《轮对札子》中向理宗提出："服天下莫若公，今也失之私；镇天下莫若重，今也失之轻。"力谏理宗要重君子而斥小人，杜绝党人干政，又说到"陛下疑君子之无效，意小人之有才。独不思宣、靖之祸……此陛下之商鉴也。"凡此诸事，皆为时人所不敢言，同朝诸公魏了翁、赵汝谈、吴泳等听后皆击节不已。

隔年，被吴昌裔上疏论罢，免职主管玉局观，郑清之以书相慰。旋起知漳州，未赴任，即于嘉熙元年（1237）春改知袁州，任期虽然只有数月，却政绩突出，颇有政声，"公在郡，一以崇风化、肃纪纲、访故家、礼名贤为先务，因宽得众，郡以最闻"。不想又被御史蒋岘所劾，诬称鼓煽异论，与方大琮、王迈两人被同日罢官，解任归主云台观。嘉熙三年，李宗勉拜左相。是年九月，刘克庄擢升江西提举，十月改任广东提举。翌年八月，旋升广东转运使。在粤两年中，宽征节用，另买田二百亩，以赡仕于南而以丧归者，南人刻石纪之。

李宗勉卒，故又免职，自淳祐元年至二年（1241—1242）主管崇禧观。淳祐三年元日，除侍右郎官，又以濮斗南疏罢，仍主管崇禧观。淳祐四年秋，除江东提刑，任内访求民瘼，救穷劾贪，断狱洗冤，公论称快，人称良吏。是年十一月除将作监，十二月又改直华文阁，为范钟所忌，阻其入朝，故又留任江东提刑。淳祐五年补借信州，以吏才服人。

淳祐六年，即其60岁之时，一年中屡受拔擢。四月令赴行在，道中除太府少卿。八月入对理宗，首言委任之失，又言谋谟之误，三言江东使者以恤贫民处流民为最急。理宗以其"文名久著，史学尤精"，特赐同进士出身，除秘书少监，兼国史院编修官，实录院检讨官，旋即又除御史兼崇政殿说书。十月，又除中书舍人，在职70多天里，草外制70道，"学士大夫争相传诵，以为前无古人"。十二月进故事，论秦桧误国之鉴，要理宗吸取历史教训。又参劾史嵩之，极言直谏，其气节颇为时人所重。不日刘克庄亦遭侍御史章琰疏劾，称其贪荣去亲，卖直欺君，遂罢官归里。

淳祐七年（1247）二月，除直宝文阁知漳州，旋除直龙图阁，主明道宫。淳祐八年元日，除宗正少卿。五月又除秘阁修撰、福建提刑。是年丁母忧去职。淳祐十年十二月除秘书监，以禫制未终，辞不赴任。淳祐十一年四月，再次奉召入朝，以秘书监兼太常少卿，直学士院。不日又兼任崇政殿说书、史馆同修撰、起居舍人、侍讲等职。十年闰十月，为监察御史郑发弹劾，并重提"梅花诗案"以激怒理宗，此时正值圣眷犹隆，未能得逞，御笔除职与郡，将归时，还求得理宗宸翰"后村""樗庵"四大字，匾其乡中居所及山间精舍。淳祐十二年正月，除右文殿修撰、知建宁府，旋兼福建转运副使，郑发愤其前疏未能获准，故又再论褫职，寝其新命。是年至开庆元年（1259），一直任提举明道宫。

景定元年（1260），刘克庄再次奉召入朝，除秘书监、起居郎、中书舍人，并面对二札，奏称凶相弄权，贪吏不可不除，所奏外边防而内吏政，皆着眼于政治清肃与国家存亡。理宗赞其"爱君忧国，至老不衰"。不久即除权兵部侍郎兼中书舍人兼直学士院，兼史馆同修撰。景定二年，屡为理宗进故事。也在这年，刘克庄还以古赋一卷、古律诗十一卷、记二卷、序二卷、题跋六卷、诗话四卷，共二十六卷奏进，翌日理宗赐书褒奖，时人以为希阔之遇。景定三年，除工部尚书，升兼侍读，当其时，刘克庄身兼内外两制，夜以继日，论事不休，涉及甚广，且又言无不尽。如水旱之情、和籴之害、拯饥之弊皆有奏疏。因其言剀切，深得帝心，特除宝章阁学士知建宁府，御赐玉柄宝箑，宸制五言书其上，以金缬香茶侑之。八月八日，作《贺新郎·傅相生日壬戌》为贾似道祝寿，此后数年皆如此，因贾似道后来身败名裂，这也成为后人对刘克庄进行非议的地方，认为其气节有亏。然而从其所处时代及经历上，实不能将刘克庄划入贾似道党羽之列，因其并未有依附贾似道乱政的表现，如仅就写过某些过当的谀词，就否定其一生的功业与气节，是有失公允的。九月，得以告老还乡，与友朋悠游觞咏。景定四年秋，又受封莆田县开国子，加食邑三百户。景定五年春失足跌伤，入秋又左眼赤痛，遂成偏盲，以除焕章阁学士守本宫致仕。

咸淳三年（1267）重阳右眼又盲，遂失明。晋封莆田县开国伯，加食邑三百户。咸淳四年五月，特除龙图阁学士。咸淳五年正月二十九日，以疾卒于延寿村家里，享年 83 岁。刘克庄在临终前，曾嘱托林希逸代上遗表，奏表上，赠银青光禄大夫。洪天锡为之请谥，谥文定。十二月十九日，刘克庄葬于莆田城北徐潭之原，即今延寿村马坑山，据近年考古人员的调查勘探，刘克庄墓的现存情况较差，现场仅余有一块石翁仲的底座，除残存的石底座外，地表仅见一条坑道，为刘克庄墓神道所在，呈西北东南走向，长约 80 米，宽约 8.5 米，深约 1.5 米。经过钻探，考古人员推测墓室主体已被破坏。

据《行状》所载："莆之士大夫皆挥泪以相吊，有方敛而往枕尸以哭者，有既殡而往拊棺以哭者，莫不尽哀。又数日，则泉南之南、闽北之北，吊唁往来，交驰于道。又数月，则四方交旧与凡得铭、得序、得跋、得诗之友，不远千百里而来，力不能来，亦以书至，盖不知其几，皆曰：斯文无所宗主矣！吾侪无所质正矣！后进无所定价矣！"由此可见刘克庄在时人心目中的影响力，亦可知后村作为当时文坛领袖的崇高地位。

刘克庄作为南宋著名诗人，学问渊博，又学有定力，很早就负有诗名，真德秀、叶适等前辈颇多揄扬，且得同时之江湖诗人的推崇，以为宗师，其诗亦主盟晚宋诗坛，有言曰"渡江初，诚斋、放翁、后村号三大家数"。其诗早期学自永嘉四灵（徐照、徐玑、翁卷、赵师秀），后不满四灵诗的"胶挛浅易，僻局才思"，故转习古体，再而"由放翁入，后喜诚斋，又兼取东都、南渡江西诸老"，此后，又将稼轩词的风格融入诗中，最终形成自家面目，自为一宗。刘克庄在进行创作时，亦将当时的时代现实融入诗词中，常有为民请命，反映生民疾苦的诗歌，如："陌上行人甲在身，营中少妇泪痕新。边城柳色连天碧，何必家山始有春？"当时的江湖士友及后进士子常常是持卷登门，以求一语之品题与印证者不一而足。

此外，刘克庄在词学成就上也颇高，其词风近稼轩一派，豪放慷慨中颇寓忠爱之思。其词自有一股悲壮激烈之气，例如《满江红》："金甲雕戈，记当日辕门初立。磨盾鼻一挥千纸，龙蛇犹湿。铁马晓嘶营壁冷，楼船夜渡风涛急。有谁怜猿臂故将军，无功级？　平戎策，从军什。零落尽，慵收拾。把茶经香传，时时温习。生怕客谈榆塞事，且教儿诵《花间集》。叹臣之壮也不如人，今何及？"《善本书室藏书志》在提到《后村诗余》时称："克庄学问颇赅博，文亦尚守旧格，不为江湖末派所圈。词则思矫然自异，力洗铅华，大致效辛稼轩而逊其魄力。虽颇纵横排奡而一泻无余，故张叔夏讥其真致近俗，然亦时有合作，掇其精英，未尝不可以药浮艳。"

相较于诗词来说，刘克庄的四六文及散文颇受时人与后人的激赏。《四库提要·后村集提要》称："文体雅洁，较胜其诗，题跋诸篇，尤为独擅。盖南宋末年，江湖一派盛行，诗则汩于时趋，文则未失旧格也。"此外，刘克庄还精史学，通书画，惜其墨迹流传于后世者无多。

就刘克庄的一生来说，早岁奔走于江湖，晚年则仕宦显达，其交游仕宦的经历也直接影响并融入到其文学创作中。刘克庄作为南宋后期的文坛领袖、一代文宗，其在南宋文学史上的成就，亦如林希逸在为其文集所作序文中写到的："文不主一家而兼备众体，摹写之笔工妙，援据之论精详。其错综也严，其兴寄也远。或春容而多态，或峭拔以为奇。融贯古今，自入炉韝，有《谷梁》之洁，而寓《离骚》之幽；有相如之丽，而得退之之正。霜明玉莹，虎跃龙骧，闳肆瑰奇，超迈特立。千载而下，必与欧、梅六子并行，当为中兴一大家数也。"

（林瀚）

林希逸

　　林希逸（1193—1271），字肃翁，又字渊翁，号鬳斋，又号竹溪、献机，晚年自号溪干，福清人，生于南宋绍熙四年（1193）八月十九日，卒于咸淳七年（1271）九月十五日，享寿79岁。官至中书舍人、秘阁修撰、提举建宁府武夷山冲佑观、福清县开国男、食邑三百户。地方志书如《八闽通志》《福州府志》《福清县志》均有传。其事迹见林希逸《网山集序》、林同《竹溪鬳斋十一稿续集序》等。1992年秋，林氏后人林尉民和林克文两人又在渔溪镇苏田村南山发现了"宋竹溪鬳翁林先生之墓"石碑，该石刻现嵌于福清市渔溪镇文武祠大厅墙壁上。经过清洗整理，发现该石碑翔实记录了林希逸的生平与家世，这也成为人们重新认识与了解林希逸生平事迹的重要实物资料。

　　林希逸为林昌言之曾孙，林介之侄孙，师从南宋著名理学家陈藻，为南宋理学大儒林光朝的三传弟子。嘉定末，林希逸客居寿阳，集林光朝、林亦之诗，名曰《吾宗诗法》。宋理宗绍定五年（1232）入太学，端平二年（1235）中进士甲科第四名，史称"以学省词赋第一人，对策擢第四人"，淳熙《三山志》称其"解试、省试赋魁"，授从事郎、平海军节度推官，为官以清白著称。嘉熙二年（1238），编成林亦之《网山集》，并为之序。

　　淳祐三年（1243），林希逸得以特差提领丰储仓所干办公事。淳祐五年又主管三省架阁，淳祐六年二月，得到郑清之的举荐，获得御笔召试馆职，"以国子录召试，当月除正字"，改宣教郎，十一月以正字除校书郎。淳祐七年五月兼庄文府教授，七月除枢密院编修官，兼权都官郎官，兼崇政殿说书，兼翰林权直，以教授讲诗终篇授奉议郎。淳祐八年，除直秘阁，知兴化军，至郡后又因修进高宗实录，得授承议郎，磨勘转朝奉郎。他到兴化上任后，乃建祠祀林光朝、林亦之和陈藻，号三先生祠，以示纪念；同时还提请尚书省明令禁止在林亦之、陈藻的墓地进行樵采；与此同时，他在兴化时还大倡道学，当地学风为之一变。淳祐九年，曾两易知南剑州，后又改知饶州兼提点坑冶，刊刻刘克庄文集。淳祐十年，刊《艾轩集》。淳祐十一年，获召往赴行在，改直宝谟阁，江淮、荆、浙、福建、广南路都大，提点坑冶铸钱公事兼知饶州，除考功郎官。淳祐十二年，转朝散郎，主管明道宫。

宝祐三年（1255）转朝讲郎，主管玉局观，旋转朝奉大夫。宝祐六年，丁相当国，依旧职知赣州，未上降朝请。宝祐七年，再次主管玉局观。

景定元年（1260），林希逸以司对郎官召主管崇禧观。景定二年，再次被召，除广东运判。景定三年，除考功郎官兼国史院编修官，实录院检讨造朝，兼礼部郎官，兼崇文殿说书、兼直舍人院转朝散大夫，除司农少卿转朝请大夫。景定四年，除秘书少监、太常少卿转朝议大夫，进讲《春秋》彻章，授守奉大夫，修进《宁宗实录》，授中大夫兼国子司业去国，提举玉局观。在这一年，林希逸还为林亦之、陈藻的事迹向朝廷乞诏褒崇之，诏谥林亦之为"文介"，陈藻为"文远"，俱赠迪功郎，同时令地方官树墓表书谥，将之祀于学宫中，接受春秋致祭。林希逸亦得郊恩，受封福清县开国男。

宋度宗咸淳元年（1265），除直宝文阁、湖南运判，提举冲佑观。咸淳四年再祠，除知赣州。咸淳五年提举玉局观，除秘书监兼侍讲，是年九月至翌年春，连诏其入京掌辞翰，属辞不允，遂起行赴命。咸淳六年兼权直学士院造朝，除起居郎兴祠，除秘阁修撰，提举冲佑观。咸淳七年以疾终于家，葬于福清万安乡苏田里南山之原。

林希逸作为艾轩学派的第三代传人，以道学名世，是南宋有名的理学家。就艾轩学派来说，实为二程理学之分支，是由伊川弟子尹焞、王蘋的弟子陆景端传出，"南渡以来，以伊洛之学倡东南者，自光朝始"。是故艾轩学派的传承也即自林光朝（艾轩）开始，由艾轩传林亦之（网山），网山传陈藻（乐轩），乐轩传林希逸（鬳斋）。林希逸自己在《代怀安林丞上杨安抚书》一文中就也直言不讳地提到："然某，艾轩之裔也，所读者，艾轩之书，所守者，艾轩之道也。"

汉儒治经，重视训诂；宋儒治经，则重天人性命之理。"肃翁得艾轩、网山、乐轩性理之传，于庄、列诸子，皆著有《口义》。"作为上接二程理学思想的林希逸，其最为后人所知晓的便是其所作的《老子口义》《庄子口义》《列子口义》三书，其中又以《庄子口义》一书为著。他的以"儒"解庄、以"禅"解庄、以"理"解庄，不仅使之成为继郭象、成玄英之后解释《庄子》的另一重镇，同时其所试图通过相互援引，进而融通三教的努力，也打开了庄子学的新局面，自成一家，成为南宋理学中朱熹、陆九渊之外的另一种思路。

林希逸在《庄子口义》中就提到："未始有物者，太极之先也。古之人者，言古之知道者。自无物之始看起来，则天下之理极矣。其次为有物，是无极而太极也。自有物而有封，是太极分而为两仪也，两仪虽分，覆载异职，各随其理，何尝有所是非！是非起于人心之私彰露也。私心既露，则自然之道亏丧矣。"通过周敦颐提出的"太极"来解庄，以解释万物初始。《大宗师》："其嗜欲深者，其天机浅。"《口义》曰："嗜欲者，人欲也；天机者，天理也。曰深浅者，即前辈所谓天理人欲随分数消长也。"在《天地》注中提到："万物之间，各有自然之理，行乎其中。"在《山木》注中说："性者，天命之性也。"在《天运》注中说："达于情者，达于实理也；遂于命者，极于自然也。"在《庚桑楚》中说："然此心若平和，则阴阳岂能为害！故曰非阴阳贼之，心则使之，即所谓其热焦火，其寒疑冰是也。此两句极佳，在心学工夫，此语最切。"在《知北游》中说："无将无迎，即无心于物者也。应物而不累于物，则为外化，因感而应，不动其心，则为内不化，故曰古之人，外化而内不化。……一不化者，无心之心也，安犹岂也。"这很明显就是用理学中的核心概念"天理"，去置换《庄子》中所提到的"天""命""理""心"等概念。

林希逸在解释《庄子》，不仅讲到太极、天理、人心等理学概念，同时也将儒学与禅学作为读懂庄子的法门。正如其在《发题》中自诩的："希逸少尝有闻于乐轩，因乐轩而闻艾轩之说，文字血脉稍知梗概，又颇尝涉猎佛书，而后悟其纵横变化之机，自谓于此书稍有所得，实前人所未尽究者。最后乃得吕吉甫、王元泽诸家解说，虽比郭象稍为分章析句，而大旨不明，因王吕之言愈使人有疑于《庄子》。若以管见推之，则此书自可独行天地之间，初无得罪于圣门者。使庄子复生，谓之千载而下子云可也。"又说："食必精于《论语》《孟子》《中庸》《大学》等书，见理素定，识文字血脉，知禅宗解数，具此眼目而后知其言意——有所归著，未尝不跌宕，未尝不戏剧，而大纲领、大宗旨未尝与圣人异也。"是故唯有精通儒家经典，才能真正理解《庄子》。

不论林希逸所解是否符合庄子的原意，然而从其阐释给人以启发的角度看，其价值与影响都是值得肯定的，亦如与其同时代人们所评论的："南华之书，斯世所不可无，竹溪之解，亦南华所不可无者也。""今鬳翁所著，卓然起《庄子》于朽骨，发千古之宝藏，鬳翁亦博大弘伟，豪杰巨儒哉！"

林希逸的文章浑正深沉，文道并重，其所作诗《论文有感》就提到："纷纷见解何差别，豪杰还须问世生。识在雷从起处起，文从泉但行当行。

均为千载无双士，莫问三苏与二程。井井红泉南谷老，似渠宗旨更难明。"时人评其文曰："谓希逸文有模范，而邃理学。"文天祥对其文章也十分推崇，称其"不戚戚得丧，而言语文章足以诏今传后"。

林希逸的诗学造诣在艾轩学派中也是集大成而出之者，正如钱锺书在《谈艺录》中提到的："自宋以来，能运使义理语，作为精致诗者，其惟林肃翁希逸之《竹溪十一稿》乎。……其为诗也，虽见理未必甚深，而就词藻论，要为善于驱遣者矣。"其诗歌创作延续了《离骚》的传统，重视诗歌的比兴寄托，并主张以正驭奇。林希逸认为："自退之为诗，正易奇之论，文章家遂有此互品题者。抑尝思之，张说、徐坚之论文也，其曰'良金美玉，无施不可'，非正乎？其曰'孤峰绝岸，壁立万仞，浓云郁兴，震雷俱发'，非奇乎？不妨为俱美也。前辈乃日好奇自是文章一病，退之亦谓怪怪奇奇，不绝于时，只以自嬉。然则奇固不若正矣。虽然，李长吉辞尚奇诡，而当时皆以绝去翰墨畦径称之；李义山受偶丽之学于令狐，及其自作，乃过于楚，非一其为文素瑰奇与？"此外，其诗还不时出现佛教宗门典故，认为"参句似禅诗有眼"，这种体悟也与其修禅的经历有关，是故其诗句中常有具正法眼，以禅喻诗的表现，如《寄题陈非潜达观堂》中就有句"看破人间须具眼，驰求身外枉萦心"，在《题国清林氏海山精舍》也写到："海山此趣谁能会，也是禅关也是诗"。是以学诗如参禅，诗禅一体，亦如王士稹在《居易录》中提到的："鬳斋为林艾轩理学嫡派，而诗多宗门语。"

作为林希逸的挚交好友，刘克庄对其诗文曾给予较高的评价，认为其"诗比其师，槁干中含华滋，萧散中藏严密，窘狭中见纤余。当其捻须搔首也，搜索如象罔之求珠，断削如巨灵之施凿，经纬如鲛人之织绡。及乎得手应心也，简者如虫鱼小篆之古，协者如韶钧广乐之奏，偶者如雄雌二剑之合。天下后世诵之，曰诗也，非经义策论之有韵者也。"又说："始余见竹溪诗而爱之，既而又见其未第时所论著二巨编，煅炼攻苦而音节谐畅，逞幅宽余而经纬丽密，叹曰：此非场屋荒速、山林枯槁者之言，必极文章之用而后已。"

林希逸还雅好书法，善画，亦常与友人探讨书法作品。从其文集中我们还可以看到《跋徐平父所藏兰亭二帖》《跋东坡与苏丞相颂五帖》《跋蔡端明遗建康杜君懿行草四帖》《跋山谷与魏彭泽四帖》《题张尚书画册四首》等，而其品题也颇有见地，如提到苏轼书帖时就评道"笔圆而韵胜""神全而韵胜"。

林希逸在普及《考工记》方面亦居功甚伟，现存《鬳斋考工记解》是目前所见最早的《考工记》插图单行注本，在《考工记》学史上有着非常重要的地位。其为《考工记》附图，使读者得以通过图画，更为直观、简洁、明了地理解书中所提到的古代器物形制。他为《考工记》所做注明白浅显，便于初学者习得其知识，这也为后世对《考工记》进行研究、推动中国科技知识的普及起到了重要推动作用。

（林瀚）

郑思肖

郑思肖（1241—1318），字忆翁，号所南，又自称菊山后人、景定诗人、三外野人、三外老夫等，福州连江县人，生于宋理宗淳祐元年（1241），卒于元仁宗延祐五年（1318），年78岁。其原名已不可考证，现所传名、字与号均为宋亡后改取，只知赵宋败亡之后他不肯事元，故改名思肖，"赵"字繁体从"走"从"肖"，意在思念赵宋；而"所南"亦与其坐卧必向南，决不北面事异族相关，意即不忘赵宋。此外，还曾自题居室匾额名为"本穴世家"，因"本"字可拆为"大""十"二字，将"十"置于"穴"中，即为"大宋世家"。相传每逢岁时伏腊，郑思肖均望南野哭而再拜。郑思肖作为南宋遗民、诗人及书画家，其一生经历与传说均颇具传奇色彩。

南宋淳祐元年九月二十七日，郑思肖出生于临安一个书香世家。其父郑起，曾先后主讲于浙江於潜、诸暨、萧山等地县学，为人正直。淳祐四年，郑起就曾挺身而出反对奸相史嵩之"起复"。淳祐七年，郑思肖开始侍父读书，当郑起闻知郑清之以侍读入朝，并将重新被起复为相时，不禁痛哭流涕，随即登门历数郑清之误国的罪行，大书："端平败相，何堪再坏天下耶！"也因此事，郑起一家被捕入狱。在释放后，又被郑清之所安排的耳目监视着，举凡朋友往来，所为何事，均被登录在案，直到两年后，此事才过去。经历此次风波之后，郑起即潜心注解《易经》。

宝祐二年（1254），郑思肖随父由临安迁往吴门，并遵父命开始游学泮宫及四方，随后被选为太学上舍生，应博学宏词科。从是年开始，其父又先后被聘为浙西和靖书院堂长、淮东泰州胡安定书院山长、平江府三高堂长、无锡县学开讲，主讲性理之学，一时学者翕从。

自淳祐元年至宝祐三年，郑思肖随父母从出生地杭州渡子桥到养鱼庄，转西湖长桥，迁慈幼局巷，后又搬到苏州的范桥，不久又迁往条坊巷。十五年间凡六迁，其家在各地停寓时间均不长，每每迁居的经历，亦与当时的时局动荡不安有关。在这段时间里，蒙古内部虽然也经历了大汗交替，但其铁骑仍一路南下，并攻克了大理城。宝祐六年，蒙古又发动三路大军攻宋，蒙哥带其主力由西路入川，忽必烈则由中路攻打鄂州，塔察儿则由东路攻荆山，另遣兀良哈台攻潭州，是年底蒙古军便打到合州。

自宋度宗咸淳元年（1265）至宋帝昺祥兴元年（1278）的13年间，郑思肖其家又经历七次迁居生活，从条坊巷至黄牛坊桥，再迁采莲巷，转居仁王寺，又搬至双板桥，再转住望信桥，后迁居皋桥，继而又复迁望信桥。郑思肖所作《飘零》一诗："飘零书剑十年吴，又见西风脱尽梧。万顷秋生杯后兴，数茎雪上镜中须。晴天空阔浮云尽，破屋荒凉俗梦无。唯有固穷心不改，左经右史足清娱。"可作为其在苏州数十年动荡生活的真实写照。

在这一次次的时局动荡中，也使其在创作上迸发出强烈的家国情怀与民族气节。自景定元年（1260）至咸淳五年（1269），郑思肖迎来了创作的第一个高峰期，其《咸淳集》内所收的五十篇诗文，就是记录这段时期的所思所感。景定三年，其父卒，临终前嘱其至中年时，在学力根基扎实后，削改补释其旧著《太极无极说》，以成《易注》。其母亦教导其"唯学父为法"，"汝不行汝父之言，汝不如死！"咸淳五年，蒙古大军围攻襄樊，张世杰及夏贵等人均败绩，郑思肖叩阙向太皇太后和幼主，疏言国事，陈言抗元之策，怒斥尸位素餐者恃权误国，终因言辞激烈，"忤当路，犯新禁"，其所上言书被扣压，未被呈报。世人因此事而争目之，不得已，郑思肖只能隐姓埋名，诗词创作也暂时停顿。正如其在《大义集》中所回顾的："自景定以来至咸淳五年，所作极多"，"厥后数载竟不作，欲天其隐"。

咸淳六年，郑思肖将其自著的《太极祭炼》整理完毕，同时还撰有《释氏施食心法》一书。咸淳八年，郑思肖"尝确然立志，悉委旧学，已绝笔砚文史，谋入山林，蜕去姓字，甘与草木同朽尽"。在这数年间，元兵大举南侵，襄樊失守，大宋危急。

宋恭宗德祐元年（1275），贾似道、张世杰在元军的强势进攻下连连败退，郑思肖有感于局势日迫，心中常常"有不可遏之兴，时辄作数语，以道胸中不平事"。是年十二月初二，吴中被攻陷，同月二十八日，郑思肖作《陷虏歌》以记之："德祐初年腊月二，逆臣叛我苏城地。城外荡荡为丘墟，积骸飘血弥田里。……有粟可食不下咽，有头可断容我言。不忍我家与国同休三百十六年，阅历凡几世，忠孝已相传。足大宋地，首大宋天。身大宋衣，口大宋田。今弃我三十五岁父母玉成之身，一旦为氓受虏廛。"德祐二年岁旦，郑思肖又作诗二首："力不胜于胆，逢人空泪垂。一心中国梦，万古下泉诗。日近望犹见，天高问岂知。朝朝向南拜，愿睹汉旌旗。""有怀长不释，一语一酸辛。此地暂胡马，终身只宋民。读书成底事，报国是何人？

耻见干戈里，荒城梅又春。"在这国家动荡，民生维艰的易代之际，郑思肖表达出他渴望国家光复，但做宋民、不为元臣的心声。是年九月，其母卒。值得一提的是在当年三月宋恭帝被元军俘虏北去，五月，赵昰于福州即位，是为端宗，并改元景炎，郑思肖誓不降元，不承认元朝统治，故在其《心史》完成后，但仍冠以"德祐"年号，盖援引陶渊明《桃花源记》义熙年号例。

宋端宗景炎二年（1277），郑思肖自选了七十首诗编为《大义集》，这一时期的所南先生颇有"国破山河在"之感，其诗作也表现出强烈的悲愤深沉情感，正如他在为是书所作序言中提到的："每一有作，倍怀哀痛，直若锋刃之加于心，苦语流出肺间。"景炎三年正月，郑思肖作《后臣子盟檄》，此后又为此文添写跋文，并有《书前后臣子盟檄后》诗："死亦乌可已，丹心阐大猷。恭承父母教，用剪国家仇。日破四洲夜，天开六幕秋。终当见行事，不与世同流。"发出了誓死与国同仇，不与叛国者同流合污的壮志豪情。

宋帝昺祥兴二年（1279）正月，郑思肖编定《咸淳集》与《大义集》，随后又为《久久书》题写跋文。二月六日，元将张弘范率军攻陷崖山，陆秀夫背负赵昺蹈海赴死，张世杰战死，文天祥被执至燕京，南宋亡。是年入夏后，郑思肖始作《中兴集》，关于是集写作的源起，在其自记中就提及："哀痛激烈，剖露肝胆，洒血誓日。"

元世祖至元十七年（1280）岁旦，郑思肖在经历宋亡的悲痛后，将满腹不平气化作《德祐六年岁旦歌》，诗中写到："天运无情岁事新，大宝虚位孤王春。昼出衔恤夜梦哭，皇皇五载臣无君。南望二王未驻跸，北忆三宫犹蒙尘。……醉喝海岳尚翻动，不信不灭犬羊群。或谓逝水不可复，叱我痴忠空愁聱。焉知汉绝十八载，光武乃兴舂陵兵。"此时的郑思肖借光武旧事，仍坚信复国有望，即使在数年后，仍希望有人起来兴复赵宋王朝，认为"大宋开中兴之天，或不幸而如是，亦宁不可乎"。当年八月，郑思肖将一年多来所写七十多首诗编定为《中兴集》，集中所收皆"厄挫悲恋之辞"，值得留意的，是集中将所作无题者均以"砺"字次第目之，所谓"砺"者，言淬砺乃志，决其所行也。如其所作《二砺》诗："愁里高歌梁父吟，犹如金玉戛商音。十年勾践亡吴计，七日包胥哭楚心。秋送新鸿哀破国，昼行饥虎龁空林。胸中有誓深于海，肯使神州竟陆沉？"就是其以此勉励自己要时刻磨砺志气，同时也表现出作者慷慨激越的爱国情怀。其《十二砺》亦有句云："誓以匹夫纾国难，艰于乱世取人才。屡曾算至难谋处，裂破肺肝天地哀。"

梁启超称诵读至此，曾"咿嘤做小儿啜泣声"，掩卷不能，咿嘤不止，恸绝！

至元十九年春，郑思肖作《大义略叙》，凡一万六千余言，所记元军南侵，赵宋覆亡之事颇详，既是宋亡痛史，也是宋末得失教训的总结。是年冬，手定《心史》，计《咸淳集》一卷，《大义集》一卷，《中兴集》二卷，共诗二百五十首，另有《久久书》一卷，《杂文》一卷，《大义略叙》一卷，后附自序、自跋、盟言及疗病咒等。至元二十年四月初八佛生日当天，郑思肖用铁匣子密封，内填以石灰，灰内有锡匣，锡匣内又有腊漆封裹的纸包，层层妥善防护，同时在内缄封书"大宋孤臣郑思肖百拜封"，外缄封书"大宋世界无穷无极""大宋铁函经""德祐九年佛生日封""此书出日一切皆吉"诸语，最终将《心史》投入苏州承天寺内古井中。

这个装有《心史》的铁匣子直至明崇祯十一年（1638）十一月初八才被发现，而其发现的经过也颇为传奇。传说在崇祯戊寅这一年，苏州发生了持续的干旱，城内居民"争汲者相捽于道"。这年冬天，承天寺的僧人在疏浚寺内的一口古井时，忽然挖到一物，刚开始以为只是普通的砖头，不曾想在清洗过后，竟然是一个铁函。起初僧人都不敢开启这个铁函，只是将之供于佛龛，闻知此事的人们争相玩识。过了一段时间，民众都很好奇，希望能够打开看看里面装的是什么，僧人不得已，才将铁函打开。这一开启，也将沉埋于枯井中达350余年的一段往事解开。因《心史》在悉心的包装下得到很好的保护，书本打开时还楮墨如新，古香扑鼻。

明代著名思想家顾炎武将《心史》称为"奇书"，在《井中心史歌》对该书的来龙去脉所述颇为详细："有宋遗臣郑思肖，痛哭胡元移九庙。独立难将汉鼎扶，孤忠欲向湘纍吊。著书一卷称《心史》，万古此心心此理。千寻幽井置铁函，百拜丹心今未死。胡虏从来无百年，得逢圣祖再开天。黄河已清人不待，沉沉水府留光彩。忽见奇书出世间，有惊胡骑满江山。天知世道将反复，故出此书示臣鹄。三十余年再见之，同心同调复同时。陆公已向崖山死，信国捐躯赴燕市。昔日吟诗吊古人，幽篁落木愁山鬼。呜呼！蒲黄之辈何其多，所南见此当如何！"当时的顾炎武有感于南明覆亡，一如德祐末年旧事，是以借郑思肖的诗句，浇胸中之块垒，解心中之愤懑。

梁启超曾提到自己展读《心史》时的感受，"穷日夜之力读之，每尽一篇，腔血辄腾跃一度。""先生披垢腻衣，手八尺藤杖，凛凛然临于吾前，滔滔然若悬河以诏我以所谓一是大义者。"遂发出感慨："呜呼！此书一日在天壤，则先生之精神，与中国永无尽也。"并对是书给予高度评价："启超读古人诗文辞多矣，未尝有振荡余心若此书之甚者。"

至元二十三年（1286）三月，忽必烈下令在江南寻访隐逸之士，经行台侍御史程钜夫举荐，赵孟頫应诏受聘，郑思肖认为赵孟頫以赵氏宗室子弟而转仕元朝，于气节有损，故与之绝交。赵孟頫事后曾多次上门拜访郑思肖，均遭拒绝，终不得见。

郑思肖擅画兰竹，尤精墨兰，其所写墨兰疏花简叶，意态天然，超出物表，表现出其耿介的个性和不随时流的态度。他尝自为一卷，长丈余，高五寸许，自题云："纯是君子，绝无小人。深山之中，以天为春。"自南宋灭后，郑思肖写兰根不著土，人问其故，答曰："土为蕃人夺，忍著耶？"以国土为异族侵夺，无从扎根。就此他还有诗云："无根无土剩故乡，疏兰独立带幽香。此心唯向江南所，淡泊清风万古香。"是以其画中不仅寄托了"故国之思"，同时也抒表了亡国之痛。

其"露根兰"书画方式，常为后人称道，以其寄托了爱憎情感与家国之思。元代画家倪瓒在《题郑所南兰》一诗中，就对其给予了高度的评价与认同："秋风兰蕙化为茅，南国凄凉气已消。只有所南心不改，泪泉和墨写《离骚》。"

相传其所写兰花，画成即毁之，绝不轻易送予他人，当时一些权贵向他索要画兰，尤靳不与。庸人孺子颇契其意者，则反与之。曾有邑宰求画不得，知其有田，便以加征赋役相威胁。郑思肖听后十分愤慨，怒曰："头可斫，兰不可画！"其不畏显贵的奇气伟节，气贯长虹。也因其随画随毁，所以其所存世的兰花画极为少见，现知流传有序的墨兰图只有四件。

在日本大阪市立美术馆内藏有郑思肖画于元大德十年（1306）的一件《墨兰图卷》，该画以超逸的笔法写出兰花一丛，气格清俊高洁，是图右上角自题一诗："向来俯首问羲皇，汝是何人到此乡？未有画前开鼻孔，满天浮动古馨香。所南翁。"左侧年款题"丙午正月十五日作此一卷"，并钤有"所南翁"及"求之不得，不求或与，老眼空阔，清风今古"二印文。佛利尔藏本的题诗与此相同，只是将一丛兰分解成两株。美国耶鲁大学艺术陈列馆所藏的郑思肖《墨兰图》卷，图中写有兰叶一丛，并孤傲地伸叶吐蕊，自题云："一国之香，一国之殇，怀彼怀王，于楚有光。所南。"其兰花的画法，也影响到后世文征明、石涛、八大山人、郑板桥等人的创作。

郑思肖除爱兰竹外，亦喜菊花跟水仙，有《寒菊》诗："花开不并百花丛，独立疏篱趣未穷。宁可枝头抱香死，何曾吹落北风中。"以菊花不与百花同时开放，不媚时不随俗，是以自比傲骨凌霜，孤傲绝俗的菊花，表示自己坚守高尚节操，宁死不肯向元朝投降的决心，表达了诗人如菊情怀。在颂扬水仙品性时，他也有诗句写到："御寒不藉水为命，去国自同金铸心。"郑思肖其人、其文及操行率类于此。

元仁宗延祐五年（1318），郑思肖卒于居所，享年78岁。去世前，他曾嘱咐其友人唐东屿说："思肖死矣，烦为书一牌，当云'大宋不忠不孝郑思肖'。"语讫而绝。此外，郑思肖还曾自赞其像曰："不忠可诛，不孝可斩，可悬此头于洪洪荒荒之表，以为不忠不孝之榜样。"说是不忠不孝，实为大忠大孝，其民族气节亦如水在地，似日悬空，极力书写了宋末爱国知识分子的心声，其义胆忠肝足可为万古称道。

（林瀚）

谢　翱

　　谢翱（1249—1295），字皋羽，一字皋父，号宋累，晚号晞发子，祖籍长溪县穆阳里樟南坂（今福建福安），后徙居浦城观前。生于宋理宗淳祐九年（1249），卒于元成宗元贞元年（1295）八月十日，年 47 岁，私谥乐耕。《福安县志》《福宁府志》《大清一统志》均有传，具体事迹见于方凤所撰《谢君皋羽行状》以及吴谦的《谢君皋羽圹志》。谢翱作为南宋末年著名的爱国诗人与抗元志士，志行高洁峻伟，倜傥有大节，与谢枋得并列，号称"南宋二谢"。谢翱诗文俱工，气节千古，在南宋遗民中又卓然翘楚，影响颇大，《四库全书总目提要》对其有较高的评价："南宋之末，文体卑弱，独谢翱诗文桀骜有奇气，而节概亦卓然可观。"

　　南宋淳祐九年，谢翱出生于一个书香世家。其父谢钥精于《春秋》《左传》之学，著有《春秋衍义》十卷、《左氏辨证》六卷。谢翱幼时在此氛围中成长，多受其父影响，好读古书，苦思力索，淹贯诸经史，其中尤于《左传》用力颇深，所作文章"必欲中古人绳墨乃已"。

　　宋度宗咸淳元年（1265），谢翱随父访严陵、登钓台，并赴临安参加科举考试，惜未考中进士。其于落第后又稽留临安一段时日，目睹南宋朝廷偏安东南，不思恢复故土，因念宋太祖、太宗削平诸国的赫赫武功，有感而作《宋祖铙歌鼓吹曲》十二篇与《宋骑吹曲》十篇，希图唤起人们的斗志。据任士林所做《谢翱传》载："翱试进士，不中。慨然以古人倡，作《宋祖铙歌鼓吹曲》《骑吹曲》，上太常，乐工习之，人至今传其词。"元代文学家吴莱盛赞其诗曰："文句炫煌，音韵雄壮，如使人亲在短箫鼓吹间，期亦足以尽孤臣孽子之心已。"咸淳四年，谢翱离开临安，游历于漳州、泉州等地。

　　宋恭宗德祐二年（1276）正月，元兵攻陷临安，宋室飘摇。五月，年幼的益王赵昰在福州林浦被陆秀夫、张世杰、文天祥等人拥立为帝，是为宋端宗，并改元景炎。七月，右丞相文天祥改任枢密使同都督诸路兵马，传檄全国各州郡举兵勤王，并定于七月十三日至南剑州聚兵。谢翱闻知后毁家纾国难，倾尽家赀，募得乡兵数百人，赴南剑州投奔于文天祥帐下，被文天祥任命为谘事参军。

景炎二年（1277），元兵由浙入闽，谢翱跟随文天祥抗击元军，转战于闽西龙岩、粤东梅州、赣南会昌等地。当交战于雩都时传来捷报，史称"号令通于江淮，一时军威大振"。惜在随后又节节败退，自吉州退永丰，自永丰再退空坑，随着战争局势失利，谢翱与文天祥相别于漳水之滨，文天祥收残兵奔走循州。祥兴元年（1278）十一月，文天祥移兵潮阳，十二月又移驻海丰，是月遭元军突袭，宋军兵败，文天祥被执于五坡岭。谢翱则逸归潮阳，隐入民间。在勤王兵败后，谢翱写下了《结客行》一诗："结客卫京师，弃家南斗陲。相看各意气，欲取辽阳归。事左脱身去，岂为无所为？家藏楚王子，手执王陵儿。泣奉先主令，白旗向天挥。鞭尸仇必报，函首捷终迟。力尽志不遂，以死谢渐离。"此诗读来慷慨悲歌，且又充满以死报国的壮志豪情。

元至元十六年（1279），为避开元兵的侦缉，谢翱自广东潮阳潜回福建浦城，随后又辗转进入浙江。据《行状》所记："（谢翱）避地浙水东，留永嘉、括苍四年，往来鄞、越复五年。戊子夏至婺，遂西至睦及杭。"是以自元至元十六年到至元三十一年（1294）间，谢翱行踪集中于江浙境内，在其生命最后的十余年中，只影行游于江浙山水间，走访遗民故友，参与组织"月泉吟社"和"汐社"，并在砥砺唱和中常怀故国之思，正如明人储巏在《晞发集引》中点出的："硕儒豪杰之士、穷处于家者，耻沦异姓，以毁冠裂裳为惧，则相率避匿山谷间，服宋衣冠以终其身。"此外，谢翱还参与掩埋宋帝骸骨，多次望北哭祭文天祥，坚守着民族气节。

在永嘉、括苍的四年中，逢宋室新亡，谢翱常常徘徊漫游于雁山、鼎湖之间，以排解心中愤懑。其所作《过杭州故宫》二首，其一曰："禾黍何人为守阍，落花台殿暗销魂。朝元阁下归来燕，不见前头鹦鹉言。"其二曰："紫云楼阁宴流霞，今日凄凉佛子家。残照下山花雾散，万年枝上挂袈裟。"《重过二首》，其二曰："隔江风雨动诸陵，无主园池草自春。闻说就中谁最泣，女冠犹有旧宫人。"笔底流露出离黍之悲，家国破碎之感顿涌心头。史载："宋亡，文山就义，谢翱悲不自禁，漂泊流离行勾越，每逢山川池榭，云岚草木，凡遇与旧时故国家园相似之处，则徘徊顾盼，留恋忘返，唏嘘流涕，悲不敢泣。"当闻知文天祥以死殉国时，谢翱悲不能禁，时正游于姑苏，即望夫差台哭拜文天祥。

谢翱在往来鄞、越的五年时间里，其游踪所至则包括雁山、鼎湖、蛟门、候涛、沃州、天姥、野霞、碧鸡、四明、金华诸名胜地。当其时，端明殿学士王克谦之子会稽王修竹延致四方游士，赋咏相娱，谢翱往依之。明胡翰所作传中便提到："间行抵勾越，勾越多阀阅故大族，而王监簿诸人方延致游士，日以赋咏相娱乐。翱时出所长，诸公见者皆自以为不及。"也正是在这一段时间里，谢翱与王修竹、林景熙、郑朴翁等人组织了"汐社"，所谓"汐社"之名，乃取自于潮水去而复返之意，谓"期晚而信，盖取诸潮汐。"其实就是通过以文会友的形式，联合士子文人、遗民故老，希望能就此形成一股抗元复宋的"暗潮"力量。

至元二十一年（1284）九月丙申，江南总摄杨琏真迦发会稽境内的宋陵，以所收金银宝器修天衣寺。谢翱闻知后，"尝上会稽，循山左右，窥佑思诸陵"，与遗民义士共同收埋宋陵骸骨，并植冬青树以为志。《新元史·隐逸传》载："西僧杨琏真迦，发宋诸陵。珏痛愤，乃毁家募乡里少年，告以欲收思陵以下遗骸葬之。众如言，瘗之兰亭山后，种冬青树为识焉。翱感其事，作《冬青引》以纪之。时又有太学生林景熙，字德旸。当发诸陵时，伪为丐者，背竹箩，铸银牌百余以贿僧徒，得高、孝两陵骨，纳竹箩中，归葬于东嘉。"元人杨维桢在《吊谢皋羽》中亦称"杨琏发陵事，翱又有阴移冥转之功"。

至元二十三年，谢翱与吴渭、方凤、吴思齐等人结为"月泉吟社"，并联络四方遗民，以《春日田园杂兴》为题征集诗作，期于丁亥三月上巳评定名次等第，榜示同人，即仿"锁院试士之法"，一如科举法，望能以此"复唤起青衫之梦"，传当时四方吟士从之，翌年收卷时，共得诗2735卷，可见响应参与者颇多，一时传为盛事。近代诗人丘逢甲曾写道："月泉诗卷凭谁定？还待当时晞发人。遥忆参军谢皋羽，西台朱鸟独伤神。"借此勉励台湾进步诗人继承谢翱的爱国诗风。至元二十五年（1288），谢翱又与吴渭、吴谦、方凤、吴思齐等人结为"江源讲经社"，开讲《春秋》大义，时吴氏、方氏子弟翕然从之。林景熙在《酬谢皋父见寄》一诗中，就写道"风雅一手提，学子履满户"，可见当日授徒讲学之盛况。而《行状》所记游江源、月泉、仙华岩、小炉峰、三瀑布诸胜，亦当在此时。随后，谢翱又西入杭州，慕屈原，怀郢都，托兴远游，行啸于野，并自号"晞发子"。是岁晚归浦阳，为文祭信公，复赋《短歌行》以寄余悲。谢翱在浦阳的讲学及创作，亦使浦阳之诗为之一变。

至元二十八年冬十二月初九，为文天祥殉国九年忌，谢翱不顾当时元兵的巡逻监视，事先约上吴思齐等人，乘船至浙水东，设文天祥神主于严子陵西台以祭，并作楚歌以招之，并写下了名篇《登西台恸哭记》：

登西台，设主于荒亭隅；再拜跪伏，祝毕，号而恸者三；复再拜，起。又念余弱冠时，往来必谒拜祠下。其始至也，侍先君焉。今余且老，江山人物，瞻焉若失。复东望泣拜不已。有云从南来，澒洞滂郁，气薄林木，若相助以悲者。乃以竹如意击石，作楚歌招之曰："魂朝往兮何极？莫归来兮关塞黑。化为朱鸟兮有喙焉食？"歌阕，竹石俱碎。

行文悲愤苍凉，同时也将当时元朝对宋代遗民的压迫与专制表现得淋漓尽致。黄宗羲曾赞其文为天地间的"至文"。历代文人对此文亦大加称赏，杨维桢在《吊谢翱文》序中叹曰："嗟乎！翱以至诚恻怛之心，发慷慨悲歌之气，世知其为庐陵公恸也，吾以翱恸夫十七庙之世主不食，三百年之正统斯坠也。盖是恸，即箕子过故国之悲，鲁连蹈东海之愤，留侯报韩、靖节存晋之心也。天经地义，于是乎在。……嗟乎！自箕鲁而下，旷千载有国士风者，非翱而谁？"郑思先在跋《登西台恸哭记》一文时称："皋羽始参文信公军事，其志将以有为也。未几国亡，而公竟以节死。故皋羽之哭，哭宋祚之不救也，哭公与己之志不得伸也。"

明朝张丁在所作注中亦写到："若其恸西台，则恸乎于丞相，恸丞相，则恸乎宋之三百年也。"宋濂在《谢翱传》中亦赞曰："翱一布衣尔，未尝有爵位于朝，徒以被天祥之知，麻衣绳履，章皇山泽间。若无所容其身，使其都重禄受社稷民人之寄，其能死守封疆决矣。翱不负天祥，肯负国哉？"刘丞直在《跋西台恸哭记》中云："子陵之于故人，不以贫贱而易其守；皋羽之于知己，又岂以存亡而异其心哉！君臣朋友出处死生之际，必如是而后为无愧也！其义微矣，今去之百有余年，忠愤抑郁之气尚勃勃于言意之表，则当时之云物助哀、江流有声，理或然也。"

谢翱除作《登西台恸哭记》一文外，还写有诗《西台哭所思》，诗云："故衣犹染碧，后土不怜才。未老山中客，惟应赋《八哀》。"并作《哭所知》《书文山卷后》等诗哀祭。谢翱将当时极度哀痛的心情化为诗句："总戎临百粤，花鸟瘴江村。落日失沧海，寒风上蓟门。雨青馀化碧，林黑见归魂。欲哭山阳笛，邻人亦不存。""魂飞万里程，天地隔幽明。死不从公死，生如无此生。丹心浑未化，碧血已先成。无处堪挥泪，吾今变姓名。"其文其诗既饱含着挽友之悲，又寄托着亡国之哀，为泣血吞声之作，读来情真意挚，同时也富含斗志。储巏在《晞发集引》一文中就赞道："及丞相死于燕，翱徬徨山泽，长往不返，怀贤愤世，郁幽之意，一吐于词。卒穷以死，视一时督府相从之士等死耳，翱真丞相之客也！……其志洁，其行廉，有沉湘蹈海之风。"

至元二十九年（1292），谢翱于严子陵钓台南得唐代诗人方干旧隐处，名为"白云原"，见之有终焉之志。顾其徒曰："死必葬我于此。"并作有《许剑录》。《行状》称其"且欲为义冢，瘗所为稿台南。"至元三十一年（1294），谢翱时寓杭州，娶遗人刘氏女，并买屋于西山，日与能文词者相往还。

元贞元年（1295），谢翱复来婺、睦，寻汐社旧盟。夏，由睦之杭，肺疾作，以秋八月壬子终。谢翱在临终前，曾跟其妻刘氏说："吾去乡远，交游惟婺、睦间方某、翁某数人最亲，死必以赴。慎收吾文及遗骨，候其至以授之。"果然，婺州的方凤、方幼学、方焘、吴思齐，睦州的冯桂芳、翁登等人在闻知谢翱死讯后，均赶来吊唁，挚友方凤等人遵其遗愿，将之葬于子陵台南，并在其墓侧立许剑亭，又以文稿殉葬，方凤除为其写下《谢君皋羽行状》一文外，还为其墓碑题曰"粤谢翱之墓"。

谢翱留下《晞发集》十卷、《遗集》二卷、《天地间集》一卷，有清康熙四十一年平湖陆氏刊本、《四库全书》本。明人杨慎在评其《晞发集》时认为："谢皋羽《晞发集》诗皆精微奇峭，有唐人风，未可例于宋视之也。"并赞其诗独具诗风，有自家面相，"其学李贺歌诗，入其室不蹈其语，比之杨铁崖盖十倍矣，其仿孟郊体……郊岛亦不能过也。"是以谢翱其诗博取李贺、贾岛、孟郊诸家之长，又能时造新境，其以至情之诗文，在宋元文学史上写下绚烂的一页。与此同时，谢翱"其志汗漫超越，浩不可御，视世间事，无足当其意者"，其一生所表现出来的崇高的爱国情怀与坚贞不渝的民族气节，亦彪炳千秋，为后人所颂扬。

（林瀚）

杨　载

　　元朝进入中叶以后，儒学得到官方的尊重，科举得到恢复，社会文化进一步"汉化"。在这样的背景下，这时的诗坛呈现一种"盛世之音"的风味。出自福建浦城的诗人杨载就是引领潮流者之一。杨载（1271—1323），字仲弘，浦城（今福建浦城县）人，元代中期著名诗人；诗文皆颇有建树，与虞集、范梈、揭傒斯齐名，并称为"元诗四大家"；又是闽地宗唐诗学的重要开创者；在元代文学史与福建文化史上占有重要的一席之地。

　　元至元八年（1271），杨载出生于福建浦城县南的琉田村（今大窑）。祖上较为显赫者是十一世祖（另一说为十世祖）杨亿（北宋文学家、"西昆体"诗歌主要代表）。杨载父杨潜，南宋诸生，在杨载年幼时就已过世。父亲过世后，杨载补父诸生之缺，与母亲季氏迁至杭州。

　　迁至杭州后至40岁以前，杨载一直在杭州生活，游学。在母亲的策励之下，幼年杨载用功甚勤，黄溍所撰《杨仲弘墓志铭》称他"于书无所不读"；且有着颇高的人生理想与追求。《纪梦》（卷六）云："海上垂纶有几年，平居何事梦朝天。苍龙观阙东风里，黄道星辰北斗边。治世只今逢五百，前程如此隔三千。扬雄解奏《甘泉赋》，应有声名达帝前。"扬雄文似司马相如，后被成帝召入宫庭，侍从成帝祭祀游猎时作《甘泉赋》。杨载诗中以扬雄自比，表达自己的"治世"之志。《吴山晚眺》（卷七）中的诗句"此际独无云蔽日，正宜翘首望长安"也表达了同样的志向。

　　游学杭州期间，杨载逐渐展露其才华，得到了赵孟頫等当时知名文人的赏识。其中赵孟頫的推崇极为关键。赵孟頫，字子昂，宋太祖之后，以秀王伯圭赐第湖州，故为湖州人。年十四以父荫入仕，宋亡家居。元朝廷派行台御使程文海下江南网罗人才时被荐应召。授兵部郎中，累官翰林学士承旨。顾嗣立《元诗选》载："吴兴赵魏公孟頫在翰林，得载所为文，极推重之。由是文名隐然动京师。凡所撰述，人多传诵。"王行《柔立斋集序》载："杭人杨载以其业见之（赵孟頫），实皆此体，大获奖与，载遂有声。"可见，正是赵孟頫的奖掖，使得杨载在学林中声名鹊起，"交游半天下"，"游从皆当世伟人"。然而元代初期，由于废止科举，文人仕进之路极为艰难。杨载虽然勤苦用功，学有所成，但因无处施展抱负，"年四十不仕"，也难免时而表露出惆怅感伤之情。"身名犹碌碌，正坐日疏墉"，"不逢雷焕识，埋没复何云"等诗句正是这种心境的写照。

约至大元年（1308），杨载经御史周景远推荐，第一次入京，很快便因母亲去世而离京回乡守孝。约至大四年，由于户部贾国英的举荐，守孝期满的杨载再次入京履职。面对人生最关键的转机，杨载意气风发，踌躇满志，写下了名篇《到京师》："城雪初消荠菜生，角门深巷少人行。柳梢听得黄鹂语，此是春来第一声。"不久，杨载以布衣身份被荐为国史院编修官，参修《武宗实录》等。后又调管领系官海船万户府照磨，兼提控案牍。仁宗延祐二年（1315）恢复科举，杨载荣登进士乙科，受饶州路同知浮梁州事，迁儒林郎。从受贾国英举荐入京履职开始到举进士离京外任为止的这段京师之行，是杨载一生中最关键的阶段。不但参修《武宗实录》，实现了其人生堪称"不朽"的大事；而且在与京城名师大儒的交流切磋中，文学思想、文学主张逐渐成熟，学问日进，声望益盛。更为重要的是，正是在这一时期，杨载紧随赵孟頫、仇士林、袁桷等在诗歌创作上发起的宗唐之风，极力推波助澜，逐渐成为引领文坛潮流的关键人物，与虞集、范梈、揭傒斯并称为"元诗四大家"。元代诗歌也在这一时期日渐成熟，呈繁荣之势。因此，可以说，正是客居京师的这段经历，成就了杨载的诗名，奠定了他在文坛的地位。

延祐三年，杨载离京赴任饶州路同知浮梁州事。有关杨载任外职期间的资料不多。有学者检索其文集，除《点义仓即事》与《赠王止善》两诗略及政事外，余则多为记其任上心情之作。《点义仓即事》记其检查义仓而作。而《赠王止善》则通过"不愁官卑少俸粟，第恐年长废读书"之句反映他微薄的俸禄。这一时期的诗作最多的是反映杨载对为官的悔意，甚至流露出"隐"的思想。《遣怀》卷七中"春圃花残收夏果，海门潮落买江鱼"一句反映他对闲适自得生活的向往；结尾"何事王门作曳裾"一句表达了自己意欲归去的念头。《客中即事》卷八中"渐觉星星两鬓皤，推愁不去奈愁何"一句也表现出任上年事渐高客居无聊的感慨。延祐七年八月，杨载浮梁州事任职期满，迁宁国府推官。

英宗至治三年（1323），杨载在杭州过世，享年53岁。杨载的一生，走的是以文至仕、修齐正平的传统道路，他短暂的仕途经历，也没有留下"显赫"的政绩。与他单一的人生轨迹相比，他的诗名却显赫一时，对后世产生重要的影响。

杨载推崇汉、魏、盛唐诗歌，认为学诗应由此入门，提倡"诗当取材于汉魏，而音节则以唐为宗"，诗语含蓄老练而不陈腐，颇有新的意境，富有变化腾挪之势，雄浑横放，长于议论，一洗宋末枯拗僻涩、琐屑卑陋的弊端，被虞集称为"百战健儿"。范梈为其诗作序云："仲弘天禀旷达，气象宏朗。开口论议，直视千古，每大众广集，占纸命辞，傲睨横放，尽意所止。众方拘拘，己独坦坦。众方纡徐，独驰骏马之长坂而无留行，要一代之杰作也。"（《元诗选·仲弘集》）可见杨载为诗的那种横放杰出恣意洒脱的艺术风格。

山水律诗在杨载的传世作品中占有相当大的比重，佳作颇多。如《望海》：

> 海门东望浩漫漫，风飓无时纵恶湍。
> 黑雾涨天阴气盛，沧波衔日晓光寒。
> 岂无方士求灵药，亦有幽人把钓竿。
> 摇荡星槎如可驭，别离尘土有何难！

再如《东海四景为大尹本斋王侯赋四首》：

其一

> 夏月湖中爽气多，南风叠叠卷长波。
> 渔人舟楫衡萍藻，游女衣裳揽芰荷。
> 脍切银丝尝美味，腔传金缕换新歌。
> 使君用意仍深远，即此光华岂灭磨？

其二

> 暂停麾盖拥轻舟，此日湖山属暮秋。
> 采采黄花登几案，离离红树散汀洲。
> 倾壶浮蚁杯频竭，下箸鲜鳞网乍收。
> 莫向钱塘夸往事，白苏未许擅风流。

这些诗篇体现了杨载山水诗的基本特点，他善于用较有色彩的辞语来表现山水景物，意境富有层次感与动态感，较为严整的律诗形式与山水境界的刻画浑融地结合在一起。

　　杨载还善于借题画诗来传写意境，通过对画家笔下画面的生发与联想，进行艺术的再创造。如《云山图为茅山刘宗师作》：

> 长江千万里，奔浪薄高云。
> 龙现谁能睹？猿啼不可闻。
> 迂回园地势，昭晰应天文。
> 剑气秋如洗，珠光夜欲焚。
> 连峰俄笋进，断岸复瓜分。
> 句曲临东极，岩头有隐君。

　　再如《题赵千里山水扇面歌》：

> 公子丹青艺绝伦，喜画江山上纨扇。
> 只今好事购千金，四幅相连成一卷。
> 春流漠漠如江湖，飞烟著树相有无。
> 岚光注射翻长虚，白玉盘浸青珊瑚。
> 追随流俗转萧疏，对此便欲山林居。
> 旗亭花发酒须沽，舟行为致双提壶。
> 抱琴之子来相须，醉归不省何人扶。
> 旁有飞泉出岩隙，掣电飞霜相荡激。
> 蛟龙不爱鲵桓食，但见垂纶古盘石。
> 人生万事无根柢，出处行藏须早计。
> ……

　　这些诗篇都以较为自由的古体形式对画中的山水意境加以发挥，进行再创造，使题画诗中的山水展现了更为鲜活的风貌。诗人在其山水刻画中又抒写了自己的思想情感，对自然的热爱与对庸俗人生的厌倦渗透在其山水吟咏之中。

　　杨载诗尤以《宗阳宫望月》声名最著，诗曰：

> 老君堂上凉如水，坐看冰轮转二更。

大地山河微有影，九天风露寂无声。

蛟龙并起承金榜，鸾凤双飞载玉笙。

不信弱流三万里，此身今夕到蓬瀛。

　　意境颇似唐诗，圆润而不枯涩，风格雄健。他把典故融化在诗句中，平易通顺，全诗意境空灵飘忽。后人评曰："高华宏亮，即在唐音中亦是高调，昔人称仲弘诗，亦以此作为第一。"

　　杨载终其一生，为文赋诗，笔耕不辍。然其去世时，子嗣尚幼，残稿流落，无人编次，文多散佚，诗存《杨仲弘集》八卷。另有诗论《诗法家数》，旧题杨载撰，然颇多疑为伪作，由于未有定论，此处不多做介绍。

　　元代中叶，杨载合虞、范、揭等人之力，上承前人复古之功，终成元音，力促元代诗坛走向鼎盛。虽然在"元诗四大家"中，杨载的作品流传下来最少，以往人们对他的关注也相对较少。但他在元代鼎盛时期举足轻重的地位不容忽视。《元史》称"自其诗出，一洗宋季之陋"，乃见其革故鼎新之功。清代纪昀等在《杨仲弘诗集提要》中说"元代诗人，世推虞、杨、范、揭"，"载生于诗道弊坏之后，穷极而变，乃复其始。风规雅赡，雍雍有元祐之遗音。史之所称，固非溢美。故清思不及范梈，秀韵不及揭傒斯，权奇飞动尤不及虞集，而四家并称，终无怍色，盖以此也"。对杨载在元代诗坛的地位与贡献做出极为中肯的评价。

　　元陶宗仪《辍耕集》卷四《论诗》载："虞伯生先生集、杨仲弘先生载同在京日，杨先生每言伯生不能作诗，虞先生载酒请问作诗之法。杨先生酒既酣，尽为倾倒，虞先生遂超悟其理。继有诗《送袁伯长榷峘驾上都》，以所作诗介他人质诸仲弘。仲弘曰：'此诗非虞伯生不能也。'或曰：'先生尝谓伯生不能作诗，何以有此？'曰：'伯生学问高，予曾授以诗法，余莫能及。'又以《诣赵魏公孟頫》诗中有'山连阁道晨留辇，野散周庐夜属橐'之句。仲弘曰：美则美矣，若改'山'为'天'，'野'为'星'，则尤美。虞先生深服之。尝有问于虞伯生曰：'仲弘诗如何？'先生曰：'仲弘诗如百战健儿。''先生诗如何？'笑曰：'虞集乃汉庭老吏。'公论以为然。"这一故事亦可从一侧面反映杨载在当时文坛的突出地位与影响力。

　　杨载与明代闽派诗人之间也存在有明显的诗学传承关系。杨载的宗唐诗风对诗人杜本有着深刻的影响，杜本又聚徒授学于武夷山中，以杨载诗法为本，将杨载的诗风传承给了开明初闽中十子诗派之先的蓝仁、蓝智二兄弟，再由蓝氏兄弟传承至闽派诗人，为八闽之地诗人宗唐之风的形成奠定了基础。从杨载到杜本到蓝氏二兄弟再到明代闽派诗人，一脉相承，构成了传承宗唐诗风的体系。明代闽派诗人前后二百多年始终坚持宗唐诗风不易旗帜，亦从另一侧面反映了杨载的深远影响。

（林义元）

明代

高　楝

　　高楝（1350—1423），元末明初著名文学家、诗学评论家。他博学多文，才华出众，在诗歌方面专主盛唐，诗文创作以唐人为向，出仕之前的诗歌清新自然，具有较高的文学价值，是闽派诗歌的代表人物。他选编了著名的唐诗集《唐诗品汇》，对当时及后世产生了广泛影响。

　　高楝是福建长乐人，字彦恢，出仕后改名廷礼，号漫士，生于元顺帝至正十年（1350），卒于明成祖永乐二十一年（1423）二月三十日，享年 74 岁。高楝实为南宋绍定五年（1232）壬辰科探花、吏部尚书张镇之后，他的曾祖张麟出继高氏，又无子，以侄子高隆为后，遂改从高姓。他的父亲高驹清号皎白居士，有才不羁，然英年早逝；他的母亲陈氏是宋枢密使陈洽之女孙，因此他可谓名门之后。高楝居所在长乐龙门半占山上，名曰"玩宇"。他才华出众，又继承家学，"屏谢纷嚣，于天下书无所不读"（高楝：《啸台集》卷八），在诗文书画领域声名显著，与林鸿、郑定、王褒、陈亮等合称"闽中十才子"。

　　元朝末年天下动荡，高楝主要在家讲学为生，闲暇时则编选诗歌。陈亮在《奉寄高廷礼，时求贤甚急，高且讲学编诗不暇》中说："壮游心事已蹉跎，寂寞扃扉似养疴。秋尽却看来雁少，暮愁空对远山多。频伤白露摧兰蕙，独羡清风满薜萝。见说新编又超绝，近来衡鉴复如何？"（《闽中十才子诗》卷九《陈征君集卷四》）高楝气和神莹，善饮酒，谈吐幽默诙谐，喜与人为友，"与人无贤愚，新故盎然如一"。他后来又在旧宅旁营建新居，名曰"适安堂"，"当时名流郑定、林鸿诸先生时觞吟于此"（《长乐龙门志》卷九），成为当时士人流连忘返的交游唱和场所。如林鸿《过高逸人别墅》："识子何不早，见子即倾倒。世人意气不相合，颜色虽同心草草。子有园林东海滨，香名满耳人共闻。梁鸿避世身不仕，孔融爱客家常贫。兹晨饮客青山墅，新压葡萄酒如乳。绿树穿窗鸟当歌，红条拂地花能舞。醉来兴逸无不为，投壶击剑仍弹棋。人生得意有如此，世上悠悠那得知。"林鸿是"十才子"之首，他长于高楝，高楝称其为先辈。他论诗亦主盛唐，与高楝主张相合，因此常在一起交流探讨，"上自苏李，下迄六代汉魏，骨气虽雄而菁华不足。晋祖玄虚，宋尚条畅，齐梁以下但务春华，殊欠秋实。唯李唐作者可谓大成，然贞观尚习故陋，神龙渐变常调，开元、天宝间神秀声律粲然大备，故学者当以是楷式，予以为确论"，给他诗学发展以很大启发。（高棅：《唐诗品汇》。）高棅与陈亮、王恭是布衣之交，情谊深厚。陈亮别号沧洲狂客，是适安堂的常客，他在《高彦恢适安堂》中云："即地可栖遁，何必远结庐。作堂依故宅，聊以适起居。青青映户庭，嘉木罗且敷。图史积左右，日与文士俱。有时风日佳，吟行步前除。萧散咏乐情，畅然形神舒。用世岂无心，出门畏崎岖。优游保贞素，庶得遗毁誉。"（《闽中十才子诗》卷六《陈征君集卷一》）王恭视高棅为知己，往来唱和的诗作很多，他在《次韵答高漫士二首》中说："萍梗飘飘未遇时，此怀唯有故人知。离心几度曾相梦，交态于今更不疑。黄菊青樽谁共榻，白云高馆独垂帷。遥知坑宇楼中月，应怪登临每负期。""林馆深秋黄菊残，微霜枫树叶初丹。浮生只解刘伶醉，失路应怜范叔寒。落日断鸿愁里听，故园衰草梦中看。龙门知己能相问，欲和阳春愧独难。"高棅居龙门，故称他为龙门知己。王褒"孝友刚直，好汲引士类"，高棅、王恭等都是他推荐为官的。许多后辈亦十分仰慕钦佩高棅的才华与诚厚，乐于与他交游，如他的学生林志，后为他作墓志铭；林鸿的弟子周玄、黄玄等，都与他交往甚密，周玄甚至在高棅家读书十余年之久。

明朝建立后，百废待兴，明太祖、明成祖数次下诏求贤，希望获得人才匡辅国家治理。高棅虽然一直居家讲学，也想为国家做一番贡献，但直到明成祖时期才出仕，其中缘由可能是须在家侍奉母亲，难以脱身。永乐元年（1403），高棅受好友王褒的推荐，被征召入朝，次年授为翰林院待诏，开始仕宦生涯。永乐元年，明成祖朱棣下令编纂一部大型类书，解缙召集文人用一年时间编纂成《文献集成》，但朱棣对此十分不满意，下令重修。永乐三年，解缙、姚广孝等召集全国文人2169人开始编纂新书，至永乐五年定稿进呈，次年冬才最终完成。朱棣对此十分满意，御赐书名，此即著名的《永乐大典》。高棅征召为官，很大程度上就为了编纂这部大型类书。他精通经史典籍，在编纂工作中得心应手，分纂分校任务完成得很出色。但永乐三年六月，其母去世，他回家丁忧，直到永乐五年六月才重新入朝任职，继续参与编纂工作。永乐六年十二月，《永乐大典》完成，参与编纂的人员都受到朱棣奖赏，之后约有十分之二的人恩荣遣归，高棅得以继续留在翰林院。高棅任翰林院待诏九年之后才升为从八品的翰林院典籍，在职期间除例行公事外，他从事诗文书画创作，并与南京士人广泛唱和往来。他任典籍近十年，永乐二十一年（1423）二月在南京官舍去世。

高棅除诗歌之外，书、画亦十分出名，在当时号称"三绝"。他"书得汉隶笔法，画原于米南宫父子，出入商、高间"，在翰林院期间，"四方求诗画者，争致金帛修饩，岁常优于禄入"。（林志：《漫士高先生墓志》，《国朝献征录》卷二十二）他与闽中书画家林真士、林铭、马景约等互相交流，王褒之子王肇则向他拜师学画。他的山水画技法精绝，笔力苍古，墨气秀润，诗情画意俱在，王恭在《书沧州翁家藏高漫士山水图》一诗中描述到："草屋带沧波，连峰扫黛蛾。路疑盘谷入，门讶辋川过。野杖依松桂，春衣换薜萝。弄琴鱼鸟近，卷幔水云多。机静都忘世，槃成遂永歌。纷纷人代里，缨冕欲如何。"（王恭：《白云樵唱集》卷三）足见其画作之精妙。他对自己的画也十分满意，自称为"无声诗"。

高棅是著名诗人，在文学史上享有盛誉。他一生以讲学为主，在翰林院任官时也是从事文职，因此有很多时间从事诗歌创作以及与各地文人进行交流，从而使他的诗歌具有很高的文学水准。他的主要著作有《啸台集》二十卷、《木天清气集》十四卷、《玩宇楼诗文集》、《拾遗》十卷，其中诗歌有一千五百余首。

高棅的诗诸体皆有，以五古、七古、五律、七律等为主，尤以五古最为出色。他长期家居讲学，因此他的诗更贴近生活，写人、写景、写物、写事均充满深厚情感，迎留送别、交游唱和、书画题跋等多有感而发。高棅善于交际，喜与人为友，因此有很多描述送往迎来、交游唱和的诗歌，而也最能体现他的诗歌功力与真实情感。如《将归龙门留别冶城诸游好》："海水与别意，相看更谁深。长风向东来，吹我东归心。怅然旧山云，苍茫远洲树。一雁飞晴空，翩翩又东去。此别非万里，后游当几时。衔杯不尽欢，握手翻成悲。我去听寒泉，留君钓台月。唯有长相思，因之寄天末。"（高棅的诗均选自《闽中十才子诗》之《高待诏集》）"海水与别意，相看更谁深"，这种意境颇得大诗人李白之手法，景物的写照十分清新自然，而更衬托出他与朋友离别时的依依不舍之情，这种情谊是他内心的自然流露，而非应景之做作。高棅与"布衣之交"陈亮感情深厚，在《答陈沧州留别之作》一诗中说："海上春欲暮，楼头花满林。一樽风雨夕，千古幽期心。平旦忽惆怅，怆然惜离襟。踟蹰歌白雪，留赠比黄金。十日不尽欢，临歧徒悲吟。举目望霄汉，浮云蔽重阴。沧洲渺何许，春水洪涛深。此别非万里，无时问徽音。心摇天际树，思绝云中岑。以我子猷船，期君安道琴。毋为叹白发，岁晚重招寻。"虽然离别之地相去不远，但仍不免朋友之间的相思之情。永乐元年六月，高棅征召入朝，临行前与王恭、陈亮、郑宣、林思器等十人相聚于沧洲堂旬日之久，把酒言欢，共叙旧情。他有感于即将到来的离别，"昔旧游殆不可复"，乃赋诗咏曰："昔与郑浮丘，来寻王子猷。三人同二屐，浪作大堤游。朝从沧洲吟，暮醉苍林酒。陈翁往年交，林子金石友。别来十度春，郑老登青云。同游半白发，笑我复离群。离群余所惜，沙头寻旧迹。鱼鸟却相疑，故人不争席。纵酒如泄泉，涉湖多系鲜。长筵醉深夜，倾倒平生言。我醉君浩歌，我歌君起舞。中觞念王程，别意渺何许。出门分路歧，骊歌空尔为。丈夫四方志，毋为嗟别离。"字句不饰雕琢，但越是简单越见他与朋友之间的深厚情谊，也体现他重情重义的士人情怀。

他的写景之诗，具有"诗中有画，画中有诗"之境，使读者有身临其境之感。如《峤屿春潮》："瀛洲见海色，潮来如风雨。初日照寒涛，春声在孤屿。飞帆落镜中，望入桃花去。"《衡江夕露》："大江白露下，秋气横沧浪。夜色不映水，微风忽吹裳。孤舟待明月，时闻兰杜香。"《夏谷云泉》："云影荡山翠，泉声乱溪湍。长林无六月，萝薜生秋寒。"而作为画家，他也善于鉴赏题跋书画，如《题陆太守所藏瞿塘日暮图》："墨妙状空翠，毫端耸峥嵘。未穷崖嵲险，但见烟云生。万壑赴荆门，奔涛天际倾。中流滟滪峙，毂转盘涡鸣。三峡蔽阴阳，百牢壮关城。金绳锁地轴，设险何时平。万古走舟车，使人心不宁。我闻十二峰，中天开列屏。高唐隔灵女，云雨空冥冥。恍惚白日暮，哀猿啸三声。林幽熊虎斗，路暗鬼神争。对此怅不乐，怆然为之惊。波澜起枕石，嵁嶮生户庭。宋玉竟何为，冥搜造化灵。荒淫归楚襄，自骋文赋名。予悲风骚人，而多山水情。孤吟发慷慨，赠尔陆华亭。"该画的情境、技法实际上与王恭评鉴他的画有很多的共同之处，因此他更能身临其境的感受作者的意境，他的题诗表现了对作者绝妙技法、境界的钦佩之情，同时借画中之事表达对收藏者的劝勉之意。

钱谦益评价认为："漫士诗所谓《啸台集》者，其山居拟唐之作，音节可观，神理不足，时出俊语，铮铮自赏。《木天集》凡六百六十余首，应酬冗长，尘坋堆积，不中与宋元人作奴，何况三唐。"（钱谦益《列朝诗集小传》）他的诗以家居时所作最善，而为官之后多为应酬唱和之作，文学价值不高。高棅专宗唐诗，其诗在韦应物、柳宗元之间，是闽中诗派的代表人物。"闽三山林膳部鸿，独唱鸣唐诗，其徒黄玄、周玄继之，先生与皆山王恭起长乐，颉颃齐名，至今闽中诗人推五人，而残膏剩馥，沾溉者多。"（林志：《漫士高先生棅墓志》，《国朝献征录》卷二十二）他的诗以及他编纂的《唐诗品汇》都对后世诗歌产生了深远影响。

高棅善作诗也善评诗，是诗歌衡鉴高手，编辑了《唐诗品汇》与《唐诗正声》。《唐诗品汇》初编九十卷，补编十卷，收 681 家诗 6725 首，是一部规模宏大、有独到见解的大型选本。高棅编纂此书历时十数年，至明洪武二十六年（1393）才完成九十卷，洪武三十一年增补 61 家 954 首，为《唐诗拾遗》十卷，合为一百卷。《唐诗正声》实为《唐诗品汇》的精编本，详于盛唐而略于晚唐，颇重风骨，其格甚正。

《唐诗品汇》按照诗体依次分为五言古诗、七言古诗、五言绝句、七言绝句、五言律诗、五言排律、七言律诗，"分体从类，随类定其品目，因目别其上下始终正变，各立序论，以弁其端爱"，体裁完备，内容完备丰富，"上而朝廷公卿大夫，下而山林隐逸士子，外而夷貘，内而闺秀女冠，与夫方外异人，衲子羽客之流，凡有一题一咏之善者，皆采摭无遗"（《唐诗品汇》林慈序），故有"自有唐诗以来，七八百年，至是方无弃璧遗珠之恨"之说（《唐诗品汇》王偁序）。高棅在《唐诗品汇》中，将唐诗分为"四唐九品"，"大略以初唐为正始，盛唐为正宗、大家、名家、羽翼，中唐为接武，晚唐为正变、余响，方外、异人等诗为旁流"，各体的发展演变过程、各家的创作风格一目了然，而综合起来就是唐诗的发展全貌。高棅的"四唐九品"可谓直接受到元代杨士弘《唐音》中"四唐三品"的启发，而二者皆以"审音律之正变"作为区分诗歌品格高下的主要依据。高棅在声律之外，还注重兴象、文词、理致，从而使《唐诗品汇》在诗学埋论、实用价值方面都远超其他唐诗选集作品。高棅专主盛唐，他说："诗自三百篇以降，汉魏质过于文，六朝浮华于实，得二者之中，备风人之体，惟唐诗为然。然以世次不同，故其所作亦异。初唐声律未纯，晚唐气习卑下，卓卓乎其可尚者，又惟盛唐为然。"（《唐诗品汇》王偁序）因此，《唐诗品汇》的编次详于盛唐，次则初唐、中唐，晚唐则略述，他所主张的九品，盛唐既占据正宗、大家、名家、羽翼四品，是唐诗的主体和菁华所在。唐诗的品目是根据"有唐世次、文章高下而分别诸卷"，对于同一诗人的不同诗体作品不一概而论，衡鉴公允。如五古以陈子昂、李白为正宗，杜甫为大家，孟浩然、王维、王昌龄、李颀、常建、高适、岑参等盛唐诗人以及中唐诗人刘长卿、钱起、韦应物、柳宗元为名家；七古以李白为正宗，杜甫为大家，高适、岑参、李颀、王维、崔颢为名家。上述归类与诗人归属，大致是符合实际的。（参见黄炳辉：《高棅〈唐诗品汇〉述评》，《厦门大学学报（哲社版）》1992年第4期）

高棅编纂《唐诗品汇》的目的在于"以为学唐诗者之门径"，而《唐诗品汇》也确实在社会产生了广泛的影响。"终明之世，馆阁宗之。厥后李梦阳、何景明等摹拟盛唐，名为崛起，其胚胎实兆于此。"（永瑢：《四库全书总目》卷一八九《唐诗品汇九十卷》）《唐诗品汇》成为明朝馆阁官员吟咏作诗的基本参照，而之后的"前后七子""诗必盛唐"的主张也肇端于此，谢肇淛在《小草斋诗话》中就说："明诗所以知宗乎唐者，高廷礼之功也。"然钱谦益在《唐诗鼓吹序》中说："盖三百年来，诗学之受病深矣。馆阁之教习，家塾之程课，咸禀承严氏之诗法，高氏之《品汇》，耳濡目染，镌心刻骨，学士大夫生而堕地，师友熏习，隐隐然有两家种子盘亘于藏识之中。迨其后时，知见日新，学殖日积。洄盘起伏，只足以增长其邪根谬种而已矣。嗟夫！唐人一代之诗，各有神髓，各有气候。今以初、盛、中、晚，厘为界分，又从而判断之曰：此为妙悟，彼为二乘；此为正宗，彼为羽翼，支离割剥，俾唐人之面目蒙幕于千载之上，而后人之心眼沉锢于千载之下，甚矣诗道之穷也。"（《钱牧斋全集》第5册）钱谦益不同意高棅的"四唐九品说"，认为这种分类割裂诗歌发展的时代脉络，肢解个体的风格全貌。《唐诗品汇》虽有此诟病，但社会影响的广泛正说明其有巨大的存在价值，"平心而论，唐音之流为肤廓者，此书实启其弊；唐音之不绝于后世者，亦此书实衍其传。功过并存，不能互掩，后来过毁过誉，皆门户之见，非公论也。"（永瑢：《四库全书总目》卷一八九《唐诗品汇九十卷》）

（章广）

杨 荣

　　杨荣（1371—1440），明初著名政治家、文学家、内阁首辅，与杨士奇、杨溥并称"三杨"，因居地所处，时人称为"东杨"。

　　杨荣，初名道应，更名子荣，字勉仁，号默庵，室名静轩，福建建宁府建安（今福建建瓯）人。生于洪武四年（1371），其祖父杨达卿喜其啼声，更其名道应为子荣。少年聪颖，6岁从里中师，能颂《孝经》《论语》《孟子》启蒙诸书，皆能通其意。洪武二十年，乡里瘟疫流行，死亡过半。杨荣染疾，父母为其具备棺衾后，于病危中复苏，后痊愈。当年冬天，选充郡庠生，从教于周质夫、赵友士学习《周易》，开始励志于学问。

　　建文元年（1399），福建乡试第一名。第二年，礼部会试第三名，廷试二甲第三名，赐进士出身，授翰林院编修。燕王朱棣进入南京时，因向朱棣献"先谒陵后即位"之策而受到朱棣的重用。朱棣赐今名为"杨荣"，入直文渊阁。历修撰、侍讲、右谕德、右庶子、翰林学士，永乐十六年（1418）掌翰林院事，永乐十八年晋文渊阁大学士。

　　杨荣历永乐、洪熙、宣德、正统四朝，累官工部尚书、谨身殿大学士，加少师，谥文敏。其性情警敏通达，敬慎不懈，在朝治事四十年，谋而能断，老成持重，尤其擅长谋划边疆防务，为明朝安定兴盛鞠躬尽瘁。为人阔疏果毅，能接济穷患，对人不分贵贱，喜欢宴请宾客，善于交际。奉敕修《太祖高皇帝实录》及太宗、仁宗、宣宗三朝《实录》，并《五经四书性理大全》《古今烈女传》《历代臣鉴》《外戚事鉴》等，皆为总裁官。

　　永乐二十二年，明成祖朱棣在北征回师的途中卒于榆木川，遗诏传位太子朱高炽。朱高煦对皇位虎视眈眈，杨荣恐发生祸乱，与随行出征大臣"秘不发丧"。回京后讣告太子，等到朱棣的棺材到北京后，太子宣告天下并顺利继承皇位，是为仁宗。仁宗卒，朱高煦再一次企图皇位，而杨荣却先行南下迎太子朱瞻基抵达北京，是为宣宗，改元宣德。宣德元年（1426），朱高煦叛乱，杨荣力劝皇帝亲征，以显示皇家天威。不几日后，朱高煦投降。

　　此外，杨荣积极向皇帝进言以革除弊政，推举贤良之才以制约朝中佞臣。明初，太祖朱元璋提倡节俭，惩处贪官污吏。到成祖朱棣时，节俭的风气日益淡薄，加上连年征战，有些大臣开始从中贪污受贿，百姓负担日益沉重。永乐十七年（1419）十二月，杨荣向皇帝进言十事，皆指陈朝中官员贪污受贿以及朝中弊政。朱棣对此深表嘉许，但担心杨荣因此而受到群臣的猜忌，因此密谕杨荣曰："实切时病，但汝为心腹之臣，若今此言，恐群臣益相猜疑，不若使慎密御史言之。"永乐十九年，杨荣又向朱棣陈利国便民十余事，朱棣大喜，命入诏令以颁布天下行之。仁宗时，为表彰杨荣特赐银印一枚，上书"绳愆纠缪"，且下谕曰："或政务阙失，朕弗听言，则用此印密疏，以闻至于再三，慎毋惮烦，朕将采纳。"以后杨荣多有所陈，仁宗多采纳之。英宗时，杨荣虽已年近古稀，但仍鞠躬尽瘁，为朝廷推荐贤良之材，以抑制宦官专权。

杨荣的军事才能在明成祖朱棣时期尤为显著。他熟悉兵务，善于谋划边防，多次为明王朝出征，为明朝的繁荣与安定奠定坚实的基础。

蒙古三部在朱棣时并未完全归附明王朝，朱棣一面从内部对蒙古各部进行分化瓦解，一面经营王朝东北与西北的边防，以钳制蒙古各部。杨荣先后被派遣至甘肃和宁夏，深入山川险阻，详细了解了西北的山川形势和蒙古的军事部署以及城堡建设等情况，进而提出行之有效的建议，为朱棣亲征西北做了充分的准备。

永乐八年二月，杨荣随朱棣开始第一次亲征。五月，明军侦查得知蒙古军行踪，朱棣亲率精锐部队轻装奔袭，命杨荣率三百勇士跟随。明军抵达斡难河，与蒙古大军相遇，激战后，蒙古统帅本雅失里败退逃亡，明军取得大胜。回师途中，因粮草紧张，杨荣建议朱棣将御用的粮草发给士兵，并且下令军中粮草多者可借给其他士兵，回京后加倍奉还。由此解决了军队的粮荒问题，使得朱棣大军胜利班师回朝。

永乐十二年三月，朱棣带皇长孙朱瞻基亲征瓦剌。杨荣除了与皇帝讨论军务、把关奏令外，还要与皇长孙说经讲史。因第一次出征时出现的粮草不足问题，杨荣向皇帝提出了军队屯田之法："宜择将帅，力屯田。将得人，则军士弗扰；军士既安，则耕不违时，何患兵食之不足哉！"朱棣采纳他的言论，开始军队屯田。因此，在第二次亲征的过程中，军队虽有损失，但亦大伤瓦剌的元气，在军事上给予瓦剌以重挫，在之后很长的一段时间内，基本保持了明王朝北部边界的安全与稳定。

杨荣除了政治家和军事家的身份外，还是著名的文学家，也是明初台阁体的著名领袖之一。

　　台阁体是明初主要的文学流派，以杨士奇、杨荣、杨溥为代表，影响近一个世纪。然而，由于台阁体文学自身的特殊风貌及社会意识形态对文学研究的影响，加之学界对明代文学研究向来有着崇俗黜雅的态度，就使得明代台阁体一直未能得到全面的认识，影响了明代诗文流派乃至整个明代文学研究的深入开掘。而杨荣作为明初台阁体的领袖之一，自然不可避免的受到了不公正的评价，往往批评多于褒奖，否定多于肯定，甚至略而不提，这不仅割裂了中国文学发展的脉络，也失去了中国文学史上的宝贵财富。

　　儒家思想已经深深浸润到杨荣的骨髓之中，因此在其文学作品和文学观念中无时无刻不体现着儒家积极的乐观主义精神，重视诗以传道、文以载道；追求自然，尚雅正平易，不事雕琢。杨荣作为尊奉儒家思想、恪守封建礼教的践行者，诗文中充满这儒家的入世观念。而作为台阁首辅大臣，其诗文中更多的是要表达天下太平盛世之音，表彰圣明帝王的功绩。此外，杨荣尊奉理学，在理学的影响下形成了和平温厚、自然朴质的文风。

　　杨荣历明代四朝，故其诗文创作大多为应制颂圣之作。创作诗歌从内容上可以分为瑞应颂圣、边塞颂圣、宴游颂圣、御赐颂圣等。永乐十年甘露降于方山，杨荣便作《甘露诗并序》以歌颂明成祖朱棣"德化洋溢，庶绩咸熙，雨畅顺序，九有宁谧。无有远迩，熙然泰和。由是嘉祥迭臻，诸福毕至"。永乐十一年，皇帝巡狩北京获驺虞，杨荣作《瑞应驺虞诗》以进；宣德四年（1429），驺虞二见于南京畿内来安县，杨荣再作《瑞应驺虞诗》以彰圣德。其他如《神应泉诗》《神龟诗》《白雉》《玄兔》《灵犀》等均属此类颂诗。

　　杨荣五次北征、巡边，在此期间写下了多首颂圣的边塞诗。如宣德三年九月，宣宗驻跸石口，守臣奏虏入寇，皇帝率精骑亲征，杨荣侍驾前驱，破敌后班师还京，撰《平胡纪行诗》十五首以进。这是杨荣边塞颂圣诗的代表作。从"圣主戎衣振武功，六军意气总亲雄"（《阅武》）到"飞腾铁骑兼程进，散漫夸庐扫地空"（《出喜峰口》）再到"边塞杰魁俱就缚，穷荒巢穴悉为空"（《破虏》）最后"远颁凤诏初回驭，遥奉奎舆喜入京"（《班师》），完整记录了此次征战皇帝的英武神功与将士的英勇。

　　杨荣一生宦达，故其应制颂恩的文章也很多，有《平胡颂》《河清颂》《皇都大一统赋》等。

　　此外，杨荣还有许多表达重视友情的送别诗文，这类诗文在其文集中所占比例最大，足以体现其独特的朋友圈。如《送大参连士平考绩还江西》一诗赞江西地理位置之要与友人嘉绩，诗末不忘劝勉报国之心："爱与众君子，报国殚忠贞。勋崇誉望高，当与庐岳并。"

杨荣在生活中尤其喜爱梅兰竹菊，其文集中还有大量咏梅兰竹菊的诗文。如《题竹》《题画梅》《瑞菊》《题雪梅》等，都大加赞扬梅兰竹菊气骨非凡的精神。此外，他还特别钟爱松柏，极力赞扬其不畏严寒的高洁品质。如《听松堂》《松柏轩为陈御史题》等表达了其对松柏的喜爱。

杨荣的文集《杨文敏集》序云："复以其宏博之才，敏瞻之才发为文章。与古之作者颉颃后先。高文大册施诸朝廷，雄词直笔著于国史"，因此海内外人士"得其片言只字莫不以为至幸"。上述的论述表明，杨荣的"台阁体"文风不仅主宰了明代文坛，还被海内外人士所认可，以至于任何得到杨荣只言片语的人都觉得无上荣光。四库馆臣认为杨荣"学足以达治体，材足以任国政，文足以代王言"，也足以说明杨荣在明初文坛的重要地位。

（杨冬冬）

林　鸿

林鸿（1383 年前后在世），字子羽，福建福清县城宏（横）街人。明初著名诗人、文学家。

林鸿出身于书香门第，自幼聪明颖悟，每读书一看就能记诵，15 岁即知论文，得到名士吴海、陈亮等的推许。

洪武初年，林鸿以人才荐，被征召到京城参加由皇帝组织的面试，以《龙池春晓》和《孤雁》两诗得到明太祖赏识，授将乐训导，居官七年。他在这期间积极地投入教学工作。"干禄镛水库（按：将乐在五代属镛州），岁星七周循。青衿二十徒，达者唯黄玄。"

洪武七年（1374），林鸿又被授予礼部精膳司员外郎。但林鸿对做官心生厌倦，所以还不到 40 岁就辞官归里。回到家乡后，他常与志同道合的朋友及弟子们互相唱和。著名的有十人，分别是郑定、王褒、唐泰、高棅、王恭、陈亮、王偁、黄玄、周玄等，以林鸿为首，称"洪永闽中十才子"。其中林鸿特别看重黄玄。黄玄，字玄之，侯官人。林鸿弃官归福州后，黄玄也带妻子前来，初居方山，与周玄皆终身师事林鸿。因为林鸿与周玄相善，所以他也名为玄。周玄字微之，黄玄乃字玄之，他们二人被当时人称为"二玄"。此外，还有一个名叫浦源（字长源，号梅生，无锡人）的人，曾与林鸿同朝为官。一次浦源从很远的地方前来拜访林鸿，但林鸿不愿见他，就让弟子周玄、黄玄待客。虽然求见林鸿遭到冷遇，但浦源还是向前来接待的周玄、黄玄解释说他写了几首诗，特地带来想请教一下林鸿。他将诗稿递给林鸿的弟子，当周玄、黄玄读到"云边路绕巴山色，树里河流汉水声"时，惊道："此吾家诗也！"周玄、黄玄于是说服林鸿接纳浦源。浦源同林鸿及其弟子相处确实融洽，以至于林鸿随后安排自己的住所让浦源居住。浦源每天与同伴们一起作诗，并逐渐声名鹊起。

林鸿辞官居家期间，寄情于山水之间，广泛地结交朋友，留下不少这方面的诗作。除了往返福清之外，他长期居住在福州城内，时常登上乌石山，与诗友吟诗饮酒。他也常与名僧、道士为友。乌石山上曾有他与蓝仲晦、圆极等玩月石刻。他也和当时出使明朝的日本使节交游。他在《送日本使归国》诗中描写了这情景："归舟云海别，断梗杳无踪。万里随风去，三山何处逢？客程浮日夜，乡树隐鱼龙。纵有相思字，何由寄一封？"诗中所写表达了作者对即将归国的日本友人依依不舍之情和深厚的友谊。

相传林鸿与福州才女张红桥相恋。据清代谢章铤《赌棋山庄词话》记载："张红桥与林子羽唱和，艳传艺苑，二人皆能倚声。子羽之金陵，有寄怀《百字令》一阕，红桥亦有和词。子羽尝夜至，作绝句云：'素馨花发暗香飘，一朵斜簪近翠翘。宝马归来新月上，绿杨影里倚红桥。'红桥和诗云：'桥外千花照碧空，美人遥隔水云东。一声宝马嘶明月，惊起沙汀几点鸿。'两人唱酬，皆藏名于末句，此例凡十数首。红桥没，留玉佩玦一枝，绝句七首，悬一缄床头。子羽归见，不胜哀怨。红桥即洪山桥，张氏居其地，因以为名。子羽妇朱氏，亦娴吟咏。"又据清代王昶编纂的《明词综》记载："张红桥，闽县人，居红桥之西，因自号红桥，后归福清林鸿。《词约》云：'红桥雅丽，能诗，豪右委禽皆不纳。长乐王偁有诗名，亦拒之。及鸿托邻媪投以绝句云：桂殿焚香酒半醒，露华如水点银屏。含情欲诉心中事，羞见牵牛织女星。'红桥答云：'梨花寂寂斗婵娟，银汉斜临绣户前。自爱焚香消永夜，从来无事诉青天。'遂缔婚焉，相与唱和诗甚多。后鸿适金陵，作《大江东去》一阕，留连惜别。又明年，鸿自金陵寄《摸鱼儿》一阕，绝句四首。张自鸿去后，独坐小楼，顾影欲绝，及见鸿诗词，感念成疾，不数月而卒。惜其词传者绝少。"一段才子佳人交往的佳话也逐渐被后人演绎成一段凄美的故事（也有人认为林鸿与张红桥的故事是后人的向壁虚构）。

林鸿作为"闽中十才子"之首，主张师法盛唐，对杜甫尤其推崇，在诗歌临摹创作上以学杜甫为依归，形成了明初诗歌界的"闽派"。闽派对明诗创作有全局的影响，其影响就体现在提倡盛唐上。从政治上说，它反映了明代统治者和明代文人士大夫对明王朝的看法与评价。从文学创作角度说，诗人们想利用诗歌黄金时代的创作经验为正在日趋没落的正统文学形式（诗歌）注射一针强心剂。《四库全书总目提要》说："《明史·文苑传》谓终明之世，馆阁以此（指闽派）为宗。厥后李梦阳、何景明摹拟盛唐，名为崛起，其胚胎实兆于此。"

而林鸿又是"闽派"的灵魂人物，《福清县志·人物志》记载："先朝遗老如吴海、陈亮辈皆极推许。而一时才士如郑孟宣、高廷礼、周又铉、黄铉之、林伯璟、林汉孟之流，皆从之游。其后王皆山、王中美、王孟扬、陈仲完、郑公启、张友谦、赵景哲诸名人，以诗名于时，又私淑于鸿者也。"钱谦益《列朝诗集小传》也说："自闽诗一派盛行永、天之际，六十余载，柔音曼节，卑靡成风。风雅道衰，谁执其咎！自时厥后，弘、正之衣冠老杜，嘉、隆之謦笑盛唐，传变滋多，受病则一。"林鸿之诗"声调圆稳，格律整齐"，一洗元代诗人纤弱之习。林鸿认为汉魏诗歌骨气虽然雄健但隽逸不足，晋诗风玄虚，齐梁以下，诗风浮华，只有唐代诗歌创作可算集大成。但贞观初年还有陋习，至开元天宝，声律大备。后学者应取盛唐诗歌作为楷模。因此，林鸿自身也很注意选词炼色，注意学习盛唐时的格调和意境，如"夜来沧海寒，梦绕波上月"（《金鸡岩僧室》），渲染僧室周围的阴森气氛，颇为传神；又如"天青海气灭，地古寒烟浓"（《无诸钓龙台怀古》），将时间与空间有机联系起来，烘染在钓龙台的怀古之情。胡应麟《诗薮》举出林鸿"珠林积雪明山殿，玉涧飞流带苑墙"，"诸天日月环龙衮，九域山河拱象筵"，"衲经雁宫千峰雪，定入蛾眉半夜钟"，"云边夜火悬沙驿，海上寒山出郡楼"等诗句，认为是"气色高华，风骨道爽"。周亮工《闽小记》举出"人分沧海色，江转白云痕"，"山钟知寺远，海月忆家贫"，"落日扁舟去，秋风万里心"，"重关逢雪度，走马见星移"，"郢树侵吴近，淮流入海长"，"古柳垂青蔓，沙河急暮流"，"三军随虎竹，万里度龙沙"，"古戍冰成垒，春湟雪作花"，"溪桥寒吐月，驿树晚藏烟"，"关云遮越断，海雨入吴深"等诗句，认为是"五言佳境"；又举七言"云边夜犬鸣沙驿，海上寒山出郡城"，"残烟野戍闻寒笛，落日枫林见驿梅"，"南粤云来螺渚北，东瓯天接虎门巷"，"苏小门前人散后，霸陵桥上燕来时"，"寒山月落青枫晚，野戍霜白雁晴疏"，"乱山背水孤城晚，独树临关一叶秋"等诗句，认为是"如此苍辣警策"。林鸿从理论到实践都倡导学习盛唐，使他成为"闽中十子"之首并开一时风气的诗人。

林鸿作为福建人，也留下了许多与福建有关的诗作，比如在福州台江的大庙山，有一个"钓龙台"和一口"钓龙井"，林鸿曾作《钓龙台》诗一首，曰："逐鹿屠龙事渺茫，空台依旧枕崇岗。衣冠神禹传蒲裔，风壤宗周列职方。南粤云来螺浦白，东瓯天接虎门苍。登临送别兼怀古，不惜狂吟倒玉觞。"此外林鸿还曾到武夷揽胜，写有《泛九曲》古风一首。曰："秋风泛瑶棹，爱此佳山川。九曲溯流月，数峰标暝烟。开辟自天地，飞升有真仙。石上蜕金骨，云中鸣夜弦。伊予探古迹，得复穷幽元。闲招木客饮，醉向天坛眠。不见紫阳翁，徒歌白云篇。予怀在渔钓，即此应忘筌。"

林鸿在摹拟盛唐诗歌创作上取得很大成就，并开创了"闽派"诗歌。明代徐伯龄《蟑精隽》曾评价他的诗歌："国初三山林鸿子羽，尝作《苏武慢》八章，旷视一世。"清人的《兰皋明词汇选》也称："词以情胜，而真者为难。宜红桥发函感念成疾也。"清代谢章铤《赌棋山庄词话》评价道："子羽词不失南宋清疏之气，在明初即置之刘诚意、高青邱间，亦复何惭作者。况红桥留别之篇？"将其与明初刘伯温等相提并论。

但林鸿拘泥于摹拟，创新较少的创作风格，也招致了后人的批评。明代中期的李东阳《怀麓堂诗话》说："林子羽《鸣盛集》专学唐，……极力摹拟，不但字面句法，并其题目亦效之，开卷骤视，宛若旧本。"清代朱彝尊《静志居诗话》批评他说："循行矩步，无鹰扬虎视之姿，此犹翡翠兰苕、方塘曲渚，非不美观，未足与量江海之大。"钱谦益《列朝诗集小传》也指出："膳部（林鸿）之学唐诗，摹其色象，按其音节，庶几似之矣。其所以不及唐人者，正以其摹仿形似，而不知由悟以入也。"甚或有学者对林鸿提出了极为尖锐的批评，如张仲谋《中国断代专题文学史丛刊·明词史》中评价道："林鸿以诗名家，其词不足称。其中和虞集《苏武慢》八首，性理学与道教杂糅，'性水''情田''婴儿''姹女'之类，冬烘中夹杂着丹铅之气，纯为糟粕。其他词亦无特出之作，故历来选本少有及之者。对林鸿词特表关注且评价甚高的，是他的后辈同乡、清季词论家谢章铤。谢章铤论词，手眼甚高，然于林鸿则蔽于乡曲之见，未免过誉。"当代西方学者对林鸿的评价相对公允："林鸿是明代复古运动中的一员，主张作诗要摹拟唐诗的韵律结构。文学复古之风在明代开始盛行，这对包括诗体在内的中国文学的发展产生了些许不良影响。评论家们承认林鸿显然是一个很有天赋的诗人，但也指责他将创造力浪费在模仿别人的作品上。他们对林鸿诗风最尖锐的批评主要集中在他的根本弱点上：尽管林鸿能从格调、韵律方面精确地摹拟唐诗，但只得其形而失其实。"

林鸿著作有《林鸿诗》一卷、《鸣盛词》一卷、《鸣盛集》四卷。明代曾刊印《闽中十子诗抄》一书，收录有林鸿诗作。

（谢彪）

蔡　清

　　蔡清（1453—1508），字介夫，号虚斋，学者称虚斋先生，明代泉州府晋江县（今泉州市）人。蔡清出生于明代宗景泰四年癸酉（1453）六月十八日，故居在今泉州市鲤城区西街孝感巷 24 号。据明代黄光升修撰的《泉州府志·蔡清传》记载，他自幼"羸脆骨立而警悟绝人，总发尽屈其师"。稍长以后，益肆力于学，天资颖悟异常，夐出流辈。"有司试其文，皆以大器期之。及长，尤致力于六经、诸子及史集之学，理学名家周敦颐、程颢、程颐、张载、朱熹性理之书，靡不熟读而精究之。谓'《易》，五经之首，性命之蕴'，故尤尽心焉。"做到"毫分缕析，不遗余力，而深造独诣，能发前人所未发者。胸中所存，要不肯小就，直欲穷极底奥，折中群言而上继朱子，于前人盖不多数。"明成化六年（1470），经周虚白引荐，18 岁的他，认识了一生中最重要的老师——侯官的林玭，并向他学习《易》学，尽得肯綮，成了林氏易学的衣钵传人。后来，蔡清回到泉州后，把他的易学又进一步弘扬开来，形成了影响全国的"清源学派"。

　　成化十三年的秋天，温陵大地一如往常一样，天高气朗。但对于一心读书以应对科举考试的士子来说，这一个秋天又有着特殊的意义，因为三年一次的乡试又如期而至了。远在天末海滨的泉州，在热闹的都市与繁忙的乡野，士子文人们也都跃跃一试，渴望着博取功名，光宗耀祖。据明代黄光升修撰的《泉州府志·蔡清传》记载，就在乡试的前几天，泉州的清源山"鸣如玉磬者三日，人谓名贤鸣世之兆也"。这一祥瑞的征兆让泉州的文人士子们充满了无限的期待。终于乡试的结果出来了，25 岁的蔡清凭着出众的文才脱颖而出，高中解元。消息从当时的省城福州一路传到了泉州，顿时成了乡里的佳话。三年后，28 岁的蔡清启程北上参加进士考试，29 岁抵达北京，试于礼部。当时，大学士刘公戬以编修主持考试事务，酷赏其文，"阅《四书》经义，皆深造独诣，拔置其文首选刻之"。但不巧的是，那年秋天，北京下起了大雪，来自闽南的蔡清本就身体瘦弱，可能一下子无法适应北方极度严寒的天气，没能参加完进士考试，最终只能以落第论。"一时士论太息"。蔡清来到国子监拜访国子监祭酒邱浚，邱浚试以"蔡沈进《尚书传》

本",应对如流,受到邱浚的赏识,称赞其"真是宋人语","啧啧叹赏,深加敬重"。又赞誉蔡清说"介夫学醇而行洁,可以进之古人"。蔡清则建议邱浚进一步修订《易经大全》《四书大全》,邱浚采纳了他的建议,并拿出自己珍藏的底本,请蔡清进行批点校注。

进士没考中,蔡清只好从北京南归,由于天气寒冷,加上长途颠簸,跟蔡清一路同行的二十几个人中,病倒了十七八个。其中,蔡清病得最为严重,途中滞留在了浙江严州(今属杭州)。这对于严州的读书人来说,那可真是一次极为难得的请教机会,因此严州之士纷纷前来向蔡清请教,蔡清和他们结下了深厚的师生情谊。他后来写了一封信给他们,其中说道:"自十一日与诸君江头一别,吾从舟中望诸君,诸君亦以岸上注目,当是时,吾以吾之情知诸君之情矣。"经过一段时间的修养后,蔡清才经由建州(今属南平)回到泉州。

明成化二十年(1484),32岁的蔡清再次北上参加科举考试,这一次他考中了进士。依照朝廷规制,他应该是可以获得一官半职的,可是蔡清却无意仕进,加以身体不好,放榜之日就向朝廷请假回家了。回到家乡后,蔡清就在泉州水陆寺开堂讲学,传授孔孟程朱之道,声名远播,"有志之士,不远数千里从之",江南一带的学子士人,不约而同地以蔡清为学术的中心,向蔡清靠拢,"江南之士多来从游,事亲读书之外,未尝急求仕进。"这样过着读书讲学求道的日子,一晃四年过去了。

弘治元年(1488),蔡清已经36岁了。有一天,他为自己的母亲作画像,他的母亲神情忧郁地对他说:"我常常听人说母以子贵,现在你已经考中进士好几年了,却仍然在家闲着,也没博得个一官半职,我也仍然只是个普通的农村妇女。我这辈子还有什么盼头啊?!"说完,忍不住忧愁起来。蔡清看着母亲黯然伤神的样子,心中万分愧疚。这才马上到朝廷报到,朝廷任命他担任了礼部主事的官职。当时的吏部尚书王恕器重蔡清学问渊深、操行高洁,向皇帝奏请改授吏部稽勋司主事,经常与他谈论道理并向他征询政务。蔡清感激王恕的知遇之恩,知无不言,言无不尽。在此期间,蔡清向王恕呈递了两封信札,一封是举荐名士刘大夏等30余人入朝,一时用之殆尽,人才济济;另一封则是"言今朝廷之患在纪纲废弛,以至士风日弊,民力日绌,当大有以振作之,乃可销境内之忧、静疆场之警",王恕均予纳用。在京城期间,蔡清得到了王恕、邱浚的推重,"历官两京,一时名贤巨士,多知其雅"。

弘治四年，蔡清39岁。就在这一年，他的母亲不幸去世了。旧时母以子贵，因为儿子的官位，蔡清的母亲辞世后受封为安夫人。遵循旧制，蔡清在家为母守孝三年。

弘治七年，守孝期满，蔡清本该官复原职，回到吏部稽勋司主事的位置。然而，此时一向器重蔡清的王恕已经离职了，朝中负责职务安排的官员中有人对蔡清不满，便未让其官复原职，而是让他补了个祠祭司员外郎的职位。仕途上未曾得意的蔡清，又在几年后遭受了丧子之痛。弘治十二年，蔡清47岁。其长子蔡存畏赴礼部参加考试，不幸于途径福州时去世。悲痛万分的蔡清以父老子幼为由请求辞官回家，以便奉养父亲，教授幼儿，但是未获批准。于是他又乞求到离家近的地方去当官，朝廷便升授他任南京吏部文选司郎中。

作为一名意趣高远的学者，蔡清一直淡薄功名，不曾留意于仕途。弘治十四年的一天，蔡清忽然心头一动，想念起了年迈在家的父亲，他立即向朝廷辞官，回归故里，侍养父亲。其时蔡清方49岁，可谓正直盛年，在这个年纪，本可在仕途上有一番作为的，然而蔡清却毅然放下官场的一切，回到了泉州。蔡清回家两个月后，他的父亲就寿终正寝了。当时，人们都说，蔡清父子心灵相通，蔡清的孝顺感动了上苍。父亲去世后，蔡清守孝在家，"自是家居授徒不出，每遇亲忌，痛哭流涕终日，不御酒肉"。纵观蔡清的宦海生涯，离家当官为其母，辞官归里为其父，真可谓至孝之人！

守孝期间，蔡清谨守先儒礼制。有一次，山东巡按御史陆偁想要请蔡清出来主省试，他认为非朝命，辞不赴任。他居家期间，四方学子来向他请益的人络绎不绝，"其门人陈琛、王宣、易时中、林同、赵逮、蔡烈并有名，而陈琛最著"。由于蔡清的精心教导，言传身教，这群学生，后来人人居官清正，个个有著作传世。甚至他们所教的学生，也都卓有成就。易时中的学生王慎中为明代古文运动的领袖，王宣的学生俞大猷是明代捍卫边疆的名将。

明正德元年（1506），54岁的蔡清得到朝廷再次起用，官拜江右提学副使，主管江西的教育行政。蔡清一行风尘仆仆来到江西后，立即投身于本职工作中，"尊崇师儒，以德行道艺教学者而时课试之，激劝有方，士欣然争向上"，"士皆相庆，以为得师"。蔡清还刊刻《学政文移》《大学中庸蒙引》《精选程文》等重要著作，分发给学生学习，以应对科举考试。在蔡清的激励与引导下，江西的教育面貌焕然一新。不仅如此，蔡清还非常善于发现人才，具有伯乐的慧眼。"蔡先生试士江西，一举而登首拔者五十八人"，当时舒芬、夏良胜、邹守益"方为诸生，未知名。先生试其文，于舒则以殿元许之，夏与邹则称为台阁之器，既而皆如所料"。

蔡清一生致力于理学研究，他精研六经、子史及各理学名家著作，对《易经》尤为重视。认为《易》为"五经之首，生命之蕴"，因此研究特别深入，能发前人所未发。蔡清主要著作有《四书蒙引》《易经蒙引》《河洛私见》《太极图说》《通鉴纲目随笔》《虚斋集》等。《蒙引》二书成为明清时期科举考试的重要参考论著，明末清初的大思想家黄宗羲说："其释经书，至今人奉之为金科玉律。"蔡清的学问和德行得到了广大学者和朝廷的高度肯定。隆庆三年（1569），议从祀孔子庙庭。万历中，佥都御史詹仰庇请谥名于朝，赐谥文庄大学士。李廷机以"其德谊则九州四海所共闻知，其著述则学经诸生所共习颂"复为请赠礼部侍郎。清雍正二年（1724），诏准从祀泉州府文庙。

（肖满省）

郑善夫

郑善夫（1485—1523），字继之，号少谷，福建闽县（今福州市）高湖乡人。明代杰出文学家。

郑善夫出生地高湖为福州大乡，族中颇多世代书香及仕宦人家。郑善夫少负才名，特别推崇庄子、屈原、杜甫的诗文，并精于易经、数学和历法。弘治十七年（1504），郑善夫中举人，翌年成进士。当时文学家河南何景明在北京，官中书，善夫与他有交往，并与亳州薛蕙、黄州王廷陈、吴郡顾璘、衢州方豪等诸名士，共同研究古文辞，学问大进。

正德元年（1506），郑善夫在京候补，纂修《苏松常镇实录》，于当年完稿。在京期间，与何景明在文学复古问题上看法一致，相处甚好；常与薛蕙、王廷陈、顾璘、方豪、殷云霄等名士诗酒唱和。旋因父母去世，返乡守孝。

正德六年，郑善夫始任户部广西司主事，榷税浒墅关（京杭大运河上苏州以西）。任内廉洁奉公，深受时人称道。因不满宦官当政，政治腐败，善夫"郁郁不自得"，乃请病假三个月。假满，辞职回里。他顺途上泰山，游邹鲁，浮淮达泗，历会稽，访雁荡，饱览祖国之名胜，胸怀为之开拓。他在家，筑少谷草堂于金鳌峰下，闭户读书，寡交游，只与名士傅汝舟、郑公寅、李铨等作诗唱和。福州守令闻其名，登门拜访，善夫让一个童子开门，也没有什么要求，因此为人所重。郑善夫目睹朝政腐败，民不聊生，盗贼蜂起，忧国忧民之心常见于诗文之中，曾作《百忧行》以寄意，中有句云："自我结束出门时，正值世路多艰危。匪才被蒙主司录，壮图恐负平生期。刑臣干纪作厉阶，此辈乘胜为狐狸。朝中衣冠死桎梏，意外括索空茅茨。君门万里那得窥，所以流殃遍海岱，使我积愤齐峨嵋。"

正德八年，郑善夫在毗陵（今江苏常州市）见到王阳明，请教学问，自居于弟子之列，以后又写信问候，说："窃念先生之恩信，与生我者同，死不忘也。"

正德十二年，郑善夫外甥张经任嘉兴县令，他特地函嘱张经，为官应以仁爱为本，要抑强扶弱，为民兴利除害。正德十三年，朝廷起用郑善夫为礼部主事，次年升任员外郎。此时，太监江彬得宠，武宗皇帝屡次带他出巡近畿，甚至微服出游昌平。皇帝自称"总督军务威武大将军总兵官"，大失朝廷体统。正德十四年三月，他下旨准备南巡，朝中大臣纷纷上疏劝阻，郑善夫与黄巩等多人伏阙谏阻，并上疏痛斥江彬等宦官怂恿皇帝巡幸，劳民伤财。江彬为此恨之入骨，假传圣旨，杖打谏者。金吾卫都佥事张英也因谏被杖杀。善夫与修撰舒芬等107人因谏巡罚跪午门，并准备受庭杖，善夫在受杖前又草一疏，拟拼死再谏，疏中略言："近奉明旨，有以威武大将军镇国公前往泰山献香者，窃念此事，虽刍荛草野苟有一念爱君者，盖有蒙死而言其必不可矣，况臣身有官守职责奉行也哉！……今乘舆远去，内无储君，外有劲敌，而骄贵弄臣，专典禁兵，万一变作，陛下谁保无虞也？臣明知职非言路，宁触忌讳以死，不忍视天下之日敝也。"善夫挟此疏怀中，交代友人倪本瑞、方豪说："我死，则上此疏。"最后，善夫等人均被杖，死者十一人，善夫受杖三十，幸不死，而皇帝还是带着江彬出游去了。善夫被杖后，悲愤异常。他看到朝局日非，无可挽救，遂以"寒邪所侵，头风喘息"为由，提出辞职。最初未得到批准，后来又连上二疏，朝廷才批准回里。归途中，他同好友黄绾游雁荡，登天台卧龙湫，随身携带的干粮吃完了，就吃山中野果，或向寺僧乞粥而食。既至家，时与福州知府汪文盛、侍御林钺、旧友傅汝舟等谈诗论道，有闲则游山玩水，忘情于江湖之间。

嘉靖元年（1522），都御史周季凤等人荐郑善夫任南京刑部郎中，未几，改任吏部验封司。嘉靖二年，郑善夫在赴任途中便道游武夷山九曲，遇风雪，受寒得病，返家后病逝。他死时为十二月二十八日，临终以诗文交托傅汝舟、高灏，遗书说："修身俟死，吾今更复奚憾！"

郑善夫为人笃行义，婚嫁七弟妹和葬母族22人皆出己财，又以田产救济孀居的族母和姑妹，以致死之日，家无余财。知府汪文盛为办理丧事，葬于西门外梅亭山。

郑善夫多才艺，能书善画，其作品多为历代名士所珍藏。对数学、历法有较深的研究，著有《奏改历元疏》《日宿例》《时宿例》《序数》《田制论》《九章乘除法》《九归法》等皆被清人阮元收入所编著《畴人传》中。郑善夫诗文成就最高，他擅长古文辞，文气浑雄苍老。其诗以气格为主，多悲壮之声。他生平极推崇杜甫，在《读李质庵稿》诗中，他大力捧杜，说："大哉杜少陵，苦心良在斯。远游四十载，而况径险巇，放之黄钟鸣，敛之珠玉辉。幽之鬼神泣，明之雷雨垂。变幻时百出，与古乃同归。"其《〈叶古崖集〉序》论杜诗及学杜云："杜诗浑涵渊澄，千汇万状，兼古今而有之。他人不足，彼乃有余，又善陈时事，精深至千言不少。衰世之学者，劬情毕生，往往只得其一肢半体，杜亦难哉！"他与李梦阳、何景明等人在政治上反对宦官乱政，在文学上提倡复古，主张"文必秦汉""诗必盛唐"，并着力模仿杜甫的诗作，其诗大多是忧时感事之作，如《贫女吟》《送周方伯入楚》《寇至》等，都反映了当时黑暗的社会现实。

郑善夫在明代福建文坛起承上启下的作用。《明史·文苑传》称："闽中诗文，自林鸿、高棅后，阅百余年，郑善夫继之。迨万历中年，曹学佺、徐㷆等继起。"后世对郑善夫的文学地位给予高度评价。明代王世贞曾评价道："郑继之诗，如黄河冰棱，彗岭石骨。初不识王仪封廷相，作《漫兴诗》，有云：'海内谈诗王子衡，春风坐遍鲁诸生。'后郑卒，王始知之，为位而哭，走使千里致奠，为经纪其丧，仍刻其遗文。人之爱名也如此。"焦竑《笔乘》称赞道："予家有善夫批点杜诗，其指摘疵瑕，不遗余力，然实子美之知己。余之议论虽多，直观场之见耳。善夫之诗，本出子美，而其持论如此，正子瞻所谓'知其养长，而又知其敝'者也。"徐㷆《晋安风雅》称："正、嘉之际，郑吏部善夫实执牛耳，虎视中原。而高、傅二山人，左提右挈，闽中雅道遂曰中兴。"近代学者孟森在《明清史讲义》中说："（李）梦阳以文学为一代宗……倡言：'文必秦汉，诗必盛唐'，非是者勿道。与何景明、徐祯卿、边贡、朱应登、顾璘、陈沂、郑善夫、康海、王九思等号十才子……"

但郑善夫一味以学杜为规矩，也受到后人的批评。谢肇淛《小草斋诗话》评价道："自北地信阳兴，而吾闽有郑继之应之，一洗铅华，力追大雅，盛矣。然掊击百家，独宗少陵。呻吟枯寂之语多，而风人比兴之谊绝。譬之，时无春而先秋，人未少而先老。才情未肆，气格变衰；乐事未陈，声泪俱下。此在少陵为之，已非得意之笔，而况效摹学步，面目可憎者哉？故人谓诗道中兴于弘、正，吾独以为运之衰也，此可为识者道也。郑善夫尝雪中游天台。美髯白皙，毛褐笋舆，戒从者勿言姓名。人以为神仙。盛传，郡中太守顾璘闻之曰：'此必吾继之。'亟使人邀之，善夫答以诗云：'客有飘飘者，盍来湖海游。云端寻雁宕，雪里过台州。白业藏贤达，浮槎近斗牛。丰干漫饶舌，太守是闾邱。'"

郑善夫遗著凡九刻，现存较早的版本是清朝乾隆年间刻印的《郑少谷全集》，共二十五卷。

（谢彪）

傅汝舟

傅汝舟（约 1476—1555 以后），一名丹，字木虚，号丁戊山人，又号磊老，福建侯官（今福州）人。大致生活于明代中期，具体生卒年无考。钱谦益《列朝诗集》有小传云：“方颡碧目，小指有四印文。年十四，诵黄帝姚姒之书。二十，谢诸生。通天官、堪舆、涅槃、老庄，属盘雅秦汉语，古色苍黝，至不可句。少与高濲并游郑继之之门，闽人语曰：‘高垂股，傅脱粟，言断断，中歌曲。’继之且死，遗言曰：‘诗文妻子付高、傅二弟经理。’其气谊如此。中岁好神仙，增损其姓名，曰傅汝舟。轻别妻孥，棕鞋箬笠，求仙访道，遍游吴会、荆、湘、齐、鲁、河雒之间。”由此简短的记载可知，傅汝舟少年时代就喜读古书，20 岁便弃绝功名、绝意仕进。他通晓天文地理、佛道诸学，为文效仿秦汉，好用古字，以至于不可轻易读懂，这也许是受到明代复古文风的影响。傅汝舟年轻的时候与高濲共同师事郑善夫，为郑门最为得意的两个门生。郑善夫卒前，将自己著述的整理以及妻儿的生活都托付给傅、高二人，可见他们师徒之间的情谊。傅汝舟中年时迷上神仙道术，竟抛妻弃子，穿着棕鞋，戴着箬笠，四出浪游，寻仙访道。他的足迹遍及今江苏、湖北、湖南、山东、河南、广东、广西等地。嘉靖三十八年（1559）八月，傅汝舟远游两广后回到福建侯官，此时的他大概年近古稀，从此放下远游之念，将旧作整理付梓，终老于家。

前已述及，傅汝舟师事郑善夫。郑善夫曾在金鳌峰下建造少谷草堂，作迟清亭以表达等待朝政清明的志向。在此期间，他闭户读书，教授弟子。跟随他学习诗文的有九人，乡党将他们师徒称为“十才子”，郑善夫曾以“一时贤士俱倾盖，满地萍踪笑举杯”的诗句形容师生之间相得之乐。傅汝舟与高濲就是九个弟子中最为优秀的两个，郑善夫盛赞傅汝舟的文辞、称美高濲的德行。正德十三年（1518），郑善夫回到朝廷，任礼部主事。次年，升任礼部员外郎。此年三月，明武宗欲南巡，郑善夫与其他一百余名官员跪阙泣谏，遭受廷杖，于是再度请求辞官归家。嘉靖元年（1522），起荐为南京刑部郎中，不久，改任吏部验封司。次年，郑善夫在赴任途中便道游武夷山，深入九曲溪，不幸染病，归家而卒，年仅 38 岁。傅汝舟与高濲为其治棺殓葬。郑善夫的诗文由时任福州知府的汪文盛整理编集为《郑少谷集》行世，后被收入清乾隆年间官方修撰的《四库全书》。郑善夫之诗效仿杜甫，这也深深地影响到傅汝舟的诗歌创作。

傅汝舟生前将他在嘉靖三十五年至嘉靖三十八年之间（1556—1559）冶游两广的诗作编订为《粤吟稿》，书中收入他吟咏两广山水以及和故交同乡的酬唱之作，记录了两广的风土人情与乡邦掌故，富有文学与历史的双重价值。傅汝舟的诗作在当时就受到文人的欣赏，并有黎氏选本行世。俞宪又曾据选本重刊，"爱梓家塾，用垂不朽。黎氏选本已精，故不甚去取"。王慎中应刊刻人之请所作《丁戊山人诗集序》中说："其才智文采，足以得意于仕进，独舍去而不好。其舍之尽，至于乡井屋庐不复可居，而妻孥不足畜也。斯人也，倘有意乎列、庄所称之人之所葆乎？其亦慕近世高士较外物之清浊而为弃取也？举一世之荣利无足好，而区区吟咏之工不能忘，亦其才志所敛，不可终藏而见之于此也。"《四库全书》收入其文集《傅山人集》三卷，四库馆臣所写《提要》云："其诗刻意学郑善夫，喜为荒诞诡谲之语。王世贞比之'言法华作风语，凡多圣少'。然奇崛处亦颇能独造，特旁门曲径，不入正宗耳。"朱彝尊《静志居诗话》云："前邱生（按：即傅汝舟）诗，刻意学少谷子（按：即郑善夫），故多崛奇语。句如'楚树悬猨直，衡云带雁斜''宿云长抱殿，游鹤不归松''野客逢迎少，山僧出入尊''白为溟海浪，青尽岛夷山''地湿菰蒲气，风生鸐鹤毛'，皆缒链而出，不肯犹人。"徐𤊻云："汝舟诗虽师郑吏部，而天然之趣尤胜。如'虽贫一榻能高卧，总老名山欲远寻''焚香谩与僧来往，得句惟应弟倡酬''郊原乱后飞燐火，村落年来变劫灰''异书自得作者意，长剑不借时人看''呼来鸂鶒添新侣，抛去鸬鹚省旧粮''新点玉书仙赐读，旧趍琼阆帝容归'等句，吏部当为却步矣。"徐𤊻认为傅汝舟之诗虽然模仿郑善夫，但是青出于蓝而胜于蓝，可以说是很高的评价了。

除了诗作传世，傅汝舟还为后人留下了宛在堂。宛在堂位于福州西湖湖心屿开化寺东，是傅汝舟于正德年间（1506—1521）所建造的，木构三楹，堂名取自"孤山宛在水中央"这句诗。宛在堂也是他的同门高瀔的隐居之所。清乾隆十三年（1748）复建时，堂内设龛纪念福建诗人林鸿、郑善夫、傅汝舟等。此后，宛在堂多次重修，每次重修都要增龛设祀，入祀其中的福建诗人自隋唐以迄近代的共两百多位。现在，宛在堂以其承载的历史文化而成为福州西湖的一个著名景点。

傅汝舟之弟傅汝楫，字木刌，号卧芝山人，亦有诗名，时称"二傅"。钱谦益《列朝诗集》有小传云："贫而博学，州县辟为黉宫弟子，不就，一意诗歌。汝楫早卒。诗学晚唐，如'野人卧酒翻荷爵，山鬼缝衣傍荔墙'，又如'沙际学书寻鸟迹，林间会意解禽言'，又如'几处姓名留洞府，十年瓢笠任风烟'，皆佳句也。"朱彝尊《静志居诗话》云："汝楫有句云'种桃求汉核，食枣想齐花'，颇饶韵致。"

（邓少平）

俞大猷

　　俞大猷（1503—1579），字志辅，福建泉州府晋江县人。先祖俞敏从明太祖朱元璋起兵，以故俞氏世袭泉州卫百户之职。俞大猷少好读书，学习《周易》及兵法，又习剑术。家境虽贫寒，但内心豁达。父亲俞元瓒去世之后，俞大猷遂继承了泉州卫百户一职。

　　明世宗嘉靖十四年（1535）举行武举会试，俞大猷考中进士，随后升任千户，守御金门。其时东南沿岸海寇频仍，俞大猷乃上书监司以论其事。没想到的是，上司非但没有采纳他的建议，反而怒叱之，将其杖责并夺职以惩。但是，俞大猷并未因此挫折而变得谨小慎微。在兵部尚书毛伯温征安南时，俞大猷再次上书指陈方略，并且请求从兵以战。他的上书给毛伯温留下了深刻印象，但由于战事已停，俞大猷并未得到任用。

　　嘉靖二十一年，蒙古土默特部首领俺答大举入寇山西，皇帝下诏天下举荐武勇之士。俞大猷乃拜诣巡按御史，毛遂自荐。御史将其上报兵部，兵部尚书毛伯温于是将俞大猷送到宣府大同总督翟鹏官署。俞大猷在其处纵论兵事，锋芒毕露，屡使总督折服。翟鹏虽对俞大猷以礼相待，但并没有任用他。俞大猷只好辞别回乡，毛伯温于是任命他为汀漳守备，驻扎于福建武平。在此期间，俞大猷建造读易轩，与举子讲论文学，同时教导士兵击剑。他接连打败海盗康老的侵犯，俘虏及斩首共300余人。嘉靖二十七年，擢任都指挥使佥事，负责广东之军事。当地峒贼屡生叛乱，两广总督欧阳必进遂命俞大猷前往讨寇。对这些贼寇，俞大猷恩威并用，招降头目数人，当地治安始变得好起来。

　　嘉靖二十八年，提督浙闽海防军务朱纨巡视福建，拟荐举俞大猷为备倭都指挥。不巧的是，安南大臣范子仪正率卒剽掠广西钦、廉等州，岭海骚动，两广总督欧阳必进上奏留之，命俞大猷前往征讨。早在嘉靖十九年，后黎朝的篡位者莫登庸为了与黎朝拥护者抗衡，入镇南关向明朝官员纳地请降，以此寻求明朝的庇护，明朝于是将安南国降为安南都统使司。次年，莫登庸去世，其孙莫福海亲政。嘉靖二十五年，莫福海去世，大臣分别拥立诸子，结为党羽，互相仇杀。其子莫正中在斗争中失败，逃往明廷。拥立他的大臣范子仪借口迎接莫正中归立，对钦、廉等州动用武力。这次事件的起因大致如此。俞大猷接令后立刻赶往钦州，此时贼寇攻城正急。俞大猷派数骑先往谕降，佯言大兵马上就要来了。贼寇不明虚实，果然自动退去。待到舟师大集，俞大猷又在冠头岭设伏。追讨数日，生擒范子仪之弟范子流，斩首一千二百级。事情平定之后，内阁首辅严嵩对俞大猷并未叙功升用，只是赏给他五十两银子。

不久，琼州五指山诸黎联合反叛，欧阳必进复命俞大猷前往征讨，任命他担任崖州参将。俞大猷会同广西副将沈希仪等军斩首招降各数千人。俞大猷认为黎族人数年一反，朝廷相应地数年一征，这样做实在有违人道，于是向欧阳必进建议在此建城设市，杂用汉法来治理他们。俞大猷不仅这样说，而且还单身匹马进入黎族聚居地，与他们订立协定，海南从此变得安宁起来。

嘉靖三十一年（1552），倭寇大肆侵扰浙江东部，俞大猷受命任宁波、台州诸郡参将。此时贼寇正攻破宁波昌国卫，俞大猷上任后立即将其击退。贼寇又攻陷绍兴临山卫，转掠至松阳，俞大猷从海上截击，斩获甚多。知县罗拱辰力主防御，俞大猷的进攻策略与其相左，竟因此停俸受惩。没有多久，俞大猷在海上追逐贼寇，焚船五十余艘，乃得给俸如故。嘉靖三十三年，俞大猷率兵攻打盘踞宁波普陀的贼寇时，突然受到贼寇的袭击，武举人火斌等三百人被杀，因此受命带罪剿贼。不久在吴淞所打败贼寇，才受诏解除前罪，并赏赐银币若干。贼寇从健跳所入寇，俞大猷接连击败他们，很快就代替汤克宽担任苏松副总兵。这时，俞大猷手下士卒不过三百，以此迎战正好来犯金山的贼寇，俞大猷失败了。总督张经又催促他与驻屯在松江柘林的二万倭寇交战，俞大猷自忖兵力寡少恐难敌众，坚持不可轻易出战。等到增援的士卒到来之后，俞大猷才跟随张经出兵击寇，在王江泾大破倭寇，杀敌近两千，取得抗倭战役中前所未有之功劳。不幸的是，这次战功被严嵩亲信赵文华、胡宗宪所攘夺，俞大猷不但未被叙功，反而因在金山的失败而被贬为事官。

柘林的倭寇虽被击败，但另一支倭寇紧接着又进犯苏州陆泾坝，直抵娄门，将南京都督周于德的军队打败。此后又分为两路大肆寇掠，蔓延至常熟、江阴、无锡，出入太湖之中。俞大猷与副使任环在陆泾坝将这支倭寇击败。不久，倭寇进犯吴江，俞大猷与任环又在莺脰湖邀击之，迫使其逃往嘉兴。除此之外，俞大猷在此期间所击败的倭寇尚有多支，可以称得上是战功累累。可是，因为柘林一支倭寇纠合舟船，势犹未已，巡抚曹邦辅竟弹劾俞大猷放纵贼寇，嘉靖帝闻后大怒，将俞大猷世袭官荫夺去，命令他戴罪立功。

　　凑巧的是，浙江总兵官刘远上任数月抗倭不力无所作为，廷臣乃咸以俞大猷富有将才而举荐之。嘉靖三十五年，俞大猷接替刘远担任浙江总兵官。接着，俞大猷与邦政击败进犯西庵等处的倭寇，嘉靖帝于是下诏恢复他世袭的官荫。贼寇从黄浦江逃遁出海，俞大猷追击其后，将其打败。这年冬天，俞大猷因平海有功，加官都督佥事。经过这几次打击，浙江西路的倭寇悉数讨平。但在舟山还有一支倭寇恃险顽抗，官兵围攻不下。俞大猷冒着大雪，率领由川贵刚刚调来的六千士卒四面围攻，将倭寇盘踞之处的栅栏焚毁，一举平定。朝廷因此加俞大猷署都督同知。

　　嘉靖三十六年，浙江巡按监察御史胡宗宪企图诱降海盗汪直，采用卢镗的建议欲与汪直通市，俞大猷力争不可。其后汪直被诱捕下狱，属下毛海峰等乃盘踞舟山，恃岑港自守。俞大猷率兵围攻，虽时获小胜，但迫于仰攻之势，将士先登者多死，而倭寇却随即大量到来，因此久久未能讨平。胡宗宪曾在朝廷下令时夸下海口，说要迅速平定贼寇，可是现在双方却相持不下，大臣因此痛诋胡宗宪，并弹劾俞大猷。朝廷于是将俞大猷夺职，并限其一个月之内平定倭寇。俞大猷迫于压力，加大对倭寇进攻的力度，而倭寇也负隅顽抗。嘉靖三十七年七月，倭寇眼见支撑不下去了，便从岑港移至柯梅，造船泛海而逃。俞大猷拦腰截击，打沉敌船一艘，余下的倭寇遂扬帆南去，流窜至福建、广东劫掠。这次行动中俞大猷先后杀敌四五千人，差点就将贼寇讨平。由于官兵与贼寇对峙一年，人心厌战，胡宗宪也认为倭寇被打跑了就是好事，不想再下令诸将邀击。没想到的是，御史李瑚却弹劾他故意放走贼寇，胡宗宪为自保将责任推给了俞大猷。嘉靖帝听说后大怒，将俞大猷逮捕下狱，并再次夺去他的世袭官荫。

　　这时，俞大猷的好友锦衣卫都指挥使陆炳私下贿赂严世蕃，将其从狱中解救出来，让他北至塞上戴罪立功。大同巡抚李文进熟知俞大猷的才能，与其共同筹划军事。俞大猷发明一种独轮车，用来抵挡敌人的战马。他用一百辆独轮车与步兵骑兵三千人，在安银堡挫败了敌人的进攻。李文进将这一创制上报朝廷，于是开始在京营中设置兵车营。李文进在袭击板升时，向俞大猷咨询方法，终获全胜，朝廷乃下诏恢复俞大猷的世袭官荫。在平定汪直后，朝廷论功行赏，允许俞大猷解除罪责继续为官。川湖总督黄光昇举荐俞大猷为镇篁参将。

嘉靖四十年（1561）七月，朝廷下诏俞大猷移镇南赣，联合福建、广东军队攻讨广东饶平贼寇张琏。此时张琏正远出，俞大猷乃急速率领 1.5 万士卒直捣贼寇老巢。张琏闻讯赶回营救，被俞大猷接连打败，斩首 1200 余级。后又设计诱使张琏出战，派兵从阵后将其抓获，并擒获贼魁萧学峰。这次平寇之功本属俞大猷，却被广东人攘窃，俞大猷亦未与其计较。平定之后，将贼寇余党二万遣散，未杀一人。俞大猷擢副总兵，协助守备今江西、福建、广东三省交界处诸郡。不久又擢福建总兵官，与戚继光收复兴化城，共同击破沿海倭寇。

嘉靖四十三年，俞大猷调任广东总兵官。此时，潮州倭寇二万与贼寇吴平相互勾结，惠州、潮州之间有诸峒山贼日相侵扰，福建延平有程绍禄、汀州有梁道辉叛乱。面对如此复杂的形势，俞大猷精心谋划，逐个击破。他首先利用自己的威慑力使程绍禄、梁道辉归峒，然后以"俞家军"的威名讨平惠、潮间诸峒伍端、温七两支势力。俞大猷接着围攻潮州倭寇，在海丰取得重大胜利，又围攻战败逃窜的倭寇，整整两个月之后，倭寇弹尽粮绝望风而逃。在副将汤克宽、参将王诏的援助下，倭寇兵败溃散。俞大猷接着移师潮州，招降吴平，令其迁居梅岭。不久，吴平再次反叛，造战舰数百艘，聚众万余人，建三城以自守，劫掠沿海诸郡县。福建总兵官戚继光率兵攻打吴平，迫使其逃遁自保于南澳。嘉靖四十四年秋，俞大猷率领水军与戚继光所率陆军夹击吴平于南澳，获得大捷。吴平匆忙逃至饶平凤凰山，戚继光令部将汤克宽、李超等追击，连战失利，吴平趁机抢夺民船逃海而去。闽广巡按御史轮番上奏弹劾，俞大猷因此又被夺职。

不久，两广总督吴桂芳任用俞大猷讨伐广东河源、翁源贼寇李亚源。俞大猷率兵十万，直捣贼巢，活捉李亚源。朝廷乃以俞大猷为广西总兵官，赠予平蛮将军印。先前讨平的峒贼伍端死后，同伙王世桥复叛，俞大猷将其击败，进署都督同知。吴平余党曾一本又叛，朝廷命令俞大猷临时率领广东兵士征讨。明穆宗隆庆二年（1568），曾一本进犯广东、福建，俞大猷联合其他军队将其擒获，以功进右都督。其后，广西巡抚殷正茂征兵十四万，令俞大猷讨伐当地贼寇黄朝猛、韦银豹等。贼寇据保潮水，盘踞山巅，易守难攻。俞大猷采用声东击西、出其不意的战术，最终将其擒获。因此，俞大猷被擢升为世袭指挥佥事。巡按李良臣以"奸贪"弹劾之，朝廷诏令俞大猷回乡等候迁调。其后任命俞大猷为南京右府佥书，未赴任，后再任命为福建总兵官。明神宗万历元年（1573）秋，又因战事失利夺职。然后被任命为后府金事，掌管车营训练。万历七年九月俞大猷卒，赠左都督，谥武襄。

俞大猷一生南征北战，用兵注重谋略，屡建大功，威震海内。他的朋友谭纶在写给他的信中说到："节制精明，公不如纶。信赏必罚，公不如戚。精悍驰骋，公不如刘。然此皆小知，而公则堪大受。"在戎马倥偬之余，俞大猷还写了大量书信、奏疏、专著、杂文等，除他亲自编纂的《洗海近事》之外，剩下的大多由其幕僚李杜收在陆续编纂的《正气堂集》《正气堂集近稿与议稿》《正气堂续集》《正气堂余集》中。泉州的两位学者将以上著作以《正气堂全集》之名点校整理，由福建人民出版社列入"八闽文献丛刊"，于2007年出版。

（邓少平）

王慎中

　　王慎中（1509—1559），字道思，早年读书于清源山中峰遵岩，故号遵岩居士，后号南江，因排行第二，又称王仲子，明武宗正德四年（1509）出生于福建晋江。祖父王寰，号确轩，早年经商于江浙一带，积累起丰厚的家产。但他希望后代能通过读书取得功名，于是携全家从安平镇徙居晋江城中，以便子弟读书应举。王慎中父亲王纪，母亲李氏，都喜好诗书，具有良好的文学修养。王慎中4岁时，其母就以《诗经》启蒙，王慎中天赋极佳，记忆成诵。5岁时，王慎中入私塾随郑广文读《论语》《孝经》，得到老师的赞赏。8岁时，王慎中就能日诵古书千言，有神童之名。郡丞李春江得知后亲往面试，王慎中对答如流，深得李春江奖掖。11岁时，父亲王纪命他从陈让学习《春秋》。14岁时，又师从理学家易时中，成为其门下最为得意的弟子。此时，王慎中在当地已算得上是一个名人了，不但在宗族中受到长辈的器重，而且也受到郡守葛恒、督学胡公的赏识。明世宗嘉靖四年（1525），王慎中中举人。次年中进士，年仅18岁。父亲王纪深感欣慰与自豪，并为儿子的婚事早早做好了准备。王慎中从京城回到家乡，与其父好友陈尚谦之女结婚。

　　嘉靖七年，王慎中假满回京，任户部主事，负责检查通州粮食运输事务。次年，改礼部祠祭司。世宗时兴祭祀，王慎中负责起草文书，得到皇帝的赏识与表彰。嘉靖十年，擢礼部主客司员外郎。不久，派往广东出任乡试主考官，选取林大钦为解元。次年春，林大钦中状元，王慎中也博得慧眼识才之美名。当时，四方名士唐顺之、李开先等都在朝廷各部任职，王慎中与他们朝夕讲业，学问大进。时人称王慎中、李开先（字伯华，号中麓子）、唐顺之（字应德，号荆川）、陈束（字约之，号后冈）、赵时春（字景仁，号浚谷）、熊过（字叔仁，号南沙子）、任瀚（字少海）、吕高（字山甫，号江峰）等人为"嘉靖八才子"。

　　嘉靖十二年，世宗诏令从各部员外郎中选拔十位品行方正、学术精湛、众望所归之人为翰林院编修，众人首推王慎中。内阁大学士张孚敬欲借机笼络他，说想见他一面，然而性格刚正的王慎中却不肯前往拜谒，并称"吾宁失馆职，不敢轻易失身"。最终王慎中落选了，众人都为他鸣不平。不久，改调吏部，任考功员外郎，晋验封郎中。王慎中在给弟弟惟中的信中说，"往时在吏部为郎，年二十五耳，诸交游谁不以我为功名所至不可量，而我亦颇自负"，可见其少年气盛，对官场的尔虞我诈还缺乏切身体验。忌恨者在张孚敬面前谗毁他，因此复议王慎中为右副都御史张衍庆父亲请封之奏疏，认为这纯粹出于私心不合规矩，被贬谪为常州通判，时在嘉靖十三年。到常州后不久，恰逢江阴县令位缺，江苏巡抚郭宗皋请王慎中代署县令。几月后，王慎中被擢为南京户部主事，后转礼部员外郎。嘉靖十五年，擢山东提学佥事。嘉靖十七年，改任江西布政使参议。次年，晋江西布政使参政。此时河南正闹灾荒，户部侍郎王杲奉命前来赈灾，将赈灾之事托付王慎中办理。王慎中不负重托，取得良好成绩，王杲回京后于是向朝廷上奏举荐慎中，认为他可堪重用。可是朝廷并没有重用他，据说是碰上嘉靖二十年的大计，吏部没有来得及将王慎中的材料报上。更不妙的是，大学士夏言曾任礼部尚书，其时王慎中是他的属下，但是两人关系不洽，于是夏言趁机内批"不谨"，将王慎中罢免。王慎中在写给其弟的信中说："至为参政，时年三十一耳。人又孰不以我为功名不可量，而我亦颇自负，毕竟为夏权臣所憾而罢。"从此告别宦海浮沉的生涯。

王慎中罢官后回到家乡，虽然仍关心朝政，也有人欲荐其复出，但是至死未再出仕。他在家居的日子里，主要就是读书、写作、讲学。由于王慎中的文名渐盛，从四面八方慕名而来问学求文的人络绎不绝，王慎中也非常乐意给他们讲学作文。王慎中虽然在仕途上没有能够飞黄腾达，但是在文学造诣上却精进不已，在中国文学史上占有了一席之地。在写给其弟的信中，王慎中曾自我解嘲式地说："尝观自古名家文人，惟欧阳文忠、王文公、苏文定三公富贵隆极。如韩、李两文公，在唐亦不通显，韩官虽稍高于李，要为坎坷不达。而苏文忠、曾文定、黄文节诸公，在宋仕宦皆不至大官，苏虽稍显用，卒以斥终。意天于文学之人，其与之已有所厚，未肯并以富贵之福兼畀之。"嘉靖三十八年（1559），王慎中卒于家中，享年51岁。其弟王惟中在王慎中卒后所写行状中说："夫使先生当改官翰林时不见沮，为吏部为参政时不见谪且罢，必晋位通显，驯至卿相，有当世煊赫事功无疑也。然未必其造诣之宏深，见于制作如此之盛，可以传于不朽。则在此在彼，孰得孰失，必有能辨之者。仕不达，废而不复用，岂足为先生叹哉！"

王慎中的文学造诣最突出地体现在他的散文创作与主张中。他早期受到

"前七子"之首李梦阳的影响，崇信"文必秦汉"的复古主义观点，认为东汉后之散文无可取者。28岁以后，他开始体悟到欧阳修、曾巩散文的精妙，于是将旧作全部焚毁，转而仿效欧、曾之法。他在给朋友的信中说到这一转变："28岁以来，始尽取古圣贤经传及有宋诸大儒之书，闭门扫几，伏而读之。论文绎义，积以岁月，忽然有得。追思往日之谬……愧惧交集，如不欲生，乃尽弃前之所学，潜心钻研者又二年于此矣。"他的好朋友唐顺之起初不赞成这种观点，但是久而久之也转而追随其后。《明史·文苑三·王慎中》云："慎中为文，初主秦、汉，谓东京下无可取。已悟欧、曾作文之法，乃尽焚旧作，一意师仿，尤得力于曾巩。顺之初不服其说，久亦变而从之。壮年废弃，益肆力古文，演迤详赡，卓然成家，与顺之齐名，天下称之曰王、唐，又曰晋江、毗陵。……李攀龙、王世贞后起，力排之，卒不能掩。"王慎中、唐顺之对唐宋散文的推崇是对以李梦阳为首的"前七子"的复古主义的反动，他们认为复古主义弊病在于"法之难入""义之难精"，写出来的文章佶屈聱牙，晦涩难懂。他们提出了崭新的文学观念，主张"直抒胸臆，信手写出"，以此表达内心的真情实感。王慎中、唐顺之倡导的新文风深深地影响了明代后期的文学，以袁宏道兄弟为领袖的公安派可视为其遗响。王慎中的文集《遵岩集》被收入清朝乾隆年间官修《四库全书》，四库馆臣在该书提要中也主要肯定了王慎中在散文创作上的成就。对于朱彝尊《明诗综》所说"其五言文理精密，嗣响颜、谢，而论者辄言文胜于诗，未为知音"的观点，四库馆臣进行了有力的反驳："然综其全集之诗，与文相较，则浅深高下，自不能掩。文胜之论，殆不尽诬。彝尊之论，不揣本而齐其末矣。"

（邓少平）

林兆恩

　　林兆恩 (1517—1598)，福建省兴化府莆田县人，字懋勋，号龙江，道号了谷子、心隐子、常明先生、混虚氏、无始氏等。门徒尊称其为三教先生，后改称三一教主，又称夏午尼氏道统中一三教度世大宗师。生于明正德十二年 (1517)，卒于明万历二十六年 (1598)，享年 82 岁。由他生前创立的学术性团体转化而成的民间宗教三一教，又名夏教，以"道释归儒，儒归孔子"为教旨的三教合一而名"三一教"。最初流行于莆仙方言区，即莆田、仙游两县境内以及惠安县北部、福清县南部等地方。全盛时期，曾经流行于福州、古田、闽清、平潭、建宁、武夷、邵武、光泽、宁化，江西、浙江、湖北、安徽、南京、北京、河南、陕西、山东等地，备受士人推许。清圣祖康熙末年和高宗乾隆年间，遭朝廷禁止，因而衰落。在莆仙方言区以外的流行也因此而中断。到了近代，伴随着海外移民活动，三一教流行于东南亚地区和我国的台湾、香港地区，并且辗转传入欧美。

　　林兆恩出生于书香官宦门第，其宗族"莆田林氏"自唐代开始即为福建的望族，唐代林披生九子，同为刺史，世称"九牧林家"。《八闽通志》和《莆田林姓族谱》都有相关的记载。这样的家庭背景，对于林兆恩的影响自然是非常大的，"明代士子的思想形态与行为模式，普遍受到家族与科举的影响，尤其是家族与科举结合所形成的阶层化体系，以既有的财富、权势，取得社会中上层缙绅的地位，并经由知识的传授，以知书识礼承续了文明教化，在主观的条件与客观的形势下，成为领导社会的知识阶层"（《明代三一教主研究》），这为林兆恩后来设教传道奠定了良好的基础。当然，家族里对于林兆恩影响最大的是他的祖父林富。林富为人生性耿直，不畏权势。在与其叔林塾同榜中弘治十五年 (1502) 进士后，官授大理寺评事，时值阉宦刘瑾弄权。正德元年 (1506)，林富因忤逆刘瑾而遭廷杖入狱。入狱虽然是仕途的一次坎坷，但是对于林富来说也是人生的重要际遇。在狱中，林富结识了同样因为得罪刘瑾而入狱的王阳明，两人在狱中患难与共，时常一起谈学论道，颇为相知。随后，王阳明谪为龙场驿丞，林富贬为广东潮阳县丞。刘瑾被诛后，两人均得昭冤。明世宗嘉靖五年 (1526)，林富任广西右布政使，王阳明任两广御史，嘉靖七年，林富协助王阳明镇压了八寨瑶族起义。王阳明病重后，推荐林富接任兵部右侍郎兼都察院右佥都御史，总制两广。嘉靖十一年林富以部下收剿海盗败绩，落职家居，在东岩山设立讲坛，宣扬阳明心学。林兆恩一直是在林富的教导下习举子业，直到嘉靖十八年林富去世。耳濡目染的家庭教育，使林兆恩对心学的基本观念驾轻就熟，这从后来林氏思想的发展来看是非常明显的。阳明心学是林兆恩思想体系中的一个核心，正是在此基础之上，林兆恩才完整地建立起其三教合一的理论框架。这个影响最初来自其祖父林富。

关于林兆恩的一生，依青年、中年、晚年以及人生的重大转变来划分，大致可分为三个阶段。

第一个阶段是在其30岁以前，主要活动是求学与科举。林兆恩和当时一般士子一样勤奋读书，致力于科举考试。童年的林兆恩，就显示出与众不同之处。正德十五年（1520），王阳明造访其家，见兆恩而奇之，谓林富曰："此儿丰姿卓异，殆非科第中人，日后福量过先生远矣。"同时，早年的林兆恩也表现出了慷慨济贫的精神。根据记载，在林兆恩13岁时，外出总是会在衣袖里放钱以赠穷人，其母尝责以妄费，兆恩对曰"损有余以补不足，天之道也，非妄费也"，而这种精神在后来林兆恩倡教传道的实践中体现得尤为突出。不过这一时期的林兆恩似乎比较迟钝，"每读书数行，须数十遍方能认识"（《林子本行实录》）。林富以为其"才不称貌"，深感失望。16岁时他"文窍始通"，撰写了《博士家言》，文辞华丽通畅，其祖父读后，"大奇其才"（《林子本行实录》），开始对其悉心教导，自此兆恩一改以往驾钝的形象，才思大发，下笔如流，出人意表。18岁时，其文章被督学潘潢评为"见理之文"。此后，林兆恩开始参加省试，连续三次名落孙山。嘉靖二十五年（1546），兆恩30岁，已学富五车，在莆田"文名籍甚"，第四次应省试。他对这次省试十分慎重，临行前委托同族人到仙游九鲤湖为他祈梦，"梦三骰子赛色，掷个么四四，一么旋转久而始住"。亲朋好友以为此梦预兆他会考八闽第一，"众咸以闽解期之"（《林子年谱》）。八月，林兆恩信心满满地赴省城应试，不料"放榜不与焉"，竟又名落孙山。这样的结果对林兆恩而言，是一个相当严重的打击。科举的失败，阻断了其进入官僚体系参与政治、社会运作的可能。

这个阶段的林兆恩，主要接受的是传统儒学的熏陶。兆恩30岁时，曾为了替其去世的叔父林万潮乞求墓志铭，前往江西拜见阳明后学罗洪先。之后二人常有书信往来。据此推测，兆恩之接触王学思想，除了受祖父的教导，还有可能源于罗洪先的影响。

第二个阶段是其 30 岁至 60 余岁，主要活动是学道与倡道。林兆恩 30 岁科考失利之后，决定放弃科考，专心致力于心身性命之学的探求，开始四处寻师访道，出入儒、释、道三教。数年间，如痴如醉，如癫如狂。后悟"三教合一"之理，于是开始宣讲三教精义，提倡"三教合一"思想。

嘉靖二十七年（1548），兆恩 32 岁。某日莆田道士卓晚春登门拜访，兆恩与之一见如故，相谈甚欢，遂成莫逆之交，自此二人经常相与论道、纵饮行歌，人称"卓狂林颠"。卓晚春精通道教内丹之学，道教内丹学乃道教的心性、精神修炼理论，林兆恩素好心身性命之学的探求，在卓晚春的影响下，开始重视内丹修炼。

嘉靖三十年，兆恩 35 岁。受其友黄州之请，开始收受门生，逐步组织成一个学术教育团体，讲学、著述、立说。收受的对象主要是亲友中的读书人，其学以儒家伦理纲常之教为本，三教心性之学为主；亦教之以读经、作文、作诗之道以及各种礼节、礼仪、礼学；并订定明经堂、崇礼堂规条，列明读书、生活、应对进退等应注意的事项，供诸生遵行。由此可以看出，这个团体事实上所进行的是书院教育，林兆恩所扮演的是教书先生或曰讲学者的角色。

嘉靖三十四年后，莆田地区连年遭受倭寇侵掠，林兆恩积极捐钱捐米、赈灾劳军。倭寇是明代侵扰我国东南沿海数省的日本海盗集团，嘉靖后期，最为猖獗，福建莆田、仙游、福清一带深受其害。倭寇的侵略和瘟疫的流行，造成莆田地区人民死亡无数，贫者无力为亲人购棺安葬，且饥病交迫。兆恩变卖田产，购制棺木为贫者安葬死难亲人，并捐米、钱赈济灾户、贫民。此后，兆恩持续赈灾济贫，义举不断，而家产几乎散尽。林兆恩的义举，使其名声大振，受到当时与后世的交口称赞。需要指出的是，此举也为他日后的传教奠定了信众的基础。

这个阶段的林兆恩因科举失败而弃去举子业，遍览二氏之教，以寻求心身性命之真意。这种恳切求道的热情，虽然包含着仕途失望之后的无奈，但是更多的是对于真"道"的渴望和探求。在探求的过程中，林兆恩确立了以心学为基础的最后返回了儒家思想，重新确定了儒家思想在自己理论中的核心位置。当然，此时的儒家思想与传统或者世俗所理解的儒家思想已经不太一样，而是加入了佛道二教、主要是禅宗和内丹学的要素。这是林兆恩自身思想探求的结果，也是其宗教思想的理论基础所在。由儒家思想出发，最后返回到儒家思想，这个过程的完成，标志着林兆恩本身思想的成熟。

第三个阶段是其 60 余岁至 82 岁，主要活动是创教与传教。这个阶段是林兆恩一生活动的最主要时期，他做的事情主要有三个方面：创教授徒、传教倡道以及著书立说。随着以林兆恩为核心的知识分子学术团体的不断壮大，其宗教性不断加强，开始向民间宗教的方向发展。这个转变是一个过程，明显的转折点出现在嘉靖四十四年（1565），林兆恩开始云游天下，四处传教，信徒则"人人肖像以祀"，至万历十五年（1587）被门人奉为"三一教主"。兆恩传教的足迹几乎遍及了整个福建，还多次到江西、浙江、广东、江苏等地，而其学说亦随着三一教的传布，流传更为广远。

林兆恩在其授徒传教过程之间，勤于著述，自嘉靖三十二年（1553）开始至万历二十六年（1598）去世的 45 年间，几乎每年都有好几种著作问世。后来汇编成集，主要有《圣学统宗》《林子圣学统宗三教归儒集》《三教分内集》《圣学统宗非非三教心圣集》《林子全集》《林子三教正宗统论》《林子会编》等。这些著作成为研究林兆恩和三一教思想的基本依据。

万历二十五年，林兆恩 81 岁。由于年事已高，又身患重病，虽平时熟悉者来访，亦多不忆其姓名。次年正月十四日与世长辞，享年 82 岁。万历三十年正月，葬于莆田华亭石门山。

（庄恒恺）

李 贽

  李贽（1527—1602），原名载贽，号卓吾，又号温陵居士等，明嘉靖六年（1527）出生于福建省泉州府晋江县。先世本姓林，后改姓李。六世祖林驽是泉州巨贾，娶色目女子为妻，往来贸易于波斯湾。但李贽出生之时，其家族早已衰落。李贽的母亲徐氏在他六七岁时便去世了，此时他在父亲李白斋的教育下开始读书，学习《周易》《礼记》《尚书》等儒家经典。嘉靖二十六年，李贽与时年 15 岁的黄氏成婚。由于家境贫寒，李贽"自弱冠糊口四方，靡日不逐时事奔走"，对生活的艰辛深有体会。

  嘉靖三十一年，李贽考中壬子科举人，但因经济拮据，未能继续参加更高一级的会试，而只循例任官。嘉靖三十五年，李贽出任河南共城教谕，从此开始了漫长的宦海浮沉。此年，长子病死，李贽甚感悲戚。嘉靖三十九年，李贽升任南京国子监教官，但不久父亲去世，他随即回乡丁忧。嘉靖四十一年，李贽在服丧期满后，带着妻儿前往北京，等待了近两年的时间，才得到北京国子监博士的职位。在此期间，他以教书养家糊口，生活困顿，有时甚至连肚子都无法填饱。嘉靖四十三年，李贽祖父去世。就在接到消息的当天，李贽的次子也死了。他当即放弃职位，携带家眷回乡守丧。因囊中羞涩，遂于南下途中，拿出一部分钱财在他曾任教谕的河南共城购置地产一处，将妻儿留在那里，让她们自食其力。李贽带着剩下的钱财回到晋江家中，将父母、祖父母和曾祖父母三代一起安葬了。三年之后，李贽再次来到河南共城，重新与妻儿相聚。此时，他才知道二女儿、三女儿已在当地发生的饥荒之中丧亡。这天晚上，他与妻子"秉烛相对，真如梦寐"，由此可见其内心的伤痛之情。李贽随即带上家人再次来到北京，被任命为礼部司务一职。司务之职比国子监博士更穷，但李贽以为京师是文化名人荟萃之地，便于他访学问道。在北京的那段时间里，李贽开始接触到佛教及王阳明等心学家的学说，思想逐渐发生变化。隆庆四年（1570），李贽转任南京刑部员外郎。在此期间，李贽结识耿定向、耿定理兄弟以及焦竑、王畿、罗汝芳等朋友，他们经常在一起讨论学问。更为关键的是，李贽在此师事泰州学派的学者王襞，他是著名学者王艮的儿子，从此，李贽的思想焕然一新、卓然独立。万历五年（1577），李贽被任命为云南姚安府知府。他为官崇尚自然，以不扰民为念，公余之暇，仍从事讲学。至此，他的经济状况才开始改善，有所积蓄。三年任满之后，李贽决定告老辞官。李贽从进入仕途至此已二十几年，由于个性的缘故，期间经常和上司、同僚产生矛盾，他之所以要在此时退休，很大程度就是因为官场让他充满厌倦。李贽对他在仕宦生涯中经历的坎坷磨难留下这样的回忆："余唯以不受管束之故，受尽磨难，一生坎坷，将大地为墨，难尽写也。为县博士，即与县令、提学触；为太学博士，即与祭酒、司业触。……司礼曹务，即与高尚书、殷尚书、王侍郎、万侍郎尽触也。……最苦者，为员外郎不得尚书谢、大理卿董并汪意。……又最苦而遇尚书赵。……最后为郡守，即与巡抚王触，与守道骆触。……此余平生之大略也。"

万历九年，李贽辞官之后并没有回到家乡，而是去往湖北黄安，寄居在朋友耿定向、耿定理兄弟家里，充当门客和家庭教师。他说："我老矣，得一二胜友，终日晤言，以遣余日，即为至快，何必故乡也？"李贽后来对自己之所以不回家乡的缘由又做了如下解释："我平生不爱属人管。……弃官回家，即属本府本县公祖父母管矣。来而迎，去而送；出分金，摆酒席；出轴金，贺寿旦。一毫不谨，失其欢心，则祸患立至。其为管束至入木埋下土未已也，管束得更苦矣。我是以宁飘流四外，不归家也。其访友朋求知己之心虽切，然已亮天下无有知我者；只以不愿属人管一节，既弃官，又不肯回家，乃其本心实意。"在耿家，李贽与耿定理关系颇好，但是和耿定向在思想上存在分歧，最终导致两人反目为仇。万历十二年，耿定理卒于家中，李贽再也无法在耿家住下去了。万历十三年，李贽搬到麻城，先寄住于朋友家中，次年移居维摩庵，并让女婿将他的妻女送回家乡晋江。他在此时写给耿定向的一封书信中，对耿的伪善进行了激烈的嘲讽："试观公之行事，殊无甚异于人者。人尽如此，我亦如此，公亦如此。自朝至暮，自有知识以至今日，均之耕田而求食，买地而求种，架屋而求安，读书而求科第，居官而求尊显，博求风水以求福荫子孙。种种日用，皆为自己身家计虑，无一厘为人谋者。及乎开口谈学，便说尔为自己，我为他人；尔为自私，我欲利他；我怜东家之饥矣，又思西家之寒难可忍也；某等肯上门教人矣，是孔、孟之志也，某等不肯会人，是自私自利之徒也；某行虽不谨，而肯与人为善，某等行虽端谨，而好以佛法害人。以此而观，所讲者未必公之所行，所行者又公之所不讲，其与言顾行、行顾言何异乎？以是谓为孔圣之训可乎？翻思此等，反不如市井小夫，身履是事，口便说是事，作生意者但说生意，力田作者但说力田，凿凿有味，真有德之言，令人听之忘厌倦矣。"

万历十六年，李贽剃发为僧，移居位于麻城城外龙潭的芝佛院。对于隐藏在这一做法背后的内心情感，李贽在名为《薙发》的一组诗歌中有很直白的透露，其中二首云："有家真是累，混俗亦招尤。去去山中卧，晨兴粥一瓯。""为儒已半世，食禄又多年。欲证无生忍，尽抛妻子缘。"在给曾继泉的信中，李贽也提到自己削发为僧的原因是："因家中闲杂人等时时望我归去，又时时不远千里来迫我，以俗事强我，故我剃发以示不归，俗事亦决不肯与理也。又此间无见识人多以异端目我，故我遂为异端以成彼竖子之名。兼此数者，陡然去发，非其心也。"信中所谓的"俗事"，不外乎是指回乡购置田产以及为宗族承担应尽的义务，这些事情是传统社会中官员退休之后无法逃脱的。但是，李贽已下定决心要摆脱乡里宗亲的束缚，他的剃发就是自己不回家乡的极端表示。此外，当地士绅视李贽为异端，对他思想与行为表现出来的敌视态度，也是李贽出家的原因之一。总之，李贽在他 61 岁时剃发为僧，为的是追求个人的自由，过一种与世俗人生完全不同的生活。他在寺院里著书立说，与弟子们研讨学问，与远方朋友飞鸿往来，有时还外出参加朋友召集的聚会。靠着外出化缘和朋友的接济，李贽此时在经济上没有碰到任何困难。李贽后来自述在寺院中多得僧人照顾，让他这个孑然一身的老人不为起居饮食而担忧："日夕惟僧，安饱惟僧，不觉遂二十年，全忘其地之为楚、身之为孤、人之为老、须尽白而发尽秃也。余虽天性喜寂静，爱书史，不乐与俗人接，然非僧辈服事唯谨，饮食以时，若子孙之于父祖，然亦未能遽尔忘情一至于斯矣！"万历二十一年（1593），公安派袁宏道、袁中道、袁宗道三兄弟前来龙潭拜访李贽，他们谈论甚欢，并互相作诗酬唱。后来，袁中道在《李温陵传》中记下了李贽在寺院中生活的情景："与僧无念、周友山、丘坦之、杨定见聚，闭门下键，日以读书为事。性爱扫地，数人缚帚不给。衿裙浣洗，极其鲜洁。拭面拂身，有同水淫。不喜俗客，客不获辞而至，但一交手，即令之远坐，嫌其臭秽。其忻赏者，镇日言笑；意所不契，寂无一语。滑稽排调，冲口而发，既能解颐，亦可刺骨。所读书皆钞写为善本，东国之秘语，西方之灵文，《离骚》、马、班之篇，陶、谢、柳、杜之诗，下至稗官小说之奇，宋元名人之曲，雪藤丹笔，逐字雠校，肌襞理分，时出新意。其为文不阡不陌，摅其胸中之独见，精光凛凛，不可迫视。诗不多作，大有神境。亦喜作书，每研墨伸楮，则解衣大叫，作兔起鹘落之状。其得意者亦甚可爱，瘦劲险绝，铁腕万均，骨棱棱纸上。"

万历十八年，李贽的《焚书》在麻城刊印，书中收入历年所写书信、杂文和诗歌等，共六卷。在《自序》中，他对此书做了自嘲式的说明："所言颇切近世学者膏肓，既中其痼疾，则必欲杀我矣，故欲焚之，言当焚而弃之，不可留也。"书中特别收入了与耿定向论学的多封书信，公开揭露了"假道学"的伪善面目。此书的刊行，意味着李贽的"异端"思想将要更加广泛地流传，因此，当地官绅对李贽的敌对更为强烈，甚至对他进行迫害。《焚书》也当即遭到官方的非毁，列为禁书，然而在社会上却更加为人所知。

万历二十四年，李贽应刘东星之邀前往山西沁水。次年，又应挚友梅国祯之邀前往大同。九月，李贽又至北京。万历二十六年，李贽与同在北京的焦竑一起前往南京。万历二十七年，李贽的《藏书》六十八卷在南京刻成。此书分为《世纪》和《列传》两个部分，前者相当于《史记》中的《本纪》，是对帝王或虽未称帝但号令天下的人物的记述，后者是对历代大臣的记述。《世纪》每篇以标题示褒贬，《列传》则分门别类以次编排，通过这样的方式，李贽根据自己的标准对战国至元朝灭亡期间的八百名历史人物进行评价。他在给焦竑的信中说到写作此书的动机："山中寂寞无侣，时时取史册批阅，得与其人会觌，亦自快乐，非谓有志于博学宏词科也。尝谓载籍所称，不但赫然可纪述于后者是大圣人，纵遗臭万年，绝无足录，其精神巧思，亦能令人称羡。况真正圣贤，不免被人细摘，或以浮名传颂，而其实索然。自古至今，多少冤屈，谁与辩雪？故读史时真如与百千万人作对敌，一经对垒，自然献俘授首，殊有绝致，未易告语。"

李贽自认此书"乃万世治平之书，经筵当以进读，科场当以取士"，可见他自视甚高。李贽通过对历史人物的褒贬来表达自己的思想，他以"李卓吾一人之是非"评价历史人物，目的是揭露道学家"以孔子之是非为是非"的虚伪。李贽认为，衡量历史人物的标准应该是他们对历史产生的实际作用，而非儒家的道德标准。因此，《藏书》中对一些历史人物的排列与评价同在儒家思想指导之下写成的王朝史迥然有别。他把陈胜、窦建德等农民起义领袖列入《世纪》，与汉武帝、唐太宗并列，称赞陈胜为"古所未有"。他将儒家贬斥为"聚敛之臣"的桑弘羊列入"富国名臣"一栏，给予了正面评价。对于由韩愈所创而被宋明理学家继承的"道统说"，李贽斥之为虚妄。

韩愈的"道统说"认为，儒家的道统是由尧舜传下来的，一直传到孔子、孟子，此后道统就失传了。宋明道学家据此认为他们都是上接孟子，继承道统，从而为自己的思想提供合法性。李贽认为这种说法大谬不然，他辛辣地驳斥说："自秦而汉而唐而后至于宋，中间历晋以及五代，无虑千数百年，若谓地尽不泉，则人皆渴死久矣；若谓人尽不得道，则人道灭矣，何以能长世也？终遂泯没不见，混沌无闻，直待有宋而始开辟而后可也。何宋室愈以不竟，奄奄如垂绝之人，而反不如彼之失传者哉？"对于道学家提倡的"正心诚意"之说，李贽也进行了辛辣的讽刺。史书记载，道学家程颐有一次坐船渡江，船几倾覆，船上之人一片号哭，而程颐却正襟危坐仿若无事，别人问他为何心无恐惧，程颐答道："心存诚敬耳。"道学家往往以此类故事宣扬他们的学说，但李贽却认为这纯粹是"胡说"。《藏书》实际上是对作为官方正统学说的宋明道学的否定，是对现实社会的批判。因此，与《焚书》的命运一样，《藏书》也遭到了毁版查禁。

万历二十七年冬天，河漕总督刘东星约请李贽到山东济宁。其后李贽又回到麻城，再次受到当地官绅的迫害。听到当地官员要逮捕他的传闻时，李贽毫不屈服，表现出顽强的战斗精神。他在给朋友的信中说，"欲以法治我则可，欲以此吓我他去则不可"，"我若告饶，则不成李卓老矣"，"故我可杀不可去，我头可断而身不可辱"。当地官员最终将李贽居住的芝佛院拆毁，迫使他离开麻城。万历二十九年春天，李贽与朋友马经纶同到北京附近的通州，留宿于马家。李贽此行原是为了躲避麻城官员的迫害，没想到的是，京城中的官员又趁机上奏弹劾李贽。

时任礼科给事中张问达在给万历皇帝的奏疏中说："李贽壮岁为官，晚年削发，近又刻《藏书》《焚书》《卓吾大德》等书，流行海内，惑乱人心。……狂诞悖戾，不可不毁。尤可恨者，寄居麻城，肆行不简，与无良辈游庵院，挟妓女，白昼同浴，勾引士人妻女，入庵讲法，至有携衾枕而宿者，一境若狂。又作《观音问》一书，所谓'观音'者，皆士人妻女也。后生小子，喜其猖狂放肆，相率煽惑。……近闻贽且移至通州。通州距都下三十里，倘一人都门，招致蛊惑，又为麻城之续。望敕礼部，檄行通州地方官，将李贽解发原籍治罪。仍檄行两畿及各布政司将李贽刊行诸书并搜简其家未刻者，尽行烧毁，毋令贻祸后生，世道幸甚。"疏中不仅诋毁李贽思想狂悖，还诬蔑其行为不检，真是"欲加之罪，何患无辞"。明朝政府当即下令逮捕李贽，烧毁其所有著作。万历三十年，李贽被捕。审讯的官员问他"何以妄著书"，李贽答道："罪人著书甚多，具在，于圣教有益无损。"不久，李贽在狱中剃发，趁侍者离开之际，以剃刀割喉自刎。李贽并未立刻死去，侍者回来后问他为何自杀，他用手指在侍者手心写道："七十老翁何所求。"两天后，李贽去世，其友马经纶遵从其遗愿将其葬于通州城北。

（邓少平）

陈 第

陈第（1541—1617），字季立，号一斋，明世宗嘉靖二十年（1541）生于福建连江。其祖父以货殖致富，渐置田产，为乡里所重。父陈木山，身为长子，少好读书，晚为郡曹。陈第为家中次子，其兄名又山。陈第童年时常跟随祖父和父亲在阡陌之间叫跳游戏，养成了活泼好动之性情。7 岁开始读书，即显现出颖悟天资，以此倜傥自负。嘉靖二十九年，蒙古土默特部首领俺答率众攻破古北口，进入今北京一带大肆掳掠。陈木山阅邸报得知此事，心怀感慨，"每恨无丈夫子当关为朝廷洒一腔热血"。陈第听到父亲此话后，也满怀伤痛，可见他对国事的关心。陈第为诸生时，博及经史，暇时又学剑术，喜欢谈论军事，乡人皆以狂生视之。嘉靖四十一年，戚继光入闽抗倭，陈第仗剑从游，上平倭策。次年，戚继光在连江马鼻击败倭寇，陈第与当地士绅勒石纪功，铭曰"某年月日总戎戚公大破倭儿于马鼻"，将此碑立于西郊之外。

嘉靖四十四年，陈第游学省城福州，拜谒潘碧梧，得受明师指点。此后几年，陈第跟随潘碧梧讲学各地。在此期间，陈第还结识了提倡儒、释、道"三教合一"的莆田林兆恩。其时林兆恩也寓居福州，两人共谈心性之学。万历元年（1573），陈第第四次参加乡试未中，从此绝意于科考。此年在福州如兰精舍的讲学中，他说道："男子具六尺躯，纵无他事业，亦当如班超、傅介子辈立功异域；奈何琐琐邋邋，抱笔砚向里胥口中唱取功名哉！"本年秋天，陈第回到家乡连江，被名将俞大猷招入幕中，"教以兵法，因尽得韬钤方略"，"古今兵法之要、南北战守之宜，靡不探其奥蕴"。俞大猷非常欣赏陈第的军事才能，喜不自禁地说道："子当为名将，非一书生也。"

万历二年七月，俞大猷以都督入掌后军府事，陈第随之至北京，开始了他长达十年的军旅生涯。由于俞大猷的引荐，陈第得以拜谒总理蓟镇兵事的戚继光，并上书兵部尚书谭纶，向他陈述独轮车制。谭纶肯定了他的建议，让他专门负责训练士兵利用战车作战。在给顺天巡抚王一鹗的上书中，陈第说到自己来京的抱负："窃念第也，少伏海陬，闻见寡陋，兹之来也，盼江河山岳之广大，览土风民俗之异同，习塞垣形势之缓急，慨然想见往古豪杰，是以投笔而起，策勋以报朝廷，捐驱以酬知遇，其素所蓄积者也。"万历四年（1576），在车营训练完成之后，陈第率领京营军士三千出守蓟镇。次年正月，在谭纶的推荐下转为潮河川提调，守御古北口。万历七年春，兴建潮河川石桥，特从福建征调匠人参与建桥工事。次年三月，戚继光巡游潮河，广征战守之策，陈第提出边防五事对答。此年秋天，戚继光想推荐陈第为燕河路将，这是一个事务清闲但是俸禄优厚的职位，但陈第却婉辞了。他说："卑职犬马之齿，今年四十，过此则血气渐衰，常恐不能效微劳以见尺寸于斯世，不及今试于盘错，更待何时。卑职愿得疲敝之营，烦冲之路，众所不愿往者，以卑职为之，竭诚惮力，夙夜经理，无事则有勇知方，有事则谋攻作战。"因此，陈第在次年担任蓟镇三屯车兵前营游击将军，又署参将之职，驻扎于汉儿庄。陈第在此不仅管理士卒，还维护当地秩序，兴办学校，让军民子弟接受教育。针对士兵强娶民女、扰乱民生以及军营娼妓泛滥等问题，陈第做了一系列整肃纪律的改革，以达到军民相安的状态。针对军营破敝、行伍空虚的状况，陈第极力招募兵士，直至募足三千员额。针对外虏索赏无厌，否则即犯塞来寇的情况，陈第调度兵士，出关征剿，有效遏制了外敌的骚扰。

万历十年七月，有一个自称是蓟辽总督吴兑表弟姓周名楷的人，托陈第将五千匹布卖给兵士为衣，所需费用从兵士军饷中克扣。陈第严词以拒，并将此事密报戚继光，信中说道："第自到任以来，求托卖布物者不知其几，皆严以拒之，此心自誓，宁得罪于上司，不获罪于士卒。兹见罪于军门必矣，然不敢避也。官职去留，所关甚小，操守得失，所关甚大。第虽至愚，知所择矣。"果然，陈第因为此事受到了革职的处分。在得到这一消息后，陈第已决心从此离开官场，优游林下。在给朋友的信中，陈第说道："第实不佞，阅报之日，中心甚安。盖官职虽去，人品自在，况归山林与二三同志且耕且读，足以自老。大丈夫要当磊磊落落，遇时则振翮云霄，不遇则曳尾泥涂，随其所居，无不夷坦，安能枉己从人，依权媚势，即封万里侯，佩金印如斗，于心独无愧乎！"在给另一位友人的信中，陈第又说道："鄙人志在青山，今得遂矣，喜甚快甚！不宁鄙人，妻儿尤踊跃自喜，何者？皆无所利于官故也。明春南归，与二三子者修春风沂水之乐，明不加不损之旨，于此生足矣，更何外慕？"

万历十一年夏天，陈第卸甲南归，开启了人生的另一个里程。在舟船停留潞河之时，陈第将历年在蓟门所作诗歌编为一帙，取名《蓟门塞曲》。途中还乘便登泰山观日出，开始有了遍游五岳的计划。"然有母在，勿忍游也。读书未富，亦未可以游。"这年秋天，陈第回到连江，在西郊筑倦游庐。此后数年，陈第在此闭户读书，吟诗自娱。期间，将平日对长子祖念的训诫之言编为一帙，名曰《谬言》，以"备遗忘、资观省"。全书分为八篇，即论学、论圣、论经、论性、论政、诗文、诸子、论兵，共 210 余条。又将平日读书杂感增订为《意言》一书。

万历二十五年（1597）初夏，在妻子逝世几个月之后，陈第再无牵挂，于是开始远游，时年 57 岁。在给友人的信中，陈第说到自己"能游""欲游"的原因："宇宙之内莫如游乐，……今静而思动，居而思行，亦势所必至，况家事已付之豚子，年来又失其伉俪，内顾之念不关，逍遥之趣转笃，故能游也。九州至广，山水多奇，古今灵异之迹，往往而在，足迹所到，纪载随之，岂惟酬四方之志，未必非不朽之资，故欲游也。"此后，陈第遍游福建、广东、广西、江苏、江西、安徽、湖北、浙江、河南、陕西、山西、河北诸省名山胜水，间或与友人结伴而行。万历三十九年秋游中岳嵩山，四十年秋游西岳华山，四十二年秋游北岳恒山，四十三年夏游南岳衡山，陈第终于在有生之年完成了万历十一年游东岳泰山时所立下的"逍遥五岳从今始"的壮志。陈第在给友人的信中曾说："弟之所以逍遥汗漫，行万里若适莽苍者，所幸有三、不幸有二：幸而不富不贵不病故能游，不幸而无怙无恃故得游。"陈第在旅途中还不断用诗文记录下所见所闻，先后编成《两粤诗草》《五岳游草》两部诗文集。

万历三十一年，沈有容将军前往台湾剿寇，陈第与之同往。此次一共21 艘船出海，其中七艘因遇风暴失事，他们纵火烧沉倭寇的六艘船只，斩首 15 人，夺回被俘男女 370 余人。击败倭寇之后，军队泊于大员（今台南），当地头目大弥勒率领数十人叩谒，献肉馈酒，感激为他们除去祸害。陈第亲眼目睹其人其事，回来后在朋友的怂恿下写成《东番记》一文，该文因收在沈有容所编《闽海赠言》中而得以流传至今。此文虽然只有 1400 余字，但却是最早记载台湾少数民族政治组织、经济生活、风俗习惯、贸易往来的重要文献，意义非同一般。

在学术上，陈第最为重要的贡献还是对古韵的发明。作为儒家经典之一的《诗经》是古代士人必读之书，承载着文学审美、伦理教化等重要的功能。《诗经》本来应该都是押韵的，但是随着时代的变迁，语音也在发生变化，因此在中古之后，《诗经》中的许多韵脚用当时的语音读起来已经完全不押韵了。对于这种现象，时人不得其解，遂以"叶音"之说作为解释，把这些读起来不押韵的字临时改读为一个押韵的音。在唐宋时期，"叶音"之说流行甚广，大儒朱熹在他的《诗集传》中也大量采用。虽然宋代吴棫、明代杨慎都对此表示过怀疑，但始终没有完全否定，更不用说提出新的学说来取代它了。陈第是第一个彻底否定"叶音"说的学者，他的《毛诗古音考》就是为此而作的，从此动摇了"叶音"说的统治地位，开启了此后顾炎武直至清儒对古韵之学的重新探讨。

据陈第《毛诗古音考》之跋语，此书之作始于万历二十九年（1601）家居之时，但尚未脱稿便有福州、泉州之行。三年后，陈第游历南京，造访焦太史竑，"谈及古音，欣然相契，假以诸韵书。故本所忆记，复加编辑；太史又为补其未备，正其音切"。经过重新编辑以及焦竑的补正，此书大致完成了。万历三十四年五月，《毛诗古音考》付梓刊行。陈第在书中批判了"叶音"说的谬误，他认为这是"以今之读为正，而以古之正为叶"，也就是说它用今天的读音作为标准，而把古代本来的读音称作"叶韵"，这实际上是"颠倒古今，反覆伦类"。在《自序》中，陈第说道："故士人篇章，必有音节；田野俚曲，亦各谐声；岂以古人之诗而独无韵乎？盖时有古今，地有南北，字有更革，音有转移，亦势所必至。故以今之音读古之作，不免乖刺而不入，于是悉委之叶。"在此，陈第用非常精练的语言将语音随时代、地域而发生变化的道理说得很清楚了，因而他彻底洞悉了"叶音"说的谬误，转而求证于古音。为求得古音，该书列本证、旁证二条："本证者，《诗》自相证也；旁证者，采之他书也。"一方面以《诗经》本身的押韵材料考证古音，一方面又以《左》、《国》、《易象》、《离骚》、《楚辞》、秦碑、汉赋以至上古歌谣、箴、铭、赞、诵等与《诗》韵相合的材料作为旁证，材料丰富，方法正确，从而为后世学者研究古音奠定了基础，开创了崭新的道路。

焦竑在给此书所写的序中高度评价了陈第的这项工作："及观《古音考》一书，取《诗》之同类者而胪列之为本证，已取《老》、《易》、《太元》、骚、赋、《参同》、《急就》、古诗谣之类，胪列之为旁证，令读者不待其毕，将哑然失笑之不暇，而古音可明也。噫！季立之用心可谓勤矣。韵之于经所关若浅鲜，然古韵不明，至使《诗》不可读；《诗》不可读，而正得失、动天地、感鬼神之教或几于废，此不可谓之细事也。乃寥寥千古，至季立始有归一之论，其功岂可胜道哉！世有通经嗜古之士，必以此为津筏。"

《毛诗古音考》被收入清乾隆年间官方修撰的《四库全书》，其时古音之学已有较大发展，而《四库全书总目提要》仍对它在中国古代音韵研究史上的开创性地位给予了极高的评价："言古韵者自吴棫，然《韵补》一书，庞杂割裂，谬种流传，古韵乃以益乱。国朝顾炎武作《诗本音》、江永作《古韵标准》，以经证经，始廓清妄论。而开除先路，则此书实为首功。……虽卷帙无多，然欲求古韵之津梁，舍是无由也。"

万历四十一年（1613），陈第又写成了《屈宋古音义》一书。此书取屈原、宋玉所作辞赋中的音韵资料，"各推其本音，与《毛诗古音考》互相发明"，进一步证明他提出的古音理论。陈第在该书《自叙》中对此作有明确的说明："夫《毛诗》《易象》之音，若日月中天，耿然不可易矣。今考之屈、宋，其音往往与《诗》《易》合；其《诗》《易》所无者，又往往与周秦汉魏之歌谣诗赋合，其为上世之音何疑？……往年编辑《毛诗古音考》，已灾木矣。窃念少好《楚辞》，《楚辞》之中尤好屈、宋，一一以古音读之，声韵颇谐，故复集此一编，公之同好。噫！岂惟屈、宋是为，将以羽翼夫《毛诗》，使天下后世笃信古音而不疑，是区区论著之夙心也已。"

万历四十三年夏，陈第在游完南岳衡山的归途中避暑袁州，自觉此生心愿已了，于人世再无牵挂，于是作《请死诗》二首：

"尧舜去已久，孔曾不复延。自从天地来，聚散若云烟。间有不肯死，炼药求神仙。大运安能越，终向松下眠。我今七十五，兴在归黄泉。始愿实不及，世界无牵缠。何地不可瘗，何时不可捐。耳目稍如旧，齿牙幸颇坚。于斯得长逝，庶以名归全。"

"忆从四十后，便与人群疏。闭户奚所营，兀坐攻遗书。晚出寻山水，忽忽廿年余。但见清兴发，何曾叹归与。醉翁不在酒，钓叟非取鱼。万事颇觉悟，胸臆常清虚。世业推来士，泉下乃吾庐。劳生幸有末，长逝喜方初。"

这年秋天，陈第回到家乡，一病经年。次年夏天，他还将家中藏书万余卷以类相从，编成《世善堂藏书目录》，以备查检。次年正月末，陈第病重不起，三月二十一日逝世。临终之前，他还作《遗诫》一篇，在回顾自己的一生经历后说："我今日之死，至足无遗憾矣。"他告诫儿子祖念不要悲伤、不要哭泣，不要相信堪舆择日之术、不要寻求志铭传诔之文，不用斋醮念佛。他还作《自挽》诗云：

"早年列庠序，壮岁官边疆。晚出游四淮，万里高翱翔。五岳甫已毕，疾病旋灾殃。返真旧隐地，良友亦相将。二旬即窀穸，荒坎聊深藏。入世一何短，幽台日月长。生平寡嗜好，著述独皇皇。岂必人我知，写心固为臧。

于今怡然逝，陟降上帝旁。寄言报族戚，不用泪沾裳。"

近人金云铭先生鉴于陈第生平行事不彰于世，因此在 20 世纪 40 年代编撰了《陈第年谱》，该书《自序》中对谱主的一生有如下之概括："观其御倭守边，在蓟十年，调和文武，敦睦兵民，筑城创桥，兴学讲武，使边民乐业、行旅不惊，是名将而兼循吏；使上有明臣，假之便宜，则先生勋业岂止于一游击将军哉！及其拂衣归里，杜门著书；晚年从事游历，四山五岳足迹殆遍。其行程所经，明代除后先生数十年之徐霞客外，实不多见。"金先生所言明晰精确，故引之以终斯篇。

（邓少平）

何乔远

何乔远（1558—1631），字稚孝，号匪莪，福建泉州府晋江人。晚年屏居泉州城外镜山，学者称为镜山先生。父何炯，字思默，号怍庵。13岁时即失双亲，赖叔父分财资助，学业得以不废。嘉靖七年（1528），御史聂豹、提学吴仕至泉郡选士，得读其文，俱列第一。此后在家乡教书二十余年，然后起岁贡。嘉靖皇帝亲览其卷，特赐第一。然以资格之限，仅授江西安福县学训导。数年后，迁常州府靖江县学教谕。后以年老归家，从事讲学与著述，编著《温陵留墨》《清源文献》等。何乔远生于嘉靖三十七年，为何炯的第四个儿子。其时何炯在江西安福县学训导任上，何乔远即出生于县学学舍。何乔远幼承庭训，天资聪颖，五六岁即工楷书，十四五岁即工古文词，且以儒家的"圣贤之学"作为志向。万历四年（1576），何乔远与兄乔迁同中举人。万历十四年，何乔远中进士。因年初生母林氏去世，何乔远于是从北京赶回家中守孝。三年后回到北京，被任命为刑部云南司主事。在刑部任职期间，何乔远务简多暇，于是遍抄明代各朝实录以及稗官野史等资料，立志编纂明史，这个工作就是《名山藏》一书之滥觞。同时，他还写了《狱志》一书。万历十九年末，何乔远转任礼部，先为礼部仪制司主事，后陆续升仪制司员外郎、精膳司郎中、仪制司郎中。在精膳司任职时，他写了《膳志》一书。在礼部任职期间，适逢明神宗欲封皇长子为王，何乔远上疏力争不可，封事遂止。同僚陈泰来等言事被贬，何乔远又上疏挽救。兵部尚书石星力主在朝鲜问题上与日本讲和，何乔远又上疏反对。终因激烈反对对顾宪成贬官的处理，何乔远被贬为广西布政司经历，时在万历二十二年。次年，夫人温氏卒，何乔远旋假归。从此开始直至光宗即位的二十五年间，何乔远都闲居家乡泉州，在书院中讲学，或者从事著述。时人将他与邹元标、冯从吾、赵南星并称为"四君子"。在这二十多年里，何乔远除集中精力编纂《名山藏》外，还参与编写《泉州府志》、编成《闽书》初稿，并开始编选《皇明文征》。万历四十八年（1620）神宗去世，光宗即位，任命何乔远为光禄寺少卿，旋改太仆寺少卿。熹宗天启二年（1622），何乔远任通政司添注左通使，后迁光禄寺卿、通政司通政使。天启四年，何乔远以疾乞归，皇帝准其以户部左侍郎致仕。崇祯二年（1629），起任南京户部右侍郎，后遭弹劾，乃自引归。崇祯四年十二月，何乔远卒于家中，享年74岁。乡人为纪念他修建了何镜山祠。

何乔远早在刑部任职时，就开始着手《名山藏》的编著。从广西乞归泉州之后，又集中十几年的时间专门从事此书的编写。但是，以一人之力编写如此篇幅的国史，要想尽善尽美，绝非一件容易的事情。此后，他一直不断对其进行修改，至死也没能刊行。直到崇祯十三年（1640），此书才由何氏门人、后裔捐资刊印，全书共四十册，一百〇九卷。《名山藏》是一部纪传体史书，主要记载明太祖至明穆宗十三朝的史事，偶尔也涉及万历时期。全书分为三十七记，名目奇异：《典谟记》记洪武至隆庆诸帝事迹，《坤则记》记后妃事迹，《开圣记》记朱元璋即位后追封的祖先事迹，《继体记》记七位有资格继承皇位的短命太子或世子事迹，《分藩记》记分封事迹，《勋封记》记臣僚受勋封赏事迹，《天因记》记朱元璋借以起家的郭子兴、韩林儿事迹，《天驱记》记与朱元璋争雄的国初群雄事迹；《舆地记》《刑法记》《河漕记》《漕运记》《钱法记》《兵制记》《马政记》《茶马记》《盐法记》等九记述明朝各项典章制度；《臣林记》记列朝良臣事迹，《臣林外记》记建文帝逊国诸臣事迹，《臣林杂记》记权臣事迹，《关柝记》记尽忠守职的低级官员事迹，《儒林记》记学者事迹，《文苑记》记文人事迹，《俘贤记》记为朱元璋嘉奖过的元朝遗臣事迹，《宦者记》记郑和等有功的宦官事迹，《宦者杂记》记权宦事迹，《列女记》记节妇事迹，《高道记》记隐士事迹，《本士记》记潜心学问的士人事迹，《本行记》记道德高尚的闾巷之士事迹，《艺妙记》记书画家事迹，《货殖记》记商人事迹，《方技记》记术士医家事迹，《方外记》记僧道事迹，《王享记》记外国事迹；另有《典礼记》《乐舞记》两记未刻。

钱谦益在此书《序》中说："公之为是书也，有三难焉，亦有三善焉。东汉以后之史，皆成于异代。今以昭代之人，作昭代之史，忌讳弘多，是非错互。公羊托指于微词，韩愈戒心于显祸，一难也。迁、固之书，讨论于再世；晋唐之史，假借于众手。今以一人一时，网罗一代之事，既非专门服习之学，又无史局纂修之助，二难也。龙门之采《世本》也，涑水之修《长编》也，述作之源流，笔削之先资也。今之纪载纷如，其可资援据者或寡矣，远无征于杞、宋，近或指乎隐、桓，三难也。公之为书也，果断以奋笔，采毫贬芥，不以党枯雠腐为嫌，此一善也。专勤以致志，年经月纬，不以头白汗青为解，此二善也。介独以创始，发凡起例，不以断烂芜秽为累，此三善也。公盛年迁谪，读书讲道，一日无声色货利之好，无荣名膴仕之慕，专精覃思，穷年继晷，故其著作之成就如此。呜呼！本朝学士大夫从事于史者众矣，以海盐之志焉而弗史，以太仓之力焉而弗史，以南充之位与局焉而弗克史。国家重熙累洽，度越汉、唐，而史事阙如，此亦士大夫之辱也。后有征明史者，舍公何适矣？"钱氏"三难""三善"之说可谓深知修史甘苦之言。明清易代之后，因《名山藏》中包含有清朝政府忌讳之内容，被列入清代禁毁书目，以致流传不广，刊本保存至今者寥寥。现在，经过点校的《名山藏》列入"八闽文献丛刊"由福建人民出版社于 2010 年出版，甚便参考。

《名山藏》的编著完全出于何乔远个人的志趣，与此相较，《闽书》的编纂就稍显偶然了。万历三十八年（1610），巡按御史陆梦祖启动续修福建省志的计划，下令诸府先修本府之志，然后再由官方延聘学者汇总为省志。当时的设想是，由林烃主事，何乔远、林材、董应举等参与。不久陆梦祖调任，省志的编纂未能按计划进行。何乔远参与编纂《泉州府志》即在此时，历时五月杀青。万历四十年，提学副使冯烶将修好的各府县志全部送到何乔远家中，让他汇总编成省志。何乔远依据这些资料，并在学生黄鸣晋、王有栋的协助下，于万历四十四年将《闽书》编成。期间主事官员相继离开福建，《闽书》的刊印遂被搁置。此后，何氏对《闽书》不断有所修订。崇祯元年（1628）熊文灿任福建巡抚，筹资刊印《闽书》，何乔远又续写了万历四十四年至万历四十八年之事，"以成神庙一朝终始"。《闽书》熊文灿《序》署崇祯四年五月，全书刊刻完成当在此后不久。《四库全书总目提要》云："闽自唐林谞有《闽中记》，宋庆历中林世程重修之。历南宋及元，皆无总志。明成化间，莆人黄仲昭始为《八闽通志》。王应山复为《闽大记》《闽都记》《全闽记略》，皆草创未备。乔远乃荟萃郡邑各志，参考前代载记，以成是书。"

《闽书》分为二十二志，名目之怪异一如《名山藏》：《分野志》记福建方位，《方域志》记政区沿革、山川名胜，《建置志》记府县官署，《风俗志》记民情风俗，《版籍志》记户口、赋役、土田、税粮、屯田、寺田、盐课、杂课、上供等财政事项，《扞圉志》记都司卫所巡检司等军事建制，《前帝志》记南宋端宗、少帝昺及福建历代军政领袖及割据势力首领事迹，《文莅志》记福建历代各级文官事迹，《武军志》记福建历代各级武官事迹，《英旧志》记闽籍或寓闽各界名人事迹，《方伎志》记医家、术士、书画家事迹，《方外志》记佛道人物事迹，《宦寺志》记闽籍宦官事迹，《闺阁志》记贤女、贞女事迹，《岛夷志》记外国事迹，《灵祀志》记各地祠庙，《祥异志》记灾异祥瑞，《萑苇志》记盗贼寇乱，《南产志》记闽地物产，《蓄德志》记人物轶闻，《我私志》记本书编纂缘起、体例及何乔远简史。《四库全书总目提要》对此书体例与内容颇有微词云："其标目诡异，多乖志例。《扞圉志》载兵防及将弁兵士额数，而复有《武军志》以详其人。《文莅志》则合职官、名宦而为一，分并均失其当。《前帝志》载宋端宗及少帝昺，端宗虽即位于福州，然正史已详，不宜复入志中。且帝昺即位于粤之碙洲，尤与闽无涉。《英旧志》载人物，而复分《缙绅》《弁翰》《关柝》《韦布》《闾巷》《侨寓》《裔派》为七类，转觉淆杂。《宦寺志》专载五代林延遇，明张敏、萧敬三人，亦非志中所应有。《蓄德志》杂载丛谈逸事，并及诗话文评，于名为不称。《我私志》则乔远自志其宗族，虽仿古人自叙之例，而称名不典，语多鄙野。其文辞亦好刊削，字句往往不可句读，盖不能出明人纤佻矫饰之习。《明史》本传亦称'所撰《闽书》一百五十卷（案：书实一百五十四卷，盖刊本误脱一'四'字），颇行于世，然援据多舛'云。"尽管如此，《闽书》仍然是一部著名的福建方志，保留了丰富的福建地方史甚至中国古代史的资料，受到学者的关注与重视。厦门大学多位学者通力点校的《闽书》，列入"八闽文献丛刊"由福建人民出版社于 1994 年出版，极便参阅。

万历二十三年（1595）何乔远辞官家居之后，还开始搜集有明一代诗文汇为一编，其后不断增补，终于崇祯四年（1631）刊行，此即《皇明文征》一书。《皇明文征》是一部明代诗文总集，收录从洪武至崇祯初年的作品，先按文体编次，各类文体之下又以类相从，全书共七十四卷。何乔远"自序"云："明兴二百七十余年矣，列圣之所垂训，贤士大夫之所称说，皆可以轩天地，而涣散不收。即前辈有收，而时日久远，于今在天地间者，又日新而月盛矣。远山居有年，窃不自量，择其词之雅驯而近古者，汇为一部，以卷计者，七十有奇。而国家之施设建立，士大夫之经营论著，悉具其中。下及于方外、闺秀，无不兼收并录。所以示明德之大、明文之盛，足以昭布于无穷。"其书卷帙浩繁，所收诗文范围极其广泛，《四库全书总目提要》云"然其稍伤冗滥，亦由于此"。

此外，何乔远平生所写的奏疏、诗文、书信、序跋、墓志铭等被收入门人所编《镜山先生全集》，此书版刻全本保存于日本内阁文库。福建省文史研究馆据此本点校整理，列入"福建文史丛书"，由福建人民出版社于 2015 年出版，名《镜山全集》，以广其传。

（邓少平）

谢肇淛

谢肇淛（1567—1624），字在杭，号武林。先世本居浙江，宋末谢星入闽做官，因乱不得归家，遂留居闽。明初谢氏至长乐江田里定居，谢肇淛祖上一支后迁居省城福州，而往来江田。谢氏家族显赫，仕宦为官者甚多。谢肇淛叔祖谢杰（1537—1604），字绎梅，万历二年（1574）进士，官至户部尚书，曾出使琉球，著有《士谭民语》《琉球录补遗》等。谢肇淛父亲谢汝韶（1537—1606），字其盛，号天池，嘉靖三十七年（1558）中举人，官至吉府左长史，著有《天池存稿》十六卷。隆庆元年（1567），谢肇淛出生于浙江杭州，其父时任钱塘县学教谕，因此为他取名肇淛，字在杭。万历七年，谢肇淛年方十三，作《题苏中郎牧羊图》诗："沙满毡裘雪满天，节旄零落海云边。上林飞雁来何晚，空牧羝羊十九年。"此年随父在楚就试，因文才出众，督学使者拔高等。万历十三年，王世懋任福建提学副使，看到谢肇淛的文章后说"将来必为名士"，拔置第一。万历十六年，谢肇淛中举人，随即赴京赶考。次年三月下第后回到家中，读书罗山，与同好结社赋咏，诗名由此大噪。万历十九年再次北上京城，次年中进士，旋任湖州推官。因年少气盛，为长官所不悦，终于万历二十六年解任。次年调东昌司理。万历三十三年，擢南京刑部山西司主事。次年转兵部职方司主事。不久，父亲去世，乃居家守丧，闭户读书。万历三十七年（1609），服阕，补北京工部屯田司主事，转员外郎，管节慎库。万历三十九年，转工部都水司郎中，督理北河，驻节张秋。万历四十六年，擢云南布政使司参政兼佥事，次年到任。天启元年（1621），擢广西按察使。天启三年，升广西右布政使，寻晋左布政使。天启四年，提调省试。冬，行至萍乡，卒于官邸。

谢肇淛26岁成进士，此后除丁父忧三年外，其余时间都在做官。谢肇淛每到一处都要考察该地风土人情，并用诗文将见闻记录下来，在繁杂的政务之暇留下了大量著述。在湖州推官任上，他采问吴兴风俗，写成《吴兴支乘》二卷。任东昌司理期间，他搜集东昌异闻，写成《居东杂纂》四卷。在工部屯田司任事时，谢肇淛巡视了大清河与东昌南面的大运河，写成了《北河纪》八卷、《北河纪余》四卷。《北河纪》首先列出河道诸图，然后分为河程、河源、河工、河防、河臣、河政、河议、河灵八记，具载河流原委及历代治河利病，采录资料完备，体例亦颇详明。又将山川古迹及古今题咏之类附录于后，题曰《北河纪余》。清朝乾隆年间官方修撰《四库全书》，《北河纪》《北河纪余》被收入"史部·地理类"。四库馆臣在为它们所写《提要》中对其体例上的创新评价甚高："盖河道之书，以河为主，与州郡舆图体例各不侔也。国朝顺治中，管河主事阁廷谟益以新制，作《北河续纪》四卷，虽形势变迁，小有同异。要其大致，仍皆以是书为蓝本。盖其发凡起例，具有条理，故续修者莫能易焉。"在云南布政使司参政任上，谢肇淛调查云南当地的历史与风俗，写成《滇略》十卷。卷一"版略"，记载云南疆域沿革变迁；卷二"胜略"，记载云南山川名胜；卷三"产略"，记载云南物产；卷四"俗略"，记载云南民情风俗；卷五"绩略"，记载历朝云南官宦；卷六"献略"，记载云南乡贤耆旧；卷七"事略"，记载历代故实；卷八"文略"，记载有关云南之诗文；卷九"夷略"，记载云南少数民族状况；卷十"杂略"，记载各种奇闻怪事。此书亦被收入《四库全书》"史部·地理类"，四库馆臣在为该书所写《提要》中说："虽大抵本图经旧文，稍附益以新事。然肇淛本属文士，记诵亦颇博洽，故是书引据有征，叙述有法，较诸家地志，体例特为雅洁。薛承矩序称其上以搜杨终、常璩之所未及，下以补辛显怡、李京、杨慎、田汝成诸纪载之漏遗。杭世骏《道古堂集》有是书跋，亦谓其详远略近，博观而约取，苍山、洱水之墟，称善史焉。均非溢词也。"《滇略》现已成为研究云南地方历史的一部重要著作。在广西右布政使任上，谢肇淛取资于广西地方史乘以及耳闻目睹之风土人情，写成《百粤风土记》二卷，因广西古为百越之地，故名。近代著名的藏书家、版本目录学家傅增湘介绍此书云："首述地理沿革，次山川胜概古迹，次物产风俗，次瑶壮种类及土司建置，末采元至元中陈刚中使安南时即事律一首以附于后，盖诗中纪安南风土为详，而自注所载尤为赅备，以国境与粤西毗连，类而及之耳。"傅增湘评价此书价值云："在杭此编，以簿书之暇日，为轺轩之采风，叙次有法，详简得中，文字亦复闲雅可诵，言粤事者得此书观之，庶足以知要领矣。"在广西时，谢肇淛还关注当地的行政治理，写成《粤藩末议》二卷。

除了辗转各地做官之外，谢肇淛还进行过广泛游历，足履所及，北至北京，南达云贵，每到一处便写诗记录见闻、描写风俗，留下了大量诗篇。《游燕集》收录万历十六年至十七年（1588—1589）赴京赶考期间所写诗歌，《游燕二集》收录万历十九年至二十年（1591—1592）再次进京期间所写诗歌。《小草斋稿》写于万历十九年家居九仙山时，《下菰集》作于吴兴，《銮江集》作于真州，《居东集》作于东昌，《近游草》写于万历三十九年归里时，《小草斋集》收录入滇之前诗作，《小草斋续集》收录入滇之后至去世之诗作。万历四十六年（1618），谢肇淛擢云南布政使司参政兼佥事，在从江西至云南途中，作诗77首，总称《邮纪》，在引言中谢肇淛说"昔人谓少陵为诗史，今余此编谓为诗邮可矣"。谢肇淛的诗歌受到时人的欣赏，屠隆《谢在杭诗序》云："黄白仲与余抵掌海内词人，遂及闽士，而指屈在杭。君才绝一世，蚤岁登坛。所称诗，峭蒨秀伟，卓然名家。"《明史·文苑传》云："闽中诗文自林鸿、高棅后，阅百余年，郑善夫继之。迨万历中年，曹学佺、徐熥辈继起，谢肇淛、邓原岳和之，风雅复振焉。"谢肇淛还热衷于组织诗社，与诗友吟咏唱和，切磋技艺。万历十七年下第居家时就曾与友人结社赋咏，即使做官之后，也常于回闽省亲之际邀友结社，如万历三十六年的红云社、万历三十九年的泊台社、万历四十四年的春社等，对于活跃闽中诗坛起到一定作用。在创作诗歌之余，谢肇淛还对诗学理论与批评有所论述，主要集中于《小草斋诗话》《文海披沙》这两部著作，另外还有一些见于诗文集，论诗主张追摹盛唐。

谢肇淛最为著名、流传最广的作品是《五杂组》。古乐府中有一种三言六句的诗歌："五杂组，冈头草。往复还，车马道。不获已，人将老。"因以首句名为"五杂组（俎）"。后人仿照这种体裁作诗，于是就成为诗体的一种。谢肇淛《五杂组》书名就是借用这个名称，同时又赋予了新的含义。此书共十六卷，分为天、地、人、物、事五个部分，依类摘录历代典籍记载以及谢氏耳闻目见之事情，汇为一编。谢肇淛二十多岁即步入仕途，到各地做官，四处游历，阅历广泛，对当朝时事、地方风物都非常关注。《五杂组》中的不少记载都是得自谢氏的亲见亲闻，范围非常广泛，内容极其丰富，是研究明代政治与社会生活的重要著作，具有极高的史料价值，堪称一部小型的百科全书。《五杂组》文笔隽永，言简意深，其中很多篇章都类似于今日的小品文，可读性很强。《五杂组》对于世态人情、国事朝政也多有精辟议论，其中见识今日读来亦足发人深省。由于书中一些地方涉及辽东边事，清朝将其列入禁毁书目，以致国内罕见刻本。但是，此书传入日本后，却因其内容广泛、文笔流畅而受到日本读者的喜爱，在日本多次翻印。今上海书店出版社将其收入"历代笔记丛刊"于2009年点校出版，甚便阅读。

谢肇淛还撰写了数部地方志，如《鼓山志》八卷、《支提山志》四卷、

《太姥山志》二卷、《方广岩志》二卷、《长溪琐语》二卷、《八闽蹉政志》十六卷等。其中，《方广岩志》《长溪琐语》两种收入《四库全书》"史部·地理类存目"。四库馆臣在为前者所写《提要》中云："方广岩在永福县东。……肇淛时为工部郎，奉使过家，游于是岩，因辑此志。前为《义例》一条，作《本纪》以志方广，作《外纪》以志旁近岩壑，作《别纪》以志方外，作《文纪》《诗纪》以辑前人之作。然'本纪'之名，史家以载帝王事迹，用之山水，殊乖体例。《别纪》信志宁之托生三元、德涵之丽刑地狱，佛氏之说，儒者所不道。"后者《提要》云："长溪，今之福宁府。是书杂载山川名胜及人物故事，间及神怪，盖亦志乘之支流也。"

（邓少平）

叶向高

　　叶向高（1559—1627），字进卿，号台山，福建福清人。父叶朝荣，曾任广西养利州知州。叶向高生于明世宗嘉靖三十八年（1559），据说他出生的时候，其母正躲避倭寇之难，在道旁一所破败的厕所中将其产下。叶向高于明神宗万历十一年（1583）中进士，被授予翰林院庶吉士之职，不久进翰林院编修。后迁南京国子监司业，改任左中允，仍负责司业之事。万历二十六年征召为左庶子，充任皇长子朱常洛的侍班官。时值朝廷派矿监四出征收矿税，叶向高上疏援引东汉官舍西邸聚积钱财的事情为鉴，但未得到批复。次年擢为南京礼部右侍郎，后改任南京吏部右侍郎。叶向高再陈矿税之害，又请求罢免辽东税监高淮。万历三十一年末发生"妖书案"，叶向高写信给沈一贯极力规劝，使沈一贯感到很不高兴，因此叶向高滞留南京未得升迁长达九年。万历三十四年，大学士沈一贯、沈鲤相继被免，内阁只剩下朱赓一人。次年五月，叶向高被擢为礼部尚书兼东阁大学士，与王锡爵、于慎行、李廷机同时入阁。十一月叶向高入朝时，于慎行已经去世，王锡爵坚辞不出。万历三十六年，首辅朱赓去世，次辅李廷机长期闭门不出，叶向高于是就成为首辅。

　　此时，万历皇帝在位已近40年，倦于勤政，朝事废弛，官僚机构的运转问题重重，君民隔阂颇为严重。朝廷内部朋党营私，而宦官四出征税、开矿，危害百姓。叶向高宿有声望，居宰相之位，忧国奉公，主持政事尽心尽力。万历皇帝虽然内心很尊重他，表面上对待他也很优厚，但是他的意见只有十之二三被采纳。万历皇帝十分宠爱郑贵妃，其子福王朱常洵久留京师，不肯到自己的封国去。而太子朱常洛辍讲已达五年，万历三十七年二月，叶向高向皇帝请求恢复给太子讲学，万历皇帝却未曾答复。太子生母贵妃王氏死了四天还不发丧，在叶向高的建议下才发丧。福王朱常洵的府第建成后，叶向高请求皇帝让福王回国，皇帝也没有采纳。锦衣百户王曰乾妖言惑众，上奏挑拨太子与福王的矛盾，万历皇帝看后深感棘手。叶向高主张对此事严加审问，并将奏疏留中，以免激化皇室内部各方矛盾。同时，叶向高建议福王赶快到他的封国去，以免引起众人非议。最终，万历皇帝在不得已的情况下采纳了叶向高的建议。万历四十二年（1614）三月，福王离开京师前往封国洛阳。从这一事件可看出叶向高富有裁断，善于处理大事。万历皇帝也为平定父子兄弟之间的疑虑而深感快慰。

叶向高曾上疏指陈明朝政治的弊端，他说："今天下必乱必危之道，盖有数端，而灾伤寇盗物怪人妖不与焉。廊庙空虚，一也。上下否隔，二也。士大夫好胜喜争，三也。多藏厚积，必有悖出之衅，四也。风声气习日趋日下，莫可挽回，五也。非陛下奋然振作，简任老成，布列朝署，取积年废弛政事一举新之，恐宗社之忧，不在敌国外患，而即在庙堂之上也。"他认为国家的危险不在于天灾盗贼，而在于官职空缺、政情阻塞、官员内斗、以公谋私、道德沦丧及世风日下。他希望皇帝振作起来，任用老成之人，更新废弛之政，重兴大明王朝。可是，万历皇帝并不能实行他的建议，叶向高因此多次上奏请求辞官归里，然而都没有得到皇帝的准许。叶向高在奏疏中说："臣屡求去，辄蒙恩谕留。顾臣不在一身去留，而在国家治乱。今天下所在灾伤死亡，畿辅、中州、齐、鲁流移载道，加中外空虚，人才俱尽。罪不在他人，臣何可不去。且陛下用臣，则当行其言。今章奏不发，大僚不补，起废不行，臣微诚不能上达，留何益？诚用臣言，不徒縻臣身，臣滥先朝露，有余幸矣。"又说："自阁臣至九卿台省，曹署皆空，南都九卿亦止存其二。天下方面大吏，去秋至今，未尝用一人。陛下万事不理，以为天下长如此，臣恐祸端一发，不可收也。"万历四十年，万历皇帝在位已四十年，叶向高以为从三代迄今历代帝王享国四十年以上的才十人，他趁机奉劝皇帝力行新政，任用贤人。可是皇帝仍然无动于衷，叶向高知道无法实现自己的抱负，再次向皇帝请求辞官，然而还是未得到皇帝的准许。叶向高上奏说："臣进退可置不问，而百僚必不可尽空，台谏必不可尽废，诸方巡按必不可不代。中外离心，辇毂肘腋间，怨声愤盈，祸机不测，而陛下务与臣下隔绝。帷幄不得关其忠，六曹不得举其职，举天下无一可信之人，而自以为神明之妙用，臣恐自古圣帝明王无此法也。"

万历三十六年首辅朱赓去世之后，内阁中实际只有叶向高一人，他即多次向万历皇帝奏请增加阁臣，但皇帝都没有听从。万历三十九年，叶向高生病期间，因内阁无人，章奏全部送到他家中由其拟旨，时间长达一月。万历四十一年，叶向高主持癸丑会试，章奏便被送到考场中由其拟旨，时人都以为异事。叶向高请求增加阁臣之章奏百余上，万历皇帝才命方从哲、吴道南入阁。万历四十二年三月福王之国后，叶向高又十余次上奏乞归，到八月时终于获得皇帝许可。叶向高以三年考绩，晋升为太子太保、文渊阁大学士；因延绥战功，加封少保兼太子太保，改任户部尚书，进武英殿；一品官三年期满，加封少傅兼太子太傅，改任吏部尚书，进建极殿。至辞官时，万历皇帝下令加封少师兼太子太师，赐白金百两、彩帛四件，表里大红坐蟒一袭，派遣行人护归。

叶向高在任内阁首辅期间，非常注意协调官员之间的意见纠纷，主张求同存异。当时党派之争已经十分严重，御史郑继芳极力攻击给事中王元翰，朝廷官员围绕在他们身边形成角逐之势。叶向高请求将他们互相攻击的奏疏下发，令部院评定其中是非曲直，处罚颠倒是非的一两个人，以儆其余。万历皇帝对此事没有批复，朝廷官员既然不知孰对孰错，更加树立朋党互相攻击。不久，因争论李三才之事，朝廷党争之势于是形成。在东林书院讲学的顾宪成写信给叶向高与尚书孙丕扬，力辩李三才之贤。恰值辛亥年（1611）考察京官，攻击李三才的刘国缙因为其他过失登在考核名册上，乔应甲也因为年例派往外地，其同党大哗，以为这是对他们的打击。叶向高由大局出发处理此事，考察京官的事情得以未受扰乱，但是两党争斗于是呈现不可调解之势。此后，齐、楚、浙党人攻击东林党不遗余力。直至天启年间，王绍徽等撰写《东林点将录》，令魏忠贤按姓名驱逐朝臣。因为叶向高曾祖护东林党人，遂被指名为东林党党魁。

泰昌元年（1620），光宗朱常洛即位，特下诏令叶向高还朝。一个月后，光宗去世，熹宗朱由校即位，又下诏催促他还朝。天启元年（1621）十月，叶向高终于回到北京，署吏部尚书兼内阁大学士，再次成为首辅。叶向高向新皇帝上奏，提醒新皇帝慎重对待诏书草拟之事："臣事皇祖八年，章奏必发臣拟。即上意所欲行，亦遣中使传谕。事有不可，臣力争，皇祖多曲听，不欲中出一旨。陛下虚怀恭己，信任辅臣，然间有宣传滋疑议。宜慎重纶音，凡事令臣等拟上。"叶向高此言目的在于奉劝新皇帝防止宦官代拟诏书。熹宗执政之后，任用了一大批贤能的官吏，整个国家欣欣向荣，气象日新。然而皇帝毕竟才 15 岁，对于忠臣和佞臣无法辨别。宦官魏忠贤趁机逐渐窃取了国家大权，蒙蔽主上，独断专行，打击异己，败坏朝政。魏忠贤首先弹劾东林党支持者太监王安，使其遭到外放的惩罚，后被魏忠贤同党所杀。魏忠贤又陆续排挤掉吏部尚书周嘉谟与言官倪思辉等人，大学士刘一燝也极力请求去职。叶向高为此上疏为刘一燝辩护，这引起了魏忠贤的忌恨。不久，刑部尚书王纪、礼部尚书孙慎行、都御史邹元标先后被排挤离职。叶向高为他们辩护无果，因此请求与邹元标一起去职。皇帝没有接受，魏忠贤从此更加忌恨叶向高。

叶向高为人光明忠厚，德行端正，对善良之人常常施以援助。虽然对年幼的皇帝不能直谏如明神宗时，但是仍然多次匡正补救皇帝的过失。给事中章允儒请求减少上供袍服，太监激皇帝发怒，命令对他施以廷杖。叶向高两次上疏营救，最终章允儒被夺俸一年。御史帅众指斥宫廷事务，太监请求皇帝将其外放，因为叶向高营救得以幸免。给事中傅魁因营救王纪将遭贬职，也因为叶向高的上疏而得以只受罚俸的处罚。王纪罢免后，因御史吴甡、王祚昌的举荐，部议以原官职召回。魏忠贤对此颇为愤怒，准备从重处罚文选郎，又因叶向高之营救使他得以幸免。给事中陈良训上疏嘲讽有权势的宦官，魏忠贤摘取其奏疏中"国运将终"一句，命令将他下狱，并穷治主使之人。叶向高以辞官相争，陈良训得以只受夺俸的处罚。熊廷弼、王化贞论罪当死，言官奉劝皇帝尽快处决。叶向高请求等待法司复核之后再做决定，皇帝听从了。有人请求搜刮全国各省、府、州、县仓库储蓄，将其全部运到京师，叶向高进言说："城邑库藏已经穷尽了，藩王仓库还稍有盈余。倘若全部搜刮尽了，猝然有如山东白莲教叛乱一类的事件，怎么去对付呢？"皇帝于是没有采纳此人的建议。

魏忠贤对叶向高心怀怨恨，其时廷臣与魏忠贤抗衡的都倚靠叶向高，魏忠贤于是经常因为一些琐事责备叶向高，使他困辱。叶向高因此多次请求辞职。天启四年（1624）四月，给事中傅魁弹劾左光斗、魏大中勾结汪文言，利用职权接受贿赂，下诏命令将汪文言下狱。叶向高上奏说："汪文言在内阁办事是我提名的。左光斗等勾结汪文言之事不知有无，而我任用汪文言却是显然的。请求陛下只处罚我一人，而稍稍宽免其他人，以消除官员内斗的祸害。"叶向高极力要求皇帝尽快罢免自己。此时，魏忠贤正想独专朝政，但害怕在朝的众多正人君子，所以一直在等候时机。得到傅魁的奏疏后，魏忠贤内心窃喜，欲借此罗织东林党人的罪名，终因忌惮朝廷旧臣叶向高，没有对左光斗等人定罪，只处罚了汪文言一人。然而东林党的灾祸却从此开始了。这年六月，杨涟上疏弹劾魏忠贤，历数其二十四大罪状。叶向高认为如此下去，事情就要到达不可收拾的地步，考虑到除掉魏忠贤并不是轻而易举之事，如果自己从中斡旋，还可以不至酿成大祸。叶向高于是上疏说，魏忠贤为国勤劳，朝廷尊宠甚厚，位高权重难以胜任，应解除其职权，听其归家，颐养天年。魏忠贤得知此事后非常愤怒，但因外廷势力还很强盛，并未敢加害叶向高。在同党中人的怂恿之下，魏忠贤才下定决心制造大案。此时，工部郎中万燝因弹劾魏忠贤遭受廷杖，叶向高极力营救不果，万燝死于杖下。不久，御史林汝翥也因为忤逆宦官的命令而遭受廷杖，他在惊慌失措之际逃到北直隶遵化巡抚驻所。传言林汝翥是叶向高的外甥，宦官们于是围在叶向高的府第四周大声鼓噪。叶向高至此终于看清自己对国事实已无能为力，坚决请求辞官归里。皇帝接受了他的请求，命令加封为太傅，赏赐大量财物，派遣行人护送回家。不久叶向高又辞去太傅之职，每月由官府给米五石，轿夫八人。

叶向高离任后，韩爌、朱国祯相继成为首辅，不久都被罢免。从此，魏忠贤及其党人占据要职，全面把持朝政，东林党人在朝廷彻底失去依靠。天启五年（1625），魏忠贤诬陷杀死了副都御史杨涟，佥都御史左光斗等人也相继被害，朝廷中的异己都逐渐被排挤出去，大明王朝一片黑暗。天启七年八月，熹宗驾崩，叶向高也于是月去世，享年69岁。

叶向高著述甚多，其中比较重要的有《苍霞草》二十卷、《苍霞续草》二十二卷、《苍霞余草》十四卷、《苍霞诗草》八卷、《纶扉奏草》三十卷、《续纶扉奏草》十四卷、《后纶扉尺牍》十卷。书中收录了叶向高所作诗文、奏章、书信等，内容非常丰富，对研究明代政治具有较高参考价值。收在《苍霞草》中的《四夷考》又有八卷单行本，记录了明朝与周边国家的交往，具有特殊的价值。叶向高还主持了《光宗实录》的编修，另有自编年谱《蘧编》。

（邓少平）

徐　熥

　　徐熥（1561—1599），字惟和，别字调侯，号幔亭。闽县（今福州市）人。始祖徐晦，唐穆宗时任闽都团练观察使，家居福建连江。宋时，天一处士迁至荆山（今闽侯县）。太祖贞由荆山迁至福州台江，高祖旭又迁至南台。曾祖铿，字振声，爱好文学，胸怀大志，以为台江大市通衢，商业繁荣，不利于子侄的教育，于是迁居福州城南九仙山（今于山）鳌峰坊，后世遂居于此。

　　徐熥生于嘉靖四十年（1561），其父时已年近半百。少年时代，徐熥就在父亲的亲自教导下学习经典、写作诗词，养成了他对诗歌的浓厚兴趣。弱冠，徐熥入郡庠。虽然此时的徐熥已耽溺于诗歌创作，对经生之业不感兴趣，但每到考试的时候，他的成绩都非常优异，常常令同学佩服不已。万历十六年（1588），徐熥登潘洙榜，名列第二十二，遂与谢肇淛一同北上应试。这时的他踌躇满志、意气风发，从他途经易水时写给谢肇淛的诗中可见一斑："翩翩击筑共游燕，慷慨行歌易水边。九曲黄流看似带，三春杨柳折为鞭。诗成马上无须草，酒买垆头不论钱。此去长安应咫尺，与君同赋《帝京篇》。"到了京城之后，徐熥果然写下七言长诗《帝京篇》，诗中对帝都宫室巍峨、市井繁华的铺张描写充满了诗人自己的想象，也表达了诗人来到京城的喜悦与向往。然而，次年会试落第，给生性敏感的诗人留下了无比的惆怅，尽管诗人在诗中刻意掩饰内心的失落："献策不得意，呼童便束装。人皆悲失路，我独喜还乡。拓落嘲玄草，驱驰愧绿杨。归寻河朔侣，同擎荔枝香。"可是在另一首诗中，却可以看出诗人的自嘲："黑貂裘敝出长安，客路春光半已残。燕市柳从归处折，故园花在梦中看。处囊壮士犹潜颖，落魄王孙未筑坛。飘泊风尘还自笑，十年依旧一儒冠。"万历十九年冬天，徐熥再次到达北京准备应考，可是却接到父亲去世的讣告，他不得不回家奔丧，放弃了来年春天的考试。万历二十三年，徐熥第三次赴京应试，依然铩羽而归。这时的他已历经沧桑，不再刻意掩饰自己内心的失落了："自是扬云白未玄，不才那敢怨苍天。回看故园八千里，误戏儒冠十七年。贫依诗书元失计，穷知文字信无权。雄心销尽囊如水，流落依人面可怜。"万历二十六年，徐𤊺第四次赴京应试，仍然落第而归，这时的他已经 38 岁了。面对数次科场失意的遭遇，他在诗中除了重复感伤之外，更流露出再也无心恋战的情绪："匠石屡不顾，定匪明堂材。渊客屡不采，定匪明月胎。十年三弃置，中情空自哀。伤哉吾道非，岂乏干时媒。叹彼行役苦，畏兹年鬓催。进退两踯躅，坐立空徘徊。升斗岂吾志，结念居南咳。""十年三上长安道，阙下献书俱不报。……空文何以干明主，儒术由来生计疏。余也今年三十几，依然落魄归田里。白首何妨老故园？红尘从此辞燕市。拨剑哀歌日欲昏，垂杨未折已销魂。人生离别足感叹，穷达悠悠何必论！"十年之中三次落第，已使年近不惑的他感到意志消沉身心疲惫了。

徐𤊺留下不少与科举考试有关的诗歌，这些诗歌大多直抒胸臆，是古代士人心态的绝佳写照。此外，徐𤊺的诗中也有反映科考旅程艰辛的作品，兹录一首："去年仲冬束行李，掩泪辞亲赴燕市。今年五月将中旬，方能税驾归田里。中间辛苦难具陈，万里风波愁杀人。……闽溪山水何太恶？水似瞿塘山剑阁。仙霞岭上气不平，黯淡滩头胆将落。浙中水浅易胶舟，苍头牵缆如伛偻。一日才行十数里，舣前兀坐空百忧。岁除才到云阳下，县官正闭奔牛坝。停舟三日不得行，关吏相逢便相咤。扬子长江天际流，江豚吹浪神罴浮。长年掞舵神色丧，可怜身世同轻沤。黄河之水名九曲，由来舟楫愁倾覆。石尤风急水奔腾，隔江少妇将儿哭。北方景物更荒凉，满目黄沙古战场。瘦马驱驰髀肉损，酸风射眸肢体僵。驰马冲寒过涿鹿，四郊倏忽飞滕六。千山万径少人行，暮抵良乡无处宿。长安上策不见收，百金用尽存貂裘。难从北阙操齐瑟，犹戴南冠学楚囚。男儿致身苦不早，驱车复出长安道。风景萧条倍去时，尘土侵人颜易老。三吴两浙竞繁华，此际令人转忆家。归家幼子牵衣泣，鬓衰面黑咸咨嗟。奔走天涯过半载，岁月无情不相待。……"诗中或有夸张之处，但古代士人科考路途的漫长与辛苦确是事实。

万历二十七年（1599）六月，徐𤊺客居古田，郁郁寡欢，作《香奁七吊诗》，凭吊苏小小、薛涛、霍小玉、崔莺莺、步非烟、李易安、朱淑珍等七位女性，流露出悲观消极之情。此后，徐𤊺即因病回到福州，八月八日离世，享年三十九岁。他的朋友陈鸣鹤说："及𤊺卒，闽士大夫，四民过客，亡问知与不知，皆为垂涕。自四方来吊者，趾相错，故尝与𤊺为诗者，相与祀𤊺与陈椿于高贤祠。"崇祯二年（1629），即徐𤊺卒后三十年，其弟徐熥与陈仲溱、曹学佺、安国贤、林嘉、林云翔等会葬徐𤊺于鹿坪山，诸家写有会葬之诗数首以为纪念。

　　徐熥以诗名著称于世，是明朝闽中诗人群体中较为杰出的一位，与谢肇淛、陈荐夫、邓原岳、安国贤、曹学佺、徐𤊹并称为"闽中七子"。徐熥与其弟徐𤊹、徐㷆都有文名，世谓"三苏继作"，成为一时佳话。万历二十二年（1594），徐熥曾将编订的《幔亭集》二册献给张献翼，请求他为此书作序。徐熥卒后，其弟徐𤊹复将其诗文编为一集，仍名《幔亭集》。幔亭为武夷山三十六峰之一，胜境超伦，徐熥曾三次游览武夷山，对其山水之秀情有独钟。他在《武夷十咏》之八《幔亭峰》中吟咏道："一曲宾云酒一卮，共乘鸾鹤醉归迟。至今五色霞千片，犹似当年结彩时。"因此，徐熥自号幔亭，而将诗文集命名为《幔亭集》。徐熥的诗作体裁多样，有古体近体、七言五言、律诗绝句等。张献翼《幔亭集》序云："诗岂易言哉！求其成一家言，良不易易，况备诸体，称大家乎？盖工近体者，或弱于古风；长七言者，或短于五字。即王、孟二氏，盛唐名家，一以清婉称近体，一以风骨雄古风，且各擅所长，况其它乎？……夫当其兴寄于山川，发愤于岁月，周爰于驱驰，宣情于羁旅，由乐府而逮五七言古，由近体而达五七言绝，调匪偏长，体必兼善，力追古则，尽涤时趋，可谓头头是道，重重发光矣。……闽中一时诸子昆弟咸追述大雅，取裁风人，作者响臻，同好景附，真足驰骋海内，而惟和则独步当时矣。"盛赞徐熥能够兼善诸体、追摹前人。屠隆《徐幔亭先生集序》评论徐诗云："为律诗则采唐人之初盛，和雅而鲜怒张；为绝句则极中晚之才情，秾华而去纤艳。"《幔亭集》后被收入清乾隆年间官方修撰的《四库全书》，四库馆臣在《提要》中云："熥负才淹蹇，肆力诗章，圭臬唐人，而不为决裂饾饤之习。卷首有张献翼序，称其'调匪偏长，体必兼擅，力返古则，尽涤时趋'，所以推许者甚至。又谢肇淛谓其'才情声调，足以伯仲高季迪（启），微憾古体不及'。朱彝尊《静志居诗话》亦谓其'七言绝原本王江宁（昌龄），多情至语'。详阅是集，固非尽出标榜。当明季诗道冗杂之时，亦可谓蝉蜕秽浊者矣。"清代诗人沈德潜编选的《明诗别裁集》是一部著名的明诗选集，其中收录徐熥诗歌十五首，入选数量在有明一代诗人中居于前列，可见徐熥的文学成就经历时间考验得到了后人的广泛认可。沈德潜对徐诗的评价甚高："惟和近体宗法唐人，在诗道冗杂时遇之，如沙砾中得简珠也。七言绝尤能作情至语，在李庶子（益）、郑都官（谷）之间。""绝句七章，词不必丽，意不必深，而婉转关生，觉一种至情余于意言之外。"

在诗歌创作之外，徐熥还编辑了明代开国至万历时期闽中诗人的作品选集《晋安风雅》。徐熥在该书"凡例"中称："是编远规《品汇》，稍拓《正声》，惟不离三唐格调者取之，若有华楚奇险，诡于唐音者，悉所不取。"《品汇》乃明初长乐人高棅的《唐诗品汇》，《正声》为闽县邓原岳编于万历年间的《闽诗正声》，徐熥此书在体例上规摹高书，在内容上拓展邓书，收诗逾千首。陈荐夫序云："录国家以来，凡吾郡作者，身无显晦，人无存殁，但取其情采适中，声调尔雅，词足千古，体成一家者，得二百余人。"徐熥在序中将明代闽中诗歌发展分为四个阶段，每个阶段都有自身特色及其代表人物，称得上是一篇简明的闽中诗史。《晋安风雅》亦被收入《四库全书》，四库馆臣在《提要》中云："是编辑福州一府之诗。其曰晋安者，福州在晋时为晋安郡也，所录起洪武迄万历，得二百六十四人。诗以体分，姓氏下各载其里居出处及所著作，并以右某朝若干人列数于左。其例多仿高棅《品汇》。惟闺秀一类，另立妓女以别薰荻，为小异云。"

徐熥除了诗歌上的造诣外，也喜好藏书。万历十七年（1589），徐熥与弟徐㷆在父亲所建红雨楼的南边建造绿玉斋，以为藏书之所。徐熥卒后三年，即万历三十年，徐氏父子藏书已达五万多卷。此后徐㷆继续收藏图籍，崇祯七年（1634）在曹学佺的资助下，又新建了一座藏书楼——宛羽楼。崇祯十五年，徐㷆卒，两年后明清易代，徐氏父子多年的藏书在动乱中散失殆尽。徐㷆亦工文，有《鳌峰集》《笔精》《榕阴新检》等传世。杨浚咏徐氏兄弟云："《晋安风雅》师前辈，绿玉斋中什袭多。能奉唐人作圭臬，兴公诗派幔亭歌。"

（邓少平）

张　燮

　　张燮（1574—1640），字绍和，号汰沃，又号海滨逸史、石户主人等。福建漳州府龙溪县（今龙海市）人。先世宋时由广东潮州入漳，遂家龙溪锦江（今石码镇）。高祖张绰，明孝宗弘治六年（1493）进士，官至刑部郎中。伯父张廷栋，字国材，万历八年（1580）进士，曾任浙江太平知县、镇江府同知、承德郎礼部仪制主事。父张廷榜，字登材，万历二年进士，授仙源令，擢贰润州守，署吴江令，因不善事奉上司，竟至罢官家居。

　　张燮出生于仕宦之家，幼承庭训，博览经史，工于诗文。张燮虽于万历二十二年中举，但此后多次北上赴考均落第，遂以举人终身。与父祖辈不同的是，张燮一生未任官职，而是寄情山水，遍游闽越吴楚。同时，与当地文人学士交友结社，吟咏唱和。时人将他和蒋孟育、高克正、林茂桂、王志远、郑怀魁、陈翼飞称为"龙溪七子"。万历二十九年，张燮在漳州与里人结社霞中，陆续加盟者共十三人，即林茂桂、戴燝、蒋孟育、郑怀魁、高克正、汪有询、徐鏊、陈翼飞、陈范、郑瓒思、吴寀、张燮及其父，俗称"霞中十三子"。张燮交游广泛，其中著名的有黄道周、曹学佺、徐霞客、陈继儒、何乔远、周起元等。张燮博学多才，黄道周在一封奏疏中曾说："雅尚高致，博学多通，足备顾问，则臣不如华亭布衣陈继儒、龙溪举人张燮。"

　　张燮著述宏富，除创作了大量散文和诗歌之外，还撰著了数十部著作，明末清初思想家黄宗羲称其为"万历间作手"。遗憾的是，张燮卒后不久即遭遇明清鼎革，其著述多未流传下来，甚至部分著作因有对满人侵略明朝边疆的指斥而被清朝列入禁毁书目，张燮的诸多成就因此并未得到后人的充分认识。可喜的是，由于学界对张燮研究的不断深入，这种状况近年来逐渐得到改善。2015年，中华书局出版了由陈正统先生主持点校的《张燮集》（全四册），收入《霏云居集》《霏云居续集》《群玉楼集》《东西洋考》等四种著作，其中除《东西洋考》早在1980年代即由谢方先生整理出版外，其余都是首次以点校本的面目呈现于读者之前的。《霏云居集》收录万历三十二年至三十九年（1604—1611）所写诗文，《霏云居续集》收录万历四十年至四十七年（1612—1619）所写诗文，《群玉楼集》收录万历四十年至崇祯元年（1619—1628）所写诗文，《东西洋考》则是有关东南亚各国及漳州海外贸易的一本专著。张燮这些著述的重新面世，一方面表明学界对他的研究处于方兴未艾之势，一方面也为我们重新认识张燮其人其诗其文其学提供了极大的便利。

在明代文学复古运动的浪潮中，汉魏六朝文学越来越受当时文人学士的关注，他们在诗文创作中也有意识地以汉魏为楷模。张燮在此时代背景之下，作诗为文亦模拟汉魏，但又自成格调，达到了很高的艺术成就。他的朋友邹迪光在《霏云居集叙》中说："要于两汉六朝初盛之为诗，东京以下昌黎而上之为文，无所不模仿，无所不摭拾，杂出之而非庞，间得之而非诡。"另一位朋友戴燝在《霏云居集序》中说："志嘐嘐不可一世，目荧荧与千古接，而尽汰人间之有，以归之太上。故绍和之诗，兴高而韵远，景肖而思深，其为妙也，法而不法。绍和之文，气雄而旨精，词藻而骨古，其为妙也，不法而法。是故吟成而响自调，篇就而神自王，有意无意之间，而坟典丘索，尽供摩画，庄骚屈宋，别受指挥。皇皇哉千秋之大业，而一代之哲匠也。"他们的评价都可谓是深得张燮诗文之神韵。张燮诗文集中除了富有艺术价值的各类作品之外，还包括了与友朋唱和之作以及书序、传记、书信、碑铭等，对今人认识晚明社会风貌、文人生活以及漳州地方史提供了丰富生动的史料。张燮在诗文中也流露出对国家安危、民生疾苦的关怀，如他在《防海事宜序》中说："今中朝局面，与嘉靖时又别一番。弃辽以饱虏，而又竭天下以奉辽。万一海氛震裂，浊水靡旗，兰皋失崄，安能复以并力望援于他邦。惟是海国诸臣，早营家计，以自全其门户耳。"文中显示了他对时局的清醒认识。又如他在《红夷行》这首诗中，对当时荷兰殖民者的蛮横无理以及骚扰东南沿海的情况进行了充满悲愤的描写，在这首诗的序文中对明朝官方"以款自愚"的做法表达了不满。

张燮晚年在前人对汉魏六朝集部文献辑佚重编的基础上，集中精力于汉魏六朝文集的编撰，完成了《七十二家集》这部集大成之作。他在该书《凡例》中说："近所刻汉魏文集，各具一脔，然挂漏特甚。即耳目数习惯者，尚多见遗，因为采取而补之。又念代兴作者，岂惟数公，不宜录此弃彼，乃推广他氏，自宋玉而下讫薛道衡，大地精华、先辈典刑，尽于此矣。"他在书中增补了前人遗漏之篇什，扩大了收录作者的范围，对可疑的诗文还进行了辨伪，体例完善，后出转精，富含极高的学术价值。在友人周起元、南居益等的资助之下，《七十二家集》于天启四年（1624）陆续刊刻出版。该书半数以上的作家别集都是张燮在毫无依傍的情况下从各种典籍中辑录出来的，具有开创性的价值。对于前人已经编定的作家别集，张燮也作了增补篇目、辨伪校勘等多方面的工作，取得不少成绩。遗憾的是，该书在不久之后就被张溥《汉魏六朝百三名家集》这样一部更为大型的总集所取代，并未得到广泛的流传。在这种情况之下，张燮《七十二家集》的学术价值也渐渐地被人们遗忘了。实际上，张溥的《汉魏六朝百三名家集》是在张燮《七十二家集》的基础上编成的，四库馆臣在为张溥书所写《提要》中已经指出了这样一点："自冯惟讷辑《诗纪》，而汉魏六朝之诗汇于一编；自梅鼎祚辑《文纪》，而汉魏六朝之文汇于一编；自张燮辑《七十二家集》，而汉魏六朝之遗集汇于一编。溥以张氏书为根柢，而取冯氏、梅氏书中其人著作稍多者，排比而附益之，以成是集。"从四库馆臣的话中也可看出，他给予张燮《七十二家集》的地位是很高的。清朝乾嘉学派的大师王鸣盛也认为张燮之书"殊见搜罗苦心"，与张溥之书可以并存不废，但这并没有改变前者遭遇冷落的境遇，王鸣盛说它"藏版稍僻，播在中土者甚少"，言下颇有惋惜之意。近代著名的藏书家、版本目录学家傅增湘特别推崇张燮之书，认为它"继往开来"、厥功甚伟，且远比张溥增益之作更为精审。他说："天如所辑虽颇宏富，而精审乃远不如绍和。此编各家卷数有依旧本者，有就所葺重行叙次者；天如则少者一卷，多者二三卷，尽改旧观，一也。又此编附录后有遗事、集评、纠缪三门，详其人之身世、出处、文字源流，可供后人考订之资；天如则悉予刊落，使闻者茫无依据，二也。"傅增湘对二书优劣的比较是公允的，由此可见，尽管张燮《七十二家集》流传不广，但是它的价值依然被识者所知。傅增湘还对此书默默无闻的状况和原因做了叙述和分析，他说："然自天如之本盛行，而绍和所辑乃无人称道之，收藏家至有不能举其名者。意其僻处海滨，声闻阒寂，缯版虽行，传播未广，不若天如之领袖文坛、广通声气，其著述可不胫而走也。"所幸的是，现在越来越多的学者开始认识到张燮《七十二家集》的学术价值，《续修四库全书》也据中国国家图书馆藏此书明刻本将其影印出版。

张燮在编写《七十二家集》各家诗文的过程中，为其中的五十七家写了叙录，刊刻在各集的卷首，同时也收入《群玉楼集》中。这些叙录或题为"序"、或题为"引"，或题为"题词（辞）"，其中"序""题词（辞）"篇幅较长，立意也较为深刻，而篇幅较短的"引"则写得较为浅显。这些叙录或者评骘人物或者评论作品，对汉魏人物以及汉魏文学都抒发了自己独到的见解，分开来看是对各个作家及其作品的评论，合而观之则俨然是一部汉魏文学简史。张燮在叙录中经常将不同的人物进行比较，从而显现他们各自的独特之处。对于具有开创意义或影响后世的诗文，张燮在叙录中往往能够从整个中国文学史的高度进行高屋建瓴的评价。鉴于这些叙录在中国文学批评史上的巨大价值，王京州先生将它们"录为一编，并加笺注"，写成《七十二家集题辞笺注》一书，于2016年由上海古籍出版社出版。

在张燮的著述中，《东西洋考》也具有独特的学术价值。是书原为海澄县令陶镕约请张燮所写，书未成而辍。不久，应漳州府督饷别驾王起宗之请，历时四月续写完成。万历四十五年（1617），该书即由漳州地方官主持刊印。明代前期，郑和七下西洋，促进了海外贸易的发展。此后为防止倭寇入侵，明朝实行"海禁"政策，导致走私泛滥，官方的税收也随之减少。隆庆年间，朝廷为了增加税收，不得不解除"海禁"。漳州地处沿海，居民大半依靠海外贸易谋生，"农贾杂半，走洋如适市。朝夕之皆海供，酬酢之皆夷产"。海商、舟师对外国情形极为熟悉，"岁张舻艎，赴远夷为外市，而诸夷遂如漳窔奥间物矣"。漳州地方官对于发展海外贸易的重要性也有充分的认识，"有汉之威远而师饷不内耗，有唐宋之通货而情形不外泄，然则澄之舶政，岂非经国阜民、固围强边之最便者哉"。正是在这样的背景下，王起宗等官员才会邀请博学工文的张燮来编写一部反映漳州海外贸易的书籍，这也就是《东西洋考》成书的现实原因。

《东西洋考》共十二卷，其中《西洋列国考》四卷，《东洋列国考》《外纪考》《饷税考》《税珰考》《舟师考》《逸事考》各一卷，《艺文考》二卷。《西洋列国考》《东洋列国考》详细记载了东南亚列国的历史、形胜、物产、交易等情况。特别值得一提的是《东洋列国考》附录《东番考》，它详细记载了台湾基隆、淡水一带的社会组织、民生经济、风俗习惯，是有关台湾原住民的一篇重要文献，具有珍贵的史料价值。《外纪考》记载了日本与荷兰的历史，其中所载荷兰殖民者的种种状况尤其珍贵。《饷税考》对商船、货物等征税标准及督饷官员、公署都有详细记载。《税珰考》特别记载了税监宦官高宷的劣迹，他在福建任内对商人横征暴敛、对官员颐指气使，从而激起了当地官商的愤怒，在周起元与其他官员的弹劾下，他被调回京城。《舟师考》记载了航程、航线、针路、水势、气象、潮汐等有关航海的技术以及必备的地理知识。《艺文考》抄录了典籍中有关东南亚各国及日本的诏令奏疏。《逸事考》汇集了本传所不载而见于典籍的零星记载。"诸国前代之事，史籍倍详，而明兴以来为略。即国初之事，掌故粗备，而嘉隆以后为尤略。"有鉴于此，张燮此书除取材经史典籍之外，"间采于邸报所传抄与故老所传述，下及估客舟人亦多借贷"，即采用政府邸报、故老传闻及商人、舟师口述的资料，以改变"近代作者叙次外夷，于近事无可缕指"的状况。张燮在此书中所运用的 16 世纪中叶以来的大量一手资料，现在皆赖此书而得以流传至今，这不能不说是体现了张燮的卓越见识。

《东西洋考》被收入清乾隆年间官方修撰的《四库全书》，《四库全书总目提要》中对其优点与价值有所评论："每国先列沿革事迹，多与诸史相出入。如占城即古林邑，而《五代史》以为自古未通之类，亦颇有改正。大致与《明一统志》略同，而稍益以诸书。如《闽部疏》之误记燕窝菜，及小葛罗误称吉兰丹之类，咸附辨之。次列海船交易之例，则皆采自海师贾客之口，为传记之所未详。其《税珰》一篇，言利弊最悉。《水程》《针路》诸篇，尤切于实用。"近代研究中西交通史的汉学家如法国的伯希和、日本的和田清等，对此书也都给予了特别关注。总而言之，《东西洋考》对研究明代后期海外贸易、经济发展以及中外交通、航海技术等，都有重要的参考价值。

（邓少平）

曹学佺

　　曹学佺（1574—1646），字能始，号雁泽，又号石仓居士、西峰居士，福建福州府侯官县洪塘乡（今福州仓山区建新镇洪塘村）人。明代著名的官员、学者、诗人、藏书家。他一生好学，对文学、诗词、地理、天文、禅理、音律、诸子百家等都有研究，尤工于诗词。精通音律，擅长度曲，曾谱写了闽剧的主要腔调"逗腔"，被认为是闽剧始祖之一。

　　明万历二年（1574），曹学佺出生于福州侯官县洪塘乡的一个小商贩家庭。父曹极渠，以卖饼为生，母亲早逝，家庭贫寒。曹学佺自幼聪慧，11岁，习举子业，工诗能文，早岁便有才名。18岁，入府学，其才学兼优，俱冠诸生。明万历十九年中举人，当时诸考官批阅曹学佺试卷时，都忍不住拍案叫绝，连连称奇道"此童子郎大奇士也"，学佺的文名很快传遍乡里。中举后第二年，即明万历二十年，19岁的曹学佺进京参加会试，未料落第而归。但是会试的失败，并没有使曹学佺心灰气馁。他继续苦心研习，"口不绝吟于六艺之文，手不停披于百家之编"，学业大有长进。是年，经林世璧（龚用卿长婿）引荐，曹学佺娶龚用卿之女为妻。当时龚用卿已辞官在家，借助他的关系，学佺得以结识乡绅名流。

　　明万历二十二年冬，曹学佺再赴北京备考次年的春闱考试，并有机会和诸多名士交流。在明万历二十三年乙未科会试中，他以二甲五十名考取进士。会试时，策问"车战"，答曰："臣南人也，不谙车战，请以舟战论。"因而详陈舟战之法。考官张位奇其才，初定第一，因不能破例，改为第十名，授户部主事。古有"三十老明经，五十少进士"之说，曹学佺22岁考取进士，这在当时是极为少有的，因此他被时人称为文章、科第、少年三绝。

　　曹学佺对于当时的考官张位一直心存感激，后来张位被罢官，其门生故吏不敢前往看望，独有曹学佺带许多干粮赶往码头为之送行。事为执政所闻，遂摘取曹学佺会试卷中言论，斥为"险怪不经"，最后被调任南京天柱大理寺左寺正的闲职，之后又任南京户部郎中。在任闲职七年间，曹学佺潜心学术，声望甚隆。著有《金陵初稿》与《金陵集》，并与当世著名学者李贽、焦竑、谢肇淛、董应举，以及意大利传教士利玛窦等交往甚密。

明万历三十七年（1609），曹学佺任四川右参政。当时，四川发生灾荒，曹学佺设厂煮粥，赈济饥民，又将饥荒情况绘图上报，获准发放 300 万两赈济款，"蜀人诧为三百年未有之殊恩"。当时四川有行、坐二税，行税取自商贾，坐税取自百姓。饥荒后百姓多逃亡，坐税无所出，曹学佺以历年行税盈余抵作本年坐税，使百姓免受交税之苦，而贪官污吏却因少了搜刮机会而生怨。蜀王府毁于火灾，蜀王要地方官筹资 70 万两修复王府，曹学佺援宗藩条例予以拒绝。四川道路险绝，曹学佺集资修复不少道路、桥梁，受到百姓的好评。

明万历三十九年，曹学佺升任四川按察使。明万历四十一年考绩，因得罪蜀王为其所谤，削官三级，获罪而归。临行之前，蜀中民众遮道挽留，数日不散，几不得发。是年，曹学佺回籍，在故乡洪塘建石仓园，藏书万卷。时常邀请文友，赋诗会文，谈今论古，并创"儒林班"，《明史》称"万历中，闽中文风颇盛，自学佺倡之"，实与曹学佺在石仓园的活动密不可分。

明天启二年（1622），曹学佺被起用为广西右参议，他刚直不阿、不惧权贵、为官清廉、勤政爱民。桂林宗室素来骄横，常有不法行为，学佺执法不阿，遇宗室犯法者，即命主管官吏究治；又亲自反复开导，使宗室肃然奉法。有人倚仗宗室势力，私铸钱币，曹学佺严逮问罪，不稍宽纵，私铸之风遂敛。钱局舞弊营私，两年中赢利仅千余金，经曹学佺订立制度，严加管束，一年获利五千金。广西少数民族众多，官吏、差役敲诈勒索，驻军责供给酒食，骚扰不已，经常激起民变，曹学佺对官吏、差役严加约束，改置营镇于他处，严禁驻军骚扰，局势很快恢复安定。

明天启六年秋，曹学佺迁陕西副布政使，尚未赴任，突生变故。事因其在所著《野史纪略》中直书"梃击案"本末，魏忠贤党羽刘廷之挟嫌劾之，谓"私撰国史，淆乱是非"。曹学佺被囚禁 70 天后削职为民，《野史纪略》书版亦被毁。

明崇祯元年（1628），曹学佺又被起用为广西副使，称疾，力辞不就。此后，他居家近二十年，虽为一介布衣，却时刻心系苍生。当时，福建沿海海盗猖獗，曹学佺针对当时海防懈怠，容易使外寇有隙可乘的状况，上书当局，请求在闽江口外的梅花、双龟一带，屯兵建堡，与民共守。又条陈九项建议，略言驱逐妖术，勿乱军心，加强卫所训练和防备力量，使倭寇无可乘之机，百姓从此安居乐业。曹学佺还热心家乡公益事业，曾筹资疏浚城内外河道和西湖，并建造洪山、万安、桐口三桥，乡人在洪山桥头立祠以祀。

明崇祯十年（1637），曹学佺与徐兴公、董崇相、陈惟秦等人，在福州组织三山耆社，广交名士，诗友唱和，著述不辍，大大促进闽中诗坛的复兴。明崇祯十七年，李自成起义军攻入北京，明思宗自缢。曹学佺闻讯，投池自杀，为家人所救。

清顺治二年（1645），唐王朱聿键入闽，建立南明隆武政权，授学佺为太常寺卿，与大学士黄道周共参国政。不久迁礼部侍郎兼侍讲学士。以纂修《崇祯实录》，晋礼部尚书，加太子太保。当时诸事草创，朝中大事由曹学佺和大学士黄道周参决。清顺治三年，力赞隆武帝亲征收复失地，因年迈不能从行，便捐银万两助饷。同年八月，隆武帝亲征失败。清军于当年进入福建，郑芝龙降清，隆武帝在逃亡汀州的途中被俘，绝食而死。九月十七日，清军攻陷福州，次日，曹学佺香汤沐浴，整饬衣冠，在西峰里家中自缢殉国，死前留下绝命联："生前单管笔，死后一条绳。"另有说法称他是在鼓山涌泉寺自缢的，时年73岁。曹学佺死后，其家被清兵所抄，家人也遭逮捕，藏书被清军抢光。清乾隆十一年（1746），即曹学佺逝世一百年之后，清政府追谥他为"忠节"。后人称他为"曹忠节公"，《明史》为其立传。

曹学佺一生著书多达30多种，著有《周易可说》七卷、《书传会衷》十卷、《诗经质疑》六卷、《春秋阐义》十二卷、《春秋义略》三卷、《蜀中人物记》六卷、《一统名胜志》一百九十八卷、《蜀汉地理补》二卷、《蜀郡县古今通释》四卷、《蜀中风土记》四卷、《方物记》十二卷、《蜀画记》四卷、《蜀中神仙记》十卷、《蜀中高僧记》十卷、《石仓诗文集》一百卷、《石仓十二代诗选》八百八十八卷、《蜀中诗话》四卷，另外还有《宋诗选》四十九卷，等等。

曹学佺工于诗词。他与徐𤊹、谢肇淛等人在诗文上颇有建树，并带动了自明朝中期以来沉寂的闽中文坛，被认为是明末福建文苑的复兴者。他与李贽、焦竑等学者都有交往，这两人对他的思想影响很大。同时他也接受了许多佛教思想。他将佛教的出世解脱和儒家的入世精神统一起来，因而其思想开阔，虽然在官场多年，但功名之心并不太深，内心追求幽静。作为闽中诗派的核心人物，曹学佺在明诗渐趋卑下、雅正荡佚之际，以救弊、清新、超俗、飘逸的诗风振兴了闽中诗坛，使闽诗风雅复振，成就了整个闽中诗坛的可持续发展。

曹学佺《石仓十二代诗选》又名《石仓历代诗选》，所收时限上至汉代，下迄明末，时间跨度长达 1600 多年，具有重要的史料价值。

在地理学方面，曹学佺撰有《大明一统名胜志》《舆地名胜志》《蜀中广记》《燕都名胜志稿》等地理学著作，其中《舆地名胜志》是一部具有方志意义的地理学著作，其按各地名胜独立分卷，终连缀一体而成，及区域之广多达 15 个省份，具有极高的史料价值。贵州博物馆在翻印《贵州名胜志》的说明中，提及"本志虽为名胜志，但所涉及内容，有各府、州、县、卫之建置、沿革、疆里及土司等"。因此，曹学佺又为我国地方文献书目的产生、发展及壮大做出了巨大的贡献。他在书画方面也颇有造诣。据称，在林则徐的福州府第"七十二峰楼"的大堂中，悬挂的就是曹学佺的《贞松图》。

曹学佺一生藏书丰厚，作为典型的儒家知识分子，他对中华民族源远流长的传统文化典籍关爱有加，私人藏书量达到上万卷，储于汗竹斋，著有《汗竹斋藏书目》。福建籍藏书家徐𤊹在评价福建籍三位藏书家藏书特点时曾说："予友邓参知原若、谢方伯肇淛、曹观察学佺，皆有书嗜。邓则装潢齐整，触手如新；谢则锐意搜罗，不施批点；曹则丹铅满卷，枕籍沉酣"，说明曹学佺除了对藏书进行校勘精审外，对书的利用程度亦较高，眉批夹注、丹铅满卷。曹学佺曾感于"二氏有藏，吾儒无藏"，欲修《儒藏》与之鼎立。于是，采撷四库书，因类分辑，历时十余年，虽因明亡而无功中辍，但其首倡"儒藏"说直接推动了乾隆三十七年《四库全书》的编撰。

此外，曹学佺还精通音律，创研"逗腔"，他所创建的"儒林班"，是闽剧的前身。由于曹学佺为闽剧的诞生与发展做出了卓越的贡献，所以四百多年来他一直被闽剧界尊为闽剧之父。

曹学佺一生经历明万历、天启、崇祯三朝，历官户部主事、南京大理寺左寺正、南京户部郎中、四川右参政、按察使、广西右参议、唐王礼部尚书等职。作为士大夫，儒家立功立德、治国平天下的使命意识，早已植根于曹学佺的灵魂深处，并内化为一种崇高的自我价值期许，使他无论身在庙堂，还是栖身林下，都身怀忧国忧民之心。在任时，本着"为官一任，造福一方"的执政理念，对百姓关爱有加，对贪官污吏则横眉冷对。在国运颓废，皇帝昏聩，奸臣当道，朝政日非的晚明时代，为官者如履薄冰，大臣们都明哲保身，对社会丑恶现象无人敢言。曹学佺不计个人安危得失，与不法贵戚做斗争，表现出无私无畏的凛然正气。在四川和广西任内，曹学佺不畏权贵，秉公执法。当他掌握了地方权贵贪赃枉法的事实后，不徇私情，以法究治，最终使徇私枉法者受到了应有的惩罚。

曹学佺具有强烈的民族气节和爱国情操，当国破家亡之际，视死如归，以身殉国。他生活的时代，正是明代历史上最腐败、最黑暗的年代。帝王昏庸、朋党树立、宦官专权、边患严重，整个明王朝处于风雨飘摇之中。曹学佺性存忠孝、尚气节、贱流俗、不媚权势、清直敢言。在三十多年的宦海生涯中，数度沉浮，屡受挫折。尽管他是明王朝政治腐败的受害者，但对明王朝却依然忠心耿耿，老而弥坚。清朝打定天下后，他守节不移，以身殉国，宁为玉碎，不为瓦全，充分展示了他孤忠劲直的崇高气节与无畏生死、舍身赴义的英勇气魄。

曹学佺作为明末清初的著名历史人物，不仅以气节高峻赢得人们的尊敬，以事功卓著赢得世人的称颂，也以学问广博、著作丰厚而赢得后代的景仰。事业文章，随身销毁，而精神万古如新；功名富贵，逐世转移，而气节千载一日。中国知识分子自古就有立功、立德、立言"三不朽"之说，而真正能够实现者却寥若晨星，曹学佺就是其中之一。

（张春兰）

林古度

　　林古度（1580—1666），字茂之，号那子，别号乳山道士，福建福清人。明末清初著名诗人。诗文名重一时，但不求仕进，游学金陵，与曹学佺、王士祯友好。明亡，以遗民自居，时人称为"东南硕魁"。晚年患有眼疾以至失明，生活贫困而不得不仰赖友人接济，死后葬于钟山。其一生历经明代的万历、天启、崇祯三朝和清代的顺治、康熙二朝，终身不仕，以布衣结交当代名士。林古度著述宏富，尤其是诗歌有近万首之多，只可惜流传下来的极少，仅存《林茂之诗选》上下两卷、《林茂之文草》一卷和《林茂之赋草》一卷，以及散见于其他著作中的部分诗文作品，其中《林茂之诗选》收录早年所作诗 200 余首。

　　林古度，生于明万历八年（1580），其父林章为明末著名诗人和戏曲家。明万历元年"以春秋举于乡，累上不第"，曾为戚继光帐下幕僚，后全家迁居金陵。林古度因父亲之故，得以在金陵与曹学佺、钟惺、谭元春、钱谦益等名士交往。林古度很小就喜欢写诗，其友人钱谦益在《列朝诗集小传》丁集《林举人章》中说："初文二子，君迁、古度皆能诗。"古度早年诗皆清绮婉丽，得六朝神韵。所赋《挝鼓行》为屠隆赏识，开始有了名气。后来钟惺、谭元春先后游金陵，林古度与他们很投缘，相与溯大江，过云梦，住金陵数月，受他们的影响，林古度的诗歌一变而为楚风。

　　明朝灭亡，林古度家产尽失，乃居于金陵真珠桥南之陌巷窎门。他晚年虽贫困潦倒、却诙谐有趣。他那首《冬夜》自嘲诗将其生活状况描写得淋漓尽致："老来贫困实堪嗟，寒气偏归我一家。无被夜眠牵破絮，浑如孤鹤入芦花。"

　　林古度爱书、喜书并乐此不疲地帮助友人刊刻书籍。明万历四十二年（1614），他在南京刻印友人钟惺的著作《隐秀轩集》三十三卷。明万历四十六年，他刻印曹学佺的《蜀中名胜记》三十卷。钟惺在该书序言中说："林茂之，贫士也，好其书，刻之白门。"可见这时他的日子已经不好过了。明崇祯十三年（1640），林古度与新安汪骏声合作，刻印闽人郑思肖的遗著《心史》，使这位宋遗民的著作广泛流传。同年，林古度还刻印了莆田诗人陈昂的《白云集》七卷。

明亡，林古度的同代人多半谢世，他成为前朝硕果仅存的遗老，辈分极高。海内士大夫慕其名而幸其不死，过南京，都要停车造访。林古度的家，原在华林园侧，有亭台楼阁之美，明亡后变成车库马厩，只好搬家到真珠桥南，陋巷窟门，其乐不改。他虽身处陋巷却车马盈门。黄宗羲在《思旧录》中回忆说："林古度，字茂之，闽人，住南京，萧然陋巷，车马盈门。其先人曾被廷杖，余赠诗有：痛君旧恨犹然积，而我新冤那得平。茂之读之，流涕。"黄宗羲的父亲黄尊素是著名东林党人，被魏忠贤陷害，死在狱中，他与林古度同病相怜。钱谦益是他的老朋友，回忆说："古度与余好，居金陵市中，家徒四壁，架上多谢翱、郑所南残书，婆娑抚玩，流涕溃湿。"顾炎武与他相遇较迟，清顺治十八年（1661）写过一首《赠林处士古度》的诗，劈头说："老者人所敬，于今乃贱之。"接着却大力表扬这位老诗人："江山忽改色，草木皆枯萎。受命松柏独，不改青青姿。今年八十一，小字书新诗。方正既无诎，聪明矧未衰。"还称他德行高尚，堪为人师。

林古度以明朝遗民自居，其实他没有必要忠于前朝，一是他没有功名，也不曾领过大明王朝的俸禄。二是明朝还与他有杀父之仇。但他终身佩带儿时的一枚万历钱。在遗民中，这枚钱还很有名。他85岁的时候，吴嘉纪曾写《一钱行赠林茂之》，其中云："满地干戈杜老贫，囊底徒存一钱在……谁家酒垆可赊饮，一钱先与人传看。酒人睇视皆垂泪，乃是先朝万历钱。"同年，安徽诗人汪楫见到林古度时，赠以诗，有"沽酒都非万历钱"之句。林古度大惊："奇怪，你怎么知道我有一枚万历钱？"遂展开左臂给他看，钱币温润，含光愎人，于是再赋《一钱行赠林茂之》一首，其中说："一片青铜何地置，廿载殷勤系左臂。陆离仿佛五铢光，笔划分明万历字。座客传看尽黯然，还将一缕为君穿。"

当时许多遗民都精心保存一点前朝旧物，以寄托故国之思，铜钱是最有意思的物件之一。另一位著名遗民诗人屈大均也保留了一枚南明永历钱，用黄丝系住，装于黄锦囊中，时时佩带在肘腋间。屈大均知道林古度那枚钱，他说："侯官林茂之先生有一万历钱，系臂五十余载，泰州吴野人为赋《一钱行》以赠之。予亦有一钱，文曰'永历通宝'，其铜红，其字小篆，钱式特大，怀之三十有一年矣。"一枚故国之钱带给他们的感触，非我们后人所知。

年岁渐增，林古度的声望也越来越高。桐城人方拱乾《晤林茂之时年八十五矣》说："群奉丈人行，相看若鼎彝。"人们尊敬他，就像尊敬鼎彝那样的老古董，古老而稀奇。

林古度早年在北京就认识了王士禛的先祖，后来王士禛到扬州做官，虽有诗名，还不响亮。王士禛对林古度执礼甚恭，"亲为撰杖结袜"，呈上诗集，又作《长歌赠林茂之先生》云："一月淹留邀笛步，泥滑天阴春欲暮。山人忽自乳山来，芒鞋访我青溪路。爱君坐君朝爽阁，叙述同游慨今昨。"林古度对故人之后也尽力提携，为其撰《入吴集》序，并称赞说："先生妙年高第，履官从政，如宝剑之出新型，琼花之吐鲜萼，其一片精锐之力，森秀之才。"林古度的褒奖，对于王士禛知名度的提高，有难以估量的影响，难怪王士禛终身不忘这份知遇之恩。

清康熙三年（1664），林古度将自己近 60 年来写作的诗歌带到扬州请王士禛删定，并嘱托："千秋之事，今以付子。"此后他的身体状况恶化，次年王士禛去南京，他已双目失明，垂涕而别，不久就死了。王士禛编成林古度诗稿后，准备刊印，却被其他事耽搁下来了。直到 40 年后，王士禛自己也快死了，于病榻之际，托门人程哲为林古度刊行诗集，并叮嘱说："此我 50 年挂剑之约，子其成之。"清康熙四十九年（1710），程哲谨遵师命，刊印《林茂之诗选》上下两卷，共收录林古度诗作 200 余首。

王士禛选诗，只选林古度明万历三十九年（1611）以前的作品，他辩解说以后的作品受了竟陵派的影响，也有人说他畏祸。林古度早年学六朝，被主张性灵的竟陵派钟惺、谭元春按自己的标准删削一过，存者极少；好不容易独抒性灵了，偏偏又落到主张神韵的王士禛手里，概行删削。经过性灵、神韵两大门派掌门人的严格筛选，他的数千首遗诗大半覆没，仅存薄薄两卷。袁行云先生在《清人诗集叙录》中感慨道林古度的"旧作经钟、谭丹黄者删削殆尽，晚作亦所存无几，只留风华近六朝者。名士选诗之弊，令人嗟惜"。

林古度一生创作诗歌近万首，由于各种原因流传下来的只有《林茂之诗选》上下两卷共 200 余首，以及散见在其他著作中的部分诗作。虽然只有 200 余首诗歌，但都是经其好友王士禛精挑细选之后的精华，所以分析其内容、艺术特色以及创作手法就显得具有一定的代表性与针对性。在这些诗作中，明月、青草、斜阳、流水、小径、田园、春雨、白雪、古树等传统诗歌中的意象一应俱全。诗人把国仇家恨与抑郁不得志的苦闷之情皆倾注其中，化作隽永的小诗，将世间的三千烦恼丝皆抛于脑后。海德格尔说："人应该诗意地栖居在大地之上。或许，只有在诗的世界里，人们才可以诗意地栖居于此。"林古度的诗歌题材丰富、意味深长。他的交友诗情感细腻、不落窠臼；咏物诗清绮婉缛、意境悠远；怀古诗忧思故国，怆然感伤；游历诗视野开阔、以手写心。

《林茂之文草》中共收录林古度文章73篇，其中传4篇，叙14篇，序53篇，说、记各1篇。从中我们也可窥见其文章特色，即善于运用比喻手法、富含奇谲瑰丽的想象力、充满强烈的思辨色彩。如林古度曾将诗歌与人联系在一起，将二者对比举例，隐退淡泊的人是真人，追求浮夸俗务的是假人。同样，炙热而浓厚的诗是假诗，平淡冷峻的诗是真诗。这样具有思辨意味的观点现在听来都觉得振聋发聩。

《林茂之赋草》中收录林古度赋50首，内容极为丰富。陈继儒在为林古度所作的《林茂之赋草序》中写道："茂之之赋，酝酿风华，奔应节数；词锋景焕，清绮绝伦。"高度评价了林古度赋的特色。林古度写的赋很好地继承了汉代以来赋的一些基本特点，尤以铺陈见长，同时，还喜用生僻字，用来描写常见但不好形容之物，给人以无尽的想象。

林古度一生贫寒、经历坎坷，早年父亲入狱，对年幼的林古度是沉重的打击，对其以后的文学道路和为人处世产生了重要的影响。林古度作为闽地遗民诗人的代表，研究其家世、生平、交游、文学特色与成就，以及其在明末清初的地位和影响，不仅可以窥测整个闽地文人群体在世事变幻的时代大背景下独有的诗风、文风与生活态度，而且还可以从中看出国家覆亡对生活在其中的个人所产生的深刻影响。

(张春兰)

黄道周

黄道周（1585—1646），字幼玄、幼平、螭若、螭平，号石斋，福建漳浦铜山（今东山县铜陵镇）人。明末学者、书画家、文学家、儒学大师、抗清英雄。黄道周多才多艺，知识渊博，在经学、理学、易学、中医、博物学、书法艺术、天文历算、乐律堪舆等方面都颇有造诣。他历官翰林院修撰、詹事府少詹事。南明隆武时，任吏部尚书兼兵部尚书、武英殿大学士（首辅）。因抗清失败被俘，清康熙三年（1646）壮烈殉国。隆武帝赐谥"忠烈"，追赠文明伯。清乾隆年间改谥"忠端"。清道光四年（1824），从祀孔庙。

明万历十三年（1585）二月初九，黄道周出生于漳浦县铜山所（今东山县铜陵镇）深井村的一家石室里，故学者又称他为"石斋先生"。他自幼聪颖好学，5岁入小学就读，过目成诵。始读《论语》竟能针对书中的句子问老师"圣人只教人以读书，有子何教人以孝弟；圣人只教人以老实，曾子何教人以省事"，这一问竟然把老师给难住了。道周从小善文章，青少年时期游学广东博罗一带，曾应邀游罗浮山，当场作《罗浮山赋》，一鸣惊人，遂有"闽海才子"之誉。道周家贫，青年时代曾耕于铜山之下，过着半耕半读的生活。后来他在诗中写道："忆昔亲在时，四畦少遗穗。吾兄日拮据，手口俱憔悴……闲助兄把锄，辄十指出血。"这段困苦的生活，使他很早就接近劳动人民，深知下层民众的疾苦。25岁携母迁居漳浦县城，其后在县城东郊的东皋闭门隐居，读书著作。

明天启二年（1622），38岁的黄道周中进士，与倪元璐、王铎同科。天启朝时任翰林编修、经筵展书官，崇祯朝时任翰林侍讲学士、经筵展书官。黄道周感念考官袁可立的赏识，为先师作《节寰袁公传》，记述其一生坎坷多艰的为官历程。袁可立是明末著名的抗清主战派将领，明万历年间曾因直言进谏被万历皇帝罢官回籍二十六年，他对黄道周一生影响很大，后来黄道周为钱龙锡辩冤和反对杨嗣昌议和直谏皇帝二事，都颇具先师袁可立刚直之风。

天启年间正是明代阉党祸害达到登峰造极的时期，以魏忠贤为首的阉宦，左右朝政，横行一世。道周对魏忠贤弄权乱政非常不满，但他几次上书都没有结果，便于明天启五年弃官归乡。明崇祯三年（1630），道周被重新任用，官复原职。迫于舆论的压力，崇祯皇帝杀了魏忠贤，但执掌大权的周延儒、温体仁仍是阉党分子，他们继续逆行倒施、排斥异己，置国家民族的利益不顾。他们恶意诬陷宰相钱龙锡，举朝无敢出一言者。唯黄道周激于义愤"中夜草疏，排闼叩阍"，为钱龙锡辩冤。疏中直指崇祯的过失："今杀累辅，徒有损于国"。崇祯帝大怒，"以诋毁曲庇"，着令回奏。黄道周再疏辩解，最终官降三级。由于他据理争辩，钱龙锡方得不死。明崇祯五年正月，黄道周因病请求归休。将离京时，又上疏指出："小人柄用，怀干命之心"，以致"士庶离心，寇攘四起，天下骚然，不复乐生"，建议崇祯帝"退小人，任贤士"，并举荐一批有才有志之士。疏上，获"滥举逞臆"之罪，削籍为民。

明崇祯七年，道周回到故乡漳浦，守父母之墓于北山。同时，开始撰文著述，授业讲学。道周虽不在庙堂，却时刻心系国家。他从汉到宋这段历史中，选取诸葛亮等十二名贤的事迹，在明代中，选取杨文员等二十四人的行事，编辑成《懿畜前编》和《懿畜后编》共六卷，以供弟子们平时阅读。其目的在于说明治理国家的根本、掌握政治的要领，以及纲常大义的微旨。

明崇祯九年，崇祯又想起黄道周，下诏复官。道周不改初衷，一到京就申明自己此次复官不是为了谋求个人功名利禄，改变过去的立场而来。对那些贪图享乐的邪臣、卖国求荣的奸贼恨之入骨，继续给予无情打击，同时极力举荐有真才实学的人。对于崇祯皇帝道周也敢于发表己见，甚至当面辩驳。明崇祯十一年，黄道周指斥大臣杨嗣昌等私下妄自议和。七月初五，崇祯帝就此在平台召开御前会议，黄道周"与嗣昌争辩上前，犯颜谏争，不少退，观者莫不战栗"。崇祯帝祖护杨嗣昌，斥黄道周："一生学问只办得一张佞口！"道周高声争辩："忠佞二字，臣不敢不辩。臣在君父之前独独敢言为佞，岂在君父之前谀谄面谀者为忠乎？"他厉声直逼皇上："忠佞不分，则邪正混淆，何以治？"这场有名的辩论之后黄道周被连贬六级，调任江西按察司照磨。明崇祯十三年，江西巡抚解学龙有感于道周的才能和学识，向朝廷举荐黄道周。解学龙说："我明道学宗主，可任辅导（相）。"崇祯一听大怒，下令逮捕二人入狱，以"伪学欺世"之罪重治。由于几位大臣力谏，遂改为廷杖八十，永远充军广西。此番杖谪，使黄道周声名愈重，"天下称直谏者，必曰黄石斋"。

明崇祯十四年，杨嗣昌暴病而亡。崇祯回想起黄道周当初的预言，便下旨将黄道周复官，入京召见。此时，河南已被李自成农民军攻占，关外大明领土也皆被清军占领，黄道周见朝廷昏庸无道，国运已尽，遂告病辞官，回到老家福建漳浦，结庐先人墓侧，专心著述。

明崇祯十七年，李自成攻占北京，崇祯帝自缢煤山（景山）。消息传到江南后，明朝陪都南京的文武大员拥立福王朱由崧在南京即位称帝，年号弘光。弘光政权建立后，召黄道周入京，任吏部侍郎，后升任礼部尚书。黄道周本来对弘光政权并不抱什么希望，但从国家利益和做人的道义出发，抱着"老臣拼尽一腔血，会看中原万里归"的决心，还是赴京上任。清顺治二年（1645）南京沦陷，弘光政权灭亡。

清顺治二年，唐王在福州称帝，改元隆武，赐黄道周为礼部尚书、武英殿大学士，郑芝龙为平国公，郑鸿逵为定国公。黄道周怀着匡复明朝的抱负，希望能和武臣郑芝龙、郑鸿逵兄弟合作，整顿朝纲，出师北伐，收复失土，却遭郑氏排斥。黄道周不顾势单力薄，怀着以一苇独斗狂澜的气概，毅然决定率师北伐。他上书隆武帝："臣以国耻未雪，中夜抚心，思圣垂谕之言，一字一泪一血，是以奋不自量，务请行边。而旁观侧目，姗笑诋讥，臣茫茫无觉，犹聋马思钟，哑蝉操琴，了不知其意何在。"隆武帝赞许黄道周的壮举，而兵权在握的郑芝龙却多方阻挠，不给军队，不给粮草和兵器。隆武帝爱莫能助，只给了几十道空札和手书，给予便宜行事，实际上没有发一兵一饷给道周。黄道周亲自招募士卒一千多人，带领士卒和门生从福州出师。

八闽父老闻讯纷纷送子弟前来参战，沿途各地志士纷沓而至，部队很快就扩充到四五千人，最多时达几万人。义师出关，向徽州进发，兵分三路，一出抚州，一出婺源，一出休宁，并在牛头岭与清军交战。首战告捷，极大地鼓舞了军民的斗志，但一些人也由此滋长了轻敌情绪。他们违背黄道周"师寡切不宜分，当并力一路"的作战方针，在胜利之后反而分兵深入，导致休宁、婺源、抚州作战相继失利，损失惨重。但黄道周仍然义无反顾，勇往直前，终因寡不敌众，不幸在婺源被俘。黄道周被俘后，清军以为，得一忠义之士，胜得数州土地，遂用各种手段诱降，但他誓不投降，多次以绝食表示反抗，并呵斥前来劝降的洪承畴、陈谦之流。

清顺治三年三月五日，黄道周就义，临刑前，道周盥洗更衣，取得纸墨，画了一幅长松怪石赠人，并给家人留下了遗言："蹈仁不死，履险若夷；

有陨自天，舍命不渝。"就义之日，其老仆哭之甚哀，道周安慰他说："吾为正义而死，是为考终，汝何哀?"乃从容就刑。黄道周因抗清死节，大义凛然，至东华门刑场上，向南方再拜，并撕裂衣服，咬破手指，留血书遗家人："纲常万古，节义千秋；天地知我，家人无忧。"临刑前大呼："天下岂有畏死黄道周哉?"最后头已断而身兀立不仆，死后，人们从他的衣服里发现"大明孤臣黄道周"七个大字。其门人蔡春落、赖继谨、赵士超和毛玉洁同日被杀，人称"黄门四君子"。

讣讯传至福建，隆武帝"震悼罢朝"，特赐谥"忠烈"，并令在福州为黄道周立"闵忠"庙，树"中兴大功"坊；另在漳浦立"报忠"庙，树"中兴荩辅"坊，春秋奠祭。百年后，乾隆为褒扬黄道周忠节，改谥"忠端"；清道光四年（1824），旨准黄道周从祀孔庙。

黄道周工书善画，隶、行、草、楷无所不通，皆自成一家。他的行书和草书行笔转折刚劲有力，体势方整，书风雄健奔放。他草书的主调有力量，又有姿态。隶书铺毫和方折行笔，点画多取隶意，字虽长，但强调向右上横势盘绕，让点画变得绵而密，虽略带习气，但奇崛刚劲，形成了自己独特的形式语言，尤显出其人刚直不阿的个性。其立轴代表作有行草书《赠蕨仲兄闻警出山诗轴》《闻奴警出山诗轴》等，两作均加大行距，以连绵草书而成，有奋笔直下之势，激情燃纸，振迅耳目，如闻钟声、蹄声于道。他的楷书主要学习钟繇，比起钟繇的古拙厚重来，更显得清秀、飘逸。他的楷书作品《孝经卷》《张溥墓志铭》，字体方整近扁，笔法健劲，风格古拙质朴，类似钟繇楷法。不同处是，钟书于古拙中显得浑厚，黄书则见清健，可以看到其受王羲之楷法的影响。他的行草书，如《五言古诗轴》，大略类其楷书的体势，行笔转折方健，结字欹侧多姿，朴拙的风格同样接近钟繇。

黄道周治学严谨、著作甚丰。他先后讲学于浙江大涤、漳浦明诚堂、漳州紫阳、龙溪邺业等书院，培养了大批有学问有气节的人才。世人尊称之黄圣人、石斋先生。著有《儒行集传》《石斋集》《易象正义》《春秋揆》《孝经集传》等，后人辑成《黄漳浦先生全集》，现存诗两千余首，被俘后在牢室中所作三百多首诗，出自忧愤，最为感人。

黄道周精通天文，他自述一次经历：24岁时应邀讲授《易经》，在拜访乡先辈郑怀魁时郑问他几个有关天文的问题，他答不上，觉得非常惭愧，于是发愤钻研，夜晚观察星空，认真研究，坚持了三年，终于有了收获。他还亲自制作一台"天地盘"，作为天象教学的直观教具，他的好学深思，由此可见。

作为一代宗师，黄道周其学并不主一家。他虽自幼习朱子之《纲目》，日后举止行事，以朱子为榜样，但并非专一恪守朱子之学，而是追本溯源，直探孔孟六经。他学识渊博，诸子百家，无所不窥。《黄漳浦集》中有《杂著》七卷，及四卷议、论、考、辩等，虽仅是其著作的部分，然而从中便可见其读书涉猎之广。清人陈寿祺在《重编黄漳浦遗集序》中说："尝论公性似朱紫阳，气节似文信国，经术似刘子政，经济似李忠定，文章似贾太傅、陆宣公，非独以殉国震耀宇宙。又以公之学与文，在胜朝当与刘诚意、方正学上下驰骋，与国家相为终始，不可以成败兴亡言也。"

黄道周殉国后，清张廷玉等人修撰的《明史》赞其"文章风节高天下""学贯古今，所至学者云集"。清乾隆帝笔谕赞其"黄道周立朝守正，风节凛然，其奏议慷慨极言，忠荩溢于简牍，卒之以身殉国，不愧一代完人"。清代著名政治家、理学家李光地曾评价："石斋虽当时用之，恐无益于乱亡，救乱须有体有用之人。""明代士大夫如石斋辈，炼出一股不怕死风气，名节果厉。第其批鳞捋须，九死不迴者，都不能将所争之事，于君国果否有益，盘算个明白。大都是意见意气上相竞耳，行有余而知不足，其病却大"。清代著名学者蔡世远概括其一生："严谨的治学精神和渊博的学问可比邵雍，忠贞为国直言敢谏可比李纲，慷慨赴难从容就义可比文天祥。"

综观黄道周一生，他与明朝有着割舍不断的情结，是传统文人士大夫的代表，是儒家信条和道统标准的信奉者，一生忠孝、正直。正是这种精神，造就了他的人格魅力。他就义前不吃"清茶"、喜食"明姜"的民间传说就生动地说明了这一点。黄道周把忠孝当作是言行的准则，在他的一生中，把"忠孝"放在首位，入则言朝，出则守墓，在其二十多年的为官经历中，始终保持一个儒家传统卫道者的形象，对一些违背原则的事情据理力争，从不妥协，表现了其忠肝义胆的气节。

（张春兰）

清代

李世熊

李世熊（1602—1686），字元仲，号愧庵，自号塞支道人，福建宁化泉上里龙乡（今泉上镇泉上村）人。明末清初著名的文人、遗民。他的一生怀才不遇，屡试不第。虽如此，但他却是个饱学之士，经史子集乃至医卜星纬释道的典籍，无所不通。一生以其文章、气节为世人所敬仰。

明万历三十年（1602）丸月，李世熊生于宁化县泉上里龙乡。他自幼颖慧，10岁那年，塾师老师命他以手中扇子为题，作破题句。他从容不迫地写道："舒之风动四方，卷之退藏于密。"15岁参加童子考试，得第一，16岁入县学。《清史稿》说他："少负奇气，植大节，更危险，死生弗渝。笃交游，敢任难事。生平喜读异书，博闻强记。六经、诸子百家靡不贯究，然独好韩非、屈原、韩愈之书。"20岁那年，李世熊参加乡试。考官佘昌祚非常欣赏他的文章，要把他列为榜首，可是主考官不同意，二人争持不下，佘昌祚一怒之下："安知此生来科不第一耶？"赌气带走试卷，李世熊因此落第。明崇祯元年至十七年，李世熊前后9次参加乡试和选贡，都因"其为文，沉深峭刻，奥博离奇"，不合主考官的口味而落选。但是，李世熊的文章却为众多学子所推崇。据《福建通志》记载"每乡试出闱，八郡士咸趋视其文；世熊不胜剧，揭其文于寓庐之墙。于是欢阗杂沓，毕至墙下为观榜，日崦嵫，犹闻伊唔声；涉旬始衰。凡来典闽试者，莫不欲物色李生为重而竟不得。"

明崇祯十七年（1644），李世熊拜"学问渊博，精天文历数诸术，工书善画，以文章风节高天下，为人严冷方刚，不谐流俗"的黄道周为师。次年，南明弘光皇帝被清军杀后，郑鸿逵、黄道周等拥戴唐王朱聿键在福州称帝，改年号为隆武。黄道周因拥戴有功被封为武英殿大学士，入阁主政。他与都御史何楷、礼部侍郎曹学佺一起推荐李世熊出任翰林学士。李世熊已无意入仕，辞谢。八月，黄道周又把他的名字附上《劝进笺》，准予出贡参加廷试。李世熊目睹当道失策，对仕途已心灰意冷，不去应试。

在隆武政权中，黄道周虽然入阁主政，但实权掌握在福建总兵郑芝龙手里。他见郑芝龙有不轨之心，无法共事，便主动要求率兵伐清。李世熊认为以隆武小朝廷那一点兵力与清军作战，无疑是以卵击石，于是恳切上书，极力劝阻，希望老师不要作无谓牺牲。无奈，黄道周决心以身报国，坚持出兵。很快被捕，壮烈牺牲。李世熊得知他以身殉节后，筑坛遥祭痛哭，并奔赴福州，上《褒恤孤忠疏》慰唁遗属。

李世熊本身并非消极之人，从他为郭之奇捐铜以应付国难时所写的慷慨激昂的启事中可以读出他的救国热情。但是社会现实迫使他转向消极，摒弃了科举，开始以明哲保身的态度保存自己。黄道周之死及其死后朝廷的反应更使李世熊心灰意冷。自此他便以"遗民"自居，在为泉上李氏重修族谱所写序言中，自称"但月遗民"。李世熊从没有给"遗民"予以正面解释，但他笔下的"遗民"概念常常与"君子"并举。朝代更迭之时，每个人都必须重新思考自己的社会定位，对于明清之际的士大夫，他们的选择不外乎是殉国、死难、逃禅、出仕、隐居等，而李世熊选择的是隐居。

清顺治三年（1646）清兵入闽后，李世熊因不屈于满洲贵族的暴行统治，便隐居于泉上阳迟山，专心攻读与著述，并寓意于其书斋，命名为"但月"（"但月"二字拆拼即成"明一人"）。据载，汀州镇将曾写信要李世熊出山，并威胁说："不出山，祸不测。"李世熊回信说："甲申以来，名虽挂诸生儒中，儒衫久归败蠹；今日解发释缚，正如鹿返长林。若复伏谒强颜，其戕性刲心，何殊杀戮！古之处士含酖饮刃者，史册相望；仆年已四十八矣，去诸葛瘁躬之日仅少一年、视文山尽节之辰已多一载。请为婉谢当途，若蒙假借，冥报为期。"镇将慑于李世熊的名望，也不敢加害于他。

李世熊的文章、气节为人们所敬重，虽身在林泉，但他才气和操守却为世人所共知，成为一种道德典范。清顺治九年（1652），南明建昌黄希孕部队经宁化泉上时，有一名士兵摘了李世熊园里的两个橘子。黄希孕知道后立即对违纪的兵士给予鞭打惩处，并且亲自守在园旁，等部队过尽才离开。次年，广东农民军来到泉上时，放火烧了一些土豪劣绅的房子，眼看大火快烧到李世熊的住宅时，首领刘大魁赶紧派兵扑救，说："奈何毁李公居?"人们敬仰他的人品，到了顶礼膜拜的地步。在兵荒马乱的年代，其他的乡村都不同程度地遭到破坏，只有李世熊的乡村独自完好。

清康熙十三年（1674），闽藩耿精忠叛清，不断遣使邀请李世熊出山为幕僚。李世熊洞悉耿精忠逆时而动，成不了大气候，也不愿再看到生灵涂炭，便严厉拒绝，"自春徂冬，坚卧不起"，耿精忠只好作罢。李世熊认为兵荒马乱年间，乡民只有自己组织起来才能保护家园。于是他联络数十乡成立

"保民会"，严禁乡民从军和勾结外寇。耿精忠兵败后，其他乡因投靠耿精忠遭到清军的清洗，被杀的人不下千人，只有泉上免遭劫难。

李世熊住泉上40多年，足迹不入州府。但是，对于地方安宁和建设却非常关心，诸如设险御暴、兴利除害等事，无不审时度势，尽力而为。他对乡人宗亲十分友善，独自修建祖祠、祖墓，编修九世以来宗谱，并倡议在麻布冈修筑土堡，聚族入居，深受乡人敬重。

清康熙二十五年（1686）九月二十八日，85岁的李世熊于泉上檀河精舍逝世。当时，乡人争相厚葬他，并保存了他的故居——但月庵。为缅怀李世熊，民国31年（1942），宁化县政府特将泉上乡改名为元仲乡。"文革"期间，其墓和庵都毁于一旦。1987年，重新为他修墓，墓碑上刻：大明遗民九世祖李公世熊之墓。

李世熊虽满腹经纶，却壮志难酬，只好把渊博知识、高尚气节和满腔的悲愤倾注在著作之中。故其一生著作丰厚，有《狗马史记》、《寒支集》八卷、《钱神志》二十卷、《史感》一卷、《物感》一卷、《本行录》三卷、《经正录》三卷、《宁化县志》七卷等传于世。

白居易曾言：文章合为时而著，歌诗合为事而作。李世熊正是明清朝代更替时的一面镜子，其诗文清楚地照射出那个时代夹缝中文人的心态。受传统忠君、夷夏之辨思想的影响，李世熊忠情于大明，不溶于清，反对清朝的民族压迫与歧视。他虽身处山林，但心系时政，关心百姓疾苦。他的作品中，不少反映了清兵入闽后的暴行。其中《狗马史记》无情讽刺和谴责官场无耻之辈及其丑恶行为，被清朝列为禁书。而尤为让人称道的是李世熊83岁时编写的《宁化县志》，为地方志的研究提供了详细的史料，填补了历史的空白，该书被史学人士誉为中国古代著名的"两部半"史志之一，为国家图书馆和欧美、日本等国珍藏，享有"天下名志"之誉。

（张春兰）

林嗣环

林嗣环（1607—1666），字铁崖，号起八，福建晋江人，清初名吏、文学家。他是一名忧国忧民、刚正不阿的清官名吏，曾被授太中大夫、广东琼州府先宪兼提督学政、广东提刑按察司副使。著有《铁崖文集》《海渔编》《岭南纪略》《荔枝话》《湖舫集》《回雁草》《口技》等，其所创作的《口技》一文为后人所熟知。

明万历三十五年（1607），林嗣环出生于福建省安溪县官桥镇赤岭后畲（现驷岭村）。自小父母双亡，寄居在叔父家里。他从小聪颖过人，7 岁即能作文。因家贫读不起书，少年时代常到离家不远的驷马山一边牧牛、一边攻读。山腰有一个大岩洞，人称"虎洞"，幽静清凉，是读书的好地方。石塌为桌，山泉解渴，"虎洞"成了他的天然书房。但这远远不能满足他强烈的求知欲望。放牧归来，路经学堂，他总在窗外旁听偷学，寒暑易节，从不懈怠。私塾先生为其精神所动，破例收其为徒，并很快发现这"业余学徒"终非池中之物，于是颇费周折，推荐给泉州名儒何乔远做"伴读"。从此，少年林嗣环如鱼得水，学业猛进。

但是第一次参加乡试，林嗣环竟因文章奇崛深刻，不同凡响，被主考官武断地判定为他人代笔或模仿抄袭之作，故不予录取。无端蒙冤，名落孙山，受尽同窗白眼，林嗣环心里不存一丝芥蒂，但个别不明就里的乡邻却嘲笑他，挤对他，使他五内俱焚。在林嗣环故乡，至今还流传着"黄井祝天"的故事。

传说林嗣环第二次赶考的那天早上，有邻居故意把"吊水桶"藏起，不借给因家贫置不起水桶的林嗣环。林嗣环大清早起来，无法汲水洗漱和煮饭，蒙羞之下，便在井旁祷祝，求老天爷开开眼。没想到井水真的一下子漫到了井缘，伸手便可舀饮。"天意如此，此科必中！"欣喜若狂的林嗣环不禁脱口而出。他以从未有过的轻盈步履，踏上了征程。这一次，他果然没有辜负私塾先生和名儒何乔远的信任和鼓励，一举考上了举人。此后林嗣环倍加发愤努力，夙夜勤止，终于蟾宫折桂，于清顺治六年（1649）己丑科登进士第。授太中大夫，持简随征，便宜行事，后调任广东琼州府先宪兼提督学政。

据《广东通志》记载，林嗣环任琼州兵学副道使时，"行高洁，一介不取，嫉恶若仇，弹压豪强，一时豺狼屏迹"。对恶霸、地头蛇如此，对权贵亦然，他以"死"相谏保护外贸的佳话至今还被海内外商人津津乐道。唐宋以降，广东渐成海内外重要港口。"时有马伽沙贾舶抵珠崖界上，主帅利其重货，将执戮之。嗣环曰：'吾以书生拜谒，朝廷超拜为副使，执节东南万里海外，因欲其来，远人绥荒服也，攘功挑衅，嗣环死不敢为。'帅衔之，究无以夺其议，听贾人归国。"作为副手，面对一把手要挟，林嗣环慷慨陈词，掷地有声，凛然正气地打消了主帅杀人越货的私念，遏制了一起肆意勒索掠夺外商财富的恶性事件，这对当时发展海外贸易有着重要作用。

林嗣环为官清正、特立独行。他履职海南时，多施惠政，望重海疆。他不畏权贵，勇于担当，关心民众，大胆革除不合理弊政；他为民请命，禁止虐待奴役仆婢，颇具人本主义色彩；他主张以法理教化百姓，禁止"宰割刊杀"子民，禁止动辄株连蔓引；他禁止赌博，禁止百姓与兵营钱物借贷。凡此种种，大大博得民众的拥护，却也因此得罪了中饱私囊的权贵和无良富豪。据史料载，他"性耿介，多惠政，如禁锢婢，禁投充，禁株连，禁民借营债，粤人啧啧颂之"。可以说从学成出仕的第一天起，他一方面风裁严峻，勤政清廉，爱民如子；另一方面，面对权贵的重压和诱惑，面对各式各样的恶势力，不卑不亢，敢于斗争。

林嗣环最令人敬佩就是他那茕茕孑立的风骨，尽管这风骨实在很有几分悲剧的意味。在封建官场一片污浊的境况下，他能洁身自好，忧国忧民，正直持躬，政声夙著。他的孤傲清高，他的自负和理想化，注定使他左右碰壁，这是历史的难题，更是人性的悲哀。为减轻民众役赋，抵制奢侈无度、滥设工役、私创苛税的耿仲明、尚可喜，而上《屯田疏》。清顺治十三年（1656）被二藩诬告落职。被捕之时，民众悲声载道。清顺治十七年，嗣环下刑部狱西曹，"帝念三任勤劳，暂放杭州治下"。

清康熙元年（1662），林嗣环得以被复审并平冤获释，诏升广西左参政。不但平反昭雪了，而且还升了官。但是，这一次，林嗣环再也无意仕途了。几经宦海沉浮的他，早已谙察社会诟病，他要当一介平民书生，徜徉于诗书，笑傲于山水。他客寓杭州，自号"彻呆子"，放舟西湖、放浪形骸、寄情山水、唱和名流，"一时海内名流朱竹垞、宋荔裳、邹程邨、王西樵辈，争相推重"。多少人为他可惜，多少人苦口婆心劝勉，但他绝不改弦易辙。其实这"呆"，不是自暴自弃，也不是恣情纵性，而是不甘堕落，不肯合污，是一种坚守，一种德操，一种超脱和潇洒。恣情纵性的表象下，实际上是对捍卫纯真之心的热望和执着。

林嗣环不仅是一个忧国忧民、刚正不阿的官员，还是一个出色的文学家。一生写下了许多精彩的文章，著有《铁崖文集》《海渔编》《岭南纪略》《荔枝话》《口技》等。他平时喜欢和民众打成一片，因此文章逼真感人、语言朴素、描写生动、构思巧妙，既饱含纯真的生活气息，又充满浓厚的艺术情趣。

林嗣环为文奇崛，下笔"宁骇俗，毋犹人"，喜标新立异，不拾人牙慧；光怪陆离，峭峻卓绝；抒发郁积不平之气，直欲排山倒海，撕肝裂胆。他的代表作《口技》一文，准确而真实地记叙了我国民间艺人的高超技艺，令人深切感受到口技这一传统民间艺术的魅力。

《口技》一文，通篇描写声音，诉诸读者的听觉，然而由于它的描写逼真传神，早已超出了单纯的听觉感受，似乎沉浸其中，在感觉上还是可视的、可触的、可感的，正如王国维《人间词话》中所说："写情则沁人心脾，写景则在人耳目，述事则如人口出"，确实具有如临其境，如见其人，如闻其声，如嗅其味的通感效果。

《口技》构思之巧妙，语言之简约，描写之生动，非常人所能及，被誉为"清代状声文学的奇葩"，入选中学语文课本几十载不动摇，为一代又一代的莘莘学子所耳熟能详。而他所著的《荔枝话》是一篇记述荔枝的科技小品文，不仅有一定的艺术价值，而且在农业经济方面有较高的科学价值和史料价值。

清康熙五年（1666），林嗣环因贫困死于杭州西湖寓所，妻子晨夕不继，柩暴未葬。幸其同年好友唐梦赉将其葬于昭庆寺西五里龙潭上白沙泉右。琼人惊悉此噩耗，"设主祀于包拯祠中"。林嗣环没有儿子，死后尸骨几经辗转，最后由他的族侄标光改葬于御屏山麓（今安溪县虎邱镇金榜村玉斗牛眼山）。1998 年，安溪县博物馆考古人员在牛眼山麓发现了林嗣环的墓葬。墓上有封土，东南向，墓碑高一米，原碑完好，辉绿岩质，楷书阴刻着"先达进士兵学道铁崖林公、淑人王氏、男文学华亭墓。乾隆丁丑九月合族崇祀"等字样。族人对嗣环尊崇备至，每每携幼恭诚拜谒，以期子侄学而有成。

纵观林嗣环一生，不论为官还是为学，都可以称得上是后辈的典范。他不仅是一位博学善文的著名文学家，还是一位百姓口碑甚佳的清官名吏。在封建官场一片污浊腐败的境况下，林嗣环能洁身自好、廉洁奉公、勤政爱民、刚正不阿、不同流合污，犹如官场上的一汪清泉。他"善为文"，却"不善为官"的性格，使其在官场上郁郁不得志。也许正是他的"不善为官"，而使他赢得百姓爱戴，青史留名。

（张春兰）

黎士弘

黎士弘（1618—1697），字愧曾，为避乾隆皇帝弘历的讳，后人改称为士宏，福建长汀人，明万历四十六年（1618）生。他自幼聪慧过人，终其一生，嗜读不衰。年少时于书无所不窥，尤喜李贺和王勃。"少时，诗好李贺，文好王勃。文章清新俊逸，诗多清真朴实之作"，以诗文名于时。17 岁时作《百鸟纪》，初露头角，被漳南道冯元图称为"汀南异人"。清顺治十一年（1654），应顺天乡试，中举人，但在顺治十五年的会试中名落孙山。康熙元年（1662），出任江西广信府推官，掌管刑狱。黎士弘为官清正有操守，不受一钱，执法不挠。任内锄豪强，扶植良善，纠举有司之贪，使奸诈凶恶的人大为收敛；认真审案，清理诉讼文书，释放大批无辜百姓，民有"遇黎则生"之谣。广信属邑玉山县，经战争破坏，百姓流散，田地荒芜，草深三尺，街巷都不易辨认，城中的居民仅 32 家。江西总督张朝麟委派黎士弘前往署理县事。到任后，黎士弘只筑一斗室避风雨，即着手招集流亡百姓，开垦田地，确定赋税，恢复旧业。他还建官署，创学宫，使玉山县城从荒废中迅速兴复。由于政绩突出，在康熙七年以裁缺补永新知县。离任之日，广信七邑士民莫不涕泣，"攀留遮道"。

永新县在崇山之中，交通阻塞，民生凋敝，素称难治。黎士弘到任后，"尽除苛政，薄征徭"，让百姓休养生息。按照旧例，每年二月开始征收当年的粮赋，五月要解送其中的一半。黎士弘向上级请求说："永新是个小县，百姓贫困，二月时贷一两银子，需要十石粮食，三月就可以减为六石，四月就只需要三石了。请求从四月开始征收，五月解送，晚两个月开征，就可以为贫困的百姓留下数万石的粮食。"布政使答应了黎士弘的请求。他兴办书院，定期召集生童文士研讨诗文，大兴好学尚文之风。黎士弘断案，明敏机智。比如，曾有某甲告某乙悔婚。当地乡俗，婚书各自装成卷，写着男女的生辰。诉讼两方本是多年的邻居，女方的生辰男方知道，所以某甲伪造了写着生辰八字的竹简婚书作为证据，诉某乙悔婚。黎士弘先问媒人：某乙得某甲多少聘金？行聘时有谁在场？问话出其不意，媒人妄举以对。又问某甲，所答与媒人不同，再出婚书质问某甲：你说订婚已三年，为何竹简色泽尚如此青翠，岂非临讼伪造？某甲无言以对，只好服罪。又如，县吏左梅伯有个叔叔，家境富裕，但膝下无子。左梅伯纠集歹徒把他的叔叔劫持杀害，歹徒被捉住，左梅伯却逃脱了。黎士弘到任后，左梅伯的婶婶向他哭诉。黎士弘暗中查访发现，左梅伯藏在安福有势力的官宦家中，便故意说："这是旧案，前任官员没有了结，我又怎么能够办呢？"几个月后，左梅伯回来，他的婶婶又一次去告，黎士弘还是置之不问。左梅伯于是出来收取叔叔的遗产，他的婶婶在官衙庭院内号哭："你号称廉明，现在宽纵杀人犯的罪行，还要看着他霸占寡妇的田产，你这又算什么廉明？"黎士弘假装恼怒，在她的状子上批道："只问田土，不问人命。"左梅伯更加得意，到县衙诉理，黎士弘笑着对他说："等你三年了！"在他的状子上批道："只问人命，不问田土。"左梅伯于是伏法了。黎士弘在永新三年中，政清狱简，深得民心，抚臣以治行第一，擢为巩昌司马。离任时，"父老弟子泣送不忍，别为立讲堂，刻去思碑"。

康熙十年（1671），黎士弘以廉卓第一，升为陕西甘州同知。甘州夙称雄镇，但民族关系复杂，经常发生少数民族上层人物的骚乱事件。黎士弘到任后，为政严而不苛。一方面，严饬衙所；另一方面，宽赋省徭，奏请抚军罢旧丁额，微征数百两，受到当地百姓的欢迎和尊敬。未及两年，河西二千余里治行独冠一时。"民为立碑纪事，岁时及初度之日，民拜于碑下常万人。"在考核官员政绩时，又一次得到最优，升任江南常州知府。在他赴任的途中，适逢吴三桂叛，关陇地区震动，上司以黎士弘"才望素著"，疏请擢升其为洮西道副使。尚未到任，洮、岷已陷，边外的群番趁乱侵入内地，大肆掠夺。黎士弘遂调署甘山道。提督王辅臣反叛，临、巩各郡尽为所据，兰州失守。甘肃提督张勇与甘肃总镇、西宁总镇率各统军队会师凉州，准备进剿，黎士弘认为"镇兵云集，必一事权言于巡抚"。他向甘肃巡抚建议："收复河东，非用河西之兵不可，用河西之兵，必责之提督不可。"巡抚的奏疏呈上后，朝廷任命张勇为靖逆将军，节制各镇。黎士弘又带头捐献粮草，并劝官绅士庶量力捐输。他不仅为将帅出谋划策，还妥善处理日常的行政事务。平叛大军粮草充足，迅速收复兰州。黎士弘以辅佐谋划有功，升署甘肃按察使。赴任后，黎士弘白天谋划军机，晚上判理刑狱，在按察失职官吏时，务求平实允当。时宁夏发生兵变，提督陈福被杀。将军、督抚以黎士弘在边地八载，名著西陲，奏请改授为宁夏道。到任后，严密守卫，安抚人心，免去各卫、所积欠仓粮7.5万石，为反攻奠定了基础。在反攻时，他积极提供物资，"捐助驼马，雇觅农夫起运粮食，刻期无误"，兵变得以迅速平定。黎士弘因功升布政使参议，仍管巡道事，不久，因母亲年老，需要奉养，请求辞官回原籍。

黎士弘归家之后，建溉本堂于城西。二十年间，他在溉本堂里读书写作，手不释卷，"老年嗜学弥笃，非宾客酬对，未尝一刻释书卷"。他常与友人相互唱和。如《答周雪客三山见怀韵，雪客书至不日过我》云："老去情怀淡十分，逢人偏自问郎君。不荒书种如宗武，苦作低客似史云。去国浮家原刺促，频年客路转辛勤。屡书约我秋相过，何不东来对夕曛？"此外，他还倾尽心力教育子孙，乐享天伦。如《小侄续先六岁初入书塾，执扇请予画字，喜作两诗勖其远大》云："举家欢笑上双眉，看尔囊书就学时。他日成名应记取，老夫亲自与题诗。作对随肩取次行，堂前朗朗读书声。要知尔父呼名意，大器从未是晚成。"其对家族子弟的喜爱与厚望，豁然纸上。在闲居期间，遇有官员登门看望时，他仍会向官员反映百姓疾苦。黎士弘卒于康熙三十六年（1697）。

黎士弘的仕途看起来颇为顺利，实则备尝艰辛。由于他没有考中进士，只能从七品推官做起。为官之时，政局动荡，战乱频繁，他又在战争的前线，时刻都有生命危险。黎士弘在甘山抵御叛军时，从晋朝辛宪英所言"军旅之间可以济者，惟仁与恕"中取"仁恕"二字作为他的堂名。著有《托素斋诗文集》十卷，《仁恕堂笔记》三卷，《理信存稿》三卷及《西陲见闻录》等。

黎士弘是清初福建重要诗人。他继承了古人强调言志的传统，认为诗必须表现诗人的思想和情感，有感则发。他在《托素斋诗集》自序中写道："我所见于事而欲恸欲哭，心即以其呜呜咽咽，悲凉骚屑如秋飙陨箨，徘徊而入于手，我则敢不载书？我所见于事而或歌或骂，心即以其嘻嘻嗃嗃，濡首脱帻，牵袂舞蹈而入于手，我则敢不载书？我所见于事而以为谑，以为大恨，以为傲慢，心即各自其来，而谑之，长恨之，傲慢之。环车拥辔纷来而入于我手，我则敢不载书？"黎士弘的诗作践行了这一理念。例如，他与周亮工关系非常密切，曾作有一首《至南昌知周栋园先生无恙，且得手书》情真意切，最为人传诵。诗云："他乡惊喜君还在，痛定开函泪更流。万死才回明主顾，孤儿犹属故人收。众中薄命谁能惜？意外微生荷独留。误尽闽南碑下客，无端北望哭西州。"此外，黎士弘的咏物诗也颇值得一提。周亮工作有《闽茶曲》十首，记叙闽茶的采摘、制作和品赏，黎士弘仿其意，写了一组《闽酒曲》。闽酒，指的是闽西长汀一带的酒。闽西酿酒，有着悠久的历史。黎士弘诗云："板桥官柳拂波流，也向春朝半月游。数尽红衫分队队，赍钱齐上谢公楼。"这首诗写的是闽西造酒的历史悠久。"谢公楼"是汀州城南的一座楼，相传为纪念南朝大诗人谢朓而建。唐代张九龄到汀州，有"谢公楼上好醇酒"的诗句，吟诵的也是汀州的好酒。《闽酒曲》又云："长枪江米接邻香，冬至先教办压房。灯子才光新月好，传笺珍重唤人尝。"并注："汀俗于冬至日户皆造酒，而乡中有压房一种，尤为珍重，藏之经时，待嘉宾而后发也。"这首记叙的是汀州人造酒的时间和名贵的品种。长枪江米就是长糯米，是汀州人酿酒的好材料。诗又云："谁为狡绘试丹砂，却令红娘字酒家。怪得女郎新解事，随心乱插两三花。"并注："酿家每当酒熟时，其色变如丹砂，俗称红娘过缸酒，谓有神仙到门则然，家以为吉详（祥）之兆，竟插花赏之。"此诗写闽西红酒被称为"红娘过缸酒"的原因。此外，黎士弘《过永安》诗后半云："板桥落尽霜难寝，隔水呼人买半红。"并注："半红，永安酒名。"写的也是闽西之酒。

（庄恒恺）

施　琅

　　施琅（1621—1696），字尊侯，号琢公，福建省泉州府晋江县人。明末清初军事家，清朝初期重要将领。明天启元年（1621）生。父施大宣，母洪氏，兄弟三人，施琅排行第二。施琅出生于一个农民家庭，祖父时家境较为宽裕，到了父亲施大宣时开始衰落。但施大宣尚义持正，乐善好施，在乡里名声很好。施琅少年时代即学习兵法，所学无不精通，且智勇双全，这使他充满了自信。纵观施琅一生行事，无不透露出这种自信的性格。

　　在明末清初改朝换代的动荡年代，施琅早年曾先后追随郑芝龙、郑成功父子。他17岁从军，为明将总兵郑芝龙的部下。每到作战的时候都身先士卒，屡立战功。剿山寇海盗，以功升游击。清顺治三年（1646），郑成功在南澳岛招兵，准备抗清。后来施琅投入郑成功麾下，成为郑部最为年少、知兵、善战的干将。他深得郑器重，被委为左先锋。郑成功把他看成自己的得力助手，军务以及机密大事都要和他商量。但施琅"恃才而倨，每有跋扈之状"，使郑成功开始对他怀有戒心。后来，他们在抗清军事战略等方面产生了分歧，矛盾日益加深。顺治八年，"有标兵犯法当死，匿成功所，郎（施琅原名）侦擒之，成功令勿杀，郎曰：'法者非郎敢私，藩主何可自徇其法乎？'促斩之。"郑成功见施琅违令擅杀，断定他反形已露，密令逮捕施琅及其父施大宣、弟施显，并拟杀之。施琅得旧部放逃，其父及弟均被害。

　　施琅逃脱后降清，即随清军征战广东。顺治十三年，随定远大将军世子济度在福州击败郑军，授同安副将，不久，升任同安总兵。康熙元年（1662），擢升为福建水师提督。其时，郑成功已在台湾病故，其子郑经率众谋攻海澄。康熙二年八月，施琅遣守备汪明等剿之。同年十月，清兵克厦门，郑经率众遁逃，施琅截击之，斩杀千余人，并攻取浯屿、金门二岛，因功加右都督。施琅向康熙建议，乘金、厦新胜之机，夺取台湾，使"四海归一，边民无患"。康熙三年七月，诏授施琅为靖海将军，命督率水师攻台。因阻于飓风，未果。康熙四至六年，先后派知府慕天颜、总兵孔元章往台湾招抚，郑经坚持"不剃发，执朝鲜事例"，谈判无结果。康熙六年（1667）十一月，施琅又上疏："郑经负隅海上，朝廷两次招抚，尚顽梗如故，宜亟剿之。若恣其生聚，恐养痈为患。"疏上后应召入京，面陈方略。施琅指出：郑经"兵不满二万，船不上二百"，"智勇俱无"，"诸伪镇亦皆碌碌之流"，"郑经之得驭数万之众，非有威德制服，实赖汪洋大海，为之禁锢。如一意招抚，则操纵之权在乎郑经；若大师压境，则去就之机在于贼众。是为因剿寓抚之法。夫大师进剿，先取澎湖，以扼其要，则形势可见，声息可通。然后遣员往宣德意。若郑经势穷向化，可收全绩"，若仍"顽梗不悔，即率舟师，联船直抵台湾，……贼计日平矣"。施琅这一主张，受到以鳌拜为首的中央保守势力的攻击。部议认为："风涛莫测，难必制胜。"不仅把他的建议压下来，甚至裁去其福建水师提督之职，调为内大臣。隶汉军镶黄旗，久居京城。期间生活甚为贫苦，依靠妻子在北京当女红裁缝贴补家用所需。但他仍然矢志复台，实现自己的抱负。留京的 13 年间，施琅一方面广交朝中大臣，争取他们对收复台湾的理解和支持；一方面密切注视福建沿海动向，悉心研究风潮信候，耐心等待朝廷起用。

康熙二十年七月，"三藩"乱平，郑经病故，台湾内部爆发权力斗争，冯锡范害死郑经长子郑克臧，立郑经次子郑克塽为延平王。冯锡范专横，台湾人心浮动。经内阁学士李光地和福建总督姚启圣等人举荐，康熙帝起用施琅为福建水师提督，加太子少保衔。施琅返回福建，相机进取台湾。同年十一月，施琅回到厦门。便日以继夜，一面整船练兵，使本来全无头绪的水师船坚兵练；一面派人潜入台湾，策动其旧时部曲准备内应。康熙二十一年初，施琅主张乘南风进发攻台，而福建总督姚启圣则主张乘北风进兵。自是，"二人大相恶"，"姚遂用三千金收买给事中孙蕙上本，谓兵不可轻动，恐船入大洋，损兵辱国"。施琅不示弱，也上疏道："臣生长滨海，总角从戎，风波险阻，素所履历，……岂有海面形势、风信、水性犹不畅熟胸中，而笔帖式乃更胜于臣乎？""臣年六十有二，血气未衰，尚堪报称。今若不使臣乘机扑灭，再加数年，将老无能，是以臣鳃鳃必灭此朝食。如蒙皇上信臣愚忠，独任臣以军事；令督、抚二臣催趱趁粮饷接应，……勿限时日，风利可行，臣即督师进取"。康熙帝准其所请。

康熙二十二年六月十四日，施琅督师从铜山（今东山）出发，十五日抵猫屿、花屿。乘南风进泊八罩。其时，台湾郑氏政权大将刘国轩集中兵力 2 万余人、船 200 余艘守澎瑚，沿岸凡可登陆之处皆筑短墙、置腰铳，环二十余为堡垒。十六日，清军对澎湖发起进攻，游击蓝理等"首先冲锋破敌，直入贼船"；俄而，郑军船乘潮复合，齐出包围。施琅乘楼船冲入敌阵，流矢伤目，犹奋力督战。初战失利，施琅很快吸取教训，对下一步作战行动进行了周密筹划和部署。施琅将清军分为四部分：自督 56 只大型战船（分为 8 股）居中，作为主攻部队正面进攻郑军主阵地娘妈宫；遣总兵陈蟒率船 50 只组成东线攻击部队，从澎湖港口东侧突入鸡笼屿，配合主攻部队夹击娘妈宫；遣总兵董义率船 50 只组成西线攻击部队，从港口西侧进入牛心湾，作疑兵以牵制郑军；其余船只作为后援，随主攻部队前进。十八日，施琅先派战船攻取澎湖港外的虎井、桶盘二岛，扫清了外围。二十二日，对澎湖发动总攻。刘国轩率部悉数来拒。经过 9 小时激战，清军取得全面胜利。焚郑军船百余，毙伤郑军官兵万余人，俘获 5000 余人。澎湖被攻克，郑军主将刘国轩乘小船逃回台湾。此役清军阵亡 329 人，负伤 1800 余人。

澎湖一破，郑克塽及刘国轩等人非常恐慌。施琅立即展开政治攻势，对占据台湾的郑氏集团施以招抚，力争和平解决。当时有人进言："公与郑氏三世仇，今郑氏釜中鱼、笼中鸟也，何不急扑灭之以雪前冤？"施琅答道："吾此行上为国、下为民耳，若其衔璧来归，当即赦之，毋苦我父老子弟幸矣，何私之有？"展现了一位政治家的气度。他对所获敌卒一概不杀，全部放归。负伤的还济以医药，给以口粮。对澎湖居民也作妥善安置，免其"三年徭税差役"，以苏民困。施琅在台湾地方初定之际，关心台湾民生疾苦，为台湾人民请减租赋。这是施琅治理台湾的一大贡献。

郑克塽、刘国轩见施琅"无屠戮意"，遂于闰六月初八日差官奉表到澎湖军前请降。施琅一面代为转奏，一面派人到台湾安抚，出告示宣布："既革心归顺，官则不失爵秩之界，民则皆获绥辑之安，兵丁入伍、归农，悉听其便。"力图稳定民心，希望各界安居乐业。八月十三日，施琅率舟师到达台湾，刘国轩等率文武官员迎接，各乡社百姓也沿途壶浆迎师。从此，台湾纳入清朝版图。这是继郑成功收复台湾之后，使中国疆土再次得以统一的壮举。施琅功授靖海将军，封靖海侯，世袭罔替。到台湾后数日，施琅到郑成功庙祭祀，致辞："自同安侯（郑芝龙）入台，台地始有居民；迨赐姓（郑成功）启土，世为岩疆，莫可谁何。今某实赖天子威灵，将帅之力，克有兹土；不辞灭国之惎，所以忠朝廷而报父兄之职分也。第某蚤岁，于赐姓有鱼水之欢，中间微嫌，酿成大戾。某于赐姓，剪为仇敌。情念畴昔，芦中穷士，义不所为。公义私恩，如是则已。"词中不念旧恶，对郑氏父子经营台湾的功绩作了高度的评价。祭毕，施琅哽不成声，热泪纵横。郑氏官兵和台湾百姓深受感动。赞扬施琅胸襟宽广，能以大局为重，冷静处理公义私怨的关系。

当时，清朝内部对台湾地位的重要性认识不足，产生了一场对台湾的弃留之争。有人主张"迁其民而弃其地"，施琅坚决反对。他指出：台湾"北连吴会，南接粤峤"，"乃江、浙、闽、粤四省之左护"。台湾"野沃土膏，物产利溥，耕桑并耦，渔盐滋生"，今已"人居稠密，户口繁息，农工商贾，各遂其生。一行徙弃，……失业流离，殊费经营"。更重要的是，他对西方殖民者的情况有所了解，对他们的侵略本性有所认识，认为荷兰人至今仍"无时不在涎贪"，我弃其地，彼"必乘隙以图"，台湾一失，"沿海诸省断难晏然无虞"。为此，他建议，用内地所裁汰的官兵，分防台湾、澎湖，在"台湾设总兵一员、水师副将一员、陆师参将二员，兵八千名；澎湖设水师副将一员，兵二千名，通共计一万名"。这样既"足以固守，又无添兵增饷之费"。施琅的意见打动了康熙和朝中大臣，康熙二十三年（1684），清政府正式设立台湾府，下辖台湾、凤山、诸罗三县，隶于福建省。

台湾归附后，郑氏军民的留置遣返成为棘手的问题。有大臣建议将投诚官兵移驻山东、山西、河南等省。施琅权衡利弊，不顾非议，对这些官兵作了妥善安置，"系外省者，分发外省各府、县原籍安插；系本省者，即交各府、县原籍安插。"这就免除了他们迁徙他省之苦。同时要求核减台湾钱粮数额，以"俾四民乐业"。清朝开放海禁后，施琅唯恐民众到海外"结党"酿祸，主张"议定上大洋船只数"，对海外贸易实行限制。他严禁广东客家籍人渡台，理由是那里出"海盗"多，且惠州、潮州之民多与郑氏相通；还规定渡台人员不得携带家眷，这一政策后来导致台湾妇女奇缺，造成了一些社会问题。

康熙三十五（1696）三月，施琅卒于官，清朝赐谥襄庄，赠太子少傅衔。遗著有奏议及《靖海纪事》等。

（庄恒恺）

郑成功

郑成功（1624—1662），原名森，乳名福松，字明俨，号大木，福建南安石井人，明天启四年（1624）七月十四日生于日本平户市千里滨。父郑芝龙，母日本长崎平户市田川氏女。

郑芝龙原是与明朝官府对抗的海上武装集团首领。崇祯元年（1628），他接受明朝招抚，初授海防游击，后升为福建总兵官。崇祯三年，福松7岁，自日本回安平（今福建晋江安海镇）求学，取名森。郑森11岁时曾依塾师"洒扫应对进退"为题作文，写下"汤武之征诛，一洒扫也；尧舜之揖让，一进退也"。塾师十分欣赏。其后苦读经史兵法，习练剑术骑射，能文能武。15岁考中南安县秀才，21岁入南京国子监，拜名儒钱谦益为师。

当时，明朝已被李自成农民起义军所推翻，崇祯皇帝在北京景山自缢而亡。福王朱由崧在南京即位，建立弘光政权。清顺治二年（南明弘光元年、1645）五月二十四日，清军攻占南京，弘光政权覆灭。六月，郑芝龙与黄道周等在福州拥立唐王朱聿键为帝，改元隆武。八月，郑森随父朝见隆武帝，深得器重，赐姓朱，名成功。自此中外称郑森为"国姓爷"。成功对隆武帝表忠心说"臣受国恩，义无反顾，定以死报效陛下"，并献上抗清条陈，建议"据险控扼，拣将进取，航船合攻，通洋裕国"。朱聿键深为赏识，即封成功为忠孝伯，拜御营中军都督，挂招讨大将军印。

清顺治三年（南明隆武二年、1646）六月，清军进逼福建，郑成功率军镇守军事要冲仙霞关。郑芝龙派人示意郑成功撤兵，继而断粮饷，致使仙霞关失守，郑成功引军而还，九月十八日，清军陷福州，旋进军泉州，芝龙聚将议降，郑成功苦劝无效，即走避金门。芝龙降清后被清军挟押北去。清固山韩岱驱兵至安平，纵兵烧杀，田川氏殉难。郑成功闻讯赶往安平，收葬其母尸骸后，到南安县孔庙焚青衣，发誓抗清复明，并带着陈辉、陈霸、洪旭等90余人入海，自称招讨大将军，往南澳岛一带招兵，在厦门、金门建立抗清基地。

郑成功起兵后，即移兵鼓浪屿。清顺治四年（南明永历元年、1647）八月，郑成功与其叔郑鸿逵合兵攻泉州，于桃花山一带战胜清军，声威大振，翌年三月，攻克同安。是时明桂王朱由榔即位于肇庆，郑成功派员上表称贺，并建议水陆夹攻，以恢复明朝。随后挥师南下，驻扎于铜山，分派甘辉、施琅诸将攻打诏安、漳浦等地。清顺治六年（永历三年、1649），施琅克漳浦、云霄，甘辉克诏安，郑成功移兵屯守分水岭，部将黄廷驻守盘陀岭，施琅分兵平定广东的黄岗、揭阳、澄海、潮阳等地，郑成功控制漳泉至粤东沿海一线。兵力发展到四万，设左、右、前、后、中五军、厦门设参军，协理诸官分管军政事务，并开设商行沟通内地与海外贸易，设裕国、利民两库稽算东、西二洋的船本利息，建立稳固的后勤基地。十一月，永历帝派钦差到厦门，封郑成功为延平公，表彰他对明王室的忠贞，郑成功自是奉永历年号，抗清意志更加坚定。

清顺治七年（永历四年、1650），清军大举南进，永历帝诏令郑成功勤王。闰十一月，郑成功兵至南澳，左先锋施琅畏难请退。郑成功亲率大军，水陆夹击，大败清军于揭阳、澄海。次年初，清福建巡抚张学圣命提督马得功乘虚攻厦门，守将郑芝莞不战而逃，郑鸿逵救援不及，厦门失陷，郑成功回师厦门，清军已退，斩芝莞，削鸿逵军职，施琅潜逃降清。郑成功安定金厦后，出师围漳州城达八个月，清将金砺自浙江驰援，郑成功退守海澄。

清朝在军事上进攻的同时，也在政治上招抚郑成功。清顺治十年（永历七年、1653）五月，清朝遣使节以"海澄公"印招降，郑成功拒不接受。翌年，清朝派叶成格招降，并派郑成功之弟郑渡、郑荫同来劝降。九月，郑成功与清朝使臣在安平谈判，清朝许以漳、泉、潮、惠四府供郑成功安置所部，郑成功提出三省地方才可安置，且不削发、不留辫、不易服，仅对清朝称臣纳贡，清朝不受。双方僵持不下，谈判破裂。郑渡哭劝郑成功接受招抚，否则父亲及家人性命难保。郑成功不为所动，并致书郑芝龙表示，如家人遇害，只有缟素报仇。在议和的同时，郑成功一方面派兵往各地征集粮饷，一方面加强厦门后方建设，改中左所（厦门）为思明州，建立行政机构，设置吏、户、兵、刑、礼、工六官和察言、承宣、宾客三司，以及印局、军器局。建军立营，部队分七十二镇，每镇五协，各设正副统领，以便训练和作战。置储贤馆，育胄馆，接纳各地义士贤人，培养烈士子弟。商业上，设仁、义、礼、智、信、金、木、水、火、土十家商行，经营财货，以济其用。这些措施，使厦门的行政、军队、经济有条不紊，成为稳固的抗清基地。

清顺治十二年（永历九年、1655），郑成功派洪旭、陈六御率兵攻舟山，克温州、台州。清朝以郑成功拒降，将其父郑芝龙收捕入狱，并派亲王世子济度率大军入闽，郑成功收兵回厦，加强海陆防御。翌年四月，清军济度水师出泉州遇风暴，郑成功乘势进击，大败清军于海上。六月，海澄郑军守将黄梧投清，使郑军在该地的军需损失殆尽。郑成功攻泉州不下，即命甘辉统领水师北上，八月攻下闽安镇（福州），十二月攻取罗源、宁德，杀清军先锋阿格襄于宁德城郊。翌年二月攻取台州。

清顺治十五年（永历十二年、1658）正月，永历帝册封郑成功为延平郡王。郑成功决计北伐，他一面奏请永历帝诏李定国出洞庭，会师江南，约请鲁王部将张煌言出兵舟山；一面加紧选练精兵，组成"铁军"。五月初七，郑成功颁布北伐令，严明纪律。十三日，亲率甲士17万，水师八千众，战舰数百艘，号称80万大军，在厦、金誓师北伐，扬帆北上，直发金陵。六月攻占平阳，围温州。七月到达舟山与张煌言会帅。八月入长江，攻羊山，因遇飓风，舰队被冲散，损失兵将数千员。折回舟山休整。翌年五月十五日，郑成功再次率师北上，攻崇明，取瓜州。六月，郑成功命张煌言分兵上溯芜湖，截击上游清兵，令刘猷守瓜州，自己直取镇江。二十二日冒雨进攻，一举夺下镇江城。沿江人民见郑军纪律严明，行伍壮观，赞为"天兵"。接着，郑军直捣南京，张煌言挺进芜湖，沿江太平、宁国、池州、徽州诸府县闻风归附。江宁一地已在郑军包围之中。七月十日，郑军自凤仪门登岸，郑成功遥祭明太祖孝陵。时南京城守将梁化凤诈称献城纳款，施缓兵之计。甘辉等将领力主速攻，郑成功不听众言而陈兵城下，坐待梁化凤出城投降。清军乘郑军放松戒备，于七月十二日出城反攻，郑军措手不及，迎战失利，甘辉、陈魁等将领阵亡，张煌言也战败。郑成功回师厦门。北伐失败，郑成功军队损兵折将极为惨重，元气大伤。从此，他再也无力组织大规模的北伐战争了。

退回厦门后，郑成功指挥军队歼灭了尾追到厦门海面的清军，击破了清廷企图一鼓作气，直捣厦门大本营的幻想。但是郑成功也愈加强烈地感觉到，金门、厦门乃弹丸之岛，不足以抗衡清军的不断进攻，必须寻求新的、更加牢固的基地。台湾岛就自然而然成为郑成功等人考虑的地方。台湾自古是我国的领土。明天启四年，也就是郑成功出生的那一年，荷兰殖民者侵占台湾，大肆掠夺当地的土特产，在岛上进行残暴的殖民统治，激起台湾人民的愤怒与反抗。顺治九年（永历六年、1652），郭怀一发动反荷起义，这场暴动虽然被残酷镇压下去，但台湾人民的怨恨情绪与日滋长。郑成功为抗议荷兰殖民者洗劫中国商船，从顺治十二年（永历九年、1655）起，不准商船到台湾贸易，对其进行经济制裁。清顺治十四年（永历十一年、1657）六月，荷兰台湾总督揆一派通事何斌到厦门，请求郑成功撤销禁令，允许通商。何斌向郑成功介绍台湾情况，转达台湾人民渴望郑成功军队收复台湾的愿望，力劝郑成功应谋取台湾，利用台湾肥沃富饶的条件再图霸业。返台后，何斌又秘密测量鹿耳门港道，绘制台湾地图，献给郑成功。郑成功得图后，决心收复台湾，下令营造战船，准备东征。

清顺治十八年（永历十五年、1661）三月二十三日，郑成功留郑经守厦门、郑泰守金门，自己统率大军 25000 人，战舰 300 余艘，从金门料罗湾出发，翌日到达澎湖。四月初一黎明，冒狂风巨浪直抵鹿耳门外，午时乘潮，由何斌导航，直入禾宁港登陆。鹿耳门港道水浅礁多，荷兰殖民者侵台后，以沉船设阻，郑军突然兵临城下，当地百姓纷纷以酒食劳军。四月三日，荷兰总督揆一命荷军全力反扑，郑成功水师击沉荷铁甲舰赫克托号，并用火船围攻其余战艇，荷军大败，狼狈逃遁。陆上，郑军在北线尾全歼来犯荷军，击毙其上尉贝乐德，乘胜包围赤嵌城。郑成功一面阻击来自台湾城的荷兰援军，一面向赤嵌城的荷军城防司令描难实叮发动政治攻势。揆一见赤嵌难以困守，提出愿付巨额赔款，并"年年照例纳贡"的条件，换取郑成功撤兵。郑成功严正声明：台湾"一向属于中国，……自应把它归还原主"。并通牒赤嵌荷军 24 小时内投降，否则即发起总攻。描难实叮见大势已去，于四月十日挂白旗献城投降。

郑成功光复赤嵌后，改赤嵌为东都，设承天府，置天兴、万年两县，遂清查田园人口，制订赋税，并于东都设四坊，鼓励贸易。又挥师进攻台湾城。荷兰总督揆一，凭恃炮坚城险，负隅顽抗，等待援兵。郑成功采取长期围困、俟敌自溃的战术，只留下部分兵力围城，其余部队分别到台湾城四周近邻屯垦。围城期间，郑成功还亲自带户官到高山族村社巡视慰问，送给他们牛、犁、种子和棉布丝绸，鼓励耕织，所到之处"男妇壶浆，迎者塞道"。同年八月，荷兰殖民地巴达维亚（今印尼雅加达）东印度公司派兵 700 人，战舰 10 艘驶近台湾，企图救援驻台荷军，当即遭到郑军水师迎击，荷援军司令布·考乌弃军南逃，其舰队溃不成军，台湾城荷军军心动摇，有些士兵出城投诚；军中黑人携带武器投奔郑军，倒戈反荷。郑成功于十一月中旬集中兵力，二十日发起总攻。荷兰总督揆一势穷力竭，于十二月初三（1662年 2 月 1 日）投降，随后撤离台湾。郑成功收复被荷兰殖民者侵占达 38 年之久的台湾，并赋成《复台》一诗："开辟荆榛逐荷夷，十年始克复先基。田横尚有三千客，茹苦间关不忍离。"

郑成功收复台湾后，改台湾城为安平镇，并以此为政治、经济、军事的中心。他领导军民大力开发与建设台湾。整肃吏治，处死肆意吞占公共财物的承天府杨戎政和大将伍豪；同时颁布屯田令，分派各镇赴各地开荒，令各镇按地"插竹为社，斩茅为屋，围生牛教之以犁，使野无旷土，而军有余粮"；鼓励文武官员招佃垦荒，但不准混圈田地，侵害居民利益。郑成功允许各级官吏将士建屋开矿，永为世业；鼓励官兵从事渔业、经商，建造大船通商航行日本与南洋诸岛，令金门、厦门、铜山、达壕诸镇冲破清朝禁令，与内地通商。因此，"台湾日盛，田畴市肆，不让内地"。

郑成功收复台湾不到半年，因戎马倥偬，积劳成疾，于复台当年的五月初八日逝世，年仅 39 岁。清朝统一台湾后，康熙派官员护送郑成功灵柩归葬故乡。闽台两地人民爱戴郑成功，立祠建馆纪念他。三百多年来，"国姓爷"郑成功的英雄事迹，一直在闽台两地世代传颂。

（庄恒恺）

李光地

    李光地（1642—1718），字晋卿，号厚庵，别号榕村。福建泉州安溪人。明崇祯十五年（1642）生。父李兆庆，明朝生员，藏有程朱之书，并用作教材米教育李光地。李光地自幼聪颖好学，13岁就读完了群经。他的科举之路非常顺遂，康熙五年（1666）中举人，九年成进士，选庶吉士，十一年散馆，授编修。

    康熙十二年春，李光地充会试同考官，十月，请假回乡省亲。翌年三月，靖南王耿精忠在福州反叛，郑成功之子郑经应耿精忠约，从台湾遣兵入踞泉州。两人均派人到安溪招揽李光地，李光地不得已到福州见耿精忠，行前嘱咐家人谎报父疾，因此到福州后两天便告假回乡，并迅即与家人藏匿于山谷之间。十四年五月，李光地向清朝密疏"破贼机宜"，指出："今耿逆方悉力于仙霞关，郑贼亦并命于漳、潮之界，独汀州一道与赣州接壤之处，防备极疏。"因而建议：因贼之疏，选精兵万余人，由赣达汀，"则贼将不战自溃"，此即"所谓避实击虚、迅霆不及掩耳之类也"。李光地藏疏于蜡丸中，派人暗中送往京城，通过内阁学士富鸿基呈上。康熙帝看到密折后深为感动，嘉许李光地的忠诚，并命兵部录疏，付领兵大臣参照。

    康熙十五年秋，清兵自衢州攻克仙霞关，收复浦城、建宁、延平，耿精忠被迫乞降。康亲王杰书进驻福州后，命宁海将军拉哈达等进剿郑经，并打听李光地的下落。康熙十六年三月，李光地到福州见康亲王。亲王上荐疏："光地蹇遭贼乱，颠沛不渝，矢志为国。始终不肯从逆……应予表扬。"四月得旨，超授李光地为侍读学士。九月，李光地赴京，行至福州，恰遇父丧，又回安溪守制。康熙十七年五月，同安人蔡寅打着复明旗号举事，聚众2万余人围攻安溪，李光地募乡勇固守，戒乡人勿资以粮食，后蔡寅退去。六月，郑经派遣将领刘国轩率部陷海澄、漳平、同安、惠安等县，进逼泉州，断万安、江东二桥，断绝了清军的南北援助。李光地派人到漳州向拉哈达告急，又遣人到仙游迎巡抚吴兴祚之师；并引导两路大军由山路抵泉，击破刘国轩部。泉州解围后，拉哈达上报其功，李光地再次得到优叙。康熙帝于十一月下旨，特迁李光地为内阁学士兼礼部侍郎。

康熙十九年（1680）七月，李光地奉母至京师就职，并兼太子允礽之师。翌年，他在入对时奏道："郑经已死，子克塽幼弱，部下争权，宜急取之。"并荐内大臣施琅，说施琅"习海上形势，知兵，可重任"。康熙帝采纳了他的建议，后顺利收复台湾。从此，李光地益受宠信。

康熙二十一年五月，李光地请假送母还乡。他到家后，建"榕村书屋"，讲学其中。期间，福建总督姚启圣常以地方政事向李光地咨询。李光地备陈利弊，以纾民困。康熙二十五年三月，李光地还朝，仍任原职。九月，改任掌院学士兼礼部侍郎，教习庶吉士。日与诸庶讲论，贯其说为"一尊程朱"。康熙二十六年，充经筵讲官、日讲起居注、方略馆总裁。因为母亲患病，李光地上疏请求回家探望。康熙帝给假一年，悬缺以待。临行，李光地保荐了德格勒、汤斌等人。

康熙二十七年三月，李光地返京。而以前所举德格勒经廷试文劣，德格勒又曾奏称："光地知兵，宜外任。"有结为朋党的嫌疑，故受诘问。李光地引罪乞处分，皇帝予以宽免。康熙二十八年冬，晋兵部右侍郎。康熙三十年春，担任会试副考官，并与侍郎博霁、徐廷玺以及原任河督靳辅视察黄河工程情况。康熙三十二年冬，以兵部右侍郎提督顺天学政。李光地对当地沿袭俗学之弊、不习经书古文很不满意，对凡能诵读"二三经及古文百篇以上"的生童，皆拔擢之，以资鼓励；又谢绝一切请托，"士气顿伸"。康熙三十三年四月，李光地的母亲去世，按照礼制他需解职回乡丧居以尽孝道，称为丁忧。康熙帝下旨，称："提督顺天学政关系紧要，李光地特行简用，可在任守制。"李光地接到谕旨后说："臣蒙荷圣恩，怎敢不以残喘自效？"但他仍提请皇帝给假九个月，让自己往返治丧。康熙三十六年冬，补工部右侍郎，仍留学政任。

次年十二月，李光地因"居官优善""清廉"，而以兵部左侍郎、右副都御史巡抚直隶。李光地担任直隶巡抚期间治理河务、兴修水利。当时京城地区常遭受水灾，漳河与滹沱河汇合后容易泛滥成灾，于是康熙命李光地疏通漳河故道，将河水引入运河，以遏制滹沱河的水势。李光地前往当地严格考察，上奏称霸州、永清、宛平、良乡、固安、高阳、献县等地因为疏浚新河，占用了民田139顷，请求豁免老百姓的赋税，得到皇帝批准。而通州等6州县按规定设置剥船600艘，转运南来的漕粮，每艘船给供养田若干，遇到水旱灾荒按例也不能免除租赋，李光地又上奏请依照民田的制度予以免除。康熙三十九年（1700），皇帝亲临子牙河视察治河工程，令李光地在献县东西两岸修筑长堤，西堤连接大城，东堤连接静海，长约 200 余里。又在静海的广福楼、焦家口开辟新河道，引水入湖。从此下流更加畅通无阻，再也没有水患之灾。康熙帝喜曰："朕用一清正抚臣，便岁丰民乐。"并亲书"夙志澄清"匾额及御制永定河诗、御服衣冠等物品赏赐给李光地。在直隶巡抚任内，李光地还整顿吏治、减轻税赋、赈济灾黎、解决满汉矛盾等，做出显著成绩。

康熙四十二年四月，李光地迁吏部尚书，仍留任直隶巡抚。康熙四十四年冬，拜文渊阁大学士。翌年正月，入阁办事，历充殿试读卷官、国史馆、典训馆、方略馆、一统志馆总裁。其时，康熙帝潜心于理学，《朱子全书》《周易折中》《性理精义》等书，都命李光地负责编纂校理。这些彰扬程朱理学之书，经康熙帝审定以御纂、御定名义颁行于学官，对于当时理学的发展，产生了重要的影响。在编校《朱子全书》等书过程中，李光地每日入便殿，与康熙帝研求探讨，因而有机会在兵制、官俸、蠲免钱粮等方面向皇帝建言。例如，在江南科场案中，两江总督噶礼与江苏巡抚张伯行互相攻讦，朝廷派人调查，久不能决，李光地据实密奏，噶礼终被免职，张伯行官复原职。又如，桐城贡士方苞因坐戴名世狱论死，李光地向康熙帝说明：自汪霖死后，"惟方苞能作古文"，方苞即获释并内召。再如，福建人陈五显因灾荒聚众举事，失败被杀，余党及家属 1300 人拟判充军，李光地向皇帝进言：陈五显等"因饥酿乱，首犯既诛，余宜不问"，遂赦之，余党全部开释。李光地还先后荐举朱轼、杨名时、陆陇其、蔡世远、梅文鼎等人，皆为硕儒名臣。

康熙四十八年后，李光地数次上疏请求休致。而晚年的康熙帝因立储之事心中郁郁，身体多病，对李光地这位老臣很是眷恋。他慰留李光地道："见到卿的奏折，朕心中惨然。回想当年一班旧臣，今已杳然而去。像卿这样的，不过只有一二人还在朝中，现今朕也老了，实在不忍再多说什么。"康熙五十四年六月，李光地再次以母丧未葬为请，康熙帝暂准给假两年，让其处理完家中事宜即返京办事。八月，李光地陛辞之时，康熙帝赐其"谟明弼谐"匾额。康熙五十六年，李光地还朝。翌年五月，因疝疾速发，卒于任所，享年 77 岁。康熙帝闻耗，派遣恒亲王允祺前往吊唁，赏赐千两金，谥号"文贞"；还对大臣们说："李光地谨慎清勤，始终一节，学问渊博，朕知之最深。知朕亦无过光地者。"雍正初年，加赠太子太傅，祀贤良祠。

李光地从小勤学，至老益笃。生平著作丰富，主要有《周易通论》四卷、《周易观象》十二卷、《诗所》八卷、《大学古本说》一卷、《中庸章段》一卷、《中庸余论》一卷、《读论语札记》二卷、《读孟子杂记》二卷、《古乐经传》五卷、《阴符经注》一卷、《参同契章句》一卷、《注解正蒙》二卷、《朱子礼纂》五卷、《榕村语录》三十卷、《榕村文集》四十卷、《榕村别集》五卷等。李光地虽然推崇朱熹，但对于朱子学并非全盘继承，而是有所选择，有所发挥。《四库全书总目提要》评价道："光地之学，源于朱子，而能心知其意，得所变通，故不拘墟于门户之见。"李光地提出了一个非常有价值的见解，即认为在学术理论上，不论哪家，都要做到有优点要学习，有错误要批评。李光地不同意"元明以来诸儒仅守朱说"，认为朱子之言并非无疑。例如，朱熹认为《大学》因错乱而要调整更改，他就不同意。特别是不同意朱熹认为《大学》"格物致知"有经无传，而为《大学》补上此传。他认为古本《大学》无误，宜还原古本。他还主张《大学》应以"知本"为格物第一义，不同意朱熹把《大学》中格物之格训为"至极"、物训为"事"，认为格物应训为"知本"。此外，李光地在易学方面著作丰富，治易的特点带有较强的综合性和实用性。他采用王弼的《周易》经传为底本来研究易经，《周易折中》为其代表作；还以易学为纲，详注《参同契》。他的著述尽力使易学服务于康熙朝的政治需要，"以易学致用、以性理说易"，是李光地易学的重要特色。

（庄恒恺）

陈梦雷

　　陈梦雷（1650—1741），字则震，又字省斋，号天一道人，晚号松鹤老人。福建侯官（今福州）人。清顺治七年（1650）生。他是清初著名学者，也是我国第一部百科全书——《古今图书集成》的主编者。

　　陈梦雷资质聪敏，少有才名。12 岁中秀才，19 岁中举人，康熙九年（1670）中进士，选庶吉士，散馆后授编修。应当说，他人生的起始便顺风顺水，意气风发，踌躇满志。但是，陈梦雷很快就遇到了巨大挫折。康熙十二年十二月，陈梦雷回乡省亲。翌年三月，靖南王耿精忠参加吴三桂和尚之信的反清叛乱，在福州举兵。他为了扩大影响，在福建遍罗名士，强授官职，胁迫士人同反。陈梦雷为逃避耿精忠的"邀约"而躲入寺庙，但耿精忠看准了陈梦雷的弱点，囚禁其年迈的父母，陈梦雷表面上屈服，做了耿的幕僚，但内心对耿精忠的反叛行径及为人十分厌恶、排斥，所以托病拒受印札。当时，与陈梦雷同年考取进士、一同任翰林院编修的安溪人李光地，正请假在老家。他虽被迫来到福州，但迅即以"父疾"请假回家。据陈梦雷称，二人曾在福州密约，由陈梦雷留在福州搜集情报，李光地则隐藏踪迹，"从山路通信军前"，向朝廷汇报敌方的重要动态；并由陈梦雷主拟请兵疏稿，以他们两人的名义，共请清兵入剿。康熙十四年五月，时机成熟，李光地派人向朝廷献蜡丸疏，请求清廷派兵剿灭叛军。据陈梦雷称，李光地"挨延半载，始肯遣人。则尽易臣疏，削去臣名"，单独向朝廷上疏请兵。李光地因此大受赏识，获康熙帝的重用，青云直上。而陈梦雷不但功劳被埋没，还因任耿精忠"学士"，又受到耿党徐鸿弼诬告，致以"附逆"罪被捕入狱，判处死刑。陈梦雷入狱前后，曾多次要求李光地为自己作证辩诬。李光地于康熙十九年返京后，也曾为陈梦雷"代具一疏"，但对陈梦雷在福州"离散逆党，密图内应及同谋请兵之事，一语不及"。陈梦雷因此大恨李光地，写了《告都城隍文》《与李光地绝交书》，责其"欺君负友"，直陈李光地背信弃义的无耻行为，激愤之情直透纸背。李光地断然拒绝陈梦雷的指责，奋力反驳，向康熙帝奏云：陈梦雷所谓"臣上蜡丸书是他定的稿，实实无此事"，还指出，自己将上密本之时，曾派人持书到福州找陈梦雷，陈梦雷"一字不见答"，因此只得"与家叔谋之"。陈梦雷对自己的攻击，是受忌妒自己的大臣指使所致。两人各执一词，难辨真假，遂成为历史公案，至今仍没有明确的说法。

康熙二十一年（1682），经刑部尚书徐乾学救援，陈梦雷免死，改戍奉天（今辽宁省）尚阳堡。到戍所后，他受尽了痛苦和折磨：自己病倒；家中父、母先后去世；妻子也在流放地亡故。陈梦雷万分悲痛，但仍手不释卷，刻苦读书。他在奉天 17 年，一面教书，一面著述，为当地培养了不少人才，还先后编撰《周易浅述》《盛京通志》《承德县志》《海城县志》《盖平县志》等，为我国东北地区的文化教育事业发展做出了可贵的贡献。这一时期他还写作了许多著名的诗文，其中部分编为《闲止书堂集钞》一书。

康熙三十七年九月，康熙巡视盛京（今沈阳），陈梦雷向他献诗，很受赏识，被召回京师。次年，入内苑，侍奉诚亲王胤祉（康熙第三子）读书。由于恪尽职守，甚得胤祉好感。康熙对其工作也十分赞赏，曾亲临陈梦雷书斋，为之题联云："松高枝叶茂，鹤老羽毛新。"从此，陈梦雷名其斋为"松鹤山房"，并自称"松鹤老人"。

在长期教学中，陈梦雷见现有类书，"详于政典""但资词藻"，缺点不少，因此决心编辑一部"大小一贯，上下古今，类列部分，有纲有纪"的大型类书。此事得到胤祉支持，特拨给"协一堂"藏书，并在城北买"一间楼"，雇人帮助缮写。自康熙四十年十月起，陈梦雷根据"协一堂"藏书和家藏图书共 15000 余卷，开始分类编辑。经过"五载之内，目营手检，无间晨夕"的辛勤劳动，到康熙四十四年五月，终于编成一部叫《汇编》的初稿，陈梦雷把书稿的目录呈送给康熙帝审阅，并在修定的过程中，把书名改为《古今图书集成》（为行文便，下文简称为《集成》）。《集成》于雍正六年（1728）用铜活字版首次刊印。该书历时两朝二十八年，采集广博，内容丰富，正文 10000 卷，目录 40 卷，共分为 5020 册，520 函，42 万余筒子页，1 亿 6 千万字，内容分为历象、方舆、明伦、博物、理学、经济等 6 编、32 典、6117 部。每部先汇考，次总论。有图表、列传、艺文、纪事、杂录、外编等项目。《集成》继承了我国古书的优良传统，引用大量的原始文献，并注明出处。按天、地、人、物、事次序展开，规模宏大、分类细密、纵横交错、图文并茂，因而成为查找古代文献的十分重要的百科全书。《集成》不但查阅方便，还保留了历代的珍贵资料。举凡天文地理、人伦规范、文史哲学、自然艺术、经济政治、教育科举、农桑渔牧、医药良方、百家考工等无所不包。例如，《历象编》保存了我国古代关于宇宙和恒星的大量资料，其中《历法典》收有我国历史上所有历法的总表、重要著作和完整的天文仪器史。又如，书中保留着宋代以来一些失传的书文，清人张金吾编《金文最》一书时，即从《集成》中辑得不少金代的遗文佚篇。《古今图书集成》与《永乐大典》《四库全书》并列为中国古代三部皇家巨作。相比于《古今图书集成》，成书于明朝的《永乐大典》亦属于类书，但因战乱等原因，缺失严重，现存卷数不足 4%。成书于清乾隆年间的《四库全书》是现存最大的丛书，但由于受清朝文字狱影响，大量书籍被列为禁书，遭到销毁删改，因此收书不全，而成书时间较早的《古今图书集成》则收录了《四库全书》不收或未曾收录的典籍，还包括康熙晚年所出的律令、方志等。《集成》的雍正版内府铜活字本，至今仍完好保存于国家图书馆，成为现存规模最大、保存最完整的类书。作为"类书之最"，该书也是中国铜活字印刷上卷帙最浩繁、印制最精美的一部旷世奇作。该书刊印后，即受各方好评。清人张廷玉称："自有书契以来，以一书贯串古今，包罗万有，未有如我朝《古今图书集成》者。"即使是对陈梦雷持有政治偏见的雍正，也称赞它是一部"贯穿古今，汇合经史"，"下至山川草木，百工制造，海西秘法"无不具备的"典籍之大观"。外国学者把它作为主要的资料根据和全面了解中国知识的书籍，赞誉该书为"康熙百科全书"。《集成》自刊出以后，因其较为完备的文献功能，备受朝野各界尤其是文人学者的注重。乾隆将该书作为最高奖赏，用以褒扬献书最多的宁波范氏天一阁等四家藏书楼，引得民间艳羡无限，学者藏家接踵前往，访求借抄，住馆借读。《古今图书集成》第一版只印 65 部。为了满足社会需要，清末又有两次印刷，第三次印本还增加了龙松琴写的《古今图书集成考证》24 册。1934 年，上海中华书局出版了一种缩小影印本。在现代，《集成》仍显示出其独具的资料宝库的魅力，中外学者利用甚众。世界上著名的图书馆几乎都有收藏。为了使用方便，英国和日本还分别编制了《古今图书集成索引》《古今图书集成分类目录》。英国著名学者、《中国科学技术史》的作者李约瑟博士曾满怀感激地提到："我们经常查阅的最大的百科全书是《图书集成》……这是一件无上珍贵的礼物。"

《古今图书集成》的编校虽不能说是陈梦雷一人之功，却也耗费了陈梦雷几乎全部的心血。然而，他的命运却依旧坎坷。康熙驾崩后，胤禛即位，残酷迫害与其争夺帝位的同胞兄弟，胤祉被囚禁，陈梦雷受牵连，于雍正元年（1723）一月，被再度流放到黑龙江，这时陈梦雷已 72 岁。为了消除他的影响，雍正还下令由经筵讲官、户部尚书蒋廷锡重新编校已经定稿的《古今图书集成》。实际上蒋廷锡只是把原稿中的 32 志改为 32 典，把 3600 多卷分为 10000 多卷而已。在《集成》刊印时，雍正帝又特意写了一篇序文，抹杀陈梦雷编辑这部书的史实，并把编者改为蒋廷锡。不过，历史是难以篡改的。尽管书上没有写陈梦雷的名字，但是数百年来，人们都知道这部书是陈梦雷编的。

乾隆六年（1741），陈梦雷在戍所去世，享年 92 岁。他一生编著繁富，除前文已述各书外，尚有《松鹤山房集》16 卷、《天一道人集》100 卷等。当然，使他在中国文化史上留下一席地位的，还是主编《古今图书集成》。他曾作有一首《冉冉孤生竹》，写出了自己的心路历程。诗曰："幽兰在空谷，馥馥吐奇芳。宜充君子佩，奈何弃路旁。良人远行役，各在天一方。道远不可致，采取将何望？秋风动地起，百草委严霜。馨香难久恃，引领情内伤。"这首咏怀诗，借物抒情，质朴情深，可以看作是陈梦雷的自况。

（庄恒恺）

上官周

上官周（1665—1752），字文佐，号竹庄，福建省长汀县人，清初著名的山水、人物画家，与华嵒、黄慎并称"闽西三大家"。其人物画影响较大，尤其是晚年刊行的线描人物画谱《晚笑堂竹庄画传》，自乾隆八年（1743）刊行以来，两百多年间，广泛流传于海内外，成为学习人物画的范本。

上官周少时因战乱失学，为谋生计而拜师学画。早年师从熊介玉学习写真人物。熊介玉，汀州清流县人，是活跃于清初前期的写真画家，而且是波臣派的传人，深得波臣派精髓。"波臣"即曾鲸（1564—1647），字波臣，福建莆田人，明万历间布衣，以肖像画著称于世，他的肖像画融合中西画法，妙化传神，开创了以他为代表的"波臣画派"，在江南一带享有盛名。上官周从老师身上间接地继承了曾鲸的画风。

历史上的汀州上官氏主要分布在宁化、清流、长汀和上杭等县。长汀县上官氏家族聚居地主要有两处，其中一处在现南山镇官坊村，另一处在河田镇，两处上官氏同宗；此外，长汀城内也散居部分上官氏族后裔，建有上官氏宗祠。《天水堂上官氏长汀官坊族谱》载，上官周的祖父上官福鼎，上官氏茂贤公第七世孙，乡贡进士；父亲上官立琼，上官氏茂贤公第八世孙，为邑庠生。但笔者查遍清代以来的地方志及乡土志，明至清初考取功名的姓上官人士中，未见此二人。因此，可以肯定其父祖并无功名，上官周应出身于平民家庭。上官周《展拜先大人遗像》云："虎头真妙技，开卷气如生；图画非留影，传神似有声。好香当自蓻，佳茗嘱儿烹；难语存忘意，依依膝下情。"从诗的大意看，其父有蓻香、喝茗茶的习惯，当是读书人。《族谱》没有上官周儿辈记录，但其《诗集》中录有《清明日上亡儿廷柱坟》《忆亡儿廷柱》两首诗，说明上官廷柱为其儿，英年早逝。上官周《诗集》录有一首诗，名为《羊城长夏同门人马存恭、孙布和》；《画传》自序云"小孙惠欲没老人之微勤，请付剞劂，以诏来兹"。"布和"即指上官惠，上官周之孙，又名上官蕙，字布和，号瘦樵，年幼时随其习画学诗，善山水、人物，是乾嘉时期活跃在岭南一带的知名画家，乾隆大学士翁方纲曾与其有题赠往来，《题上官瘦樵画册》诗后注文载："乾隆辛卯（1771）晤瘦樵于潮州，以其祖竹庄写《骑驴曳小帧》为赠。"光绪《长汀县志》及《族谱》皆误载上官惠为上官周"胞弟"。上官周还有一外孙也是乾嘉时期活跃于岭南的知名画家。清凉道人《听雨轩笔记》载:"郑珏,字双玉,闽之清流人","郑为上官氏之宅相,得其真传,故笔墨精妙,迥非时辈所可比也"。

上官周勤勉好学、善于思考,精于画技,很幸运地得到了名家黎士弘的赏识与扶持。黎士弘(1618—1697),字愧曾,福建省长汀县人,清初汀州籍著名的诗人、鉴藏家,顺治十一年(1654)考中举人,官至陕西布政司参政;康熙十八年(1679)辞官回乡后,不遗余力地扶持后学。黎士弘精通于画论和鉴藏,晚年也兼画事。青年上官周聪颖好学,才华崭露,因老师熊介玉与黎士弘为好友,故尤得推重,得到黎士弘的赏识,遂结为忘年交。上官周在黎士弘的悉心指导下,读书、创作,临摹历代大家真迹。黎士弘不惜笔墨,用数篇文章记录了上官周的画事,并收录于《托素斋诗文集》。黎士弘所推崇的艺术创作,贵在以个别显示一般,以不全求全,即"省文取意",他的这些艺术主张,对上官周日后的艺术创作产生了深刻的影响,上官周的《罗浮山图》欲借天南峰的半角,表现罗浮山的整体意象,正是运用"以少总多""省文取意"的方法,而他晚年的诸多写意山水人物册页也深得此法,简淡而意深。黎士弘不仅与上官周讨论艺术创作的方法,还经常指导上官周创作实践。康熙三十二年(1693),此年上官周30岁,岁末闲暇之日,黎士弘与上官周讨论重新创作《观碑图》。上官周好学深思,"为此树石、陂陀、人马、器丈一一勾画"。在黎士弘看来,上官周的新作更加真实、有气势,达到了"尽妙"的效果。黎士弘与上官周亦师亦友,上官周从黎士弘身上学到了绘画技巧,又触及到艺术创作的本质,尤其是对待历史与艺术创作严谨而辩证的态度和学风,对上官周后来的历史题材创作有着积极的影响。青年上官周画技超群,黎士弘预感此后生前途无量,不过,汀州毕竟位于偏僻的山区,局限此地难有更大的发展。康熙三十三年(1694),恰逢好友鄢翼明卸任汀州知府赴江苏任职,于是黎士弘打算委托其携带上官周同往,游历江浙、增长见识。鄢翼明(1635—?),字在公,辽阳人,顺治十三年(1656)考中进士,康熙二十年(1681)以礼部郎任汀州知府,任职十余年间,与前辈黎士弘友善,彼此交情深厚。

上官周青年时期的创作主要以人物肖像、历史题材为主,山水、花鸟亦有涉及,塑造高士、明贤形象,表达高古贤达之气、超逸洒脱之风,成为他一生的追求。至康熙后期,上官周在清初画坛中脱颖而出,成为入清以来的集大成者，开闽派绘画先路，引领了以黄慎、华嵒、李灿、上官惠、周超等为代表一批闽籍画家，逐渐形成了更具地域个性特征的画风，把闽画推向了一个新的历史高度。他一生云游四方，中年后主要往返于岭南与闽地交游、作画。

上官周在岭南与"羽服黄冠"常有往来，其《晚笑堂竹庄诗集》提到的有"迹删和尚""霞永上人""丹霞住持""卷石道人""敏然上人"等人。其中与广东名僧成鹫法师交谊最深，对其影响最大，是上官周中晚年最重要的朋友之一。释成鹫（1637—1722），番禺人，原法名光鹫，字迹删，著名诗僧，兼工书画，与同为明遗民的诗人屈大均、陈恭尹和梁佩兰"岭南三大家"交往密切。他精于佛学和经学，在当时岭南佛门中，号称文字第一。同一时期的广东名家皆与释成鹫有不同程度的交往，与上官周交好的诸多文友如邓彪、谢介白、姚济州等人同时也是成鹫的知己。康熙五十六年（1717）上官周曾接到诏书，将赴京城效力于朝廷，在成鹫的劝导下，毅然放弃了出仕的机会，选择了自由平淡的生活。康熙五十八年冬，上官周思乡心切，欲返家乡，成鹫真情挽留，还念念不忘提醒上官周"莫教余技动风宸"。

在岭南交游期间，上官周曾陪伴查慎行游览广东名胜，还为他精心创作了《青山归棹图》《查初白扶筇戴笠图》等图轴。查慎行《粤游集》收录了多首与上官周的交游、题赠诗文，对上官周赏识有加。查慎行（1650—1727），字悔馀，号初白，浙江海宁人，少师从黄宗羲，是与王士禛、朱彝尊、宋琬、施闰章、赵执信等著名诗人齐名的"清初六大家"之一。他的诗作多写纪游，长于素描，诗风清新隽永，以字句稳惬见称。《查初白扶筇戴笠图》是上官周专门为查慎行作的小影，创作于康熙五十七年二月初二，查慎行即将从广州回程的前几天。回到海宁后，查慎行十分珍视这件作品，随身携带，展卷于诸友共赏并为此图题跋。跋文大部分作者与查慎行有直接交往，或好友或亲人，身份大多是江南精通书画的当世名士或达官显贵，跋文内容主要是对画面中的主人公褒奖和承奉，其中也有对画家的推许，客观上对上官周及其作品在江南的传播起到了推广作用。

岭南交游时期，上官周与"惠门八子"中的苏珥、罗天尺、吴孟旦等人都有不同程度的交往，其中与苏珥交谊较深。苏珥（1699—1767），字瑞一，号古侪，晚号睡逸居士，顺德碧江人，清雍正、乾隆年间岭南著名学者和书法家。上官周年长苏珥34岁，二人初识于雍正十二年（1734）。第二次见面是在乾隆四年（1739）夏天，是年上官周前往广州刊印《诗集》。二人交往期间，上官周还为苏珥画过肖像，苏珥对上官周的人品和诗品也有很高的评价，言其"生不求闻达，亦不于贵介稍屈"，谓其诗为"诗中画，画中诗，并通厥妙。酷类王右丞"。

在岭南期间上官周与不少府县官员也有往来，如广东巡抚法海、广州副都统曹廷谏、海南临高知县樊庶、番禺县令姚炳坤、始兴知县杨于位等人，其中与杨于位交往最深。杨于位分别于乾隆二年、八年为上官周的《诗集》《画传》作序。杨于位，江西省瑞金人，约生于康熙二十年（1681），卒年不详，康熙六十年（1721）进士，雍正二年（1724）任广东平远县知县、雍正三年任始兴县知县，致仕后，历任广东潮州韩山书院、江西豫章书院、赣州濂溪书院三长。瑞金县毗邻长汀县，上官周早年常往此地鬻画，并在老师黎士弘的引荐下结识当地最有声望的杨氏家族，并与杨于位的前辈结下了深厚的友谊。杨于位自幼倾慕上官周，但由于各种原因一直未能谋面，乾隆初年与上官周交于岭南。上官周赠予《珠江挂帆图》，并题诗《赠始兴杨明府》。

岭南交游数十年，对上官周的人生及艺术风格产生了重大影响。50岁左右，在岭南的朋友启发下，上官周开始"力学为诗"，艺术风格也相应发生转变，逐渐从一个纯粹的职业画家蜕变为融诗书画一身的文人画家。晚年先后在广州刊行《晚笑堂竹庄诗集》（乾隆四年）和《晚笑堂竹庄画传》（乾隆八年）。值得注意的是，他的线描人物画集《晚笑堂竹庄画传》尤为后世推重，自刊行以来，至民国200多年间，先后被数次翻刻，多达十余种版本，广泛流传于海内外，成为后人学习中国传统人物画的经典范本。

（胡家保）

蓝鼎元

蓝鼎元（1680—1733），字玉霖，号鹿洲，福建漳浦人。清代著名的循吏、"筹台之宗匠"，清初儒学道南学派的代表人物，是与李光地、蔡世远齐名的清代"理学闽学大师"。

蓝鼎元出身书香世家，他的祖父和父亲都是当地有名望的儒士。祖父蓝继善，博学多识；父亲蓝斌精通理学，秀才出身，早逝。据载，蓝斌"少补博士弟子员，以文学行谊为一时弁冕，学者称文庵先生，年三十有二而卒"。蓝鼎元10岁那年，其父蓝斌病故。蓝斌去世后，蓝家生活陷入困顿，蓝鼎元及其弟蓝鼎光主要是靠母亲许氏售卖女红抚养长大。

艰难的生活并没有把蓝鼎元压垮，反而磨炼了他坚强不息、努力进取的意志。蓝鼎元学习极为努力，10岁的时候已经能诵读四书五经，并通晓大致意思。稍微长大之后，他跟随族伯唐民先生读书于灶山，每月仅携带白盐一罐，并无蔬菜或其他做菜吃的食物。同学们经常冷嘲热讽，但他却他怡然自得，不以为耻，还做了一首《白盐赋》以自励。在这种艰难的环境下，蓝鼎元全部的精力用于读书，每年只是回家一趟省祀先人。他遍览诸子百家、礼乐名物、韬略行阵诸种书籍，通晓洞达经世致用之学。

蓝鼎元不局限于书本的知识，他还注重知识与实践相结合。康熙三十六年（1697），17岁的蓝鼎元从厦门泛舟出海，南至广东南澳、海门，北至浙江舟山，考察福建、浙江沿海岛屿港湾形势，蓝鼎元"自谓此行所得者多，人莫能喻也"。可见，这次东南沿海岛屿的游历经历，大大开阔了他的眼界，对他的成长极为重要。期间，蓝鼎元遍历福建沿海各岛屿，详细记录每个岛屿的山川形胜、史地沿革及风俗民情，为后来治理台湾、治理地方提供了坚实的基础。

康熙三十五年，陈汝咸由翰林出任漳浦知县。陈汝咸精通经济之学，又擅长古文诗词，"常集士绅讲经之会"。蓝鼎元仰慕其名，向陈汝咸请业问难，学业大有精进。康熙四十二年，拔童子试第一，深得陈汝咸的赏识。次年冬，进士沈涵督学福州，蓝鼎元与蔡世远"俱受知门墙，招入使院"。在诸生中蓝鼎元尤其受到沈涵的钟爱，称赞他是"国士无双，人伦冰鉴"。

康熙四十六年（1707），著名理学家、福建巡抚张伯行为推动福建文教的发展，在福州创建鳌峰书院。鳌峰书院以继承与发展程朱理学为宗旨，聘请全国有名的学者主持讲学。鳌峰书院的学生选拔很严格，主要是从全省中具有秀才资格的学子中，定期招考优秀学生入学。鳌峰书院这种聚众讲学、昌明学术的教学宗旨，在士人中产生了巨大效应，慕道而来者数百人。除教授学生之外，张伯行还大量购置书籍，延请福建境内九府一州学行兼优的士人编纂、刊订儒家著作。蓝鼎元与同乡蔡世远、陈梦林应张伯行之聘，到福州鳌峰书院，担任讲学及共同纂订先儒诸书。张伯行对蓝鼎元的人格和才学都很推崇，称赞他是"确然有守，毅然有为，经世之良材，吾道之羽翼"。两年之后，蓝鼎元因为祖父、祖母年岁很大，母亲也逐渐衰老，特向张伯行请辞，回家去奉养家中长者。张伯行屡次行文征召蓝鼎元，但均为蓝鼎元婉言谢绝。

自此之后，蓝鼎元闭门读书十有一年，他尽力搜罗宋代先儒及许、薛、胡、罗等理学名家之书籍，潜心研读，"以程朱为的，以第一等人物为期，课督不孝等，诱进后学，以敦本行、严取与、慎交游为准绳。"蓝鼎元杜门苦读，期望自己能有一天金榜题名，施展自己平生之所学。但是蓝鼎元的科举之路却颇为坎坷，康熙五十九年秋，蓝鼎元第九次参加科举考试，但最后还是名落孙山。科场的屡次失利，使得他决心不再参加应试，专心著书立说。蓝鼎元的这次选择是在功名无望情况下的一种权宜之计，是他韬光养晦、静待时机的一种表现。

康熙六十年夏，台湾爆发第一次大规模农民起义即朱一贵起义。福建水师提督施世骠奉令与广东省南澳镇总兵蓝廷珍共同出师台湾，平定朱一贵起义。六月，蓝鼎元受蓝廷珍之邀随行参与军务。蓝廷珍视蓝鼎元为自己的左膀右臂，军中大小事务蓝鼎元均参与。蓝鼎元"日夜筹画，不辞劳瘁"，为蓝廷珍起草各种奏折、书信和布告文稿。"出入风涛戎马间，羽檄纷驰，下笔千万言立就"。

朱一贵于康熙六十年四月起义，五月义军攻下府治，七月朱一贵被擒，起义失败。台湾第一次大规模的农民起义在如此短的时间内被平定，与蓝廷珍制定的武力镇压与利用地方乡绅力量相结合的策略密不可分。蓝廷珍通过同乡王仁和沟尾庄绅士杨旭等，声称沟尾庄等附近庄子将配合朱一贵起义，朱一贵被骗至沟尾庄，为杨旭等所擒拿。蓝廷珍的诱捕朱一贵等平乱措施与作为谋士的蓝鼎元密不可分。他曾直接建议："搜罗汉门、小石门、太湖、崇爻诸山以清南北路之余孽，擒捕竹仔脚、二林港之逸贼，抚学甲之流民，凡经营岁余，而全台以宁。"蓝鼎元遍历台湾西部，对台湾的地理、风土、人情等情形都很熟悉，他提出的建议往往能切中要害，直指关键之处。蓝廷珍在《东征集·旧序》对蓝鼎元也是高度评价："深谙全台地理情形、调遣指挥，并中要害，决胜擒贼，手到成功……"由此观之，蓝廷珍能在如此短的时间内平定台湾之乱，与蓝鼎元的精心筹划是分不开的。

蓝鼎元在担任蓝廷珍幕僚期间，不仅为平台精心筹划，而且在治台、兴台方面也极具战略眼光，对台湾的许多问题提出做出具有前瞻性的准确判断，为台湾初期的开发与发展做出了卓越贡献。如在台湾治理问题上，他认为台湾是东南海疆的屏障，应该鼓励垦殖，积极开发台湾。"惟化导整济之，均田赋，平狱讼，设义学，兴教化，奖孝悌力田之彦，行保甲民兵之法，听开垦而尽地力，建城池以资守御，此亦寻常设施耳。而以实心行实政，自觉月异而岁不同，一年而民气可静，二年疆园可固，三年而礼让可兴，而生番化为熟番，熟番可为人民，全台久安长治，吾不信也。"

蓝鼎元不仅对台湾治理提出整体建议，而且针对迁民划界，南、北路文武驻扎要害，官兵营汛添设更置，台镇不可移澎湖，哨船之舵缭斗椝各兵必不可换，罗汉门、郎娇、槟榔林、阿猴林不可弃，携眷渡台等具体问题也是积极建言。如对当时闽浙总督满保制定的"迁民划界"，以防"奸宄"的政策，他认为此举并无法解决汉、"番"冲突问题。他指出："安土重迁，并非易动，况无故而使千五百里之人轻弃家乡，以糊其口于路乎？……无故而掷千五百里如带之封疆，为民乎？为国乎？为土番盗贼乎？以为民，则民呼冤，以为国，则国已蹙，以为生番杀人，则划去一尺，将出来一尺，界墙可以潜伏，可以捍追，正好射杀人民，以为欲穷盗贼，则千五百里五人之地，有山有田，天生自然之巢穴，此又盗贼逞志之区，不知于数者之个，或他有所取乎？"满保接纳了蓝鼎元的中肯建议，停止迁民划界，只是立碑禁止进入番地。

蓝鼎元虽然没有成为台湾一地的地方官，也未具体负责台地的垦殖事务，但是他对台湾历史及现状有深入的考察。他的《经理台湾疏》《论复设营汛书》《平台纪略》《台湾水陆兵防疏》等一系列关于加强兵防、御外保台，以固东南的奏言，均有利于当时台湾社会的进步与安定。后世对他的治台之策也是高度评价，乾隆皇帝对其所著《东征集》评价甚高，要求负责台湾问题的重臣多加学习。"朕披阅蓝鼎元所著《东征集》，其言大有可采，着常青、李侍尧购取详阅，于办理善后时，将该处情形细加察核。"嘉庆时，台湾嘉义县教谕谢金銮在《蛤仔滩纪略》中，称蓝鼎元为"筹台之宗匠"。连横在《台湾通史》赞曰："蓝鼎元著书多关台事，其后官台者多取资焉。"

蓝鼎元虽然多次参加科举考试，但并未中举。雍正元年（1723），皇帝下诏推选文行兼优之士进入太学，蓝鼎元入选。雍正二年春，以贡入京师，北游太学。雍正三年，参与修订《大清一统志》，巨公宗匠均十分推崇蓝鼎元的史学才能。雍正六年冬，由大学士朱高安推荐，蓝鼎元有机会朝见雍正皇帝，条奏经理台湾、河漕兼资海运、凤阳民土风情、黔蜀风情等六事，雍正欣然接纳他的建议，称道："朕观此人，便用作道府，亦绰然有余。"虽然雍正对蓝鼎元很是欣赏，但是当时并没有立即给予重用，仅授广东普宁知县，不久之后，又兼任潮阳县知县。

当时潮州地区正遭遇连年饥荒，普宁、潮阳、揭阳一带更是盗贼之渊薮，盗贼四起，或白昼持械杀人抢劫，或入夜偷盗，社会秩序极为混乱，百姓生活日无安日。在这种动荡的社会环境下，出任县令的蓝鼎元推行了一系列革除社会积弊、"惠政"于民的举措。首先，缉拿盗匪，保境安民。普宁、潮阳、揭阳一带盗贼四起，劫港劫径、暮夜行窃等各种劫抢事件频发，严重威胁到往商旅安全。蓝鼎元通过深入侦查，发现在潮阳、揭阳交接的葫芦地是众盗匪窝藏之处。于是，他联合潮阳、揭阳协同办案，乘贼不备直袭盗贼窝点，擒拿盗贼十八人。此外，他打击严重威胁洋面商贾安全的海盗，联合潮、揭诸县尽数抓拿闽广洋面的海盗；设计擒拿仙村楼群盗窝主马仕镇等。自此之后，四境绥靖，百姓生活安稳。其次，整治讼师诬告行为，移风易俗。普宁县境内民风健讼，讼师人数很多。许多非法的讼师往往伙同坏人诬告，敲诈好人，带来很坏的社会影响。蓝鼎元到任后，经常巡视境内，劝农课桑，关心百姓疾苦，并通过乡亲转告诫恶讼师勿要无事生非。"传语若辈，倘能改过，吾又何求？"蓝鼎元通过办理王煌立和讼师李阿柳合谋诬告杨氏案、郑候秩的妻子与讼师诬告萧邦武等五人案及其他一系列案件，惩治了一批讼师，使恶讼之风有所敛息。此外，针对吏役按照以往通吏进行敲诈勒索问题，蓝鼎元或给予宽减，或废除陋规；针对巫师大搞封建迷信，诈取钱财行为，蓝鼎元惩治了为首的林妙贵等人；蓝鼎元还积极兴办书院，发展教育，达到移风易俗的目的。

蓝鼎元虽然在潮州任职只有一年多，但是他为当地百姓做了很多实事，深得当地百姓爱戴。但是这些做法也难免得罪了一些贪官污吏。惠潮道楼俨以豁免渔船例金说成亏空公款千余两诬告蓝鼎元，蓝鼎元被革职。雍正十年（1732），广东总督郝玉麟知道蓝鼎元遭人诬陷，致书巡抚，设法为他昭雪。同年冬，鄂弥达接任广东总督，上疏奏明蓝鼎元被诬陷始末，雍正皇帝特下旨召蓝鼎元进京。雍正十一年（1733）三月，蓝鼎元入宫奏对良久，署命为广州知府。同年六月，蓝鼎元上任一个多月后，因长途奔波受暑，初感觉仅患痰喘，后病情迅速加剧，两日后就病逝，享年54岁。

蓝鼎元是康熙、雍正时期一位十分具有远见的清官、能臣，雍正皇帝授予"公正廉明"御匾。他在处理台湾问题，促进台湾社会发展，巩固东南海疆稳定等方面提出了许多切实可行的举措，多为后世所沿袭；他在地方治理上，他为官清廉，"长于断狱"，"尤善治盗及讼师"，有助于地方社会的安稳；在学术研究方面，能知识结合实践，著有《鹿洲初集》二十卷、《女学》六卷、《东征集》六卷、《平台纪略》一卷、《鹿洲公案》二卷等。

（胡家保）

华 嵒

华嵒（1682—1756），原名德嵩，字秋岳，福建上杭白沙村人。因上杭在晋代属新罗县，故华嵒在流寓他乡之后，为了"不忘桑梓之乡"，自号新罗山人，又因华家世代布衣，所以又号布衣生。他是清代中叶杰出的画家，兼通诗书，著有《离垢集》《解弢馆诗集》等传世。

据《闽汀华氏族谱》，华嵒祖父名国兰，字庭修，配周氏；生子三人，长子常五，次子亨五，三子丁五。常五即华嵒之父，配邱氏；生子三人，东升、嵒、德丰。在白沙村华家是比较贫寒的，叔父丁五、长兄东升都为生计而远离故里，到江浙一带谋生。

华嵒的家乡上杭，地处武夷山脉南段，耕地少而山地多。山上盛产毛竹，当地山民多以造纸为生，故上杭的造纸业很兴盛。土法造纸业又始于白沙村，华家亭附近"峰回岫复，水秀山明"（《闽汀华氏族谱·华家亭记》），到处生长毛竹，为生产粗纸的作坊提供了充足而优质的原料。富户可藉此生财，贫家也赖以维持生计。华嵒之父常五便是以土法造纸为业的。

"万般皆下品，惟有读书高"，是中国古人根深蒂固的人生价值观。华嵒的父母也希望儿子长大后能通过科举考试而光宗耀祖，改变家族的境遇。据《闽汀华氏族谱》记载，华嵒童年时代"性灵慧，当就傅时，即矢口成声，涉笔生趣"，可见华嵒是接受过启蒙教育的。至今在他的故乡还有不少关于他青少年时期生活的传闻，说他在五六岁时，父亲就带他到离家四里远的麻姑岭手工造纸作坊帮助挟纸角、背纸，空闲时就到麻姑岭玩耍。麻姑岭的景色非常优美，缥缈的云雾，淙淙的溪流，还有翠竹苍松、花香鸟语。这些自然美景，激起了少年华嵒描绘它们的冲动，他常用树枝在地上画山、画水、画树、画竹、画花、画鸟，后来又用笔在烤纸的墙壁上画，将墙壁涂得黑黑的，致使父亲无法烤纸，便遭到父亲的责打。在惩罚过华嵒之后，父亲又开始考虑儿子的前途了。在当时，专门从事绘画的画工社会地位很低，不比读书做官能出人头地、光宗耀祖，如果让华嵒这样涂墙地画下去，是不会有什么出息的，所以，父亲决定让儿子读书。以华家的经济条件，不可能自家延请塾师坐馆，所以华嵒就读的应该是族学或村塾。

　　贫寒的家境和过人的天资，使华嵒从小就有出人头地的远大抱负，立志要"学成文武艺，卖给帝王家"，所以他刻苦勤奋，读书之外还学习骑马、射箭。后来他在《题画马》一诗里写道："少年好骑射，意气自飞扬"（《离垢集》卷一），怀念少年时代的这段生活。然而这种生活并没有伴随华嵒的整个少年时代，窘困的家庭终于无力供他继续读书。失学后的华嵒，曾在造纸作坊为工。贫困的生活，繁重的劳动，没有消磨华嵒的志气，反而更坚定了他改变命运的决心。在务工之余，继续读书、练习骑射，又游览家乡的山山水水，并自称"岩穴之士"。

　　在失学后，华嵒做的另一件事就是向民间画师学习绘画。据华家亭一带的民间传说，少年华嵒曾在家乡的阴桥路亭里画了一头牛，因技法尚不成熟，故而比例略显不当，把牛肚子画大了，恰好被两个路过的画师看到，指出其不足；华嵒听后，略加思索，在牛的侧面画了一棵大树，似牛正倚树蹭痒，这样牛肚偏大的毛病就被掩盖了。两位画师见后，对华嵒的天资和灵气深为赏识，便收他为徒，授以画艺。这段故事虽未见于文献，但华嵒绘画的启蒙老师是民间画工应该是可信的。此外，华家亭至今传说华嵒在 20 岁左右，族中重修华氏宗祠，他未经族人许可即绘就宗祠正厅的四铺壁画，因此遭到族中富户的反对。可见华嵒此时画艺已经相当不错，否则没有擅自作画的胆量和信心；而遭到族人的反对，也说明他的画技并非师出名门，应该是得自不太有名的民间画师的传授。

　　由于华家地处闽西南山区，交通闭塞，经济发展较落后，所以从康熙年间开始，这里的农民为了摆脱贫困的境地，陆续北上苏杭，以贩运纸料为业。华嵒的叔父、长兄先后远离故里，到了苏州、杭州一带，他们的谋生之路对华嵒后来的人生产生了重要的引导作用。康熙四十二年（1703），华嵒离家，辗转经过大池、龙岩、漳平、龙游、南平、建瓯、浦城等地，一路卖画、乞讨，最后来到杭州。华嵒到杭州后，便以卖画维持生计，而且终生以画为业。杭州有着深厚的书画传统，可供他广采博学。他勤奋地习文、作画，加上有在家乡时从民间画师那里获得的基础知识，使他的文才、画艺都有了飞速的进步，因此得到当时杭州一些文化名人的赏识，而且成了终生的朋友。徐逢吉、蒋雪樵、吴石仓、厉鹗等，都是他在刚到杭州不久后结识的。

　　得前人画迹的滋养，与同道的相互切磋，获前辈画家的指点，加上杭州优美的湖光山色，使华嵒的画艺有了突飞猛进的提高。在杭州住了三四年后，有了一定的名气，开始有人向华嵒订购或专门请他作画，康熙四十六年（1707），华嵒应周念修之邀为之作肖像画《啖荔图卷》。次年，华嵒与蒋雪樵之女蒋妍结婚。婚后夫妻感情甚笃，并生一子，但生后不久即夭亡。康熙四十八年，华嵒曾在江西巡抚郎廷极家中观看倪瓒、王蒙合作的《竹石图》，可见由于绘画上的名气，华嵒还结交了一些地方官员，得以出入官宦之门。康熙五十一年，华嵒辞别妻子，回到阔别已久的故乡。家乡封闭、落后的面貌没有任何改观，母亲、弟弟依旧过着贫穷的生活。华嵒回乡后不久，族里修建宗祠"寅山祠"，准备请名画师作壁画。华嵒以为自己今非昔比，就自告奋勇无偿为祠堂画壁画，却遭到断然拒绝，伤心、愤懑的他在一夜之间绘就壁画，然后愤然离去，从此再也没有回过他的家乡。

回到杭州，华嵒除了游览、作诗，作为画家，他的主要活动还是作画，并以画来表达自己对人生的感慨与态度。他把自己的书斋名为"静安斋"，希望过一种平静、安闲的生活。他在杭州有一定名气，生活也有所好转，然而好景不长，大约在康熙五十五年，相濡以沫的妻子蒋妍病故。之后，他北上京都，结识了当时权重位高的"当路巨公"；在"巨公"的推荐下，得到康熙皇帝特旨召试的机会，授予县丞衔。但县丞只是虚衔，并未授实缺。华嵒带着仅列八品县丞的虚衔，离开京城，先后游历了热河、天津、会稽和泰山、庐山等地。这次经历对他此后的生活态度、诗文格调与绘画风格都产生了很大的影响，在生活上更加"安贫守素"，诗文更加平淡天真，画风也更为清雅秀逸。到康熙末年，华嵒已经在杭州享有盛名。康熙五十七年，修的《钱塘县志》，收入清代前期著名画家六人，华嵒与蓝瑛、章谷、谢彬等并列其间。康熙六十年，华嵒作《钟馗聆曲图轴》，并自题："酒畔多情弹一曲，终南进士也知音。"从中不难看出，他是以钟馗自况，也可见他对浑浊的世事的不满。这一年冬天，他又仿恽寿平笔意绘制《松鼠啄栗图轴》。次年四月，为老友吴石仓绘制小像，并题诗一首。这一年，华嵒还作《山水册》八帧、《山水人物花卉册》十二帧，且每帧都题有诗句；又有《牧童图》横幅和《竹菊图轴》等作品。并为友人金志章绘制《剩声草堂图》。次年金氏中举人，不久便出任地方官，而华嵒一直过着寂寥而悠闲的半隐居生活，正如他于雍正二年（1724）所作《山水图轴》上题写的诗句所描绘的那样："青霜染就一林红，秋水云山古木中。买得渔舟且垂钓，寒江薄暮听归鸿。"不久，他续娶蒋媛为妻，并生二子礼、浚。

由于康熙末至雍正初江淮水灾严重，杭州的经济衰退，卖画出现困难，所以华嵒经常过着"闲共妻孥饮粥糜，茹盘瓜果熙清肥"的生活。为了养家糊口，从雍正二年至乾隆十七年（1752）的近三十年时间里，华嵒奔走于杭州和扬州之间，以售书画和坐馆课徒的收入维持家用，也从此告别了清静闲适的生活。在扬州，华嵒结识了布衣名士员果堂，得到员氏的优遇与关照，大部分时间就住在员氏的渊雅堂中。为了生计，他除卖画外，还教员氏子弟读书。此外，他还为人家画铜器、灯笼等。华嵒在杭州时已是很有名气的书画家，但在扬州还得在书画之外画铜器、画灯、课徒，可见他的画并不很受扬州藏家的赏识与欢迎。他的朋友员氏一家除了为他提供居所外，还经常在经济上给予资助，感情上也给他很多关心和慰藉。乾隆五年（1740）除夕，华嵒因卖画不顺，无法回钱塘与妻子团聚，员果堂就留他在家过年，并以压岁金相赠。二年后，他再次因经济窘迫，不得不滞留员家过年。员果堂是华嵒晚年最重要的知心朋友，也是他主要的资助者。通过员果堂，华嵒又结识了员家的邻居兼亲戚张瓠谷，成为莫逆之交；瓠谷由陕西来扬经商，后定居扬州，其子四教长成后，拜华嵒为师习书画。

华嵒与当时在扬州的知名书画家如郑燮、高翔、李鱓、金农、许滨、李志然、程兆熊等，同行之间并不是卖画的对手，而是相互切磋、合作，结下很深的友谊。此外，华嵒在扬州还结识了好与文人雅士交往的马曰琯、马曰璐兄弟。马氏兄弟皆工诗文，人称"扬州二马"。曰璐曾举博学鸿词，不就，筑有"小玲珑山馆"，藏书百橱，是扬州的文化名流。华嵒虽然结识了不少朋友，但他们基本上都是以诗文书画为生的安贫乐道的文人、普通的市民和下层的商贾，并没有在经济上给他更多的帮助，所以晚年的华嵒作画、写诗更为勤奋。奔波于杭州、扬州之间的二三十年，是他创作的高峰期，他一生的大部分作品都是这一时期留下的。

华嵒58岁时，他的第二个妻子蒋媛病故，子女尚幼，但为了生计，他只能抛下年幼的孩子赴扬州，继续他的卖画生涯。乾隆八年曾给予他很大帮助的挚友员果堂去世，员家也渐渐衰败，虽然他到扬州仍住员家，但员家能给他的资助十分有限。乾隆十六年冬，寄居员家的华嵒大病一场，前来探望的仅张四教与汪学轩二人而已，凄凉之景可以想见。

贫病之中的华嵒，对远在杭州的孩子愈发思念："望楼思二子，泪下不能收。"乾隆十七年，病体稍显好转，69岁的他终于回到杭州，与儿子在一起，直至终老。虽然年轻时曾练过武功，但由于长期奔波操劳、伏案作画，生活也极不稳定，严重地伤害了他的健康。回到杭州后的华嵒已经"手颤眼花，举动维艰"，但他仍然"雪窗烘冻作画"。他在最后几年间给张四教的几封书信中所述几乎都是此事："弟自春间一病，几至颓废，调理半年，尚不能复元为苦！……承嘱《松鹤图》，应命奉到……弟晚年作此幅，运笔甚是艰苦，至于润笔，绝不敢较论，望于令友处转致增惠一二，则老人叨良友之爱多矣！""《美人》幅因汪学兄抱疾，尚未与人看，今取回奉上，意中倘有赏音者或得高价与之。此种笔墨弟以后不能作矣……"年老体衰、生活拮据之状跃然纸上。

乾隆二十一年（1756）冬，华嵒终于停下了他的画笔，在贫病交加中离开人世。他留给后人的除了数千幅书画杰作外，还有诗文集《离垢集》五卷。

纵观华嵒的艺术人生，他是一个全面发展的画家。人物、山水、花鸟草虫都擅长，而且造诣都很高。他的作品对后世影响很大，特别是花鸟画，"法新罗山人"几乎成了一种风气。后人评他"作画不拘一体，山水人物时出新奇"（华时中《记新罗山人诗集卷后》）。张庚称其"力追古法，脱去时习，为近日空谷之音"，华嵒对清初花鸟画家恽寿平是很佩服的，他的花鸟画受恽寿平很大的影响。华嵒突出的成就还是在花鸟画方面，他既继承前人花鸟画的优良传统，又善于明清写意花鸟技法，敢于突破陈陈相因的作风，创造出自己独特的风格。

华嵒艺术创作的态度认真严谨，不论山水、人物、花鸟都是经过千锤百炼创造出来的。他的作品给人以"惜墨如金"的感觉。他不反对师古人，而更多地提倡革新创造。他主张"笔尖刷却世间尘，能使江山面目新"（题恽南田画册诗句），可见他不愿墨守陈法，具有推陈出新的雄伟抱负。他的画风有鲜明的革新精神，对清代和近代花鸟画的发展产生很大的影响。

（胡家保）

黄　慎

　　黄慎（1687—1770），原名盛，字公懋、恭寿，号瘿瓢山人、东海布衣，宁化人，"扬州八怪"之一，清初著名画家，在中国画坛上享有很高的声誉，其代表作有《八仙星聚图》《关山风雪图》《老翁击磬图》《山谷听琴图》等。康熙二十六年（1687），黄慎出生于福建宁化一个贫穷的家庭，其父亲黄维峤（字巨山）是一个穷图潦倒的读书人。7岁起，黄慎就在家从父亲认字、习字、读童蒙课本，接受了最初的启蒙教育。在黄慎12岁那年，黄维峤为了养家糊口离乡背井到湖南谋生，岂知一去不返，两年后客死他乡。父亲去世后，三个弟妹亦相继夭折，家境更加衰败，黄慎和寡母相依为命，过着含辛茹苦的生活。黄慎的母亲曾氏是位勤恳善良略识诗书的妇女。迫于生活的无奈，曾氏只好命黄慎去学"易谐俗"的写真画。在母亲的鼓励下，黄慎向当地画家上官周学习，黄慎对上官周工笔人物坚实的写实精神是很敬佩的。康熙四十一年，黄慎离家拜师学画。他勤奋苦学，悉心钻研，画艺日进，很快能够靠画肖像取得一些报酬赡养母亲；同时，他对花鸟、山水、楼台、鱼虫的绘画技艺也有所涉猎。18岁时，黄慎寄居寺院，边作画，边读书。康熙五十八年，黄慎离家远游，行走于福建、江西、广东、江苏、浙江各地，边卖画，边游览山川名胜，广交朋友，观摩名家手迹。这些出游使黄慎开阔了胸襟，增长许多见识，也提高了画艺。这一时期，他的作品题材多为取自历史、传说和诗文的人物情节画，如《碎琴图》《洛神》《鬼推磨》《漂母饭信》《采芝图》《老人瓶花图》《陶渊明诗意图》等，人物还是以工笔为主，书画相配格调一致。这期间，他得知南海县（广州）有个书画家与自己同姓同名。为了避免犯复，他将"黄盛"改名为"黄慎"。

　　雍正二年（1724），黄慎于"纳凉时节到扬州"。扬州，这座"四方豪商大贾，鳞集麇至"商业繁盛的城市，文人荟萃，画家如林。黄慎与许多扬州名画家交往密切。黄慎在扬州作的第一幅画是《金带围图》（现藏于上海博物馆）。这幅画取材于沈括的《梦溪笔谈》：宋庆历五年（1045），韩琦因推行"新政"被贬出京都，出知扬州。扬州花卉以芍药最有名，素有"扬州芍药甲天下"之称。韩琦的官署后园也种有一株芍药，一枝分四叉，每叉各开一花，上下红瓣，中间一圈黄蕊，称为金缠腰，又叫金带围。传说出现这种花，预兆就要出宰相。韩琦邀正在扬州的大理评事通判王珪、大理评事签判王安石和过路的朝官陈升之（一说是吕公著）一起赏花。四人聚会，正好各簪金带围一朵，好不快活。多年以后，四人果然先后为相，于是民间流传下"四相簪花"的美谈。黄慎"初至扬即仿萧晨、韩范辈工笔人物，书法钟繇，以至模山范水其道不行"。这与扬州当时发达的商品经济、追求新颖洒脱的审美趣味很不合拍。于是，黄慎"闭户三年，变楷为行，变工为写，于是稍稍有倩托者。又三年，变书为大草，变人物为泼墨大写，于是道大行矣。盖扬俗轻佻，喜新尚奇，造门者不绝矣。"（谢堃《书画所见录》）

雍正四年（1726），黄慎得到一个木瘿，自制成一只瘿瓢，也给自己取个别号为"瘿瓢山人"。次年，黄慎回宁化老家，接母亲和弟弟到扬州一同生活。途中，他特意到江西瑞金县，拜会了青年时的老师、前辈画家上官周。上官周在《会瘿瓢山人于绵溪》诗中写道："得意光阴容易过，趁心佳制不愁贫。"

雍正六年八月，黄慎在扬州天宁寺作《米山》小幅。此时，郑板桥、李鱓寓居于此。郑板桥在《米山》题字："雍正六年八月，与李复堂同寓扬州天宁寺作。"次年，黄慎游邵伯镇艾塘湖，又与边寿民、李鱓合作设色《花果图》折扇面。黄慎画的是一枝写意菊花。这幅难得的珠联璧合的佳作，现收藏于苏州博物馆。雍正十三年春，因母亲思念家乡，"山人思母，则迎母来；山人之母思归，则将母去"。于是，黄慎携家奉母返回家乡宁化。在家乡，黄慎为母亲申请建坊旌表。乾隆十年左右，黄慎母亲曾氏去世。此后，黄慎先后出游长汀、沙县、南平、福州、古田、建阳、崇安、龙岩、南安、厦门等，访友卖画。

乾隆十六年（1751），65岁的黄慎回到阔别16年的扬州。黄慎对扬州是有感情的。因为扬州有他熟悉的刻竹草堂和双松堂以及相知相念的老朋友。他在《维扬怀古》的诗中写道："水关凫舫接，不到几回春。为问新巢燕，今非旧主人。"黄慎重返扬州，除了作画卖画之外，更多地是与旧识新知，诗酒唱和。乾隆十八年，黄慎的好友卢见曾再次出任两淮盐运使。卢见曾是著名大学士纪晓岚的儿女亲家，有"文章太守"之称。据说，他十分喜欢与文人墨客交往，沈起元《敬亭文稿》中载："凡名公巨卿，骚人词客至于其地者，公必与选佳日，命轻舟，奏丝竹，游于平山堂下，坐客既醉，劈笺分韵，啸傲风月，横览古今，人有欧苏、渔洋复起之恭"。"扬州八怪"几乎个个与卢见曾交好。一次，卢见曾请黄慎赴宴。席间，卢见曾出示了自己被贬戍的《出塞图》。黄慎对卢见曾的遭遇十分同情，作《卢雅雨齎使简招并示〈出塞图〉》："东阁重开客倚栏，醉中出示塞图看。玉关天迥驼峰耸，沙碛秋高马骨寒。经济江淮新筦钥，风流邹鲁旧衣冠。只今重对扬州月，笑索梅花带雪看。"这期间，黄慎曾住淮阴、如皋等地访友卖画。牛应之的《雨窗消意录》还载了黄慎的一则风流韵事：有一次，黄慎应友人邀请赴宴。友人的邻居是一家卖豆腐的小店。这家店主的女儿长得十分漂亮，黄慎十分喜欢，可是又囊中无资，无法娶她。于是，黄慎画一仙女画，挂在豆腐店。一位盐商愿意出巨资买这幅画，但是黄慎不肯卖画。问他为什么，他说出自己喜欢豆腐女的实情。盐商为了得到这幅仙女画，只好买下豆腐女，送给黄慎。黄慎一生娶过三次：元配张氏、继室连氏、侧室吴氏。郑板桥曾说他："闽中妙手黄公懋，大妇温柔小妇贤。妆阁晓开梳洗罢，看郎调粉画神仙。"这则传说虽然影射黄慎在扬州娶"小妇"（纳妾）的事，但从另一面也可以看出黄慎的画当时为人所重和润格之高。

"扬州八怪"中，以黄慎的画路最宽。黄慎集诸家之长，勇于破旧创新，以狂草笔法入画，开创一代画风。他的作画既重形似，又狂逸不羁，往往只用寥寥数笔，便能形神兼备。他的草书虽然师承怀素，但更为出神入化，有崩岩坠石之奇、鸾舞蛇惊之势。而且，黄慎还善于运用破毫秃笔，放纵而又严谨；他曾写过一副对联："别向诗中开世界；长从意外到云霄。"因此，黄慎有"诗、书、画"三绝之称。黄慎的诗不乏精彩之作，颇为后人所传诵。黄慎的书法也很有根底。他以怀素"醉僧书"狂草的笔意来书写其胸中的"疏狂"，兴致来时运笔如旋风骤雨，飞动圆转，变化多端。但是黄慎艺术上的成就主要还是在绘画方面，其诗虽有名，却为画所掩。他的绘画不论山水、花鸟、人物皆精，其中又以人物画为最，而山水画既有传统技法，也有独具的风格和意境。黄慎的四季山水画，以冬景描绘特别出色，如《瑞雪图》《雪骑觅句》等。尤以《骑驴踏雪图》最能表现出作者高洁的思想境界，题画诗云："骑驴踏雪为诗探，送尽春风酒一甊。独有梅花知我意，冷香犹可较江南。"此画的立意、构图和用墨都有新的创造。

黄慎的人物画初学上官周时，题材内容多取神仙故事和文人士大夫的生活，后来由于广泛接近社会下层，对贫苦人民的勤劳、正直、刚毅、善良的性格有深刻的体会，对他们的爱与憎、欢乐与痛苦有同感，所以他笔下的渔翁、樵夫、贫僧、平民、文人甚至乞丐各色人等都有鲜明的个性，描绘得十分真实，生动感人。他曾作过多种《醉眠图》，通过画中人物形象寄寓作者对人生的态度。其一《醉眠图》描绘贫困文人因生活无着醉倒荒野，巧妙地表露文人嗜酒豪放和玩世不恭的态度；其豪饮后怡然自得的神情，醉卧中流露出的一丝微笑，形象极其善良可爱，联系画中的题诗："不负青天睡这场，松阴落尽尚黄粱。梦中有客刳肠看，笑我肠中只酒香。"可看出苦笑中所包含的深长的悲剧意味。另一《醉眠图》构图与前画相似，所画是李铁拐倚坛醉卧，睡态显露出温和诙谐平易近人的形象，和传说的蓬头垢面、坦腹跛足的李铁拐不同，那醉后超然自得的神态，体现了"芒鞋何处，醉倒花颠"的意境。这两幅《醉眠图》的描法都是粗笔写意人物，十分耐看，既有笔有墨，又有情有味，全画运用狂草粗笔描绘，但难的却在粗中带细，如须眉眼嘴以及面部皱纹等细部，都刻画得十分真实贴切，而衣纹则用泼墨挥扫而出，笔墨非常泼辣放纵，这种大胆吸收山水花鸟画的水墨写意技法，应用在人物写意画上，确系一种创造。正如郑板桥写黄慎一首绝句中形容的："画到情神飘没处，更无真相有真魂。"

从黄慎学画的人很多，可考的就有李乔、罗泃、巫逊玉、陈汝舟、伍君辅、刘非池、张试可等十多人。乾隆二十二年（1757），已是 71 岁高龄的黄慎在友人的劝说下，离开扬州，回到家乡宁化继续从事绘画创作。乾隆二十八年，黄慎的诗作由宁化知县陈鼎删选，收诗 339 首，为《蛟湖诗钞》，并捐资刊刻。乾隆三十五年，黄慎病逝。黄慎墓位于宁化县城北郊茶园背。1987 年 8 月，中共宁化县委、宁化县人民政府隆重举行黄慎诞生三百周年纪念会，并在南大街口瘿瓢园竖立黄慎塑像，以志纪念。

（胡家保）

朱仕琇

朱仕琇（1715—1780），字斐瞻，号梅崖，清代古文家，福建省建宁县邑北乡杨林人。杨林朱氏系江南当涂县宝塔畬。明永乐间，先生先祖以江南军戍建宁，遂置家杨林。迁九代，至曾祖父。曾祖讳国汉，字之章，晚号独醒居士，系明宗室，崇祯甲申变后，悯国将亡，遂隐而不仕，行贾齐楚燕赵，以诗称，与同邑丁之贤（德举）齐名，号"绥安二布衣"，著有《朱布衣诗钞》。父霖，字雨苍，自号韬真子，康熙四十一年（1702）武举，有贤行，生而沉伟，精医术。

朱仕琇自幼读书于所居溪西之松谷别业。15岁入县学为诸生，从南丰汪世麟学古文。受汪氏点拨后，朱仕琇古文水平突飞猛进，较早表现出古文大家的素质倾向。22岁时，朱仕琇作《班马异同论》，持质前辈未亭先生，先生叹曰："他日必有以古文名世。"乾隆八年（1743）正月，翰林院编修歙县吴华孙（翼堂）督学至邵武，朱仕琇以诸生应岁科试，以文见知，应召入院。他的食息起居均受吴公之体恤，礼殊异于众。后吴华孙欲循例保举他为知县，他婉言谢绝。乾隆九年，朱仕琇举福建乡试第一。次年赴京，应会试。然终不第，南还。与兄仕玠、浙江山阴胡稚威等集天下名士十五人修禊陶然亭。乾隆十一年，福建巡抚周学健询以夏之蓉督学，欲召朱仕琇为阅文之用，朱仕琇以母老钟爱辞。同年，代族人作书求文于宁化宪副雷鋐，雷公得书惊叹，曰："是书淳古冲淡，古大家手笔也。"乾隆十三年（1748），再应会试，遂成进士，改庶吉士。与同年成进士者朱珪、李中简、林明伦、杨方立、李宗文等交好，而与朱珪以同姓相交最深。林明伦从仕琇学为古文，晨夕交谈，仕琇与论，好举韩愈之文。是年，朱仕琇入翰林，选入词馆，因学习应酬、事物繁冗而致疾，请假南归调治，拟守蒿庐，毕志著述，以文章报国。临行，致书于夏之蓉检讨，以未得一见为恨。夏公复书，勉以精勤学问、垂不朽之业载文集中。乾隆十四年，家计萧条，时时濒困，朱仕琇教授乡里子弟自给。

乾隆十六年，36岁的朱仕琇出任山东夏津县知县。在任期间，日以至诚恻怛抚其民，尝以归有光之为长兴县令、韩愈之为阳山县令自况，又极称何武为吏于当时无赫赫名,而去后常系人思。乾隆十八年 (1753) 林明伦为山东乡试正考官,朱仕琇以夏津令充同考官,所录文往往有古法。乾隆二十一年,漳水决夏津堤防,以河事不能胜任改职。乾隆二十四年四月,改任福宁府学教授,以学署卑湿,假居署旁书院楼中,常与书院人士论文,闲暇亦饮为乐。时友人施君弼为沙县教谕,朱仕琇与之相遇,为之撰像赞。朱仕琇任教期间,兄仕玠在家敦促付梓其所著文集,因校对乏人,书中错漏未及改正。待他归里,文集已成,朱仕琇悔之不及。后陆续加以修补更正,经年之后,他仍为不满。然求索者颇多,他每以之赠人。

乾隆三十二年 (1767),终母丧,复补福宁府学教授,仍以疾辞。次年居福州,地方当事者多知仕琇之学,以礼请其主讲鳌峰书院,朱仕琇辞之再三,终不可得。春,为鳌峰书院讲席。四方亲友求索文章者不断,又有持诗文来质者甚众。乾隆三十五年,鳌峰书院中门生多有得隽以去者,诸生以先生就馆三年,惧先生所课之文久而散佚,谋选集付梓以传诵。既成,朱仕琇作《鳌峰课艺尤雅编序》。是时,朱仕琇身处书院,课事繁杂,久废时文,虽时陈古学相延,无奈久无应者,他以此忽忽不乐,拟明岁辞去。乾隆四十二年五月,以疾辞鳌峰书院讲席。朱仕琇自任鳌峰书院教授以来,造就人才甚众,乡试、会试门生中多有得科第而去者。尝自谓书院中不乏聪明之士,然苦于有志于学者太少,自认为舌焦笔秃,徒费精神日月,于人心、世道、学业俱无所益,又书院离家千里,家中事故多端,不能远出,他每欲归隐山中,尝思决然舍去,以整顿精力,衷于素志。凡此诸端,疑为朱仕琇离鳌峰书院而去之内隐。仲夏,由福州归故里,执教于潍川书院。与书馆处主人相得,又去家不远,朱仕琇得以与朋侪往来赏析文义,以"俭静"自处,览庄老书、时文、诗歌佳者以散悦心性。乾隆四十五年,朱仕琇因病卒于里舍,终年 66 岁。十月,福州书院人士、尝从先生问业者设位于福州小西湖开化寺之宛在堂,制服致奠。十一月,诸生奔走学使者院、巡抚及布政按察诸当事,俱言先生指授有法,行称其文,请入神主院中,遂得与福清林枝春、仁和沈廷芳、侯官张甄陶同奉,主祀鳌峰书院蔡公祠。

不习吏事固是朱仕琇从官场退隐的原因,但主要原因还是其萦绕心际立言为务的担忧。他在《答族弟和鸣书》云:"出吏后寝颓散不能制,日所书者皆俗言也。……今出吏荒败其业,视诸人空山史馆、优游艺文者,其难易何如也?"又在《与余羽皋书》云:"今年长,大夺吏事,屏诵读磨切,志力颓败,去古人寖远,中夜揣寻往时,旁徨不寐。"林明伦言其"虽出为令,无日不欲辞官归田，读书著文以自表现"，准确地点破了他辞官归里的真正缘故。卸甲归里的朱仕琇无吏务烦心，得以全身心专攻古文。朱仕琇为学博习于诸师友，精通经史百家，肆力于古文辞。为文以立诚养气为本，早年推崇韩昌黎，晚岁则转而追慕归有光淡朴纯洁之趣，故其文醇古冲淡，自成一家。朱仕琇主讲鳌峰书院凡十一年，弟子甚众，"凡闽人治古文者，不问知为仕琇弟子否，则亦闻之于仕琇弟子者。"乾隆四十七年（1782）冬，《梅崖居士全集》由门人鲁九皋刊行，为《梅崖居士文集》三十卷、《梅崖居士外集》八卷，后附《梅崖山人诗偶存》，并殿以朱筠所作墓志铭及鲁九皋所作行状。朱珪遵其生遗意为《全集》作序。

朱仕琇一生"用志不分，乃凝于神"地追求古文，以古文大家自期，他在文化中心的京城生活时间并不长，中年以后又偏居文化边缘的福建，且"性俭静""外不徇人"，不乐于交游，他退隐归里，讲究外不戾人，内不失己，而不是一种普世济民的思想。他的古文多写古文家品行的如何修养，多论古文家如何对前人所作的取舍，所叙的人和事受到自己视野的约束，又少与社会生活有密切的联系，题材不广，因此他的作品见不到广阔的社会内容。清代道光以后，清政府内忧外患迭起并凑，国事日渐衰危。同时禁网渐疏，后生新进顾忌渐忘，有识之士多敢纵论时事。在经世致用学风悄然兴起的时代背景下，朱仕琇文学的局限被烛照无遗。

（胡家保）

伊秉绶

伊秉绶（1754—1815），字组似，一字墨卿，号默庵、南泉、纫菥，诗人、书法家，时人又称"秋水先生"。清乾隆十九年（1754）正月，出生于闽西宁化县城关的书香人家。历官刑部主事、员外郎，湖南乡试副主考，广东惠州府知府、江苏扬州府知府，署江南河库道、两淮盐运使。伊秉绶六龄就塾，年十六人县学。乾隆四十四年（1779）乡试中式，乾隆四十九年会试以通榜第四名钦点国子监学正，为正八品的学官。乾隆五十四年进士。

成进士前，伊秉绶三次游历北京。第一次是乾隆二十九年，这时其父任职刑部主事，迎养雷太夫人于京邸，秉绶随侍来北京游历。这次留京大约一年，虽然时间不长，但对于来自山城的 21 岁青年学子来说，京城的一切都很新鲜，鸿儒硕士、珍本秘籍，使他眼界大开。六年后，他中举第二次来京参加会试，尽管这次他落榜了，但此后留居京师一年半，结识了翰林学士朱筠（竹君）并被赏识。伊秉绶从竹君先生游宴、唱和，请先生为《梅花书屋图》题诗等，并结交了不少名流文士，直至乾隆四十六年夏方才返归宁化。乾隆四十九年，伊秉绶第三次来到北京，参加甲辰科会试，这年他举中正榜，授国子监学正，由此即定居京师。在宁化求学时，他广交贤达，有吴贤湘、张腾蛟、阴东林、谢尊等，俱为当地的青年才俊，尤与吴贤湘、张腾蛟"志相得，名相齐"，号称"宁化三俊"。此时在京师交游渐广，为诸公卿所爱重。纪晓岚对他偏爱有加，聘请他担任孙辈的家庭教师，馆于阅微草堂三年之久。他与翁方纲亦师亦友的友谊保持了近三十年，翁方纲是乾嘉间馆阁诗坛及金石考证的领导者，伊秉绶常至苏斋与翁方纲谈诗论画，赏鉴品读。乾隆五十二年，国子监学正三年任期已满，伊秉绶不再谋就新职。他积学多年，学养日富，此时踌躇满志，全心备考，参加进士会试。乾隆五十四年他喜得"金榜题名"，会试中式第五名，殿试二甲第十四名。这年他 36 岁，踏入了释褐入仕的正途。

作为新进士，伊秉绶分到刑部从学习观政开始，学习观政三年，任额外主事三年，授浙江司主事又是三年，升直隶司员外郎一年多。嘉庆四年（1799）三月外放广东惠州府知府。十年中，他循资晋升，一步一个台阶，但为官以平恕称，精敏干练，决事得当，听讼持平。当时刑部事务统于总办秋审处，选拔在署资深且深通律学的为总办秋审，伊秉绶"总办秋审甚久"，表明刑部上官甚为倚重他。他镌有"都官"印一枚，即为十年京官的写照。

京官时期的伊秉绶温文儒雅，诗文才气名满京城。伊秉绶交游极广，与诸名流文士过从甚密，公事之余常参与诗文酒会，宴饮雅集，踏山访碑，有诗人直叹"眼中潇洒伊南泉"。伊秉绶师从"浓墨宰相"刘墉学书，书艺臻善，尤其是篆隶书法，开始独树一帜。他原有深厚的帖学基础，擅写工整隽秀的小楷，后由帖入碑，习篆亦习隶。他临《绎山碑》《少室石阙铭》等，学习篆书追求字的古意与金石气象，以及中锋用笔与工稳匀称的结体。嘉庆元年，他为桂馥《缪篆分韵补遗》手书上板，凡五十六页，篆楷皆精好。他临汉碑，自谓临摹《衡方碑》多达百遍，但他习古而不泥古。其隶书在用笔、结构、意境上多有创新，开拓了清代隶书的新境界。他任京官时，老辈如大学士纪昀、王杰常以进御奏章属书小隶，曾获得皇上的嘉许。纪昀嗜砚，其砚铭大都为伊秉绶所书，后辑为《阅微草堂砚谱》付梓。知交好友属伊秉绶题咏、署签、引首、书扇，络绎不绝，其中嘉庆三年所书赠（朱）素人先生隶书三言联、《乾嘉名人合书》四条屏隶引首及题识，可以说是伊秉绶隶书独特风格的发轫之作。

嘉庆三年，是伊秉绶十年京官生涯最为出彩的一年。在年初的京官考绩中，他获得了京察一等，并加级记名。清制，京察每三年一次，列一等者记名引见备外用，这就为他外放道府铺平了道路。五月，嘉庆皇帝奉太上皇到避暑山庄避暑，他和大学士纪昀等二十六名汉员随扈。扈从仅十日，即奉上谕任湖南乡试副考官。入湘主考事竣，他即回京销差。回京不久，就有消息传来，他将出任广东惠州府知州。伊秉绶京官十年，终于外放知府，而且为官之地惠州府又属"要缺"，京中师友都为之欣喜。辞别之时，京师巨卿名流、同曹师友纷纷赋诗赠别，饯饮燕聚几无虚日。师友所赠诗中，尤以马履泰"岭南不到岂诗人"句脍炙人口，一时传为美谈。伊秉绶之官惠州，父母双亲亦从至惠州就养署中。初任外官，对伊秉绶并非轻松之举。知府职在宣布国家政令、治理百姓、审决讼案、稽察奸宄、考核属吏、征收赋税等，政务纷繁，民生所系，而活跃于福建、广东等南方多省的会党活动，则更让人担心，稍有不慎，即起祸端。伊秉绶在致友人书中说："秉绶作郡之苦，十倍西曹。虽有湖山，了无清兴。"伊秉绶本着仁政爱民之心，为政不敢有丝毫怠慢。甫抵任所，即问民疾苦，兴利除弊，纤解民困。讼牒所至，必亲审理。到任数月，闻报陆丰县甲子司奸民聚党抢劫，敲诈勒索，他呈请总督吉庆发兵围剿，设计擒治群盗，为首七人全部缉拿归案，保障了一方平安。

在惠州，伊秉绶以振兴文教自任，重建书院，修葺文庙，考试学生，奖掖后学。嘉庆五年（1800）六月，他应惠州十属州县士人之请求，在丰湖上重建书院。历时一年半，费银 5000 两，书院终于建成，成为广东四大书院之一。他亲撰《丰湖书院记》载记其事，为书院头门题写楹联："学焉得其性之所述；览者将有感于斯文。"他延"广东第一才子"宋湘主掌书院讲席，并亲往讲授《小学》及《近思录》。自从惠州人文蔚起，"从者云集，人竟向学"。嘉庆六年（1801），广东学政万承风按试潮州、嘉应、惠州三州，排在录取前列的，惠州学子占十之八九。惠州的山水留下了许多东坡遗迹。苏轼被贬在惠州居住二年七个月，创作诗词、文札、书画等 580 多篇，其中诗词有 200 首。伊秉绶出守惠州，成就了一段"苏缘"。他向来景仰苏东坡，在京城时他经常参加翁方纲每年十二月十九日苏东坡生日举办的祭祀活动；到了惠州，每年苏东坡生日，他和一班文人墨士设祀祭拜。嘉庆五年（1800），他重修白鹤峰苏东坡故居，从墨沼中得到苏东坡"德有邻堂"端砚，他将拓本寄友人题咏，人谓东坡先生以此砚馈赠贤太守。苏东坡故居有"德有邻堂"，他重刻"德有邻堂""思无邪斋"匾额，置于壁间，并跋文铭记之。嘉庆六年（1801），他修缮惠州西湖孤山南麓之东坡侍妾王朝云墓，并作文刻石，广征题咏，以表达对前贤的敬仰之意，传为佳话。

嘉庆七年（1802），伊秉绶因"失察教匪"被罢官。十一月被檄往广州治狱，至次年七月赦免，十月归闽，在广州居住了整一年。虽然伊秉绶以事罢官，但他在粤中官声甚佳，众友谋为捐复。清制，降革官员，允许捐银恢复原官，按乾隆三十九年（1774）的规定，捐复知府四品官银需万两。虽然以后捐银逐年减少，但也为数不菲。此次捐复，广州富商叶延勋父子、潘有为兄弟出力最多，众人集腋成裘。伊秉绶致书友人说："粤之同人以秉绶不宜宵散，助之捐复，以一纸会入都门。"嘉庆九年（1804）春节，伊秉绶携眷属归闽行至赣州时，闻福建汀州、邵州兵乱，不得已安置家眷暂居于此，自回宁化先行安顿。二月花朝，他匆匆动身北上入京。他一路兼程，四月抵达扬州，五月初到济南，以门生礼拜谒了山东巡抚铁保，有诗献呈。到达京师时，已是五月中旬，去吏部办妥手续，然后排队候补，当时叫作"需次"。本来朝廷官位有限，候补需次的官员却不少，所以需次时间短则半年，长则一年甚至更长，而且授予什么官缺亦未可知。京城花销甚巨，经济压力很大，但他需要耐心等待。闲暇时，他常去翁方纲苏斋鉴赏书画，与法式善、张问陶等好友偕游聚饮，或与吴荣光、叶梦龙等粤籍友人联句赋诗。

直至嘉庆十年四月，座师铁保升任两江总督，南河河工急需人手，极力向朝廷进行举荐，伊秉绶才以候补知府"发南河使用"。南河官署驻江苏淮阴清江浦，他到任后，代理江南河库道，职掌河湖工程漕务、海防收放钱粮等。不久，淮扬洪水泛滥，下游州县农田民舍俱被水淹，伊秉绶与镇江知府邓旺奉命，各携银两，办理赈济。风雨水中，他撑一小船，逐户访问灾民，灾情登记在册，赈济银米皆自亲给，以"不辞劳瘁，抚恤得宜"闻于朝廷。这年九月，伊秉绶授扬州府知府。扬州虽然号称江南富庶之地，但里下河地区历来水灾频发。伊秉绶上任时，正忙于灾后赈济，深入灾区了解灾情，亲阅赈册，校发粮米，"饥咽脱粟饭，渴饮浊流水"；下河灾民三万多人逃荒到府城，他劝富商捐输六万余金，在寺庙立棚厂，依据灾民人口赋米赈钱，又在每个村镇设办粥厂，救济贫困饥民。是年灾重民困，农民鬻牛以食，他捐廉收养，春耕还之，以保证来年春耕生产；有奸猾扰民之徒扰乱社会治安，他派兵剿灭北湖巨盗铁库子辈，打击"杖诡道"行骗的聂道和。所以，史称扬州大灾中"民虽饥困，安堵无惶惑"。伊秉绶以儒术为宗，为政以德，宽厚待民，时刻把民众的疾苦放在心上。他在扬州目睹连年洪涝，饥民数万，哀鸿嗷嗷，写了不少同情百姓疾苦的诗，如《赈灾四首》《荷花塘》《哀雁诗》《姚堤》《崇家湾》等，皆属此类。

伊秉绶力持风雅，礼贤下士，当年对扬州许多文士有提携奖掖之功。他读了贫寒诗人李天澄的诗后，亲自寻访，五次始遇于市上，并赋诗相赠。伊秉绶致力于扬州地方文化，鉴于扬州长期未修府志，商之阮元纂辑《扬州图经》及《扬州文粹》，采录旧事，参证新图，延江藩、焦循、臧庸、赵怀玉、袁延梼、王豫等文人学者参与其事，谁有灯火纸笔之费全从自己俸禄中开支。他倡导儒家道德规范，大力弘扬合于纲常正道的烈女、节妇，他和阮元捐建《甘泉县节烈题名第一碑》，并亲自书写碑文。伊秉绶为隋炀帝墓书写墓碑，为隆庆寺题写"双树庵"匾额，为仪征城西奇石赋诗并题曰"湘灵峰"镌刻石上，为阮元家庙"文选楼"题写对联："七录旧家宗塾；六朝古巷选楼。"这些文坛韵事，至今在扬州还可得而闻。

嘉庆十二年八月，伊秉绶年已79岁的父亲伊朝栋猝然去世，伊秉绶依例去官守制。同年十一月，伊秉绶回到故乡宁化，从此开始了长达八年的乡居生活。本来，回乡后他营建秋水园供母亲游憩，园未成而罗太夫人卒。秋水园成,他将其改为家塾招子弟读书,榜其柱曰:"未能将母园何用,且望成才园有灵。"当时,秋水园为宁化城内著名私家园林,内有读有用书斋、梅花书屋、贞松馆、调鹤轩、留春草堂等16景。园内收藏不少古籍及金石碑版。伊秉绶在园中读书习字,并课族中子弟读书。伊秉绶承继家学,乡居期间专心闽学,曾对"易学"下过功夫。乡居八年,他多为慈善之举,有利乡里乡亲。他前后捐助白银数千两,倡议筑防堤和修城垣,重建龙门桥和跨龙阁,捐置义田以赡族人,出资为乡贤雷鋐刻印《经笥堂文钞》以传世。他与族人伊襄甲同修《伊氏族谱》,亲撰总序、族箴,于族人传记用力尤多。嘉庆十八年(1813),子侄为他筹办六十寿庆,他极力阻止,并将祝寿之资续建龙门桥,为同族子孙应试作盘缠。嘉庆十九年,宁化大饥,他倡议减价平籴粮米。清制,官员服满后可赴部候补复官。伊秉绶服满后并未急于复官,直到嘉庆十七年夏,他才入京复官,但到了扬州因为病发,即停止北上,折返回闽。到了嘉庆二十年,尽管年逾六旬,体衰多病,他又出山北上,由次子念曾陪侍,再次赴都补官。由闽入赣,经南昌至九江,沿长江而下,五月到达扬州。一路上求书者多,扬州故友也多有挽留,他在扬州停留数月,猝得肺炎,卒于扬州旅邸,终年62岁。

(胡家保)

陈寿祺

陈寿祺（1771—1834），字介祥，又字恭甫，一字苇仁，号梅修，又号左海，晚号隐屏，福州闽县（今福州）人。陈氏祖先由泉州府惠安迁徙至福州，改籍为福州人。陈氏曾祖处士应瑞。祖父起龙，为县学生，始去农为儒。父鹤书，字锡之，岁贡生，有质行，以经法教授弟子，累不举于乡，先后主讲仙游、龙岩、邵武、泉州、漳州、上杭等书院，弟子皆能名其学，陈氏一族始以入学为业而兴，有《诗集》书卷。陈寿祺是陈鹤书的长子。

陈寿祺生于乾隆三十六年（1771），生而有异质，书过目成诵。5岁读书，易于成诵，举止端重，性静且敏。8岁时，从祖父受学于外塾。9岁成童，遍群经，一览辄解，文藻博丽，有六朝三唐风格。其师周立严，梅社七子之一。周立严所游多名流，有宾客至，周先生辄举架上书属客摘试先生，用以自豪，于是里人咸目先生为异童，羡之周立严得先生为弟子。

为文奥博，工骈体文，其骈体诗歌已突入"初唐四杰"，渐入燕许。与当时福州名宿陈秋坪、黄宝林、许子锦为忘年交，陈秋坪赴四川为官前劝告陈寿祺"当以千秋自命，勿争名一时"。陈寿祺终生笃志不忘陈先生的教诲，其后的一生也足以证明。年十五，应童子试，每试辄冠军。

乾隆五十四年，携礼求见乡贤孟超然（考功），学习宋儒理学，常以古君子自期。孟考功待之以国士，语人曰："十年后，福州有通儒起，陈生是也。"同年，正值台湾林爽文起兵倡乱，作《海外纪事诗》，时人见之而叹曰："此诸将嗣音也。"自福康安平台凯旋，陈寿祺母族叔郭有堂为参军，属陈寿祺代撰《上嘉勇公百韵诗并序》，其释文沈博绝丽，一时传颂，称为才子。与其同时的张惠言读后说："拟之燕许，何多让焉？"

乾隆五十四年科举于乡，后以第二十名的成绩中嘉庆四年（1799）会试，赐进士出身。值试闱中，其考卷为人所遏。阮元素闻陈寿祺名，对主试官朱珪说："师欲得如博学鸿词科名士乎？闽某卷经第是也。"遏者摘其《四书》中语以诘难阮元，阮元为陈寿祺进行辩诘，并指明其语出自《白虎通义》，于是朱珪由后场力拔而出。既成进士，选翰林院庶吉士，陈寿祺以经术文章与同年张惠言、鲍桂星、王引之等齐名。朱珪爱其才华，对陈寿祺尤为重视。

嘉庆六年（1801）辛酉，散馆，授编修，是始受职，随即请归省亲。陈寿祺晋谒浙江巡抚阮元，元感愕然，问陈寿祺"大考期迩，何以请归？"陈寿祺答曰："时闻中患饥，恐亲老无以为食。"阮元遂请陈寿祺主讲杭州敷文书院，并兼课诂经精舍。当时赵坦、徐养源、严杰、洪颐煊等皆从陈寿祺问业。阮元又因陈寿祺在浙江，主持开局并聘请名士纂群经古义为《经郛》，并修《海塘志》，并命陈寿祺主管此事。陈寿祺因此向阮元上《经郛义例》，以探明经义，会通典礼，存家法而析经之异同。可惜此书最后未能完成。陈寿祺在此时自著《五经异义疏证》，海内治许、郑学者咸取正焉。因陈寿祺师与阮元的师生关系，加上阮元当时在学术界的地位，使陈寿祺得以以晚辈的身份与钱大昕、王念孙、段玉裁、程瑶田等汉学诸儒相交往切磋，而其"恬然寡交游，惟日以讨论经义为事"，更使得钱大昕等诸大儒知而爱之，相待如昆弟，故使其汉学日益精博。

嘉庆八年，时陈寿祺居家已两年。因家贫无食，其父再命其入都求取仕途；当年冬，还朝。九年五月十五日，充广东乡试副考官，提出取才应"德""事""言"三者并重，"古者语于郊者，必取贤敛才焉。或以德进，或以事举，或以言扬。今试之经义、诗、策问，未尝不以言而蕲勉乎德与事也。"而士要达到上述要求就必须要专心研求经术。十二年秋，任河南乡试副考官，十四年，充会试同考官，京察一等，记名御史，充国史馆总纂。凡在职七年，方直渊雅，重列于朝。

陈寿祺至孝，常以不能迎养二亲，感到愀然不乐。嘉庆十五年，突闻父殁，恸几绝，奔归，以不得视含敛，终身为大戚。服除，即陈情乞养母，请归，不复出仕。道光元年（1821），母殁，终丧。公卿间常有密疏荐于朝，道光温谕何时还阙，将大擢用。所知以闻，先生感激涕零，慨然以辞，遂不复出。孟考功归养年四十不更仕，而时人评论陈寿祺归养不仕，"先生勇退，如之可谓不负师门也"。

陈寿祺自归养不仕后，以教授学生自给，"我先人怀素业，委礼后人者在此"。凡掌教泉州清源书院10年，福州鳌峰书院11年。泉州为陈寿祺故里，陈寿祺主讲清源书院时，与诸生关系融洽，有如父子。清源书院寓往来仕宦，如传舍。陈寿祺致函督抚，示禁；并乞下各郡县谕，不得夷书院为路室候馆，从之。从此，各郡县的书院专为士子学习的场所而不为路室候馆，陈寿祺之功也。

　　陈寿祺虽治汉学，但却并不摒弃宋学，从他给治理学者毫不吝啬的赞美之词及为康熙朝理学名臣《李光地集》所作的序言中就可以体现出来了，"盖熙朝经手修明，自圣祖成制，自公发之，而后雍正、乾隆间，继述众经，圣教由是大显。"对理学名臣李光地，他更是对其大加赞美"安溪李文贞公以名世之资，应运翊辅，广渊笃诚，好贤若渴，幼而敏异，博综群书，与顾亭林、梅定九二先生游，通律算、音韵之学，洞性命天人之旨，陶冶百氏，刊涤千载。"

　　陈寿祺晚年爱慕武夷风光，特筑精舍于此以期终老，因此晚年自号"隐屏山人"，"山人雅慕武夷佳山水，老而不能游，臆想五曲之大小，隐屏住紫阳精舍在焉，乃取以自号焉"。卒前，以病辞鳌峰讲席，诸弟子闻之，具衣冠恳留，不期而会者三百人，陈寿祺勉从其请。病重后，不吃食物，却医药，致使每天以武夷茗茶、少许柑柚为食，在枕上作《绝命诗》以寄情，《诗》云："梦想仙峦二隐屏，问天应著少微星。人间无此溪山好，便欲乘云上幔亭。"词意惝恍，若有所会。道光十四年（1834）二月二十日，卒于乡里，享年64。诸弟子听闻陈寿祺病殁，前来吊唁者多痛哭失声；会葬之日，多至千人，填溢里巷。其临终时，对其长子乔枞说："吾生平疲于文字之役。以郑注《礼记》多改读，尝钩考齐、鲁、韩《诗》佚文佚义与毛氏异同者，辑而未就。尔好汉学，治经之师法，他日能成吾志，九原无憾矣。"乔枞受命，完成陈寿祺遗命。"乔枞敬承先大夫遗训，述鲁、齐、韩《诗》说与毛氏异同者，撰次成帙，逐加考证，成《鲁诗遗说考》六卷、《齐诗遗说考》四卷、《韩诗遗说考》五卷。"

（杨冬冬）

近现代

梁章钜

梁章钜（1775—1849），清代道光朝之经世名臣，是当时闽省在全国范围内影响仅次于林则徐的第二号人物，亦是嘉庆、道光期间著名的诗人、学者、文学家、收藏家、书画家、楹联大师、楹联学鼻祖。

梁章钜字闳中，又字茝林、茝邻、芷林、芷邻，号古瓦研斋，晚年又号退庵居士、退庵老人等。祖籍福建省长乐县，祖上于清初徙居福州，故又自称福州人。乾隆四十年（1775）生于福州淳仁里（今北大路钱塘巷附近），道光二十九年（1849）病逝于温州，同年归葬福州。其家世为"巾卷世家，吾闽望族"。从前明至清，梁氏家族十五代人相继在科场之路上孜孜以求，乾隆二十九年，《四库全书》总纂纪昀督学闽省时，即称赞说："闽中巾卷世家，以长乐梁氏为第一。"并手制"书香世业"之匾送给梁家以旌其闾。其后梁氏家族第十六代，即梁章钜父辈，父亲上治、叔父上泰、上国三兄弟先后中举，上国更于乾隆四十年登进士第，至此，梁家真正在仕途上顺利显达起来。至十七代梁章钜这一辈，其堂兄梁运昌于嘉庆四年（1799）中进士，章钜本人也于嘉庆七年登进士第。其后，仅梁章钜一家，即三子中举，一子一孙又分别于道光二十一年（1841）、光绪二年（1876）先后登进士第，祖孙三代进士，无怪乎林则徐称赞梁家为"吾闽望族"。

梁章钜是一位忧国爱民、政绩突出、备受百姓拥戴的政治家。自28岁登进士第，历任礼曹四司主事、湖北荆州府知府、江南淮海河务兵备道、江苏按察使（署理）、管理盘运漕粮总局、山东按察使、江苏布政使、甘肃布政使、直隶布政使、广西巡抚（兼署学政）、江苏巡抚、两江总督（署理）等职。其为人才识精明、办事老练，为官勤政爱民，在安抚民乱、抗灾救灾、兴修水利、整顿财政、治理漕运、整饬吏治、肃清文闱、培养人才等方面均做出了较大贡献，尤其在鸦片战争之际，更表现出了伟大的爱国精神。

道光十一年（1831），梁章钜在护理江苏巡抚任上，时值江淮大水灾，流民蔽江而来，每日数以万计。梁章钜率属捐廉募款救助难民，一面派船护送，一面开厂留养。历时4个月，共资送出境难民60余万、在厂留养难民4万余，期间梁章钜眷属还率先捐棉衣、棉裤各5000件，深孚政声。

自道光四年（1824）署江苏按察使至道光十二年（1832）于护理江苏巡抚任上初次退隐，梁章钜在江苏为官达八年之久，对江苏行政尤其是水利事业有重大贡献。道光六年修治泖湖、七年疏浚吴淞江、十二年修复练湖牌坝，并筹款奏请疏浚漕河、孟渎、德胜三河，屡修水利，造福地方。

梁章钜非常重视培养举荐人才，曾说"大臣之职，莫大于以人事君"，先后为国举荐陈銮（两江总督兼署河南总督）、苏廷玉（代四川总督、加兵部侍郎衔）、刘鸿翔（福建巡抚兼署闽浙总督）、赵炳言（湖北巡抚、兼湖广总督、湖南巡抚、刑部右侍郎）等国之栋梁。

梁章钜同样非常重视振兴文教，主政广西期间，兼任学政。此前广西文教不兴，文闱积弊多端。每科闱中贪官污吏公然派兵60名，列坐于明远楼上下前后，名为稽查弹压，实为枪替传递。甚至有枪手身穿号褂，在楼上起草，交兵勇传递号舍中，毫不费力。梁章钜到任后对文闱弊端深入访查，力排众议，严加革除，并奏明立案。科弊遂绝，广西士林由衷感激。

梁章钜备受称道的是其爱国精神。梁氏所处的时代，正是古老的中国向近代社会转型的时期，其晚年所亲历的鸦片战争，给了他最强烈的刺激和震撼。梁氏爱国思想主要体现在以下几方面：其一，主张通过变法，以使国家强盛。清朝封建统治从乾隆晚年开始由盛转衰，吏治腐败，贪污成风，特别是嘉庆、道光以来，漕运、盐务、河工、银荒等社会问题日益严重。梁章钜对当时统治危机和社会问题都有所反响，并反复撰文阐述自己的改革理论、具体的改革方法等。其二，积极支持林则徐抗英，配合查禁鸦片。他曾明确提出禁烟的关键是"将死罪施之开窑口之人"，而"行法必自官始，行法于庶官，又必自大吏始"；后又全力配合林则徐查禁鸦片，且举措颇多，更订立《查禁章程》，严饬遍禁栽种罂粟，查拿栽种犯。即便林则徐被革职后，梁章钜仍坚持林则徐的抗英路线，并亲自督兵镇守与广州相接壤的梧州。其三，肯定三元里战役，主张收复香港。道光二十一年，投降派琦善开门揖盗，割让香港，举国上下群情激愤，时任广西巡抚的梁章钜更是第一个奏请"以收复香港为首务"的人。其四，练兵练炮备战，亲赴前线抗英。道光二十一年四月，梁章钜调任江苏巡抚，时已67岁高龄的他方抵任即亲自带兵到上海，会同江南提督陈化成布置抗英防务，收抚巨奸，更组织宝山、上海、川沙、太仓、南汇、嘉定等地兴办团练，认真备战，使英军数月内未敢妄动。同年八月，英军攻陷镇海，两江总督裕谦殉国，梁章钜受命于危难之中，署理两江总督，兼管两淮盐政，不数日，又奉旨督办粮台。此间，梁氏昼治官书，夜即巡河，无敢一刻暇逸，终因过度劳累而眩晕旧疾复发，不得不告病还乡。

梁章钜不仅是一位政治家，同时还是福建学术史和文学发展史上的一位重要人物，亦是清嘉庆道光朝在全国范围内有一定影响的诗人、学者、艺术家等。

梁氏一生，为官之余不废学术研究。有清一代，学术意识领域纷争激烈，尤其到了乾嘉时期，汉学如日中天。但梁章钜却并未盲从，而是对当时学术界中汉学与宋学无休止之争斗进行关注与反思，其结果便是形成了强调"不拘汉学宋学，总以有益身心、有裨实用为主"的学术思想，即以宋学为本、汉学为用，并进而推崇经世致用说。这种兼容并蓄的学术观念，在当时的学术背景之下，是难能可贵的，亦是相当先进的。故梁氏学术观念虽以宋学为根柢，然其治汉学亦有成就，近人支伟成之《清代朴学大师列传》中就将梁氏列为朴学大师，其代表作有《文选旁证》《三国志旁证》《论语集注旁证》《孟子集注旁证》等。

作为清朝嘉庆道光年间有一定影响力的诗人，梁章钜一生耽风雅、笃朋旧、入诗社，诗歌创作一直是其文学成就中的重头戏。梁氏一生一共有4部诗集——《藤花吟馆诗钞》《藤花吟馆试帖》《退庵诗存》《退庵诗续存》，另外还有散见于他作之中的不少诗作，现今仍能读到的超过2600首。诗歌唱酬一直都是士人交游与雅集的重要纽带，况且梁章钜所交官宦师友中不乏著名诗人，如纪昀、翁方纲、龚自珍等。梁章钜在京城为官时期曾以诗就正于翁方纲阁学，称苏斋诗弟子者三年，并加入当时赫赫有名的宣南诗社；家居福州时期又先后组织过藤花吟社、三山吟社，招里中诸名流觞吟其中。梁氏不仅有诸多诗作，而且有自己的诗学思想和诗话理论，其诗学思想主要体现为"以学入诗""诗以言教""对传统诗教的回归"等三方面；而其诗话理论则是注重作诗的方法、注重区域特色、关注女性诗学。

就其文化成就而言，梁章钜综览群书、涉猎广泛、熟于掌故，居官之余，亦不废著述。其著述，文、史、哲无所不包，还涉及了艺术领域，甚至自然科学领域。一生著述多达85种，有《文选旁证》《论语集注旁证》《退庵诗存》《退庵随笔》《归田琐记》《浪迹丛谈》《枢垣记略》《楹联丛话》《称谓录》《退庵金石书画跋》等50余种刊行于世，其中有17部被收入《续修四库全书》。

梁章钜谙于掌故，善作笔记，其一生赓续不断所创作的多种笔记，如

《退庵随笔》《归田琐记》《浪迹丛谈》等更使他被誉为清代史料笔记大家。其笔记之作，文体驳杂，有小说故事，有杂记丛谈，有考据辩证，有游记小品，更有诗作诗话等；内容广泛，或议论清末时政，或记叙人物、名物、史事，或考订典章制度及科举文化，或叙述自然风光、地方名胜，或考订古今诗画、楹联、碑铭，或梳理自我文学成果，或叙议民俗文化，或叙议弘扬戏曲文化，或杂记生活琐事、读书心得，或宣传方药、养生及饮食文化等。虽是随笔记叙，却是见闻所及，无所不录，充分体现了笔记的文体特征。

梁氏笔记的价值主要包括文学价值、史料价值和医学价值三个方面。其文学价值主要体现在随笔记叙，涉及范围广泛，以类相从，记人物交游，叙清代掌故，专录巧对、杂谜，记医药、金石文字、碑版书画；专辑诗话，记述酒杯、酒肴、弈棋、纪元等。又以其游踪所及，写南国的园林、名胜、占迹、衙署、庙宇，记当时景物，述旧时行迹、建置沿革兴衰归属演变，多系实地考察见闻所作笔记。其医学价值主要体现在辑录了多则中医偏方，且有梁氏自己的实践应用之体会与经验，颇具说服力，具有相当的医学研究价值。其中最重要的是史料价值。这一点不仅体现在作为史料笔记的叙述时事之特点上，而且更进一步体现在对我国弈棋史、清代典章制度、清代经济史、清代民俗文化，以及清代诗话学等诸多研究领域的帮助上。梁章钜对清代的典制掌故较熟悉，所叙翰林院、大学士缘起、谥法、世职等，内容均较确实，为后人留下丰富翔实的史料，也是我们今日研究清代若干史实的重要依据和不可多得的史料笔记的珍品。

梁章钜又被誉为楹联学鼻祖。他先后编撰了《楹联丛话》《楹联续话》《楹联三话》《巧对录》等系列著作，创立联话文体，保存历代资料，首建分类体系，开我国楹联史之先河。《楹联丛话》是我国第一部系统研究楹联的著作，在我国楹联史上占有重要地位。梁章钜本人亦精于对联创作，有数十副题署、酬赠、庆挽联传世。如湖北江陵官署题联："政惟求于民便；事皆可与人言"；兰州五泉山楹联："佛地本无边，看排闼层层，紫塞千峰平槛立；清泉不能浊，笑出山滚滚，黄河九曲抱城来"；赠林则徐联："帝倚以为股肱耳目；民望之若父母神明"；苏州沧浪亭集句联："清风明月本无价（欧阳修）；近水遥山皆有情（苏舜钦）"等，皆蕴意深远，脍炙人口。

梁章钜还是清代闽中著名的藏书家。其一生嗜书成癖，藏书数量闳富，主要来源有三：一是他出身于"书香世业"之家，祖传藏书是他藏书的基础；二是主要来自为官任上所得和书肆上所购买；三是勤刻书，以所刻书馈赠同僚名士、耆旧新朋,自然得到各方回赠或相赠。梁章钜所藏图书的门类十分齐全,大至诸子百家、山经地志,小至墓碣家乘,地方文献,几乎涵盖经史子集、人物艺文、图书目录、金石书画诸门类。为了藏书事业,耗去了他俸禄的大部分。可以说,他的一生心血和大部分财富,都凝聚在他的十余万卷藏书上。同所有藏书家一样,梁章钜在网罗大量图书的同时,特别重视图书的精心保存,设有理想的藏书处所:福州的黄楼、浦城的北东园、温州的亦东园等。难能可贵的时梁章钜对自己苦心收藏的图书十分珍爱,但却没有把它封闭秘藏,而是提倡对外借阅,认为以书借人,是"推己之有余,益人之不足","其功似更大于通财"。他在主张家藏图书外借的同时,提出三点保护图书的措施:一是择人而借,提出要把书借给那些懂得以书为宝的人。二是勿使污损,只有这样,藏书者才会"不厌其求"。三是见损即补,要求借阅者一发现图书有损坏,就要及时修补。

梁章钜的艺术家身份主要体现在他本人是书画家及金石书画收藏家。梁章钜爱好广泛,金石书画无不涉足。他擅长国画,得意画作不少,如《南浦书院画幅》《藤花吟馆画卷》《小沧浪七友画卷》《游吴下诸山画卷》《款宴越南使臣画册》《遍游桂林诸山长卷》等。他的书法也颇有造诣,尤精小楷行书,笔意劲秀。他对金石作品更是珍爱入迷,且有精湛的鉴赏能力,常与知名金石鉴赏家相互切磋。林则徐描述他"生平精鉴藏,共辨证金石,讨论隶古,与覃西阁老阮云台太傅、伊墨卿太守、程春海少农特相器重"。据梁氏本人《退庵金石书画跋》等书所载,家藏金石、碑拓、字画不下400种(具体为:古铜器11件、古砚2件、碑碣拓本90件、书法125件、绘画258件)。其中珍品不少,如海内所珍存的一对商爵之一"门狈卤"(经行家确认为"商尊")、"甲冠吴家石墨之藏"的《宋榻黄庭经跋》、被名家誉为"元末诗翰一大观"的《鲜于伯机扬州诗四十韵》碑拓、"文既沉郁,字复精严,允称墨宝"的《黄忠端楷书〈张西铭墓志铭〉长卷》、"画中精品"《清晏图卷》《松泉轴》等。此外,梁章钜还精心设计、雕刻了20余方印章。他为藏书楼刻的图章有"藤花吟馆""黄楼""东园""北东园""亦东园""二思堂"等;他的私人藏书印章有:"茝林真赏""退庵居士""闽中""茝林审定""梁氏茝林""梁章钜鉴赏印""吴中方伯""退庵""二十举乡三十登第四十还朝五十出守六十开府七十归田"等。

梁章钜多才多艺,作为一个成功的政治家,其涉猎之广泛,著述之宏富,世所罕见。梁氏文学与学术成就的获得是多种原因合力作用的结果:自身对文学与学术的酷爱、时代浓厚的学术气氛、师友的传授与砥砺、注重实践与运用等，正是这些内因与外因的共同作用，使得梁章钜拓展了治学之路，形成了不固守一家、实事求是的治学方法，从而取得了丰硕的成果。

（蔡莹涓）

陈化成

陈化成（1776—1842），字业章，号莲峰，福建同安人。第一次鸦片战争中为国捐躯的民族英雄。清乾隆四十一年（1776）四月二十九日，陈化成生于福建金门。祖父陈青云、父亲陈鸣皋都是同安县学的庠生。陈化成16岁时随伯父移居台湾，于淡水厅兴直一带成长。他从小智勇过人，尚气节，爱读史，仰慕历朝历代建功立业的名臣，有担当天下重任的抱负。

嘉庆二年（1797），陈化成入伍当兵。他骁勇善战，随水师将领李长庚、王得禄等"剿办"蔡牵起义，屡立战功，一再升迁。他先补水师外委，后历任金门镇右营把总、南澳镇右营千总、铜山营水师守备、海坛镇右营游击、烽火门参将、澎湖水师副将、台湾水师副将、广东碣石镇、福建金门镇总兵等职。道光十年（1830），任福建水师提督，驻守厦门。

当时，英国贩毒船经常闯入福建海域，引诱漳泉沿海一带奸民私售鸦片。陈化成到任后，督率水师认真巡逻，严行堵截。他对"通夷奸民"十分痛恨，于道光十三年，率领水师官兵，会同地方官员，搜查金门、厦门一带的鸦片走私巢穴，"四面兜擒，人船俱获"。并对附近陈头等八乡，按户清查，窝巢尽毁，给国内的烟贩以沉重打击。他在闽浙总督邓廷桢的支持下，多次击退来犯的英舰。道光十二年，英国东印度公司派遣"阿美士德"号到厦门进行间谍活动，陈化成召见该舰胡夏米等人，并命令水师严加监视，驱逐出港。对英国的贩毒船，他从道光十五年开始就开炮加以驱逐。道光十七年，英国军舰进窥闽安五虎洋面，闽安副将周廷祥出面制止。英领事借口接回居住在漳浦的英国"难民"，换坐小船，入口投书。陈化成不予接见，并派人转谕海面"难民"，应照例翻译说明情况，由中国护送到广州回国。现"难民"未供系英国人，而且英领事的禀文亦未将"难民"姓名指出，难于凭信。即令水师将小船押至大船，驱出领海，有力维护了外交尊严。道光十九年十一月间，在同闯入梅林洋面的三艘贩毒船的战斗中，他"足受炮伤，犹鼓勇督师进"，表现非常英勇。这次战斗，双方都有损伤，然而腐败无能的清政府，竟然根据御史杜彦士的奏报，于次年一月下令将他与江南水师提督陈阶平对调，要求他从厦门移镇江南。对此，时任台湾兵备道的姚莹深为惋惜，曾说："陈化成……熟悉海面情形……炮火攻击之下，士卒偶有伤残，此乃军中常事，闻夷人亦多伤毙落海者，似未可以咎之。遽与江南对调，实为可惜！"

道光二十年六月，鸦片战争爆发，英国侵略者的舰队先在广东洋面挑衅，继而北上，先犯厦门，后陷定海。此时，陈化成正赴上海就江南提督之任。到任仅七天，就传来了英军攻陷定海的消息。于是他不入官署，亲率兵士赶赴吴淞口视察，加紧部署吴淞防务。从此后的三年间，陈化成一直在前沿阵地上与官兵共甘苦。吴淞口位于吴淞江与黄浦江汇合后注入长江的出口处，地势平坦，原来只有隔江相望的东西两座炮台。陈化成在时任两江总督裕谦支持下，完善了吴淞炮台的防御措施。除了加固原有炮台外，新修海塘和碉堡，并且派人到湖北采购精铁，铸造大炮和炮弹。江南水师"素怯弱"，陈化成一方面选派从福建带来的亲军加强训练，另一方面也对官兵进行爱国教育。他曾说："人莫不有一死，为国而死，死亦何妨？"经过陈化成的教育训练，江南水师士气大振，誓死保卫长江水道。英国侵略者攻陷定海，窜到长江口，见吴淞戒备森严，不敢贸然进攻。

英国侵略者的舰队抵达天津大沽口海面后，清政府开始妥协，一方面与英军和谈，一方面命令沿海各省酌裁防兵。陈化成坚决不同意，说，"犬羊有信哉，请留本镇兵弗去"，继续抓紧筹划防务。陈化成办事总是身先士卒。他曾亲自率领士兵挖壕沟；严冬巡海，经常乘小舟往来于风浪之中，到处察看工事，或踏雪到各行营慰问士卒。他饮食不讲究，所食粗粝；有病也不忽视巡防，认为"栉风沐雨，军营常事"。他出入从简，不用仪仗和随从。他为人正直，不好私交和阿谀。由于他廉洁自守，严于律己，他的部将都能受其约束，听其号令。他对部下十分关心爱护，经常与士兵拉家常。部下也很敬重他，亲切地称呼他为"陈老佛"。陈化成爱护士兵，但从不纵兵扰民，对部下的纪律要求极严。他严惩滋扰百姓的士卒，处处保护百姓利益，受到百姓们的爱戴。由于陈化成为官廉洁，军纪严明，生活俭朴，受到吴淞一带人民的称赞，当地民谣说："官兵都吸民膏髓，陈公但饮吴淞水。"

由于陈化成积极筹划防御，吴淞要塞防守严密。英舰虽然不时在长江口外游弋，却未敢贸然进犯。到了道光二十二年夏，英国侵略军为了夺取南京，迫使清政府接受他们提出的全部要求，开始谋划进攻吴淞。英国军舰二十七艘，陆续结集在长江口外的鸡骨礁附近，不时拦截我过往商船渔船，抢夺船上的货物和水产，还多次派船闯入吴淞口内测量水道。设置航标，进行战前的准备。陈化成因而更加积极地备战。他勉励部将："武臣死于疆场，幸也，汝曹勉之。"要求官兵同心协力抵抗侵略。当时，吴淞口的防卫部署是相当严密的：东、西炮台互为犄角，两座炮台均配备了充足的大炮。在崇明进入吴淞的门户小沙背，有总兵王志元率七百人驻守，防止敌人绕袭。宝山城内，有两江总督牛鉴率领的兵勇二三千人。但是，陈化成的顶头上司牛鉴根本不会打仗，对陈化成多方挟制，胆小如鼠却又装出一副气壮如牛的样子。陈化成的主要部将，如崔吉瑞、王志元等，都是贪生怕死之辈。因此，尽管陈化成"心如金石"，抗敌意志坚定，但是战局的预期并不乐观。

五月初五日，英国军舰结集渐多，炮声震天。陈化成"亲驻炮台，昼夜防守，激励士卒，安抚乡民"，镇定以对。他还一再激励将士要与阵地共存亡。但是两江总督牛鉴"见贼势大"，主张议和。陈化成坚决反对，说："某奉命剿贼，有进无退，大人勿怖！"他告诉牛鉴，"以炮扼险，可决胜"，总督只要在宝山城中，"毋轻出入"即可。初八日清晨六时，英舰分批驶入长江口内，向吴淞要塞发起总攻。陈化成沉着镇定，挺立在炮台上，手执红旗，未等对方舰船全部泊定，陈化成亲自指挥西炮台最早开炮。双方激烈炮战两个半小时，陈化成部下的士气非常旺盛，炮台火力猛烈，一排排炮弹飞向敌人，多艘英舰被击中，敌军主力舰"布朗底"号和"皋华丽"号受到重创，敌人的炮火被压了下去。英军见占不到便宜，一时难于得逞，已经准备撤退。此时，牛鉴听说陈化成指挥炮战初胜，便坐着轿子，排起总督仪仗，威风凛凛地开出宝山城外，到前来观战，其实也有抢功的意味。不曾想，他的仪仗队被英军指挥官看见了。英军马上对准仪仗队开了几炮。炮弹落在轿子附近，队伍立刻乱了套，牛鉴吓得大叫起来。他以为英军已经杀到跟前，也顾不上体面，慌忙扔了纱帽，脱了朝靴，混在士兵中间一路狂奔，先跑回宝山，接着又弃城逃向嘉定、昆山，最后一直跑到了南京。

牛鉴带头逃跑，"诸军皆溃"，驻守小沙背的王志元和守卫东炮台的崔吉瑞等，都丢下士兵不管，弃阵逃跑。英军见东炮台无人指挥，一阵猛攻，乘势登陆，占领了东炮台。接着，英军集中火力和兵力围攻西炮台。守在西炮台的陈化成陷入了腹背受敌、外援断绝的困境。他预感形势不妙，但仍然沉着应战。为了稳定军心，他一再"以忠义相激劝"。把总许攀桂慷慨说道："主将与某等共饮食，同风露，所争只在此一时。欲去者，众共诛之。"西炮台守军军心稳固，官兵或坚守炮位，或拔出腰刀，和登陆的英军展开肉搏。对西炮台清军的英勇表现，连英国侵略者都承认："凡亲眼看到中国士兵以那种顽强的斗志和决心来保卫他们阵地的人，都不能拒绝对他们的英勇给予充分的尊重。"

集中了兵力的英军舰艇不停地进攻，战斗更激烈了。双方距离越来越近，而清军的炮位因为不能自如升降，无法打击近处的敌人。很多清军将士倒了下去。不久，部将韦印福、钱金玉、许攀桂、徐大华等，相继战死，横尸陈化成身旁，令他悲痛万分。他虽然全身已七处受伤，还是用尽全身力气，不停地挥舞着红旗指挥，并且亲自发炮阻击敌人。突然，一发炮弹飞来，陈化成中弹倒地，血流如注。此时敌人已经向炮台奔来。把总龚增龄拔刀迎战，杀死几个侵略者后，不屈而死。陈化成的警卫许林率众同英军肉搏，也英勇牺牲。陈化成奋力跃起，拔出佩刀，准备迎战，不料又被子弹洞穿腹部，再次倒地。这时，炮台阵地上只剩三人，陈化成呼唤武进士刘国标至身旁，对他说："我不能复生，汝急免我首，掷体沟中。"说罢气绝，壮烈殉国，时年 67 岁。

刘国标背着陈化成的遗体，藏到战场附近的芦苇丛中。八天以后，嘉定县令派人找到遗体，抬至城内武庙入殓。城中百姓万分悲痛，纷纷赶来参加公祭；商人也罢市数日，表示哀悼。次年，当陈化成的灵柩运回厦门安葬时，"江南市民排巷祭，为泣哭者数十百万人"。他的英雄事迹，至今令人感动，催人奋进。陈化成，这位保卫祖国的民族英雄，浩然正气长存，业绩永垂青史，英名万古流芳！

（庄恒恺）

林则徐

　　林则徐（1785—1850），字元抚，又字少穆，福建侯官（今福州市）人。清乾隆五十年（1785）七月二十六日，出生于一个贫苦的知识分子家庭。父亲林宾日原名林天翰，字孟养，号旸谷，嘉庆侯官岁贡生，是当地的教书先生。母亲陈帙，为闽县岁贡生陈圣灵之第五女。林宾日虽为私塾教师，中了秀才后又可领取公粮，但因家里人口众多，僧多粥少，甚至三餐都无以为继。林母陈帙瞒住丈夫，偷偷以女红这项手艺帮补家计，维持家庭生活。尽管家境寒苦，但是林宾日非常重视对子女的教育。林则徐刚4岁时就随父入私塾读书，7岁学作文章，又于14岁中秀才。他的天资与才华，在当时就引起了福州文化教育界名流的重视。嘉庆九年（1804），林则徐参加乡试，中第二十九名举人。就在成绩揭晓的那天，他迎娶郑淑卿为妻。进士门第出身的郑家千金嫁给家境寒苦的林家秀才，在当时是件罕见的事情。林则徐在郑淑卿在世时都没有纳过妾，终其一生，情深不渝。是年底，新婚燕尔的林则徐离开家人前往京师参加会试，但名落孙山。

　　由于家贫，嘉庆十一年，林则徐受厦门海防同知房永清之聘，到厦门担任文书，专责处理商贩洋船来往、米粮兵饷的文书记录。这段经历使林则徐初步认识了官场，开阔了视野。次年，他入福建巡抚张师诚的幕府。张师诚位居封疆大吏，详知典章制度。他将公事上的知识一一传授给林则徐。同年年底，张师诚推荐林宾日为乐正书院主持，林家的经济状况得以改善。林则徐在这年又参加会试，再次落第，依然留在张师诚幕府当幕僚。林则徐在张府做幕僚五年，"尽识先朝掌故及兵刑诸大政"，对他后来的事业有很大的帮助。

　　嘉庆十六年，林则徐再次赴京会试，殿试高居第二甲第四名，选为庶吉士，授翰林编修，从此踏上了仕途。他在翰林院度过了七年岁月，虽曾被派往不同地方工作，但仍是一名微不足道的小京官。林则徐虽然不善于社交，但他于嘉庆十九年加入了主要由低阶京官组成的宣南诗社。宣南诗社的主要活动内容为消寒、赏菊、忆梅、试茶、观摩古董，为欧阳修、苏轼、黄庭坚作生日等。林则徐在诗社结交了黄爵滋、龚自珍、魏源等人。

嘉庆二十一年，林则徐到江西南昌充任乡试的主考官。林宾日得知此事后，特地致信儿子，要其慎选人才。林则徐此后多次任考官，都能公正严肃地工作，在士人间博得了良好的名声。嘉庆二十五年，林则徐出任江南道监察御史，六月授浙江杭嘉湖道。到任后，他勘察所属海塘水利，大力整修，使"新塘较旧塘增高二尺许"，得到群众的好评。林则徐为官清廉，不畏权势，行事果敢，不假情面，招致同僚的猜忌与冷嘲热讽，他对官员腐败十分痛恶，表示自己"但当保涓洁，弗逐流波奔"，决心做个上忠朝廷，下安百姓的好官。

道光二年（1822）底，林则徐调任江苏淮海道。到任未满一月，又升任江苏按察使，主管江苏的司法刑狱。在任期间，他不畏豪强，澄清吏治，改革审判程序，亲自裁决案件。甚至黑夜潜行，明察暗访，验尸时亦亲自动手。短短四个月内，就把江苏的积压案件处理十之八九，"民颂之曰林青天"。适逢江苏遭遇大水灾，社会动荡不安，松江人民聚集起来向官府告灾，"汹汹将变"，巡抚韩文琦力主用兵镇压，林则徐极力反对，坚决主抚。他乘船前往灾变地区，大力赈济灾民，平息民愤，"民皆悦服"，恢复了社会秩序。他接着又建议，由官府垫款，以工代赈，疏浚吴淞、黄埔和浏河三条水道，以期从根本上解决江苏的洪水灾害问题。经道光帝批准，由他负责这项工程。道光四年九月，其母病逝，他回籍奔丧。守制期间，江苏高堰十三堡洪水决堤，他素服到工地督工。道光七年三月，林则徐服满。五月，任陕西按察使。同年十二月闻父卒，又南下奔丧。在家守制期间，他关心家乡的水利事业，参与重浚西湖的工程。

道光十年五月，林则徐服满北上，八月出任湖北布政使。翌年一月调任河南布政使，八月又调任江宁布政使。"一岁之中，周历三省，所至贪官墨吏望风解绶，疆臣重其才，皆折节倾心下之，多所兴革"。他为各地人民办了不少好事。道光十一年十一月，道光帝以林则徐政声甚好，提任他为河东河道总督。面对关系到国计民生的河工问题，林则徐决心"破除情面"，"力振因循"，大力整顿，以求"弊除帑节，工固澜安"。为了治理黄河，林则徐亲自顶着寒风，步行几百里，逐一查验用以堵口的料垛。一旦发现问题，立即严肃处理。他还查看沿河地势，水流情况。道光帝表扬他说："向来河工查验料垛，从未有如此认真者。"

道光十二年三月，林则徐调任江苏巡抚。从这一年起到道光十六年间，他努力发展农业、整顿漕务、兴修水利、整顿吏治，在各方面都做出了成绩。他尤其注重提倡新的农耕技术，推广新农具，尽力提高农业生产水平。道光十七年（1837），林则徐升任湖广总督。面对湖北境内每到夏季大河常泛滥成灾的情况，林则徐采取有力措施，提出"修防兼重"，使"江汉数千里长堤，安澜普庆，并支河里堤，亦无一处漫口"，对保障江汉沿岸州县人民的生命财产，做出了很大的贡献。

当时，英国侵略者对我国走私鸦片已极度猖獗，每年输入鸦片达3万余箱。早在道光十三年，林则徐就痛斥英国人用鸦片来套取我国白银是"谋财害命"，主张严禁鸦片。道光十八年，鸿胪寺卿黄爵滋提出"重治吸食者"的主张后，林则徐立即具折复奏道光帝，表示支持黄爵滋的主张，并且提出禁烟的六项具体建议。同时，他在汉口成立戒烟局，配制戒烟药，雷厉风行地进行查禁。由于林则徐在湖广禁烟取得了成效，并一再条陈不禁之弊——"中原几无可以御敌之兵，且无可以充饷之银"，道光帝终于下决心禁止鸦片。他把林则徐召到北京，多次面谈，任命林则徐为钦差大臣，到广州查禁鸦片。

林则徐于道光十九年正月抵广州，他与两广总督邓廷桢、广东水师提督关天培等人会商后，于二月初四向各国商人发出谕帖，命令他们限期交出全部鸦片，并具结保证今后永不夹带鸦片。他还严正声明："若鸦片一日未绝，本大人一日不回，誓与此事相始终，断无中止之理。"劝告各国商人不要观望。林则徐的禁烟措施，遭到了驻广州的英国商务监督义律和鸦片贩子们的抵抗和破坏。义律指使英商只交出少量鸦片应付，并且阻止其具结保证。经过坚决的斗争，林则徐挫败了他们的阴谋，收缴全部鸦片近2万箱，约237万斤。道光十九年四月二十二日，林则徐会同邓廷桢、关天培等官员，在虎门海滩上监督当众销毁鸦片，到五月十五日，鸦片全部销毁。这一伟大壮举向全世界庄严宣告：中国人民具有反抗侵略的坚强意志。

林则徐在广州的禁烟，最初得到了道光帝的充分肯定。道光帝阅毕林则徐的虎门销烟报告，欣喜万分，云："可称大快人心事！"不久，逢林则徐过55岁生日，道光帝又亲笔书写"福""寿"二字的大楷横匾，派人送往广州，以示嘉奖。但不久之后，林则徐所面临的形势就迅速恶化了。道光二十年（1840）正月，英国政府决定向中国出兵。六月，英军舰队抵达广东海面，封锁珠江口，进攻广州，鸦片战争正式爆发。这时，林则徐已任两广总督。他严密布防，使英军的进攻未能得逞。英军受阻后沿海岸北上，向闽浙一带进攻。林则徐早就料到英军会改窜他省，一再通知沿海各省"严查海口，协力筹防"。但除福建之外，各省皆无准备。在浙江定海失陷后，妥协派就群起攻击林则徐。而当英军舰队抵达天津大沽口外时，本已动摇的道光帝惊慌失措，急令直隶总督琦善前去"议和"。他又命令两江总督伊里布查清英军攻占定海的原因，究竟是由于"绝其贸易"还是"烧其鸦片"，意欲将林则徐作为替罪羊。他还下旨严厉训斥林则徐："……不但终无实济，反生出许多波澜，思之曷胜愤懑，看汝以何词对朕也！"从此，各种诬陷、打击和指责连续降临到林则徐的头上。在皇帝训斥、投降派围攻的严峻时刻，林则徐仍在广东坚持抗英。他还两次上奏，大胆陈述禁烟抗英的合理性和正义性。

林则徐的努力，不可能改变历史进程。不久，道光帝下旨，革了林则徐的职。道光二十一年，林则徐又接到圣旨：降为四品卿衔，速赴浙江镇海听候谕旨。到镇海后，林则徐积极参与了当地的海防建设事宜，力图"戴罪立功"。不久，靖逆将军奕山打了败仗。为了开脱罪责，他竟造谣说，英方是愿意议和的，他们恨之入骨的仅林则徐一人。言外之意，就是必须再次惩办林则徐，英方才能罢兵议和。道光帝求和心切，便把广州战败的责任再次归罪于林则徐，说他在广州任职时没有积极筹划防务，以致英军发起进攻后，奕山无法招架。六月二十八日，道光帝下旨，革去林则徐"四品卿衔"，"从重发往新疆伊犁，效力赎罪"。

林则徐抗英有功，却遭投降派诬陷，被道光帝革职，落得了充军伊犁的下场。他忍辱负重，踏上戍途。人们愤愤不平，纷纷为他饯行，赠诗留念。但他并不为个人的坎坷而唏嘘，始终关注抗英战局，想的仍是如何战胜侵略者的问题。当与妻子在古城西安告别时，他写下了"苟利国家生死以，岂因祸福避趋之"的豪迈诗句，这既是他爱国情感的抒发，也是他性情人格的写照。这种不计个人得失，始终以国家民族利益为重的精神，令人感佩不已。道光二十二年，林则徐到达伊犁。面对沙俄入侵中亚并向我国新疆急速推进的严酷现实，林则徐认为，只有发展农业生产，开发边疆，才能巩固边防。他先后在伊犁地区、南疆的库车、阿克苏和北疆的吐鲁番和哈密等地勘垦荒地。在此过程中，林则徐指导各地人民兴修水利，推广"坎儿井"技术，减少水源流失。他还向各地人民传播内地先进的农业和纺织技术。林则徐在新疆的三年，为加强祖国西北边防，改善各族人民的生产和生活，作出了重大贡献。

道光二十五年十一月初六日，林则徐接到获释的通知，随即整装东归。

次年三月，他被任命为陕西巡抚。这时的陕西，各种社会矛盾十分尖锐：清政府为解决军费困难，强令陕西捐银 100 多万两。鸦片战争后给外国侵略者的赔款也摊派到陕西；各地接连发生灾荒，劳苦群众生活异常艰难；渭南、富平、三原、大荔、蒲城等地的"刀客"与当地回民联合起来，反抗官府的斗争此起彼伏。林则徐数次调兵镇压。但他认为，在处理民族矛盾中，认为不能一味镇压，应以"攻心"为主。在处理陕甘回汉关系时，他主张"两教弗区分，总以顺逆断；锄恶不偏回，扶善不私汉"，这对制止当时民族间的相互仇杀是有积极意义的。

道光二十七年（1847）三月，林则徐调任云贵总督。到任后，以维护云南边境安定得力，加太子太保，赏戴花翎。在任内，他整顿云南矿政，提出鼓励私人开采，合伙商办等主张。这既符合当时社会经济发展的要求，也有利于矿业中的资本主义因素的增长。林则徐于道光二十九年秋因病辞归。他回到福州后，目睹鸦片泛滥，心情十分沉重。这时发生了英国侵略者违约强占乌石山神光寺的事件，林则徐顾不得年迈体弱，耐不住满腔怒火，立即与福州爱国士绅联衔倡议驱逐。

道光三十年秋，农民起义风起云涌，广西局势日益严重。咸丰帝预感统治危机，任命林则徐为钦差大臣，督理广西军务。林则徐接到命令，次日即抱病从福州启程，取道泉州、漳州，一路直达广东，到潮州时，开始严重下痢，到了普宁，已病入膏肓，不得不暂住普宁行馆。最后于十月十九日与世长辞，享年 66 岁。朝廷晋赠其太子太傅，照总督例赐恤，历任一切处分悉行开复，谥文忠。

林则徐是清末杰出的政治家，为官清廉，关心民众，一生担任各种官职，所至兴利除弊，为人民办了许多好事。他又是一位伟大的爱国者，坚决禁烟抗英，流放新疆期间还积极屯田防俄，无愧为民族英雄。当然，由于时代和阶级的局限，林则徐为了维护封建统治，多次镇压了反抗清朝统治的农民起义。但是，林则徐一生为国献身、反抗侵略的精神，仍然永远值得我们怀念。他的浩然正气永存人间。

（庄恒恺）

张际亮

　　张际亮（1799—1843），鸦片战争时期著名的爱国诗人，被闽中故交、后学推为"七闽风雅盟主"，与龚自珍、魏源、汤鹏并称"道光四子"。

　　张际亮字亨甫，榜名亨辅，号松寥山人、华胥大夫，又号南阳。祖上于宋时由邵武禾坪迁至建宁北乡荆林源，至明又迁居北乡渠村，故自称建宁人。嘉庆四年（1799）四月二十四日亥时生于福建建宁县北乡蓝田（今溪口镇渠村），道光二十三年（1843）十月十九日酉时病逝于京师，归葬建宁坪上官姓后龙山上。其家"三族无仕宦者，亦无富人"，张际亮父亲张钟禄为生活所迫，曾经商鄜州。张际亮兄弟中，伯兄际凤为太学生，四兄际辉为登仕郎，五兄际韶为庠生，然皆未登第。其子诵芬，其孙昌藩、昌垣、昌屏、昌翰、昌诗亦贫穷而无所恃。

　　张际亮素负大志，望通过科举实现政治抱负。"窃慕汉贾太傅、诸葛武侯之为人"，与大多数文人士子一样，希望蟾宫折桂，"有如昔人，所谓生当封侯，死当庙食者"，并以历史上的著名将相自许，"慷慨比瑜亮""况我比安石"。嘉庆十九年（1814），张际亮应童子试，取入邵武府建宁县学生员第二名。嘉庆二十二年岁考取一等增生。嘉庆二十三年以岁试一等，肄业福州鳌峰书院，从陈寿祺游。张际亮于嘉庆二十四年、道光元年（1821）、道光二年、道光十四年参加乡试，皆不售。道光十五年，张际亮易名亨辅，中第三十六名举人，稍自振奋，仍"未肯江湖忘魏阙"，然始终未考取进士。据相关资料显示，张际亮参加过九次乡试和会试的考试。但自道光二十年张际亮举进士不第后，荆棘丛生的科举之路以及中英之间的鸦片战争，使张际亮在科举之路上止步。对于张际亮的屡踬科场，姚莹深表同情："亨甫力振颓风，可为矫矫矣。乃受其书者不愧谢，而以为恨，时人复被以狂名。使亨甫达而在上，风节必有可观者。竟不一第，徒以诗名，是可悲也。"

　　张际亮性格疏简清狂、狷介刚直。张际亮的启蒙老师何凤起曾说："此子清狂而慧，然必不合于世。"陈寿祺也曾劝诫张际亮"不平勿鸣……君子必慎其所处也"。张际亮疏简清狂、褊急尚气的性格，在两件事上表现得尤为突出，一是不向权贵谄媚、责曾燠而负狂名一事，二是辞去《福建通志》

分纂一事。

道光五年，张际亮赴京朝考未售，然京师贵人及名士言诗者多知亨甫，时盐运使曾燠在京，延请张际亮。因张际亮看不惯名辈显宦"不能教导后进，徒以财利奔走寒士。门下复不知自爱，廉耻俱丧，负天下望"，投书责曾燠所为，因负狂名。此事影响了张际亮的科举仕进之路，其自言"十载罪言谁更问，风尘憔悴杜樊川"。关于此事，姚莹《张亨甫传》《清史列传·张际亮传》《清史稿·张际亮传》《建宁县志·文苑传》《邵武府志·文苑传》《清稗类钞》《竹间续话》等皆有记载。

关于辞去《福建通志》分纂一事则相对复杂。道光八年，陈若霖、陈寿祺倡修《福建通志》。道光九年始重修《福建通志》，陈寿祺任总纂，高澍然、张绅、张际亮、丁汝恭、冯登府、王捷南、陈池养、陈善、沈学渊等18人为分纂。道光十四年稿成，计400卷。陈寿祺于是年二月去世，高澍然将其列入《儒林传》。正待刊梓，时任江苏布政使的梁章钜以私怨从中作梗，请发稿公勘，致使志稿无法刊印。高澍然愤然离职，张际亮等亦愤而辞去《福建通志》分纂一职，志局解体，志稿散失。此时，陈寿祺之子陈乔枞在以修志事迹为主题的《鳌峰载笔图》后附文叙述修志始末，为其父鸣冤。姚莹、吴荣光、何绍基、张祥河、汤金钊、阮元、陈庆镛、林则徐、张际亮、谢章铤等18人为图题跋。在这些题跋当中，张际亮于道光二十一年六月二十四日所作的《鳌峰载笔图跋》最为激烈："生无一语能匡谏，死有千言恣怨嗔。强将遗稿纷删定，仓颉夜泣谁堪听。"

张际亮虽不在其位，然时刻关心时政，其内心充满爱国之情。张氏所处的嘉道之世正是封建社会转型的时期，"足迹平生半九州""道途遍历知民隐"，漫游的所见、鸦片战争的亲历，给了张际亮强烈的触动。张氏的爱国思想主要体现在以下两个方面：其一，积极建言献策，主张整治社会问题。嘉道之世吏治腐败，贪墨成风，徭役繁重，盗贼四起，特别是漕运、盐务、河工等社会问题日益凸显。张际亮针对社会问题，撰写《答石甫明府书中》《答黄树斋鸿胪书》等文章建言献策，特别是在《与林少穆河帅书》中毛遂自荐，愿仿《治河方略》为林则徐起草《河东方略》。其二，积极支持林则徐、黄爵滋等人主张的抗英、禁烟运动。张际亮明确指出要"先拏快蟹，密缉窑口。然后明示夷酋以'内地旧例，不准彼国之船逗留经岁，何以该船停泊五六之久？'严则勒兵驱逐，宽则申令责散。此后各洋面俱移会水师，勤劳与共，是亦补救之一端也。"又积极响应黄爵滋号召的禁烟之举，参与

《请严塞漏卮以培国本》的起草。

张际亮屡踬科场，而游山水、交朋友与写文章则成为了其排解郁结之气的出口，此三者也是张氏三大人生志趣。"亮也生有三事癖，山水、朋友与文章。"读万卷书，行万里路皆是获得知识的重要途径，司马迁、李白、沈括等人无一不是如此。张际亮感于此，认为游览祖国的名山大川可以激励意气、砥砺学行。张际亮多次游燕、赵、齐、楚、吴、越，沿途风光为他的诗歌创作提供了取之不尽用之不竭的素材。

张际亮一生未仕，但平生交游甚广，有朝廷重臣、文人士子、布衣等，如林则徐、朱琦、姚莹、徐宝善、潘曾莹、杨庆琛、高澍然、郑开禧、林昌彝、刘家谋、林树梅、郑兼才、何长诏等。张际亮之所以交游广泛，因为在他的心中"胜友如秋爽，羁怀傍晚殷""故人如月在云端，宛转千回不厌看"。交友是张际亮的人生志趣之一，他珍视友情，和姚莹可谓是"管鲍之交"。

文章亦是张际亮的志趣之一，他认为"文章通性命，意气非清狂"。作为闽派转枢之人，张际亮在诗坛占有一席之地，平生写了万余首诗歌，现存三千余首，有《张亨甫全集》《思伯子堂诗集》《松廖山人诗集》等存世。张际亮诗歌内容丰富，其中具有现实主义精神的诗歌是清末人民生存状况以及鸦片战争的剪影，具有诗史的性质，也是张际亮诗歌中最具价值和最具闪光点的部分。季镇淮就认为张际亮"是当时享有盛名的作者"，"他的一些诗也较早地反映了外国侵略的危机"，"他的诗是有较广阔的现实生活的基础的"。

张氏不仅诗作众多，而且有自己的诗学思想。张际亮虽然没有专门的诗学论著，但在序跋、友朋往来书信、诗歌中体现了其鲜明的诗学主张。其诗学思想主要体现为诗宗盛唐，反对模拟；诗道性情，言和风雅；读书穷理，积理养气；主张诗通于政，倡写志士之诗等。

张际亮一生漫游南北，曾出入燕都梨园、福州南浦娼妓之所，并将其所见、所闻、所感诉诸笔端，作有《金台残泪记》和《南浦秋波录》两部狭邪笔记。《金台残泪记》内容丰富，包括品评优伶类、梨园琐记、逸闻轶事等。其价值体现在三个方面：一是反映了乾嘉以来京师剧种的兴衰变迁；二是反映了京师优伶的生存状态；三是反映了士人写作花谱的文学活动。《南浦秋波录》是张际亮将一己之情付诸情色书写，遣兴抒怀，借以发其扼塞无聊感慨之作。其在体例上借鉴了《北里志》和《板桥杂记》，同时在人物传记中还借鉴了《史记》"太史公曰"式的评论方式，以表明心迹。其价值主要体现在两个方面：一是反映了福州台江娼妓的生存状况；二是记载了福州台江娼门的习俗。有一点值得注意的是，《南浦秋波录》包含有一定的小说因素，主要体现在三个方面：一是故事性强；二是人物形象较为丰满；三是逸闻轶事的记载。总之，《金台残泪记》和《南浦秋波录》二者是时代风气和作者自身遭际相结合的产物，都具有重要的史料价值，同时也蕴涵了一定的文学价值。

张际亮还有意搜集编纂乡贤诗集。在地域性诗歌总集编纂热潮及怀先芬、恤同类、存文献思想的影响下，张际亮原辑、李云诰续编了《建宁耆旧诗钞》"搜罗极备"。作为明嘉靖以来建宁诗歌文献的载体，《建宁耆旧诗钞》的编纂遵循了在世者佳什不录、有诗必录、以人系诗、以所在时间先后顺序等原则，保存了大量明嘉靖至清道咸年间的建宁诗歌，保存了一定数量的建宁诗人的传记材料，使得众多名不见经传的建宁诗人及其诗作赖以保存并流传下来。同时，《建宁耆旧诗钞》为建宁文学家族的研究提供了宝贵的文献资料，对于区域文学的传承和研究也具有重要的意义。该书偏重于资料的收集和整理，理论建树不够，但在瑰丽多彩的地域性诗歌总集的家庭当中，《建宁耆旧诗钞》仍有其自身特点和价值，仍是传播建宁乡邦文化的一个重要载体，对激发乡邦文化自豪感、传播地域文化知识等具有积极的影响。

（赵雅丽）

邓 瀛

邓瀛（1803—1862），字登三，号介槎，上杭县来苏里师姑乡（今中都镇仙村）人。自小聪颖，与兄铭同被誉为"神童"。父尔康，字怀瑰，虽长期在重庆经商，但常寄信勉励应以"玩愒为戒，困勉为功"，还不惜重金筑建"云章书屋"专作为两个儿子的读书处。他们牢记父训，读书勤奋，年未及冠，便被督学吴椿分拔为郡县庠生第一。邓瀛于道光八年（1828）秋乡试考中举人后，接着在道光九年春赴京会试又考中进士，成为难得的"联捷进士"。殿试钦点翰林院庶吉士，散馆一等第一授编修，历任武英殿协修暨纂修官。道光十五年派山东任主考官，十八年为会试同考官。他公正廉明以真才实学录取，如晏端书、田雨公等先后开府封疆，皆出其门下。同年冬升任浙江道监察御史，上疏颇多。

道光十八年至十九年，钦差大臣林则徐赴广州查禁鸦片，对烟土商贩采取"劝戒兼施"的政策，迫使英美商贩交出237万斤鸦片。林则徐请将鸦片解京核验得旨允准。邓瀛获悉高兴之余又认为广东距京路遥远，解京不仅劳民伤财，且沿途难免有偷漏抽换之弊，就上疏朝廷，建议就地销毁。其《请就地销毁鸦片疏》云："窃惟鸦片之害，蔓延直省，全由外洋肆意流毒所致。今皇威远震，夷人畏罪自首，将所携烟土尽数呈缴至二万二百八十二箱之多，大害迅除，民人庆幸。其所获烟土，据该大臣等奏请解京核验，奉旨允准。盖原为数甚多，实为向所未闻，恐中外未能深信，自应全数解京，俾薄海臣民共观实在情形，儆目洗心，革除锢习。第其中亦有繁累滋弊之处，不可不为虑及。盖广东距京程途遥远，过驳甚多。广东、江西、安徽陆路多用抬夫，每箱用夫二人，计需四万余人。广东、江西水路需用船只，其船稍大者，不过装百余箱，计需封雇民船百余号。安徽以北俱用车载，计需大车千余辆，用民夫千余人，骡马五六千头。此项舟车、民夫，诚恐沿途地方一时骤难雇备。即分数押解，可无短绌，而经费之多终不能减。若令官民筹办供应，不免赔累劳扰；若尽报部核销，则不免以国家有用之财糜于无用之物。又此物最易偷换，近来各省多有假造烟土，其价仅值洋土十分之一，而形色真假，虽惯吸食者莫能辨别。经此次查办之后，物愈少则价愈昂，价愈昂则获利愈厚，而舞弊之计亦愈工。虽所委员弁皆经慎择，而所用胥役难尽驯良。虽在彼起解时，到京核验时，皆有大员严密监视，而长途迟滞，日经民夫千万人之手，委员数人，耳目安能周防……仰见圣明洞照，无微不烛，至此次鸦片获自外夷，为数较多，虽与直省拿获之案不同，然为数少者犹恐其偷漏贻害，设为数多者，一经偷漏则贻害更不可穷。且林则徐、邓廷桢、怡良、豫坤、关天培皆系皇上委任责成之人，尤当不敢扶同欺饰，自取罪戾。可否饬令该大臣等，将起获烟土毋庸解京，即在该处督率员弁公同查核，月市销毁，以省解运之烦，且使沿海居民及夷人等眼见销毁情形，咸晓圣天子除恶务尽之至意，不敢复萌故习矣!"

邓瀛的奏折主要讲了四层意思：第一，长途解送，劳民伤财；第二，鸦片昂贵，途中易漏易被偷；第三，林邓等大员，胜任销毁任务；第四，就地销毁，能够产生震慑作用。道光帝深感邓瀛言之有理，立即下旨给林则徐，就地销毁鸦片。此举避免了在长途转运中被偷漏抽换之弊，杜绝了投降派官员对林则徐等人的诬陷中伤。实事求是地说，邓瀛的上书，在"虎门销烟"这一壮举中起了重要作用。邓瀛当时官位并不高，敢于就皇帝已核准的事项上疏，是要冒很大风险的。这一举动充分体现了他爱国爱民的情怀和无私无畏的胆识。

道光十九年九月，邓瀛代理兵科给事中职。不久，被选授为浙江金华府知府，但还未赴任，便遇母丧。服阕，被授安徽宁国府知府。邓瀛在道光二十二年和二十九年两次出任宁国府知府，自道光二十二年（1842）到咸丰九年（1859）先后三任徽宁池太广兵备道（亦称江南道、芜湖道），前后驻任安徽宣城达17年之久。在任期间，他主要有以下五点政绩：

第一，兴修水利。邓瀛上任之后，皖南水旱灾害连年不断，灾民流离失所，民众死于路旁者日有所见。他星夜驰报，申请开仓赈救灾民，并吁请地方殷实大户义助，设粥厂，救活灾民无数。他自己带头捐款，救灾抚恤，同时亲自督工修堤筑坝，大兴水利工程，标本兼治。

第二，重教兴学。当地有敬亭书院，已荒废多年，邓瀛带头发动乡绅富户捐资重修，整理书院，恢复教学。他每月到书院视察督课，勉励生员勤学敦行。他还亲自订立《学规六条》："一、严顶替；二、亲面训；三、勉少讼；四、禁抄袭；五、明奖罚；六、准补课。"

第三，移风易俗。特别是革除当地迷信鬼神风水的殡葬陋习。当时宣城一带民众迷信风水，人死后当年不土葬，只落厝（停尸棺）荒郊。日久，棺尸暴露，污染环境，遗祸极大。邓瀛了解民意后，即张贴告示，严禁落厝，要求深埋。并在科考中责令考生具结，要求考生在保结内声明家中并无此弊，才准其参加考试。

第四，严明刑狱。邓瀛办案及时公正，多年不决之案，立判曲直。许多冤错疑案，经他明察暗访得以公正明判，人称"邓青天"。他还严惩专事利用诉讼来诬告陷害善良百姓、敲诈钱财、俗称"搭台"的歹徒，百姓颂曰："幸有我公'邓拆台'。"

第五，整顿吏治。邓瀛对官场腐败深恶痛绝。他整顿漕务，重新制定了防止营私舞弊的规章制度，"侵渔蒙混之事和人，一律涤除"，对贪官严惩不贷。在他的努力下，胥吏衙役的歪风邪气有所收敛，社会民风大为好转，被群众誉为"恩公"。

值得称道的是，作为一名封建官僚，邓瀛为官清廉，为人坦荡。他关心民众疾苦。邓瀛当政后期，适逢战乱，宁国府所辖宣城、南陵、泾县、当涂、芜湖等县郡，百姓多流离失所。他发动募捐抚恤难民。同时，用每石食盐提高售价四百文的办法，将提价部分的资金抽出用于购种子、耕牛、农具和搭盖棚屋，支持难民恢复生产、重建家园。他刚正不阿，不同流合污。当获悉浙江道台贪赃枉法后，他义愤填膺，大胆弹劾，毫不顾及自身的荣辱沉浮，终被降级离任，赴南昌养病。邓瀛离开宣城时，民众百姓"扶老携幼，焚香泣送，途为之塞"。邓瀛所作《留别皖南士民四律》中有"干戈双鬓改，骨肉一州亲"之句，可见其得民心之甚。

咸丰十一年（1861），邓瀛由京铜局捐复原官，但因之前两度被贬，心灰意冷，懒于混迹官场，不愿再为清王朝卖力。同治元年（1862）因避乱病死在湖南平江县长寿街旅店，时年59岁。光绪二年（1876），奉旨崇祀安徽省名宦祠。光绪三年《安徽通志》列为名宦传记。有诗集《云章书屋遗稿》刊行于世。

（庄恒恺）

谢章铤

谢章铤（1821—1904），初字崇禄，字枚如，号江田生，又自称痴边人，晚号药阶退变。福建长乐人。同治四年（1865）举于乡，光绪三年（1877）进士。他是清代道、咸、同、光年间著名的学者、诗人和词学家，同时也是一位声名卓著的教育家，先后主讲过漳州书院、龙岩书院、陕西同州书院、江西白鹿洞书院，晚年掌教福建致用书院达 16 年之久。闽中文坛后进陈宝琛、陈书、陈衍、张元奇、林纾等均受学于谢氏，因此谢章铤在晚清的文化界有着广泛的影响。谢章铤的一生著述宏富，兼工诗、词、古文、骈文，有《赌棋山庄文集》七卷，《赌棋山庄文集续编》二卷，《赌棋山庄文集又续编》二卷，《赌棋山庄诗集》十四卷，《酒边词》八卷，《赌棋山庄续集》五卷，《赌棋山庄词话》十二卷，《赌棋山庄词话续编》五卷等。

道光元年（1821），谢章铤生于福建长乐。谢氏祖籍浙江绍兴上虞县，宋末迁福清县。明初遂卜宅长乐之江田里，清兴，其太高祖云美府君治盐致资巨万，名在六大姓之一。"三岁失恃，三十丧父"是谢章铤的特殊经历。道光十一年（1831），时年 11 岁的谢章铤，得曾祖世南《蒙斋讲义》，始知儒学。次年，病中检先世书，得吴绮《艺香词钞》，始知词。同治三年（1864），乡试中举后，到各地游历、讲学。他自谓："予羁栖万里，足迹半九州。尝三登太华，一抵岱宗，两上霍童，六度太行，驱车青玉峡、高壁岭"，"其在故乡，若石鼓，若桑溪，若方广，若云居，或三四至，或十数至"。（《闽中揽胜诗序》）游历、讲学、著述，成为他的人生三大事。

光绪二年（1876）应礼部试，次年举进士，授中书舍人，随即挂冠归讲江西白鹿洞书院，后主讲福州致用书院讲席 13 年。

谢章铤经历了中国近代史上从鸦片战争至辛丑条约签订为止的诸多历史事件，目睹了晚清政府的腐败和帝国主义的入侵，作为一个读书人，他因不能为国效力而深感痛苦。谢章铤的友人黄宗彝序《酒边词》一开头就说："贾生云：天下事有可为长太息者，有可为痛哭者。苏子云：嘻笑怒骂皆成文章。"他认为，太息、痛哭、怒骂、嬉笑都不足以泄章铤胸中的愤懑，故发而为词，"变为离奇怡悦（恍），缠绵恺恻之语"。黄序强调了两点：一，谢词反映了鸦片战争以后诸多比值得太息、痛哭还要严重的社会现实，怒骂或嬉笑一类的文章仍不足以表达其情；二，谢词的语言并非直抒其胸臆，而是"离奇惝悦，缠绵恺恻"的；也就是说，他的词所要表现的内容有时极为愤懑，然而却故意使之"离奇惝悦"，或故意以"缠绵恺恻"之语出之。

出生在长乐的谢章铤对先贤在词学史上取得的辉煌成绩感到无比自豪。在其著述中不惜篇幅力赞闽中词学在宋、明、清的繁荣："吾闽词家，宋元极盛，要以柳屯田、刘后村为眉目。明代作者虽少，然如张志道以宁、王道思慎中、林初文章，亦复流风未泯。又继以余澹心怀、许有介友、林西仲云铭、丁雁水炜、韬汝。雁水与竹咤、电发友善，其名尤著。近叶小庚太守亦擅此学，著《词存》《词谱》等书。"

对谢章铤的乡邦情结影响甚为深远的要数闽人自觉的文学团结，他们自觉以闽地为中心，互相呼应，形成较为有影响的文学群体，如"闽中十才子"。其外在表现就是大量的福建文学总集的编辑，明代袁表、马荧编的《闽中十子诗》算是福建区域文学现存较早的总集。

如果要把谢章铤词分为前后两个时期，那么大体上可以咸丰末年为界，此时章铤四十出头。前期词作大约包括《酒边词》前六卷和《聚红榭雅集词》所收录的作品，后期为《酒边词》后二卷所收的作品。谢章铤词学论著，除《赌棋山庄词话》及《续编》共十七卷，还散见于其文集。《酒边词》中偶也有与友人论词之作。谢章铤的词学思想十分丰富，而以论词主性情和论闽词最为突出。

词当主性情，并不是什么新鲜的话题。谢章铤的独到之处，在于他在看待词的题材时用了性情这一尺度，在于他在评述词人时也用了性情这一尺度，在于他在评价词派时还用了性情这一尺度。谢章铤还论述了闽县叶申芗及其孙叶滋沅及张承渠、薛禧年，侯官刘存仁、刘深，莆田林北鳗等人的词。谢章铤所论及的词家，除了少数人的集子还流传至今外，多数已散佚，像叶滋沅的《我闻室词》甚至连民国《福建通志·艺文志》及其《存目》都不曾著录，仅赖《酒边词》《赌棋山庄词话》及《赌棋山庄文集》，我们才知道一个大概。《词话》和《文集》保留文献之功亦不可灭。

谢章铤的词学展现出多样的风格，一面是清新疏朗、灵活脱透、真挚自然的风格，一面是豪放阔大、意境雄浑、沉郁顿挫的风格。可谓兼婉约和豪放之长。咸丰间谢章铤组织的聚红榭词社，是近代重要的爱国词社，提高了闽地词人治词的信心，词作描写了闽地的自然景物和风俗人情，带有明显的地域特色，丰富了闽南地区文化的内涵。谢章铤对词的变革和推动作用确立了其在词坛上不可取代的地位。

谢章铤不仅有振兴闽中词学的意识，而且在行动上表现出了极大的热情，不但自己创作出丰富的词作，还成立一个颇有影响的词社以带动闽词的发展与振兴。咸丰二年（1852），前往漳平，与钱塘高思齐相识并提议组织聚红榭词社。聚红榭的缘起刚开始只是一个偶然机会，据谢章铤《藤阴客赘》记载，其于咸丰乙卯丙辰间授读于刘赞轩家。时刘赞轩喜填词，谢章铤于是召集填词爱好者如高思齐、宋已舟等人一起酒宴歌舞，分题赋词。词社的频繁活动，带动了闽词的发展。词社中有十五六人，词社外还有一批词人，闽词出现了复振的局面。

然词社的发展需要一定的经济基础。谢章铤及其友人当时都身处危艰，自顾难存。因此词社在轰轰烈烈之后趋于销声匿迹了。词社在极其艰难的情况下坚持了近二十年，在这二十年里，聚集在谢章铤身边的词学者创作了丰富的词作，有词作集子流传甚多，如刘赞轩的《非半室词存》、刘家谋的《祈剑词》、黄宗彝的《婆要词》、陈子驹与黄经的《双邻词钞》、宋谦的《灯昏镜晓词》等，给闽中词学的兴盛增添了宝贵的一页。

（谢彪）

沈葆桢

沈葆桢（1820—1879），原名振宗，字翰宇，又字幼丹，福建侯官（今福州）人。嘉庆二十五年（1820），沈葆桢出生于福建侯官县城。父亲沈廷枫，道光年间举人，以教书为业；母亲林氏，是林则徐的妹妹林惠芳；妻林普晴，是林则徐的次女。

沈葆桢自幼学习勤奋，道光二十年（1840）考中举人，道光二十七年考中进士，任庶吉士，授翰林院编修。在翰林院的六年，沈葆桢除了学习进修之外，还与李鸿章、郭嵩焘等同年交友互动，逐步使自己的经世致用思想日渐成熟。咸丰三年（1853），沈葆桢离开翰林院担任御史。咸丰四年五月，补江南道监察御史，咸丰五年，任贵州道监察御史。沈葆桢刚实授监察御史，便针对当时社会经济、军事等问题连上《奏请变通钱法折》《奏请饬统兵大臣乘胜东下折》《奏请弁兵分隶郡县折》三奏折，但并未被采纳。

咸丰五年，沈葆桢任浙江杭州知府。以祖籍地杭州亲戚过多，改任江西九江知府。时值太平天国运动，太平军已经攻占江西八府，只剩南昌、饶州、广信、赣州、南安五府，九江府已为太平军所攻陷。沈葆桢到江西后，先在当时负责平乱的曾国藩军中参赞军务数月之久，咸丰六年，才调署广信（今上饶）知府。同年八月，太平军将领杨辅清率领万余部众连续攻克贵溪、弋阳，直逼广信。此时，沈葆桢正陪同工部右侍郎廉兆伦到河口筹办粮饷。广信守军仅400人，得知弋阳失守后，纷纷逃遁。沈葆桢的夫人林普晴临危不惧，她一面与留守的知县、参将、千总组织百姓紧闭城门，另一面向林则徐以前的部下饶廷选求援。次日，沈葆桢亦闻警讯之后驰归而回，不久援兵先太平军到达。在沈葆桢与饶廷选的筹谋下，他们七战七捷，打退了杨辅清的进攻。

经此一役，沈葆桢声名大显。曾国藩保奏："两年以来，江西连陷数十郡县，皆因先怀去志，惟汪抱闱守赣州，沈葆桢守广信，独能申明大义，裨益全局。"清廷嘉奖其守城之功，以道员尽先补用。咸丰七年，擢升为广饶九南道，后又改任南赣宁兵备道帮办江西全省团练。此后，沈葆桢又借饶廷选的客军在广信挫败了石达开，平定了弋阳"土匪"。咸丰九年（1859）六月，加赏按察使衔。九月，沈葆桢因耿直不顺从上司，而以父母年老多病，请求离职回家探望。此后，沈葆桢在福州赋闲了两年，朝廷虽屡次征召而不出。直到咸丰十一年（1861）湘军攻陷安庆后，沈葆桢才奉谕令驰赴安庆大营听候任用。同治元年（1862），在曾国藩的大力举荐下，超擢江西巡抚。沈葆桢上任后，主要任务是巩固后方，保持江西的稳定和防止太平军残部窜入。他一方面整顿吏治，惩治不法乡绅，妥善处理教案；另一方面操办军务，屡次打败太平军对江西的进攻。同治三年，天京被清军攻陷，幼王洪天贵福在干王洪仁玕的保护下，逃入江西境内。洪天贵福、洪仁玕在石城兵败被俘，为沈葆桢就地处死。朝廷以其平乱有功，赏加头品顶戴并世袭一等轻车都尉职。同治四年，因母亲去世，沈葆桢离官回家丁忧。

当时的中国正处于积极向外探索"求强""求富"的洋务运动时期，许多不同出身、不同地位的中国人认识到只有学习西方先进的科学技术和思想文化，才能推动中国的革新，改变中国落后挨打的局面。同治五年春，左宗棠升任闽浙总督。左宗棠对中国所面临的强敌环伺的危局有清醒的认识，认为要摆脱这种困局关键在于发展海军，提出："为欲防海之害而收其利，非整理水师不可，欲整理水师，非设局监造轮船不可。"同年六月，他奏请在福州开设轮船制造局。八月，这个请求得到批准。就在福州船政局筹办的紧张时刻，同治帝下谕左宗棠调任陕甘总督，负责镇压陕西的捻军和回民起义。丁忧在籍的沈葆桢联合福州缙绅百余人，联名呈请福州将军英桂、福建巡抚徐宗干转奏朝廷，恳留左宗棠暂缓西行。朝廷在接到福建缙绅的陈情后，同意左宗棠暂缓西行。左宗棠对他的后继者闽浙总督吴棠并不信任，在暂缓西行后，他极力推荐沈葆桢主持船政。为了请沈葆桢主持船政，左宗棠曾经三次到沈府去商请。沈葆桢始终逊谢。沈葆桢知道创办福建船政局是个庞大的计划，所涉及的问题很多。他担心无权无望，难以指挥下属；担心船政经费不足，致使船政建设或生产陷于停顿状态；担心与洋人难以共事等。以上种种担心，使得他不得不一再婉谢。为了打消沈葆桢的顾虑，左宗棠妥善处理了洋员与沈葆桢的关系，推荐"熟谙洋务"的胡光墉担任助手，咨送有益船政的官员如福建布政使周开锡、盐运使衔广大候补道叶文澜、候选同知黄维煊、福建候补布政使徐文渊等供沈葆桢差遣。经过诸事的安排之后，左宗棠不顾沈葆桢的婉拒，径自上疏推荐沈葆桢主持船政。是年十一月，同治帝下旨坚令尚在丁忧的沈葆桢接替左宗棠主持船政工作。

主持创办马尾船政局是沈葆桢人生最大的转折，也是其一生中最大的业绩。同治五年（1866），马尾船政局正式破土动工修建。马尾造船厂兴建后，洋务派为了消除沈葆桢的顾虑，希望他不要瞻前顾后，不必害怕花钱太多。朝廷也下谕支持沈葆桢，要求福建地方大吏英桂、吴棠、李福泰等应当在经费等方面支持船政的兴办。但是，当时中国的守旧势力仍然很强大，福建船政局作为中国近代新兴工业企业，必然受到了当时社会保守势力的阻挠。同治六年四月，闽浙总督吴棠在接任后，采取了完全与左宗棠相左的做法。他利用手中的权力，剪除协助沈葆桢办理船政的得力助手。首先是针对左宗棠的匿名诬告，攻击他安插湖南人和非法开支。署理布政使周开锡被牵涉进匿名信诬告，吴棠明知其被诬告，却命令已经病愈的周开锡续假，另行委派藩司，不让周开锡到局办事；其次是叶文澜为讼棍陈文禄控告，案件本已审结，吴棠却命令重审；此外，吴棠还参奏李庆霖，以"趋承"和"巧猾"的罪名勒令其回籍。先前左宗棠所推荐的人一个接一个离任，大大打击了办理船政官员的士气，马尾船政的建设工作也蒙受损害。出于对马尾船政事业的忧心，沈葆桢向朝廷上呈《船政创始需人才折》以力争，道："船政之举，非诸臣之事，实国家之事也，吴督身为疆吏，果以为万不可行，亦何妨专衔入告，乃数月以来，不置可否其间，在在阴起而为难，察其举动，事事务与前人相反……"。在沈葆桢的力辩之下，同治皇帝同意将原先调离船政衙门的周开锡、李庆霖等继续留局差遣，而将吴棠调离福建到四川赴任。

发展船政事业不仅有统治者内部的百般刁难，外来的帝国主义分子也是多方阻挠。如英国公使威妥玛、海关总税务司赫德等对清政府说："造船较之购买或雇佣船只，所耗费要多得多。"赫德甚至无耻地提出，中国的造船计划应该在海关的保护下进行，妄图由英国人来操纵、把持、控制中国的造船业。赫德的建议遭到左宗棠的断然拒绝。但是赫德并不死心，他指使他的下属闽海关税务司法国人美理登出面活动，破坏船政建设。美理登先是跟福州将军英桂说，福州只需三四舟船巡视台湾地区就行，无需办造船厂。美理登的建议遭到英桂义正词严的驳斥。美理登并不甘心，他想方设法想介入船政事务，又暗中指使总监工达士博与日意格等人对立，在船政局制造纠纷，沈葆桢不得不开除达士博等人。达士博借此向法国驻福州领事官巴士栋控诉，巴士栋借机干预船政，公然要求日意格、洋匠及中国工人等到领事处接受讯问。对此，沈葆桢进行了言辞驳斥，并上疏总理衙门，要求将颠倒是非的巴士栋撤掉。可以说，在船政创办之始，就受到国内顽固派和外国侵略者的重重阻碍和干扰，沈葆桢以坚毅的精神，克服种种困难，推动船政事业在坎坷中前进。

沈葆桢总理船政十几年，船政各方面得到了较快的发展，取得了不少成绩。在沈葆桢严格督理下，福建船政局很快建成当时远东规模最大的一座新式轮船制造厂。到同治十二年（1873）底，福建船政局在洋员的帮助下，先后完成15艘各式舰船的建造，同时培养出了一批能按图"自驾"或"自造"的工人。而对于办理船政事业，沈葆桢更重视的是人才培养，即"船政根本在学堂"。本着这种认识，沈葆桢特别重视对人才的培养。沈葆桢马尾建厂的同时，已先行设立船政学堂，即在福州白塔寺和仙塔街两处民房招收学生学习海军知识。船政学堂后移至马尾，改为"船政前学堂"和"船政后学堂"。前学堂由法国人支持，学习制造技术；后学堂由英国人主持，学习驾驶技术。沈葆桢认为学生一方面要系统接受西方自然科学的教育和熏陶，使之以"中国之心思，通外国之技巧可也"；另一方面还要接受中国传统文化教育，防止"以外国之习气，变中国之性情"。另外，对学生的学习要求也十分严格，经常"考其勤惰，分别升降"，对成绩优异的学生不仅有饭食和赡家费，还有各种奖金；而对成绩差的学生轻者会受到各种批评，重者则会被开除。在这种教育理念之下，福州船政学堂培养了一大批西学造诣和国学功底都很深的近代化新式人才。如近代著名的翻译家严复、陈季同、京张铁路的设计与建造者詹天佑及刘步蟾、林永升、萨镇冰等一大批海军将领。

同治十三年三月，日本侵略者以高山族人误杀琉球渔民为借口，出兵占领台湾琅峤（今恒春半岛）。在李鸿章推荐下，同治颁发上谕："沈葆桢着授为钦差办理台湾等处海防兼理各国事务大臣，以重事权；所有福建道等官，均归节制。"沈葆桢于五月初一日由马尾乘船东渡，五月初四日到达台湾安平。

到达台湾之后，沈葆桢马上巡视台湾防务，发现台湾防务废弛已久，毫无战斗力。据此条件，他与台湾镇总兵张其光、台湾道台夏献纶会商，议定：理谕、设防、开禁等三项为处理台湾问题的原则。在此原则下，沈葆桢于五月初八日派夏献纶、潘霨等人持"照会"明确告诉日军司令西乡从道："中国版图，尺寸不敢与人。"外交上的"理谕"是以强大的军事作为后盾，沈葆桢在台湾的防务上做了诸多改革，如加强驻军布防，重点布防台南府城、彰化、艋舺、淡水、噶玛兰等几个战略要地；修建安平炮台、基隆炮台等；练营勇，办团练等措施，使日军无机可乘。十月二十四日，根据清政府与日本签订北京专约的结果，日军撤出台湾。

外患暂平之后，沈葆桢就积极筹划台湾的发展问题，他提出了许多积极有效的建议。台湾虽然沃野千里，但是仅仅开发平原地区，大量山区尚未开垦，经济发展长期滞后。沈葆桢提出"开山抚番"的举措，废除严禁内地民众渡台、严禁汉民私入"番界"、严禁私贩铁器等严重阻碍台湾经济发展的陈规旧制，采取措施大力发展岛内交通、邮政通讯等，推动台湾的近代化进程。台事初定之后，沈葆桢于十二月返回福州。不久，发生狮头社高山族人狙杀游击王开俊的事件，沈葆桢在光绪元年（1875）正月再次赴台，镇压反抗开路的高山族。同时，建议从英国购置全套挖煤机器，开办基隆煤矿；建议改革行政建制，增设台北一府。总之，沈葆桢在台湾的经济发展、改革建制、加强防务等方面做出了突出的贡献。

光绪元年（1875）四月，调任两江总督，兼督办南洋海军事宜。在两江总督任上，沈葆桢做了整顿吏治、整编军队、筹划海防、修河堤等许多利国利民的实事。光绪五年十一月初六，病逝，终年六十岁，追赠太子太保衔。沈葆桢一生的奏稿、诗文，分别收入《沈文肃公政书》《夜识斋剩稿》《沈文肃公牍》《沈文肃家书》等著作中。

（祁开龙）

陈宝琛

陈宝琛（1848—1935），字伯潜，号弢庵、陶庵、听水老人，福建闽县（今福州市）螺州镇人。咸丰十年（1860）年中秀才，同治四年（1865）中举，同治七年进士，被授翰林院庶吉士，又先后授编修、翰林院侍讲，内阁学士兼礼部侍郎等职，为"清流四谏"之一。因中法战争中荐人失察，被降五级，时又逢丁母忧，故在家闲居近25年。闲居期间，致力于家乡教育事业。宣统元年（1909），奉旨复出。后任溥仪老师，被称为"末代帝师"。1935年病逝于北京。

道光二十八年（1848）到同治七年间是青年陈宝琛求学的阶段。年少的陈宝琛5岁起就入私塾接受传统教育，并随着祖父官职的变动而迁居各地，开拓视野，见识广博。在10岁时回到家乡螺洲，其父督导甚严，并使其"历从乡里名师，学益进"。他先后拜王煦甫、林少佑、周仰苍、余少凡、梁礼堂、陈蔼人、林可舟、林勿邨等人为师，其中，梁礼堂、林可舟和林勿邨都是进士出身，又均曾为书院掌教，三人都是学富五车的硕儒，陈宝琛经过他们的教导，学业精进，儒学功底深厚。经过严格的教育和自身的努力，陈宝琛科举考试一帆风顺，21岁即中进士，被选为翰林院庶吉士。总体来说，青少年时代的陈宝琛接受了良好的儒学教育，有很好的传统文化基础。另外，他接受了儒家"忠孝"的道德观，在其以后的人生旅途中一直恪守这一封建道德准则。

同治七年（1868）到光绪十一年（1885），这是陈宝琛进入仕途，积极言事的17年。陈宝琛职位几经变动历任翰林院编修、侍讲、右春坊右庶子、翰林院侍讲学士、内阁学士兼礼部侍郎等职，并多次出任各地考官、学证等。在此期间，陈宝琛仕途得意，昂扬奋发，积极上奏评议时政，弹劾权贵，如在"俄约""球案"中义愤填膺，强烈批判误国庸臣，呼吁对外采取更加有力强烈的方针，在"庚辰午门案"中敢于对慈禧犯颜直谏。陈宝琛因其直言敢谏而名动京城，威望日高，成为"天下相望风采"的"清流四谏"之一。

从光绪十一年到宣统元年（1909），这是陈宝琛闲居故乡，积极创办教育的25年。积极参与教育事业，尤其是新式教育的发展。光绪二十四年（1898），陈宝琛主持鳌峰书院，尝试引入新式课程；光绪二十六年，他创办东文学堂，主要开设日语等课程；光绪二十九年，他将东文学堂改成全闽师范学堂，开展各类教育；光绪三十一年，陈宝琛发起和创办福州乌石山女塾，开展女子教育。

宣统元年（1909），宣统登基后，陈宝琛奉诏开复原缺，重入仕途。宣统三年，陈宝琛为毓庆宫授读，成为"帝师"。辛亥革命后，陈宝琛仍效忠清室，矢志不移，因撰写《德宗本纪》和《德宗实录》，加封太傅。1931年，溥仪在日本人的诱使下，担任伪满洲国执政，走上背叛民族道路，陈宝琛劝阻未成，亦未随行。之后数次赴东北劝溥仪不可成为日本之傀儡，虽终未成功，但保持了其一生爱国名节。1935年，陈宝琛因病逝世于北京寓所，享年87岁。

"光绪初，广开言路，一时台谏争以搏击相高"，"清流"崛起。清流的主要成员集中在翰林院、都察院、詹事府、国子监等中央机关。据研究，其中属于讲官即翰林官，属于言官即科道官系列，六部中只占一小部分。他们大多为进士出身，且年少得志，具有强烈的以天下为己任的意识。

晚清清流派所以为人称道，是因为其义无反顾、毫不畏惧甚至不惜触怒龙颜的台谏之风。吴可读的尸谏，向来为人所叹服。陈宝琛依照律例、犯颜直谏的台谏之风也令人钦佩。陈宝琛与张佩纶、宝廷、张之洞并称为"四谏"，后被视为"清流党魁"。《一士谭荟》中记载，"陈宝琛于同治间入翰林，光绪初年，与之洞及张佩纶、宝廷等同为清班中最以敢言著者，主持说议，风采赫然，锋棱所向，九列辟易，时称清流党焉。"在这种环境下，陈宝琛真正做到重名轻利，奉公守法，对营私舞弊的重利者十分鄙视，这种风骨使他引以为荣，视之为言官应具有的素质。

黄濬在回忆陈宝琛时曾言："近人但称之为清室太傅，状貌询询，而未知六十年前，此老固踔厉风发，朝中目为清流党魁也。"这是对陈宝琛早期甚至是一生政治生涯的最高评价。可见陈宝琛在晚清清流中的重要地位。

在同光派福建诗人群中，可以和郑孝胥比肩、成就较大的有陈衍、陈宝琛、沈瑜庆等人。陈宝琛家族在福建有着崇高的地位，明清两代科甲鼎盛。他在21岁时就被点为翰林，后又和张之洞、张佩纶、宝廷四人成为清光绪年间的清流领袖。年轻时他志在用世，直到光绪十一年（1885）居乡才留心诗歌创作。

他的《沧趣楼诗集》（以下简称《沧诗》）（十卷），共收入古今体诗791首，另附录《听水斋词》40多首。诗作起于丁亥（1887），终于乙亥

（1935），荟集了诗人近半个世纪的诗歌作品。陈宝琛早年跻身政坛，以身许国，勇于言事，未克言诗。光绪十一年中法战争后期，陈宝琛终因积怨慈禧，得罪权贵，被贬黜归里，达25年之久。在这段时间里，他"戢影林壑，系心君国，荩抱伟略，郁而不舒……遂假吟咏自遣"，写下了不少反帝爱国、关心民瘼，以开放视野融通中外的优秀诗作，表明他是一位能随时代进步潮流、关心国家命运、坚持民族正义、主张御侮图强的正直爱国诗人。

陈宝琛诗歌的最大特色，是体现了生逢封建王朝末世的政治家对时事的关注与无奈。作为清流的代表人物之一，陈宝琛面对日益严重的政治危机，上了很多的奏折以图挽救时局，他的许多意见在当权者和后人看来是书生论政，过于理想化，但对陈宝琛来说，是怀着满腔热情去实现的。二十多年闲居乡里，心中的幽愤是不言而喻的，诗中时时流露出他对国家、民族前途的担忧。

晚清以来，列强的侵略使中国面临"千古变局"，陈宝琛认识到此时的外患与前代相比，既多又强，且"古者夷狄之祸，或受患在偏隅，或连兵仅数载，从未有合海外数十国蚊聚蜂起，扼喉隘而据腹心，痛剧创深如今日者。"面对这种危局，他提出了"仅以前古驭敌之道治之，恐未尽也"的疑问，得出了要振衰起废，就不能因循守旧，墨守成规，而是"非兴学育才无以相济也"。由此可见，陈宝琛在当时已经认识到要革故鼎新、力图自强，则教育自需重视。在闲居家乡期间，他热心于教育事业，在发展师范教育、创办女子教育和推行实业教育等领域出力甚多。

主办高等教育。"癸卯学制"颁行后，陈宝琛按要求，于光绪三十三年（1907）正月在福建师范学堂内增设优级师范选科，学校遂改名福建优级师范学堂，福建高等师范教育由此诞生。光绪三十一年陈宝琛还兼任福建高等学堂监督，直到宣统元年（1909）复出。至此，福建省当时仅有的两所高等学堂在陈宝琛的运筹下，培养出许多优秀人才。

兴办普通中等教育和外国语教育。光绪二十二年，陈宝琛等于南台苍霞洲林纾旧居创办"苍霞精舍"，后改名"福州公立苍霞中学堂"。这所带有新式学堂特点的讲舍，"实在福建开办各项学堂之先"。光绪二十四年七月，由孙幼谷、陈宝琛等捐资创办福州东文学堂，聘请日人为东文教习。该校实质上是一所为预备留学而设的日语学校。

开创中等师范教育。光绪二十九年为解决新式学堂师资紧缺问题，东文学堂改组扩充为官立全闽师范学堂，陈宝琛亲任监督。光绪三十二年，学堂改名福建师范学堂。同年，陈宝琛支持其夫人王眉寿创办女子师范传习所。

宣统元年（1909），传习所改名福州女子初级师范学堂，并附设幼稚园。全闽师范学堂是福建省第一所也是唯一一所设有全科的师范学校。

倡办实业教育。1. 首创私立福州蚕桑公学。该校创办于光绪二十六年（1900），是福建最早的实业学堂。2. 创办福建官立中等商业学堂。光绪三十二年，成立福建官立商业学堂，陈宝琛为第一任监督。次年，改名福建官立中等商业学堂。3. 创办福州农事试验场农业别科，即福建官立农业学堂前身。4. 创建女子职业学堂。光绪三十三年创办福建女子职业学堂与蚕桑女学堂。这两所职业女子学堂培养了一批掌握熟练技艺的女技术人员，在社会上影响甚大。

近代化进程对人才的需求与办学自身规律之间的协调统一，使近代教育呈现出类型备集、层次分明的格局。陈宝琛深明办学堂奥，他在实践中力促基础教育，致力师范教育，倡办实业教育，开设女子教育，举办成人教育，推广普及教育，使福建教育在门类上臻于完备，并在层次上呈现出有序性和多样化，诸如基础教育从幼儿园、小学，直至中学。小学有初高级之分；中学有普通中学堂与实业中学堂之别；普通中学堂还有初、高级之设；高等教育有预科、专科、本科三个层次，初步形成了近代新式教育体系和格局，较好地适应了福建近代化对人才的需求。

光绪三十三年所办的福建优级师范学堂，近年被确认为福建师范大学的前身，陈宝琛因此也被视为该校的首任校长。此外，他还在福建兴办铁路，关注地方经济的发展。总之，陈宝琛是一位很值得敬重的先贤。在晚清的这场教育改革中，陈宝琛不愧为近代福建新式教育的开拓者、实践家和奠基人。

凭此而论，陈宝琛所开创的福建近代教育事业为国家培养了不少出类拔萃的人才，教泽绵长，垂范后世，谅非溢美之词。但也应当看到，陈宝琛以儒学为本位的忠君思想，延缓了他从书院教育向近代新式教育嬗变的进程，限制了他创造才能的发挥和进步思想的发展。陈宝琛虽然清醒地看到科举取士的弊端，但他不能像严复那样大胆提出废科举的主张。这便决定了陈宝琛的近代新式教育实践既有顺乎时代潮流，开一代改革新风的先进性，又有拘于封建伦理、照章办事的迂腐性。中国半殖民地半封建的国情决定了近代教育改革所催生的婴儿先天发育不良且带有割不断的封建血统——这正是人们不能苛求于陈宝琛的原因。

（谢彪）

陈季同

　　陈季同（1851—1907），字敬如（镜如），号三乘槎客，清末著名外交官与翻译家，福建侯官（今福州）人。

　　陈季同咸丰元年（1851）出生今福州，据文献记载，陈季同"少孤露，读书，目数行下"，同治元年（1867）二月陈季同考入福州船政学堂学习法文和造船技术，此校以要求严格，淘汰率高而著称。同治十二年十二月陈季同以优异成绩毕业。光绪元年（1875）三月，陈季同等5名船政学堂毕业学生，在福州船政局前船政监督日意格的率领下，自福州启程去法英等国考察船政和购买轮船机器设备，光绪二年六月回国。

　　光绪三年三月三十日，清政府选派的赴欧留学生团，从福州启程。这支留学生团由日意格任法国监督，李凤苞任中国监督，陈季同任文案，马建忠任随员，学员共14名。他们在光绪三年七月初抵达巴黎，后来一部分人在法国留学。陈季同和马建忠被派到巴黎政治学堂专习交涉律例，兼习英、德、拉丁文。他们二人还在清政府驻法使馆任译员。光绪四年三月间，时任驻法大臣的郭嵩焘曾在陈季同等人陪同下参加了巴黎万国博览会的开幕式，参观了展览馆。

　　光绪四年四月初五，郭嵩焘向法国总统麦马韩呈递国书时，陈季同担任翻译。郭嵩焘对陈季同在使馆的工作业绩甚为满意，称赞他"酬应明干"，"活泼，可以泛应世务，再能历练官常，中外贯通，可胜大任"。

　　除了学习，身为文案的陈季同须协助出洋肄业局监督李凤苞督率照管留学生，以后又和马建忠、罗丰禄一起，被郭嵩焘咨派为帮办翻译，负责拟订翻译往来的外交文书，随同公使出席各种公私社交场合，担任口译，以及负责兼署或新旧公使到离任时迎来送往等。在巴黎的一年多时间里，他先后出席了递交国书仪式，到法国外交部呈送总理衙门照会，以武官身份和各国驻法武官一起佩刀骑马参加规模盛大的阅兵式，以及参观万国奇珍会、兵器博物馆、天文馆、矿务学堂等活动。并陪同郭嵩焘经比利时前往德国参观克虏伯兵工厂，几度目睹了"伯理玺天德"的风采，也领略了"西洋精进日新而未有已也"的进取精神，眼界大为开阔，脑筋日益灵活。

在欧洲留学期间正值晚清政府的衰落时期，作为一名外交官，陈季同总是满怀对中国的热爱之情，特别是在西方人对中国文化或风俗存在误解时，他总能通过自己的方式来争取对祖国与同胞的公正。陈季同担负着中西文化交流与沟通的重要使命，这使他能积极投身于改变西方人对中国印象的重要任务中。这对加速中学西渐的发展，并开展相关的交流活动有着深远的历史意义。在长期的旅欧生活中，陈季同通晓法文、英文、德文及拉丁文等多国语言，并对西方文化有着深入的了解，同时用西方及中国的视角向西方介绍中国的文化，突破了以往交往中存在的语言障碍。

光绪四年（1878），陈季同担任清朝驻法国公使郭嵩焘的翻译，其才干颇得郭的赏识。

陈季同最初的外交官生涯一帆风顺。当时，清朝使臣常常被当地政府邀请出席各种庆典、阅兵、宫廷舞会和音乐会等活动，而出使大臣和参赞多数不通西文，每每要由陈季同晋接酬应。陈季同本就天性活泼，兴趣广泛，且待人热情，善于结交，具有独特的个人魅力，因而很受欧洲上层社会的欢迎，他与其中一些人还建立了友谊。他在欧洲社会活跃的表现，扩大了中国的国际影响，欧洲人认为："正是因为有了这个年轻翻译的活动，中国才开始在外交上引起欧洲的注意。"。

光绪十五年初，陈季同应邀在巴黎高等师范学院讲学，著名的法国作家罗曼·罗兰聆听了陈季同的演讲，并在其日记中提到："他身穿紫色长袍，声音低沉有力，演讲生趣活泼，同时兼具中国化与法国味。"

光绪十年，陈季同升为清朝驻法国使馆参赞，协同李凤苞与法国外交部交涉。此时，正值中法战争期间，中法之间正为谅山问题而争执不休。前此法国趁清政府无暇兼顾之机，迫使越南国王订立条约，取其6省，并有派兵保护之条。此后更借口官员被杀，出兵越南。中国以越南为其属国，事关政体和管属之权，不能坐视，准备派兵助越抗法，并与法方严正交涉。陈季同在其中发挥重要作用。

在19世纪的中法文化交流史上，陈季同亦可谓先驱和卓越者。他身处19世纪东西方文化碰撞的历史潮流中，积极投身于"中学西传"的行列。针对西方对中国的误解与偏见，他用法语撰写了大量介绍中国传统文化和文学的书籍，为中国习俗进行辩护，展现中国的美好形象。

陈季同的法文著作并不拘泥于一种文体，戏剧、小说、随笔等体裁都有涉及。为了增加法国读者的阅读兴趣，他用非常法国化的叙述来讲述中国文化的内容，用轻松幽默的语调议论中西文化的差异，以自己独特幽默的语言魅力征服了许多西方读者。多年的欧洲生活和工作经历，使他深刻感受到当时法国人由于中法国情的迥异、文化的隔膜，特别是普通民众对中国文化因无知而产生的偏见。为此，他用法文发表了《中国人自画像》《中国人的戏剧》等优秀作品，借以传播中国文学和中国文化，呈现中国人的美好形象，引起了法国人的关注，从而成为中法文化交流史上著名的先驱人物。

在《中国人自画像》书中，他从一个中国人的立场出发，对民族的社会生活和中西文化发表独特的看法，开启了国人独立从事中西文化交流的先河。陈季同曾明确指出此书主要是描述中国人的政治习俗与社会习俗。他还特别提出："如果有时受论题的影响我竟至于表现了对自己祖国的偏爱，在此先请求大家原谅，请求所有热爱自己祖国的人们的原谅。"可见抒发热爱祖国的激情是陈季同写作《中国人自画像》的重要动机。

陈季同在赞扬中国古老文明的优势时，以欧洲人的精神和风格进行了写作，用欧洲读者所熟悉的理论和方法加以解释和分析，用他们所熟悉的作家和作品加以类比和反衬，因此取得了良好的效果，纠正了相当一部分西方人对中国人及中国文明的误解与偏见。《中国人自画像》英译本书后附录的广告写道："作者尽可能地揭示中国的真相，并认为作为一个中国人对自己的国家和人民的了解，起码不会比那些曾经到过中国的诚实程度不同的旅行者们所读到的要少。全书内容生动有趣。人们认定，陈季同的书摆脱了那种屡见不鲜的，因民族自尊而导致的习惯性的偏见。"

从光绪十年第一部法文作品《中国人自画像》开始，到最后一部著作《英勇的爱》，陈季同以"Tcheng-ki-tong"这一西文名字在法国甚至是其他西方国家中产生了重大影响。他的著作皆由法文写成，却有着英、德、意、西、丹麦等多种语言的译本，可见其销售范围之广，影响之大。陈季同在作品中对于中国的描写好像揭开了神秘中国似是而非的面纱，他的文字如长矛利剑般破贯而出，刺破了西人对于中国彼时的荒谬想象。身为中国人的陈季同，在中西文化的浸润中，带着特殊的话语权，在西方打开了中国文化的大门，因此吸引了众多好奇的西方读者。

陈季同的著作中，一个显而易见的特点，是他处处为中国文化辩护，在中国文化上，陈季同显得十分自豪，甚至认为西方世界可以从中学习的东西有太多太多。对于身为中国人的骄傲，陈季同认为可以追溯回古代中国。在世界上的多数地区还处在浑浑噩噩之际，中国文化已经散发出璀璨的光芒。

近代西方器物上的先进是有目共睹的，陈季同在对此同样表示赞赏的同时不忘提醒读者，包括了中国文明在内的东方文明曾经给西方文明带去了恩惠。

在中西文化关系史上，陈季同可以说是一位具有典范意义的先驱。一方面，他是中学西传的杰出使者，是第一个出版西文著作并获轰动影响的中国人。他的多种法文著作将中国文化、文学直接传播给西方读者，其中不少内容是首次介绍到西方。他是历史上在中学西传中担当了重要角色的中国人，而此前这样的角色多是由西方人担当的。另一方面，他也是西学东渐的使者。通过创办报纸和翻译西书，他将西方现代文学、政治、法律观念引入中国，促进了晚清文学观念的更新和西方现代政治思想的传播。综合这两方面的成绩，陈季同堪称双向的文化使者，他一个人担当了向中西双方传播文化信息的使命。

（谢彪）

林　纾

　　林纾（1852—1924），字琴南，号畏庐，又号冷红生，晚年自称蠡叟、践卓翁、春觉斋主人、畏庐老人等，清光绪八年（1882）壬午科举人，近代著名文学家、翻译家、教育家、书画家。

　　清咸丰二年（1852）十一月八日，林纾生于闽县（今福州）一个小商人家庭。其父林国铨早年随盐官在建宁从事盐务生意，后因盐船触礁沉没，资财赔偿殆尽，便远赴台湾，另求生计。可他到台湾后，经商又亏了本，以致连回家的路费都没有。林纾儿时家里很穷，只靠母亲、姐姐做针线度日，有时几乎到了断炊的地步。直至叔父林国宾有了职业，父亲也有钱寄回家时，一家老小才得温饱。

　　林纾虽然家穷，但学习却极为勤奋。他9岁入村塾，11岁跟同乡薛则柯读书。薛是个无意仕进的穷塾师，性情放达，给林纾讲授杜诗、欧文，从而培养了他的读书兴趣。林纾爱读书，而又无钱买书。有一天，偶尔在叔父的书柜里找到《毛诗》《尚书》《左传》和《史记》等藏书，如获至宝，日夜诵读。他每月把零花钱节省下来，进城向旧书摊买残本《汉书》及零散的古籍阅读，不几年就积书三橱之多。他在墙上画了一具打开盖子的棺材，并在旁边写"读书则生，不则入棺"几个字，作为自己的座右铭，时时鞭策自己。19岁那年，祖母及父亲相继病逝，丧葬接踵，家境甚为凄凉，他仍借母、姐刺绣灯光苦读，每晚必终卷才就寝。林纾20岁起患肺病，10年间发病10余次，常常咯血，但他没有一天不读书。自13岁至20余岁，校阅残烂古籍不下2000卷。31岁结识李宗曾，又借读了李氏兄弟的藏书三四万卷。他学习的范围很广，不仅对各种书籍群观博览，而且还拜石颠山人陈文台学画。早年的刻苦力学，为他后来的翻译、写作和绘画打下了坚实的基础。

　　和当时的许多读书人一样，林纾也想通过科举考试求取功名。他20岁前在朱韦文门下学过制举文，28岁入县学，31岁中式为举人。嗣后又屡赴礼部试，但多次赴试都落第，终生未入仕途。咸丰十一年（1872），21岁的林纾开始在村塾教书；25岁设馆课蒙；46岁时任"苍霞精舍"汉文总教习。

光绪二十五年（1899），林纾掌教杭州东城讲舍，并决定从此放弃科举，一心教书。光绪二十七年，50 岁的林纾举家迁居北京，在京期间，先后任金台书院、五城学堂、京师大学堂、高等实业学堂、闽学堂等学校讲席或总教习，讲授"国文修身""大学经文"等课程；1915 年，任徐树铮创办的正志学校教务长。1923 年，72 岁高龄的林纾还应邀任励志学校讲席。林纾一生中除几次短期中断外，几乎没有离开过讲堂。他在京城 20 年，弟子就有3000 多人，加上闽学堂和箴宜女校兼课所授之徒，可谓桃李满天下。林纾虽然饱读传统典籍，满怀爱国热情，但从不盲目排外。光绪二十三年春，林纾迁居下杭街天王巷，与当时回闽奔丧的邮传部尚书陈璧、农工商部员外郎力钧、奉天河北道孙葆缙等友人合作，利用他在苍霞洲的旧居创办了苍霞精舍，这是福州最早的新式学堂之一。林纾被聘为汉文总教习，亲自给学生讲授《毛诗》《史记》等。学生每天早上学习英文和数学，中午学经，下午学史，晚上则点起蜡烛复习数学。教学内容除汉文外，还开设了数学、英文、历史、地理、时务等新式课程。这样的课程设置，与林纾教育救国的思想密切相关。他认为，教育必须要"治新学"，即指包括外语、工商和具先进思想的西学。他曾说，欧洲人志在维新，坚持学习新思想与新知识，而我们国人却一味嗜古如命，这样下去一生都接触不到新知识。除了创立新式学堂，林纾在儿童教育与女性教育上都提出了领先于时代的主张，发出了历史的先声。

林纾走上翻译道路实属偶然。他 46 岁那年，发妻刘琼姿病故。林纾为此郁郁寡欢。在家人劝说下，他到福州马江一位叫魏瀚的朋友家中散心。魏瀚介绍船政学堂的法文教官王寿昌和他合译小说，想让他从丧妻的痛苦中解脱出来。林纾因而与王合译法国小说家小仲马的名著《茶花女》，定名为《巴黎茶花女遗事》，初版于光绪二十五年在福州刊印 100 本，专供林纾、王寿昌、魏瀚分赠亲朋好友。此书内容新鲜，译笔凄婉有情致，后在上海经汪康年出资重刊后，"中国人见所未见，不胫走万本"，一时间，洛阳纸贵，风行海内。在中国历来被视为小道的小说，经过林纾简洁优美而又蕴藉情深的文言文翻译，散发着动人心魄的冲击力量，赚取了无数国人的眼泪。严复曾为此写诗赞曰："可怜一卷《茶花女》，断尽支那荡子肠！"此后 20 多年间，不谙外文的林纾，先后与陈家麟、魏易等精通西文的才子们合作翻译，几乎每年都有几种译著印行，最多的年份竟有 10 余种。关于他翻译作品的总数，说法不一。据其女婿李家骥在《林纾翻译小说未刊九种前言》中所说，共有181 种。他翻译的小说，原著出自英国、法国、美国、俄国、德国、希腊、瑞士、挪威、日本、西班牙、比利时等 11 个国家的近百位作家。这是一个十分惊人的数字，所以谭正璧说："称（林纾）曰'译界之王'，谁曰不符？"上自当朝大臣、文人名士，下至普通百姓、少男少女，都成为"林译小说"的读者。鲁迅、周作人、郭沫若、钱钟书、朱自清、冰心、庐隐等作家，都有过一段嗜读林译小说的经历。林纾绝大多数的译作都有序跋，这是"林译小说"的一大特点。他通过翻译和序跋，打开了国人的文化视野，架起了一座沟通中外文学的桥梁。从这些序跋中，我们可以读出林纾翻译小说的动机与思想，触摸到他内心深处的爱国情怀。在《不如归序》中，他写道："纾年已老，报国无日，故日为叫旦之鸡，冀吾同胞警醒。"他心中汹涌着救国危亡的爱国激情，为了国家的强大和民族的觉醒，数十年孜孜不倦地翻译小说，甘做中华"叫旦之鸡"，用古文创造了翻译小说辉煌的业绩，成为前无古人、后无来者的奇特的文化现象。

在林纾的书房里，左右摆着两张桌子。左桌高至肋下，用以作画；右桌如常，用以作文翻译。他一会儿站着画画，一会儿坐着译书写作，很少停下来休息。他年复一年地坚持，不但翻译了数量惊人的外国小说，而且在创作上也很有收获。他打破了旧小说的章回体，创作了以"国事为经，爱情为纬"的长篇小说《金陵秋》《京华碧血录》《劫外昙花》《巾帼阳秋》等。他突破传统体裁的束缚，创作了以社会事件为题材的传奇《天妃庙传奇》《合浦珠传奇》《蜀鹃啼传奇》。林纾的诗集有《闽中新乐府》《畏庐诗存》，古文则汇为《畏庐文集》《畏庐续集》《畏庐三集》，均由商务印书馆印行。此外，尚有《技击余闻》《畏庐琐记》《畏庐漫录》等笔记小说多种。除古文与翻译外，他成就较高的还有绘画。林纾向石颠山人陈文台学画 26 年，"得山人翎毛用墨法，变之以入山水"，有所创新，著有《春觉斋论画》。晚年更致力于作画。70 高龄还每天数个小时站在画桌前苦心经营。他的画不是敷衍之作，即使是一小幅也不仓促挥毫，非数日不脱手。其山水画境界开拓，笔力精到，有诸多佳作。林纾每作一画必草一绝句于其上，写下了许多的题画诗，时人称他为"能诗善画"者。

林纾不入仕途，一生从事执教、译书、作文、绘画，但他始终胸怀炽热的爱国心，关心国家盛衰、民族存亡。他说："天下爱国之道，当争有心无心，不当争有位无位。"光绪十年（1884），中法战争爆发，法军入犯闽海，福建水师败于马江，伤亡 700 余人。同年九月，朝廷派左宗棠督办福建军务。十一月，左抵福州时，林纾与好友周莘仲拦马告状，陈诉马江败迹，表现了强烈的爱国热情。光绪二十一年，李鸿章与日本首相伊藤博文签订了丧权辱国的《马关条约》，林纾与陈衍、高凤岐、卓孝复等人上书抗争，反对割让辽东半岛及台湾、澎湖各岛。"戊戌变法"前夕，林纾在福州常与朋辈谈新政，议图自强之策。《闽中新乐府》就是这时与友人谈时务，以"愤念国仇，忧悯败俗之情，发而为讽刺之言"的作品，颇能代表他当时的思想。在帝国主义列强的侵略下，中国人民的反帝斗争日益高涨，光绪二十四年（1898）资产阶级维新派发起维新运动。这年春天，林纾北上赴京，在李拔可寓所与维新派人物林旭相会。当康有为发动公车百余人上书之后，林纾也与高凤岐及清宗室寿富三往御史台，上书评论时局。5年后，他还说，"每闻青年人论变法，未尝不低首称善"，仍认为应当维新变法。

林纾一生尊古崇古，主张古文和白话可以并存，白话文必须扎根于传统文化之中。在"五四"新文化运动中，有人提出要废除古文。林纾并不反对白话文，早年曾写过《闽中新乐府》支持维新，客居杭州时也曾为同乡、著名报人林白水办的《杭州白话报》写过白话道情。他反对的是"尽废"古文，反对用白话文全面取代古文。作为一介书生，一名古文学家，他理解不了兴废之间的矫枉过正，只知道古文是自己心目中民族文化传统的命脉，神圣不可侵犯。因此，在这场历史上著名的文白之争中，被尽废古文主张激怒了的林纾，为了捍卫民族的传统文化，怀着挽狂澜于既倒的神圣责任感挺身而出，以他独有的认真、执着和狂态，作小说《荆生》《妖梦》，并致信北大校长蔡元培，单枪匹马与新文化运动阵营对垒叫阵，为传统文化的延续而抗争，以致成为新文化运动的靶子，变成因循守旧的遗老代表、历史上的悲剧性人物，惨淡收场。其不合时宜的种种举动，却也和新青年的干将们一道，组成了"五四"新文化波澜壮阔画卷中的多彩底色。

1924年6月，劳苦一生的林纾病倒了。重病缠身的林纾，仍抱病去孔教大学讲授最后一课，内容为《史记·魏其武安侯传》。他逝前一个月所写的《遗训十事》，其中之一便是"古文，万不可释手，将业必为世宝贵"！10月9日清晨，林纾去世。弥留之际，已不能说话，仍坚持用手指在儿子林琮手中写下最后遗言："古文万无灭亡之理，其勿怠尔修！"坚信古文将长久流传，要求儿子不能松懈对古文的学习。此情此景，悲壮感人，显示出他捍卫传统文化的坚定信念。

（庄恒恺）

严　复

严复（1854—1921），曾名传初、体乾、宗光，字又陵、几道，晚号瘉
㙶老人，侯官县（今福州市区）阳岐村人。

清同治五年（1866），严复以第一名考入福建船政局求是堂艺局（后改
船政学堂）学习驾驶，五年期满毕业，先后到"建威"船和"扬武"舰实
习。光绪三年（1877），为船政局派出第一批留英学生，先入抱士穆德大学
肄业，后转格林威治海军学院。在英期间，除学习海军专业知识外，留意观
察英国的社会制度，研读西方社会科学书刊，比较中西学术政制的异同，深
受达尔文《进化论》的影响。光绪五年归国，任福建船政局教习。翌年，调
任天津北洋水师学堂总教习，兼俄文馆总办。任职期间，四度参加乡试均落
第。光绪十五年，捐得道员头衔，升为水师学堂会办；次年，升为总办，加
叙海军副将。中日甲午战争后，严复着手翻译外国社会科学著作，将《天演
论》等书介绍给国人。光绪二十一年，在天津《直报》上先后发表《论世变
之亟》《原强》《救亡决论》《辟韩》等政论文章，宣扬西方科学技术和自由、
平等学说，介绍达尔文进化论和斯宾塞社会学原理，批判韩愈"君权神授"
论，提倡鼓民力、开民智、新民德，变法图强。翌年，协助张元济在北京办
通艺学堂，提倡西学。次年，与人在天津创办《国闻报》，发表《上皇帝
书》，主张学西学与民主自由，鼓吹变法自强。光绪二十四年，德宗在百日
维新期间召见严复。变法失败，虽仍任天津学堂总办，但《国闻报》被查
封。光绪二十六年，避居上海。同年七月，维新派人士在上海组织"中国国
会"，被推为副会长。光绪二十八年，任京师大学堂编译局总纂。光绪三十
年，因煤矿讼案往英办交涉。在伦敦晤见孙中山，坚持改良，不赞同推翻帝
制。翌年八月，在上海帮助马相伯创办复旦公学，后任安庆师范学堂监督。
光绪三十四年，再度进京，任学部审定名词馆总纂。自甲午战争直到光绪末
年，严复致力于翻译工作，主要译著有：赫胥黎《天演论》（光绪二十二年
至光绪二十四年），亚当斯密《原富》（光绪二十七年），斯宾塞《群学肄
官》，约翰·穆勒《群己权界论》《名学》，甄克思《社会通诠》（光绪二十九
年），孟德斯鸠《法意》（光绪三十年至宣统元年［1909］），耶芳斯《名学

浅说》（宣统元年）等。特别是《天演论》以"物竞天择，适者生存"的进化论观点，唤起国人救亡图存之志，影响极大。严复翻译态度严谨，他首倡"信、达、雅"三条翻译准则，至今仍为学术界和翻译界所推崇。宣统元年，赐严复文科进士出身，任严复为宪政编查馆二等咨议官、度支部清理财政处咨议官及福建省顾问官。宣统二年，充资政院议员、海军协都统。宣统三年，授海军部一等参谋官。1912 年 5 月，袁世凯聘请严复担任北京大学校长兼文科学长。翌年，任总统府顾问。严复提倡尊孔读经，为孔教会发起人之一。1914 年，任参政院参政、约法会议议员。翌年，袁世凯指使杨度等人组织"筹安会"，鼓吹反对共和，恢复帝制。杨度三次走访严复，邀他为发起人。8 月，"筹安会"成立，严复名列第三，成为"筹安六君子"之一。严复没有申明反对，也没有参与"筹安会"活动。帝制失败，"筹安会"诸人受到通缉，严复避居天津，自叹："当断不断，虚与委蛇，名登黑榜，有愧古贤。"1918 年，返故乡福州养病；1921 年病卒。生平译著汇刊为《严译名著丛刊》，另有《严几道文钞》《瘉壄堂诗集》行世。

毛泽东曾赞赏道："洪秀全、康有为、严复和孙中山代表了中国共产党出世以前向西方寻找真理的一派人物。"严复可谓是中国近代系统地介绍和传播西方资产阶级政治学说和文化制度的第一人。

严复所处的时代八股盛行，国外留学归来之后，他深感中国封建社会科举制度严重阻碍了国家的发展。为此，他总结自己的教学经验，结合国外的科学研究方法和教学方法，以提高教学效率为目的，探索新的教学方法。他强调要在教学中运用西方科学的治学和教学方法，因材施教，通过学习开发学生智力，做到融会贯通和学以致用。严复结合斯宾塞、洛克、卢梭等人的教学理论，提出了教育目的论、三育论和教育救国论的思想。

当时社会找寻救亡图存的方法一般都是把重点放在科学技术层面，然后才是关于政治、文化的研究，而严复属于首批研究文化的学者，他把中国当时的情况和留学时期学到的西方情况详细的研究、对比，最终他得出了用教育来实现救国的理论。中国曾经历过无数次的改革，严复已经渐渐感受到通过改革不能救中国，所以在平日里他对政治改革不做任何举动。戊戌变法发生后，严复对维新派和革命派都不支持，所以他专注于翻译外国书籍上，关注如何通过教育来实现救国。由于思想的局限性，此时的严复不知道教育改革与政治、经济的关系，但是此时的严复能明确教育的重要作用是值得肯定的，他觉得全面地、系统地学习西方教育内容、教育方法与教育模式，这样才能培养出实现国家救亡图存的现代国民。

在中西文化比较的过程中，严复明确了学习西方文化教育的思想，但他并没有用西学来完全取代中学，也没有割裂中国文化资源与中国近代文化教育建设之间的联系。严复向中国人宣传西方文化，注意从中国社会的现实出发，有选择、有针对、有批判地取其精华，去其糟粕，而不是一味的拿来主义态度。严复所精心翻译、精心研究的西学著作、知识、观点、方法，均以中国精神、中国意义、中国语言融于其中。

发展中国教育在他从事的教育实践中得到了充分体现。他在担任北大校长期间，以其洞识中西的远见卓识，从大学师资、大学教育等方面提出了向西方学习，改革中国旧教育的办学思路。他要求学校师资以本国为主，但应兼通中西。理科教育要从科学方法论高度提倡西学。对文科教育则认为，大学文科、东西方哲学、中外历史、地理、文学应该兼收并蓄，广纳众流，才能有所成就。因此，要求所招学生于西方根底深厚，在中文方面也没有鄙夷先训的思想，认为这样中西学兼治才能有益。严复的这种办学思想，打破了中国原有的办学框架，为中国教育的发展提供了一个崭新的模式。甲午战争后严复痛感国家落后，民智未开，从 1898 至 1909 年先后翻译了《天演沦》《原富》等多种西方社会科学名著，在当时和后来都产生了震撼人心的影响，其中最著名的是翻译英国人赫胥黎的《天演论》，运用"物竞天择，适者生存"的生物进化理论，来宣传"优胜劣汰"的社会进步思想，对戊戌变法运动起了很大的推动作用。他才兼文理，学贯中西，是中西文化交融的开拓者，是将西学传入中国的第一人。

严复教育生涯中终其一生主张"教育救国""救国之本在于教育"理念，并因此成为近代中国教育救国论的杰出代表人物之一。严复教育救国论思想主要内容在于：

（一）教育救国论产生的理论基础

严复崇拜英国学者斯宾塞，斯宾塞的社会学说对严复提出的教育理念影响巨大。斯宾塞认为，一个国家强弱存亡，是由一个国家的"体魄的强弱""百姓的聪明智虑与否""施行德行仁义的强弱"所决定，简称为力、智、德。严复把"力智德"作为标准考察中西方的实际状况差别，从这三方面着手，就应该废除那些妨碍百姓民智发展的政令，提高教育的重视度以提高国民素质。

（二）教育救国论产生的现实条件

当时的中国社会正经历着巨大改变，西方列强用枪炮对中华进行破坏，对民族的生存提出了尖锐挑战，特别是甲午战争的失败，给中华民族带来空前严重的民族危机。此时的严复参照留学英国期间学到的西方资本主义社会各类科学理论知识，深层次地剖析与探究失败的原因。严复曾连续在天津《直报》上发表了《原强》《救亡决论》等文章，从这时期的文献中，我们不难看出他的主张是建立在对中西方政治与哲学思想的了解上，进行多方面分析比较而得出的。在中西文化的比较研究过程中，严复曾指出，西方的近代文明已远远超过中国的传统文化。中国封建思想文化深深地影响着国民，最终形成民力已荼，民智已卑、民德已薄的局面，因此，即使有富强之政，亦难以实行。由此，严复认为中国在军事的失败，主要是因为落后的民族传统文化和低劣的民众素质。要改变现状，唯有从根本上着手，即鼓励民力、拓展民智、新兴民德。教育事业对这三者的发展起到重要的作用，因此，只有经过深刻的文化教育变革才能挽救国家于危难之中。至此，严复从教育方面着手，提倡西方文化并进行传播，全面提高国民文化素质以实现救国目的的思想主张，其实质就是"教育救国"的思想。这种教育救国思想也随着国家的发展而不断进步、完善。

（三）教育救国论的核心内容

严复教育救国思想的核心就是全面系统地学习西方文化与知识，以达到教育救国的目的。要想学习西方文化就要先从西方人的学习思维方式开始学起。严复觉得西方的学术是推崇真实，而法律则以公正为首。基于此，严复建议以实践为基础来得出结论进行归纳。英国的教育学家培根主要研究这方面的内容，严复非常赞同，并拿出很多时间来研究西方逻辑学、哲学与生物科学，并且探究西方的教学方法，强调做任何事都是得其法才能事半功倍。借用西方的教学制度与方法，推动当时的学校教育，根据国情制定适合当时社会背景的教学形式与制度。教学制度初步定为小初高三个年龄段的学堂，并成立专门的师范学校培养专职教师，不能轻视学校的功能，普及学校教育才是根本。此时的教育带有一定的强制性，子女如果不读书就应该惩罚他的父亲母亲，并且严复希望女孩能与男孩一起学习，接受相同的教育。

在中西文化教育的比较中，严复清醒地看到了中西文化教育之间的先进与落后，承认科学与民主是近代西方社会与学术的命脉，中国社会、学术有别于此，但严复并没有就此肯定科学、民主与中国文化教育是完全相悖的因素。他主张引进西学，使中国文化与西学相结合，在吸收西学的过程中不断改进自身，以发展中国自身的文化与教育。

清朝末年，甲午海战的惨败，再次将中华民族推到了危亡的关头。此时，严复翻译了英国生物学家赫胥黎的《天演论》，宣传了"物竞天择，适者生存"的观点，该书问世产生了严复始料未及的巨大社会反响。维新派领袖康有为见此译稿后，发出"眼中未见有此等人"的赞叹，称严复"译《天演论》为中国西学第一者也"。

《天演论》以"物竞天择、适者生存"的生物进化论阐明了自然、社会、国家的演化规律，针对当时实际情况，提出了救亡图存的理论方针，提倡鼓民力、开民智、新民德、自强自立口号。戊戌变法失败以后，严复创办的《国闻报》被查封，"通艺学堂"被停办。严复在极度失望和沉痛中放弃了变法的活动，潜心翻译西方著作。严复翻译的著作内容涉及哲学、经济学、社会学、逻辑学、法学、政治学，因此，被称为"近代中国系列翻译介绍西方资产阶级学术思想的第一人。

（谢彪）

江春霖

江春霖（1855—1918），字仲默，号杏村，晚号梅阳山人，兴化府莆田县人。清光绪二十年（1894）进士，授翰林庶吉士，后为道御史。他不畏威势，直言敢谏，以累章弹劾亲贵权臣贪赃枉法、祸国殃民恶行，"直声震天下"，被誉为"有清御史第一人"。

清咸丰五年（1855），江春霖生于梅阳（今涵江萩芦镇）书香之家。祖辈儒生，父亲为清同治朝举人。春霖少时聪颖超常，操行纯朴诚实，气度英拔。后进郡城兴安书院读书，齑粥自给，励志力学，三年未尝回家。尝作《言志对》，以主客对话形式阐发居官志节，借以警戒老辈。自白为官，若内朝则欲为谏官，外朝则欲为县令。当谏官的用意是："天下事之不系职司者，惟宰相行之，而谏官言之。宰相知无不为，谏官知无不言。官职虽卑，任同宰相。……吾儒志在天下，不为谏官将安为？"欲为县令，是因为"县令为民父母，不得其人，民受其殃。窃谓国势之盛衰，系乎民心之向背；民心之向背，视乎县令之贤否。仆之愿为县令，为民即为国，为一方亦即为天下也"。

春霖又对当谏官、县令的志向，提出自己的看法。曰："士君子见用于时，其居言路也，有去就争之者矣。争之其言不用，官可去，身可舍，而公论是非必不可泯（灭），遑暇计及取忌乎？虽县令之职不获乎上，民不得治，然亦内存爱民之心，外不失事上之礼而已。若夫逢迎容悦以媚上台，忘生平之所守，沽不虞之虚誉，亦所不屑为也。""居官皆存所志，天下交往而不治哉！"长辈闻之，无不视为大器。

江春霖所对，既是一名少年书生对老辈的忠告，自己心志的表白，亦是其入仕后忠实践行的居官宗旨。他成为一代名御史，绝非偶然。江春霖弱冠之年，补为府学生员。苦学自奋，六应岁试，五冠其曹，深得历届学使赏识。

光绪十七年（1891），江春霖乡试中举。二十年，应会试。考试中外出便溺间，试卷被人恶意用指沾墨涂污，墨壶亦不翼而飞，于是急于修补污卷，终以末名险登进士第。后光绪帝破格钦点为庶吉士，进入翰林院。三年后，江春霖庶吉士结业，授翰林检讨。春霖在翰苑，关注时局，常与同僚谈论时事，倾吐胸臆，曰："志不在美官，得为御史，尽言责，素愿足矣。"光绪二十六年，八国联军入侵，义和团起义，江春霖南归，二年后归朝。历任武英殿纂修、国史馆协修、国史馆协修撰处行走等职。时朝廷下令考选御史，正是江春霖心仪之职。朝中权臣忌惮春霖入选，暗中嘱考试官黜落之。春霖素以书法瘦硬著称，京师皆知，考试官尤易辨认。江春霖为防万一，于试前数月便练习悬腕书字，尽改本来笔色。发榜名列第一名，记名御史，权臣相顾失色。

光绪三十年，江春霖补江南道监察御史。不久，掌新疆道。历署辽沈、河南、四川等道监察御史。江春霖在都察院任上，忠实履行监察御史职能，指佞触邪，纠弊绳违，参劾不避威权，论事无所回避。六年间上疏近七十件，涉及时政要务、国计民生、朝廷吏治等，为国担忧，为民解困。江春霖首先论劾本院长官、都御史陆宝忠"久冒烟禁，不宜为台长"。词甚切直，闻者无不震惊。江春霖十分关注朝廷吏治。光绪三十一年七月，他针对"改革官制，廓清积弊"的谕旨，疏列现行官制之弊，包括兼差（兼职过）、偏枯（俸禄不均）、迁调（迁调无据）、保举（荐举不严）、分发（分配宽松）、冗滥（冗员充斥）、考察（考核草率）、名例（罚例过宽）、仪注（拘礼虚应）、习俗（吏风腐化）等12大项，痛言其害，指出："去病治其本，除弊必究其端。"力求从源头上消除官制之弊。江春霖也非常关注都察院的改制。他多次对改革御史制度的重要方面提出建议，驳斥削弱御史官职能，追求权利，堵塞言路的错误倾向。光绪三十二年十一月，上《拟科道员缺不宜议裁疏》，指出，"都察院为风纪所系，中外百官之耳目。己则不廉，何以禁人之贪；己则不俭，何以禁人之奢？"翌月，上《奏请修改都察院章程疏》，列举阻塞言路五条弊病，防止摒弃耿直之士而不用，出现奔竞权势，树立党援，方正不容，谄谀竞进不止的局面。同日所上《奏议御史升转科道，不宜由都御史拟定正陪片》，提出防止御史台堂官擅权、情面请托用人之弊；《奏请御史俸满，勿拘旧例截取片》，提请对秩满御史，不宜拘泥于旧例一律外调，以维持御史台敢言之气。一个月后，再上《奏请提议修改都察院新章疏》，列举六条修改意见，包括给事中不宜拟定正陪；河南道不宜改为公署；具文不宜轻易删除；各御史不宜分任责成；研究所不宜由堂调查；清流品不宜仍分满、汉等，旨在抑制御史台堂官擅权谋利，不惜损害御史台公正执言的行为，真正做到"大权统于朝廷，庶政公诸舆论"。

江春霖在御史台，关注民生疾苦，为民请命。多次上疏揭露多处官府，勾结豪强，欺掠小民恶行。光绪三十二年（1906）七月，奏劾莆田县田赋不均，详报失实，提请敕令闽浙总督彻究参办，以戒将来，并对贫富赋负不均，量为增减。八月，参劾江西吉安府庐陵县官员贪横相护，诬良为匪，纵兵杀人案，拟请缓征旧欠，核减票钱，惩贪安民。光绪三十三年八月，疏请敕令闽浙总督勘察福州南台大火灾，提议重建店房时，务各宽留街道，设立砖墙，避免延烧之患。九月，奏请禁止山东典铺奸商，贿官霸市，违例取层，任意盘剥行为。同月，奏参莆田县官吏，玩视民瘼，违抗诏旨行为，限期清理田赋，提请谕饬闽浙总督将钱粮定价，出示勒碑，永禁加派；光绪三十四年十二月，再次上疏奏劾莆田县官吏通同作弊田赋行径。愤然指出："一事如此，万事可知；一邑如此，天下可知。"提请综核名实，信赏必罚。谕旨饬将通同作弊之官吏先行参办，一面遴员署补县缺，限期清理，毋许藉词推诿。

江春霖在御史台，最引人注目之举，是对朝廷枢臣袁世凯，首席军机大臣、庆亲王奕劻，和载洵、载涛二郡王的参劾。光绪三十四年，袁世凯生日时，厚赏寿物，恩礼逾常。大小臣工，献颂贡谀，登门拜寿者以百千计、庆亲王奕劻去爵署名为祝。江春霖自感既处谏垣，不能沉默，毅然于光绪三十四年九月，上《劾军机大臣袁世凯权势太重疏》，列款论劾袁氏交通亲贵、把持台谏、引进私属、纠结疆臣、遥执兵柄、阴收士心、归过圣朝、潜市外国（指卖国外交）、僭滥军赏、破坏选法、骤贵骄子、远庇同宗等权势太重的12条事实。该疏被留中不报，江春霖本拟再上，因逢慈禧太后寿诞而暂罢手。一个月后，光绪帝病逝。宣统帝溥仪即位，年仅3岁，由父醇亲王载沣摄政监国，袁世凯被解除兵权。针对政权更选，政局未稳形势，江春霖连上三疏，进言：摄政王重受顾命，尤必大政亲裁，以防事权旁落之渐，谨防小人甘言谀色。指出，袁世凯现虽去位，而各部长官，省直大吏尚多其党。提请召复劾旧大臣，布置要地，以资坐镇，以防万一不虞生变。光绪三十五年七月，江害霖疏请防止奸党借国际外交，挟制起用袁世凯。翌年二月，再次上疏提请，利用吏部进呈大臣京察之机，罢黜袁世凯的党羽，奉天巡抚出使大臣唐绍仪、学部侍郎严修、农工商部侍郎杨士琦、苏松太道蔡乃煌、江西巡抚冯汝骙、安徽巡抚朱家宝等。

载沣摄政监国后，用郡王载洵、载涛分别掌管工部、海军与禁卫。时贿赂公行，奔竞求进者门庭若市。江春霖深知这些人不过是因事权所在，欲求富贵而已，以致朝野民间议沦纷纷。江春霖风闻，叹息不已。于是披肝沥胆，疏劾载洵、载涛二郡王。江春霖援引古时皇族掌权，因宠骄失教而失败的事例，指出，载洵、载涛二王"见近利而忘远害"，虽未到重蹈覆辙，慎终于始，要在防微杜渐。恳请摄政王"召诫二王，有则改之，无则加勉，庶息众谤，顾全大局"。半年之后，江春霖上疏论劾庆亲王奕劻，更是以直声震天下。庆亲王奕劻是集军政大权于一身的首脑人物，江春霖不避冒渎，再论其奸。江春霖此疏，直论庆亲王奕劻之失，涉及十数名朝廷重臣与封疆大臣，词锋尖锐，事实确凿，震动政坛，誉满天下。

江春霖疏劾庆亲王，并涉及十数名朝廷重臣与封疆大臣，意就事关国家治乱的重大用人问题，指陈得失，以挽救时局。不意疏上却被指为"牵涉琐事，罗织多人，荒诞不经"之"诬妄"。令著回原衙门行走，以示薄惩。江春霖被解除御史之职，令其回翰林史馆任职。命下，御史台哗然。都御史张英麟率全台同官，合疏请求江春霖留任。给事中陈田、御史赵炳麟，亦奏请收回成命。基于群情激愤，更因江春霖所论事实确凿，本人又清正廉洁，朝廷收回成命，暂予优容留任效用之处。江春霖深知朝廷腐败不堪，气数将尽，事已不可为，遂称疾乞请归养。

江春霖离京那天"送人者倾城而出"，场面十分壮观。当他路过上海时，上海 14 个团体召开欢迎大会，与会者 5000 人。当他回到故乡莆田时，该县各界人士于府学的明伦堂，召开热烈的欢迎大会，"与会者逾万人"。江春霖退居家乡，但凡有利于社会民众公益事，总是义不容辞，热心扶助。时梧塘海堤崩溃，淹民田数万亩，郡守以身殉职。莆之父老集资修堤，请江春霖主持其事。他以事关民命，慨然许诺，精心筹划，日夜施工，仅两个月便竣工，所费仅五千金。并相继主持修筑江口九里洋水渠、镇前海堤、梧塘沟尾堤、募建南埕海堤，及林尾等处七座石桥。韩坝工程使七万亩田地受益。还募建萩芦溪大桥，方便南北交通，乡民特建"御史亭"志功。福建镇抚使岑春煊为江春霖请功，时任临时大总统的袁世凯通过岑抚电邀江春霖出山。江春霖守志不移，托书岑抚予以坚辞。之后，袁世凯又借江春霖主持韩坝工程，造福农民之功，授予四等嘉禾勋章。江春霖致书水利局长许世英请予代辞。1918 年 2 月 15 日，江春霖与世长辞，享年 64 岁。北京、上海、福州、厦门、晋江、台湾、莆田等地各界人士纷纷举行隆重公祭。

（胡家保）

陈 衍

陈衍（1856—1937），小名尹昌，字叔伊。号石遗，晚署石遗老人，福建侯官（今福州）人，"同光体"著名诗人。宣统元年（1909）秋，任京师大学堂史学教习。1915 年兼主法政学校文字学讲席。1916 年春，应福建民政长许世英之聘，任《福建通志》总纂；冬，辞去北京大学教席。1923 年，应厦门大学校长林文庆之邀，主大学文科。1926 年，辞去厦门大学教席，其后任上海暨南大学文科教授。1931 年，全无锡。佐唐文治主国学专修学校讲席。1932 年春，避居唐宅，终日相与谈经论史。1937 年 9 月病逝。著有《石遗室诗话》前编三十六卷、续编六卷，《石遗室诗集》十卷，附补遗一卷、续集一卷，《石遗室文集》、续集、三集、四集，《石遗室论文》、《石遗先生集》（一函十三册）、《伦理精义》《诗学概要》《音韵表微》《要籍解题》《台湾通纪》《周礼释义辨证》《史汉文学研究法》《陈石遗先生谈艺录》（陈衍讲，黄曾樾记）等书；纂有《闽侯县志》；辑有《近代诗钞》（三函二十四册）、《辽诗纪事》《金诗纪事》《诗评汇编》《元文汇补续》《石遗室师友诗录》《渔洋山人感旧集小传》（清卢见曾辑，陈衍补）等书；评选有《宋诗精华录》。

陈衍，清咸丰六年（1856）四月初八日生于侯官县城东北井楼门内龙山之麓。是年，父用宾（吉甫）年 50，据《易经》系辞："大衍之数五十。"名之曰衍。3 岁，随父读。4 岁，诵《千家诗》，喜"花开红树""绿树荫浓""黄梅时节""去年花里"诸首，别有会心。5 岁，读《四书》《毛诗》《左传》。年 14，家居习举业。同治十二年（1873），年 18，四月，入邑庠，为诸生。十三年二月，考取致用书院；十月，与萧道管结婚。

光绪四年（1878），陈衍完成《说文举例》七卷。光绪八年九月举于乡，同榜有林纾（琴南）等人。光绪九年，陈衍北上赴礼部试，报罢，遂无意进取，同年完成《说文辨证》十四卷。光绪十一年，辑《元诗纪事》成。光绪十二年，完成《礼记辨证》五卷。光绪十五年五月，应湖南学使张亨嘉（铁君）之招入湘，时阖郡生童卷共 1.8 万，阅卷者六人，由陈衍总其成，无一卷不经眼，两次得士有熊希龄等人。光绪十六年夏，陈衍任上海方言馆汉文教习，同年刻所著《考工记辨证》三卷、补刻一卷。光绪二十一年（1895）春，陈衍与林纾、卓孝复、高凤歧等叩阙上书，抗争日本占我辽阳、台湾、澎湖诸岛事。光绪二十三年七月，同乡陈季同等人与洪述祖集资创刊《求是报》，月出三册，多译格致实学以及法律规则之书，林旭力荐，由陈衍任主笔；八月，《求是报》第一册出版；十一月，陈衍在《求是报》第九册发表《论中国宜设洋文报馆》一文，主张"延访中国通人，贯通中外时务者数人，为中文主笔，举所谓务材、训农、通商、兴工、敬教、劝学、使贤、任能各要务，备筹所以整顿之法，皆实在可言可行者，实为论说，又举西人向来之欺我者，……皆翻译洋文，刊之报纸"。同年，完成《尚书举要》七卷。

光绪二十四年初，应湖广总督张之洞之招，留鄂办理一切新政笔墨，暂任官报局总编纂，遂辞去《求是报》主笔职务，去后杂志停刊；二月，张之洞找梁鼎芬促陈衍入都会试；三月，离鄂入京，时言变法者蜂起，陈衍作《戊戌变法榷议》十条。春，与张之幕僚梁鼎芬、王仁俊、朱克柔等筹办《正学报》，以昌明正学、弘扬圣道为宗旨。八月，"戊戌政变"起。九月，张之洞新政一切停顿，官报亦停，令陈衍入幕府，筹办《商务报》，以研究实业为主，计划月出三册。是时，沈曾植以京曹主武昌两湖书院史府，博极群书，陈衍所居与沈曾植寓庐相密迩，谈诗过从极欢，有作必相夸示，常夜半叩门，平生论诗。时郑孝胥亦在武昌，投陈衍诗索和，陈衍与郑孝胥、陈三立一时争雄。光绪二十五年春，《商务报》第一册出版；六月，陈衍译《商业博物志》成，分植物、动物、矿物三门。光绪二十六年，译成《货币制度论》《商业经济学》二书；同年长子声暨、次子声渐死于庚子天津之难。光绪二十七年，译成《商业开化史》《商业地理银行论》。

光绪二十八年十月，两江总督张之洞、漕运总督陈夔龙奏保陈衍经济特科人才。光绪二十九年春，兼两湖书院监督梁鼎芬聘陈衍充国文兼伦理学教习，并兼湖北方言学堂国文教习；夏，陈衍离鄂入京，以保荐人员至保和殿应经济特科考试；但因为他多年未应试，在文章开头仍按旧格式顶格书写，因而被作为"违式"卷，不予送阅。对此次落选，陈衍不悲反喜，认为是塞翁失马。他说："设不幸而取，又用知县，则吾所固有而不为者也，岂不冤哉。"取是冤，不取反是幸事，这是因为他去应试本身就是"徇广雅之期望，勉强就试"。十一月，陈衍任武昌府立师范学堂国文教习。光绪三十年三月，张之洞回任湖广总督，改《商务报》为官报局，任为官报局总理；秋，总督连下三委札，一督署文案委员，二商业学堂监督，三帮办洋务局，皆道员差事，仍兼官报局总理，遂辞去各学堂教席。光绪三十一年三月，陈衍开刻《石遗室诗集》三卷；十一月，诗集刻竣，自为一叙；冬，辞去商业学堂监督，张之洞任为汉口商务局帮办，并代捐候选六部主事。光绪三十三年三月，辞职入京，派在学部总务司审定科兼参事厅行走，又兼京师大学堂经学教习。九月，以原官候选主事改候补；秋，兼礼部礼学馆纂修。宣统元年（1909）秋，任京师大学堂史学教习。

1912 年 10 月，陈衍答允为梁启超《庸言报》半月刊撰述《石遗室诗话》。陈衍喜说诗，《石遗室诗话》连载至数十万言；12 月，《庸言报》第一号出版。1913 年 10 月 8 日，值重阳佳节，撰《石遗室文集》自叙。1914 年 4 月，参加袁克文西苑流水音修禊之会；秋，与陈宝琛、严复、傅嘉年等 15 人，参加林纾发起之"晋安耆年会"。1915 年 8 月，杨度等承袁世凯意旨组"筹安会"，鼓吹帝制；12 月，施愚等擅以陈衍之名列于硕学通儒劝进表之首，闻报，即致电请速为之除名。同年，兼主法政学校文字学讲席。1916 年春，应福建民政长许世英之聘，任《福建通志》总纂；夏，开志局于乌石山沈文肃公祠中；冬，辞去北京大学（原京师大学堂）教席，荐江瀚代之。1919 年秋，刻《尚书举要》七卷、《说文举例》七卷、《说文采证》十四卷；冬，纳妾李柳；同年商务印书馆印行《元诗纪事》一函十四册。1920 年春，结"说诗社"。

1922 年 1 月，《福建通志》全稿告成，凡六百余卷，约一千万言，1938 年《福建通志》全书出版。1922 年，刻《石遗室文集》三集、《石遗室诗集》卷七至卷十。1923 年，应厦门大学校长林文庆之邀，主大学文科。1926 年，年 71，辞去厦大教席。1927 年，刻《石遗室诗集》续集二卷、《石遗室文集》四集一厚册成；其后任上海暨南大学文科教授。1931 年，至无锡佐唐文治主国学专修学校讲席。

1932 年春，以时局不靖，避居唐宅，终日相与谈经论史，又撰胡汉民《不匮室诗钞》序。1933 年 1 月，与金天翮、李根源、张一麔等设"国学会"于苏州，由李根源任主任干事，该会"以讨论儒术为主，时有所见，录为会刊"，印行会刊《国学商兑》，由陈衍任总编辑。1935 年春，钱基博敬撰《陈石遗先生八十寿序》为寿；秋，与冒广生南游广州、罗浮。1937 年 8 月 13 日，以老病在原籍去世，终年 82 岁；殁后一月，葬于西门外文笔山之原。

纵观陈衍一生，他是中国近代著名的诗人和学者，他在文学上标榜"同光体"，主体学宋，提倡"三元"之说，在近代旧诗坛上产生过广泛影响。他的诗歌与散文创作内容丰富，形式别具个性，语言时而清苍刻峭，时而清新圆润，熔文学性与哲理性于一炉。另外，陈衍又是一位朴学家。他经、史、子、集无不淹该，他在治学时循清代乾嘉学派"经世致用"的路径，撰写出经学、小学和史学等大量著作。他又将传统的学问与当时随"欧风美雨"一起传入中国的西学相结合，撰写出《戊戌变法権议》和《货币论》等近代政治、经济著作，它们既是近代政治、经济方面的研究成果，又是在当年提供给当权者作决策时参考的依据。最后，陈衍还是一位爱国者，他一生光明磊落、清刚劲直、淡泊名利。我们不仅要对他在文学、经学、史学、朴学等多方面的学问进行整体上的研究，还要对他进行道德和文章两方面的总体观照，才能避免出现鲁迅先生所批评过的"倘有取舍，即非全人""再加抑扬，更离真实"的偏颇，力求对他做出一个全面、公正的研究。

（胡家保）

林 旭

林旭（1875—1898），字暾谷，号晚翠，福建侯官（今福州市）人，是中国近代史上著名的"戊戌六君子"之一。祖父福祚，字畴九，清道光己酉（1849）科举人。以团练议叙知县，知安徽东流县。为官不为权势所屈，平东流狱事，颇称廉正。父百敬，福祚长子，邑诸生，曾随侍东流。母刘氏，名佚。妻沈鹊应，字孟雅，号崦楼，著有《崦楼遗稿》，附于《晚翠轩集》后行世。

林旭少孤，但自幼聪颖好学。自谓："年至十二三，书麓态翻披。"陈衍说他："从塾师学，为律赋，出语惊其长者。"梁启超也称赞他："天才特达，如竹箭标举，干云而上。"光绪十八年（1892），同邑道员、原两江总督沈葆桢第四子沈瑜庆回闽省墓，异其博赡，遂以长女鹊应妻之。此后，林旭随沈瑜庆游武昌，结识了陈宝箴、陈三立、梁鼎芬、蒯光典、屠寄等一班名流，开拓了眼界。

青年时代的林旭，如同当时的许多文人学子一样，热衷功名，揣摩时艺，试图通过科举取仕，施展自己的抱负。光绪十九年（1893）春，他回闽应侯官县童子试，冠其曹。同年秋，又应福建乡试，领乡荐第一。但嗣后三上公车，均名落孙山。林旭一向深恶流俗，刚正不阿。光绪二十年，沈瑜庆的好友林绍年以直言谪云南昭通。赴任前，沈瑜庆邀林到武昌，盘桓数日。林旭作陪，与之纵览琴台月湖诸胜。林旭作《月湖荷花》诗：……中通外直得之性，蒲稗虽多何足竞。一朝谗口巧中伤，坐令丧气及群芳。藏山居士倘见此，为尔痛哭摧肝肠。"通过对"中通外直"的荷花颂咏，抒发对谗口小人的鄙夷之情，并为巡逡受贬者鸣不平。

梁启超《林旭传》、陈衍《林旭传》、汤志钧《林旭》、杨益茂《林旭》、李永璞《林旭》诸文，均未提及林旭参与过《求是报》的创办活动，唯高熔《林旭与沈鹊应》文说道："光绪二十二年春，他（林旭）友人到苏州虎丘踏青，同年，他（林旭）积极参加抗击日本占领台湾的义士陈季同筹资创办《求是》杂志的活动。"林旭究竟有无参加过《求是报》的创刊活动？据陈声暨《石遗先生年谱》"清光绪二十三年丁酉（1897）"条载："七月，同乡陈敬如副将季同，绎如孝廉寿彭兄弟与洪荫之大令祖述数人，集货开办《求是》杂志，月出三册，多译格致实学以及法律规则之书。林暾谷孝廉以为非家君（陈衍）秉笔修饰润色不可，遂公推作主笔。……如是半年，家君去，而杂志停矣。"林旭的确是参与了《求是》杂念的创办活动。

林旭的文学创作在中国近代文学史上占有一定的地位。康有为称他："波澜尽老成，清妙纤练绮。文辞有汉声，诗词得宋体。"梁启超也说他："文如汉魏人，诗如宋人。"

因此，林旭寓京时，"诸文人争相与交"。据说，林旭平时所作文章，"具在纵论时事，臧否人物，有为一代兴亡所系者"。遗憾的是，自戊戌政变后，其亲朋故友惮于西太后的淫威，"多以藏其文字为危，不匿则弃，惟恐不尽"。后虽经其挚友李宣龚等人钩稽遗逸，网罗丛残，编成《晚翠轩集》，然所录仅有诗作154题192首、应试诗文9篇、遗札8封，其政论文章，均未见收入。李宣龚回忆说：林旭被捕前，"其巾笥尚有朱书票，拟暨与德宗造膝问对，有如家人父子之言者，亦皆散失不可得见"。至今所能见到的林旭政论文章仅有他为康有为《春秋董氏学》一书所写的一篇跋文。

林旭作为戊戌六君子之一，他的诗作所表达的御侮图强的心声，忧国忧民的情怀，字里行间所透露的对变法维新的忠肝义胆以及对维新前途的忧虑等等，都从一个侧面反映了半封建半殖民的晚清社会波诡云谲的时代风貌，折射出革新与守旧矛盾斗争的刀光剑影。林旭在变法高潮期，亦即其就缚前十日写的《颐和园葵花》《呈太夷丈》《直夜》以及绝命诗《狱中示复生》，都是《晚翠轩集》的精品，在思想性、艺术性上，都达到他诗歌创作的高峰。

众所周知，戊戌六君子中，谭嗣同曾以"各国变法无不从流血而成，今中国未闻有因变法而流血者，此国之所以不昌也。有之，请自嗣同始"的不惜自我流血牺牲的精神，拒绝了东游避难，以唤醒后人。而林旭被捕前，亦曾谢绝避难之事，则鲜为人知。如上引的几篇有关林旭生平事迹的文章，对此事皆毫无叙及。林旭的挚友李宣龚（字拔可），在林旭殉难后，曾作《哀暾谷》（一名《哀定慧》）诗一首，其中有："顾或引之去，感语动涕泗。小臣自愚阁，君难安可弃？"等句。拔可的好友陈诗，因其诗无注，不明"援手为何人"，而询诸拔可。拔可答之曰："此乃闽清黄孝廉乃裳也……及暾谷将被逮，黄君驰来，促与俱去。"陈诗遂赋五古《记黄孝廉乃裳》一首，赞之曰："戊戌政变事，闻者辄伤叹。当时六君子，暾谷尤醇至。有友黄孝廉，使馆译文字。邀避交民巷，闻语极感恳。吾为侍从臣，子去吾何避？"由此可见，林旭被捕之前，尚有机会到外国使馆寻求避难，但他为了报答光绪帝的知遇之恩，不牵连好友，涕泣而绝之，置生死于度外。

光绪二十四年（1898）九月二十八日，林旭和谭嗣同、刘光第、杨锐、杨深秀、康广仁等6人被杀害于北京宣武门外菜市口，史称"戊戌六君子"。

（谢彪）

方声洞

　　方声洞（1886—1911），字子明，福建侯官（今福州市）人，黄花岗七十二烈士之一。光绪十二年（1886）六月出生于福建侯官城北之外九彩园，祖居闽侯南通方庄村。父方家湜，字芷亭，在汉口经营运输货栈，时常来往于各地，是一位见闻较广、思想开明的商人，对清政府腐败无能很不满，将自己的子女和媳妇都送进新式学堂读书，后又让他们去日本留学。方声洞自幼聪明机警、胆略过人，口才极好。受父亲的影响，他同样痛恨清政府的腐败无能。其性格坦率、诚挚，从青年时代起，就怀有挽救民族危亡，献身爱国事业的信念。

　　幼年时，方声洞在福州念私塾，后到汉口进新制学堂，喜读各种新书和报刊，常常和同学们讨论。光绪二十八年，为追求救国图存之道，方声洞随兄、姐东渡日本，进东京成城学校学习军事。他在学校里，一方面刻苦学习，一方面积极参加革命活动。

　　当时，沙俄在《辛丑条约》签订后仍妄图霸占中国东北，不肯按协议规定撤军。东京的中国留学生们对此非常愤慨，于光绪二十九年四月初三召开"拒俄"大会，方声洞与哥哥方声涛积极参加"拒俄义勇队"活动。清政府对这一爱国运动横加压制，强令解散，并令各省督抚严密查缉留学生，肆行迫害。

　　光绪三十年，日俄为争夺中国东北领土，爆发日俄战争，清政府竟无耻地宣布"严守中立"。方声洞悲痛欲绝，深恨清政府误国、庸懦，"逢人便痛论国事"，认为"非颠覆专制政府，吾人必无安枕之日"，"以此自勉勉人"，并经常登台演讲，声泪交加，"闻者莫不感奋"。

　　方声洞姿貌魁秀，体格健壮，富有胆略，直爽有气节；他待人真诚，因而受到大家的尊敬；他生活艰苦朴素，鄙视浮华，外出常步行，吃的是粗米饭，有人笑他时，他对大家解释说："……劳则习苦，俭则不匮，吾辈志吞逆胡，来日艰难，正未有艾，今日不自勖励，他日何能与士卒忍饥劳涉险阻乎！"大家听后都很佩服他。

　　为了寻求救国之道，方声洞17岁就赴日留学，投身革命，是中国同盟会的首批会员。方声洞的伯公当时虽为朝廷官员，也思想开明，清正廉明。方声洞的兄弟姐妹中共有 7 人赴日留学、1 人赴法留学，其中 6 人加入了中国同盟会。方家是真正的革命家庭。其兄方声涛后来一直追随孙中山坚持革命，历经护国运动、护法运动。1918 年，方声涛募捐继建黄花岗烈士墓园，使其初具规模。园中所立"七十二烈士之墓"墓碑，其上隶体碑文即为方声涛所书。

光绪三十四年（1908），方声洞利用暑期回国，在汉口与王颖女士结婚。婚后不久，他和王颖东渡，同住于千叶学校，共习医学。

宣统元年（1909），王颖生下一子，名贤旭，方声洞对他很珍爱。方声洞有了这个美满的家庭后，并没有忘记国家大事。他介绍王颖参加同盟会，并把革命救国的道理讲给她听。

方声洞在千叶医专学校，学习成绩显著，积极从事联络党人，秘密运送军火等革命活动。由于他有才干，大家都很器重他，并选他为中国留学生总代表、福建同乡会议事部长、归国代表、同盟会福建支部长等职。

光绪三十一年八月，孙中山在东京成立中国同盟会，20 岁的方声洞随其兄方声涛、姊方君瑛加入同盟会，成为首批会员。

加入同盟会不久，因母亲去世，方声洞返回福建老家守孝。清政府专制下的压抑与闭塞，与海外同志的山海隔绝，让他陷入难以名状的苦闷与焦虑。他出尽家中所藏书籍，在家乡办起了书报阅览所，传播科学、自由、民主、平等的先进思想。光绪三十二年，方声洞返回日本，拟再入成城陆军学校学习军事。但摇摇欲坠的清政府担心这些留日的青年人起来造反，便与日本政府协商，规定中国的自费生不得在日本学习军事。这令他大失所望，但他革命的志向并没有因此而改变。为了推翻清朝的专制暴政，他又考入日本千叶医学校，志在掌握化学知识以制造炸弹，效力革命。

宣统三年春，留日的福建同盟会同志得到香港消息，孙中山领导的同盟会将在广州举行起义，大家都很高兴，推选林文等人先赴港发动广州起义，林觉民等人回福建发动同盟会会员积极参加，让方声洞留在东京继任林文的职务，对此，方声洞惊奇地说："诸君不许吾同死耶？是焉置我也。我虽不才，习医数载，颇自信有得。义师起，军医必不可缺，则吾于此，亦有微长，且吾愿为国捐躯久矣，今有死所，奈何阻我去？况事败诸君尽死，我能独生耶？留我奚益？"大家反复向他说明："君误矣，同投凶暴之一烬，不有人以继其后，于事何补？倘此行不利，全军悉歼，他日卷土重来，义旗再举，各省豪杰云集，独我福建，阒若无闻，君死能无怼呼？今日留君，正以君堪重任，而未客轻于一掷耳。"方声洞遂与大家挥泪而别。

方声洞将于是年七月毕业。由于香港传来准备起义的消息越来越多，为了革命事业，他不惜牺牲功课，日夜奔忙。他写信给朋友说："警电纷至，中国亡在旦夕，所希望者，吾党此举耳。不幸而败，精锐随尽，元气大伤，吾党必久不能振，中国因之而亡。然则此举非特关吾党盛衰，是直系中国存亡也，吾安忍重为洋奴哉！"他恳求同志们同意他前往参加起义。三月中旬，方声洞接到国内党人来电，便立即去东京，第二天回来对王颖说，起义即将发动，因军火不足，须马上密运一批回国接济。他在临行前夕，预写书数函，嘱咐其爱人，将此信按期寄给他父亲，以安其心；又向学校办了请假手续，向国民会和同乡会辞职，于三月三十一日离开日本。告别时，他笑着对友人说："昔密开会追悼吴、徐诸烈士时，君曾为文以祭，中有句云：'呜呼！壮志未酬，公等衔哀于泉下，国仇必报，我辈继起于方来。'今所谓方来者，成为现在矣，宁不快哉！"到达香港，遇见同志们非常高兴。同时多方设法运送军火。他听说自己的亲戚魏某，在粤管船政，便前往面访，托言来粤兴办医院，欲借他的小艇载药品，打算秘密运送军械，以免沿途骚扰。魏某起初答应，后来又加以拒绝，革命党人知道后，非常气愤地说："事成必杀此獠，以雪今日之恨。"

方声洞早有献身革命的决心。四月二十五日晚上，他写下了给父亲的绝笔书。书中说："夫男儿在世，不能建功立业，以强祖国，使同胞享幸福，虽奋斗而死，亦大乐也；且为祖国而死，亦义所应尔也。"

广州起义的号角吹响后，齐集在广州的 40 多名福建籍革命党人全部参加了攻打督署的战役。方声洞更是冲锋陷阵，奋勇杀敌，用殷红的鲜血实践战前表明的决心和誓言。

攻打督署的起义队伍有 100 余人，由黄兴率领。实际上在广州起义中也只有这一路按计划发难。黄兴率领革命党人英勇战斗，分兵攻袭督练公所等处。方声洞与黄兴等行至双门底后，与温带雄所率巡防营相遇。温部已响应起义，计划入城进攻水师行台，但没有臂缠预先相约的白布标记。方声洞见无记号，便开枪射击。温部也立即予以还击。走在最前面的方声洞中弹牺牲，年仅 26 岁。

血染的丰碑，血铸的闽魂。辛亥广州起义虽然不成功，但黄花碧血垂千古。黄花岗方声洞等用他们年轻宝贵的生命铸造了"为国流血，何爱头颅"

的黄花岗精神。以黄花岗方声洞为代表的烈士们的英勇献身精神震撼人心，鼓舞斗志。孙中山说："是役也，集各省革命党之精英，与彼虏为最后之一搏。事虽不成，而黄花七十二烈士轰轰烈烈之慨已震全球，而国内革命之时势实以之造成矣。""碧血横死，浩气四塞，草木为之含悲，风云因而变色。全国久蛰之人心，乃大兴奋，怨愤所积，如怒涛排壑，不可遏抑，不半载而武昌之大革命以成，则斯役之价值，真可惊天地泣鬼神，与武昌革命之役并寿。"

黄花岗以方声洞为代表的福建志士乃是近代福建民主革命的精英。他们的勋绩和精神，彪炳史册，影响深远，不仅成为辛亥革命爆发的强大推动力，而且和无数献身于民族独立、人民解放事业的先烈们一样，激励着中国人民为振兴中华而进行不屈不挠、前仆后继的英勇斗争。

（谢彪）

林觉民

林觉民（1887—1911），字意洞，号抖飞，又号天外生，福建闽县（今福州）人。黄花岗七十二烈士之一。

林觉民幼时过继给叔父为子。嗣父林孝颖是当时福建的一位名士，以诗赋称于世。林觉民从小就很聪慧，在林孝颖启蒙下研习国文，读过的书过目不忘，尤其爱读庄子的文章和屈原的《离骚》。13 岁时，林觉民应父命参加童试，以取得报考秀才的资格，就在考场上人人苦思冥想之时，他却挥笔写下"少年不望万户侯"7 个大字，便交卷退场。

光绪二十八年（1902）福州创办全闽大学堂，林觉民进入学堂学习文科。当时，孙中山等人大力宣传革命和民主思想，组织革命团体，接二连三地发动武装起义。林觉民讨厌陈旧的礼教习俗，受新学思想影响很大，他如饥似渴地阅读邹容的《革命军》、陈天华的《猛回头》《警世钟》等倡导革命的著作。在革命思潮的影响下，林觉民在课余时间常常和志同道合的同学们谈论时局，慷慨激昂。他一再向同学们讲述中国非革命无以自强的看法，受到大家的赞扬和拥戴。他献身革命的壮志逐渐树立了起来，和一些同学探求祖国和民族独立自主的道路。他们经常秘密集会，组织活动。他在福州的谢家祠组织过读书社，鼓吹革命思想，还在一家外国教堂附近试验炸药，想用来组织武装暴动，但没有成功。林觉民给自己起过两个号，一个叫抖飞，另一个叫天外生，都表现了他对旧思想的抗争精神。林觉民在全闽大学堂读书期间，还显露出了突出的演讲才能，"每登台演说，顾盼生姿，指陈透彻，一座为倾"，发展至后来，竟出现凡聚会无林觉民必不欢的情景，故常被同学推为学潮领袖。一次，林觉民在城内锦巷七星君庙参加题为《挽救垂亡之中国》的演说，说至沉痛时，竟痛哭流涕，拍案捶胸，刚好其校某学监也在场窃听，回到宿舍时对人说："亡清者，必此辈也。"尽管如此，校长仍很赞赏他，曾对其父亲说："是儿不凡，易少宽假，以养其刚大浩然之气。"

光绪三十一年林觉民在家乡和陈意映结婚。两人感情十分融洽。陈意映，名佩芳，为螺洲清代名臣陈若霖后裔，16 岁嫁到林家。陈意映善诗文，是福州女子师范学堂第一届毕业生。她为人贤惠，亦颇有见识，对林觉民一往情深，体贴入微。林觉民也非常爱自己的妻子，曾对人说："吾妻性癖，好尚与余绝同，天真烂漫女子也。"《与妻书》中林觉民痛快淋漓地表达了自己与妻子的恩爱真情："回忆后街之屋，入门穿廊，过前后厅，又三四折，有小厅，厅旁一屋，为吾与汝双栖之所。初婚三四个月，适冬之望日后，窗外疏梅筛月影，依稀掩映，吾与汝并肩携手，低低切切，何事不语？何情不诉？"寥寥数字，二人新婚宴尔，两情融洽的情景跃然纸上。他曾撰写过一篇题为《原爱》的文章，阐述青年男女对爱情应持的态度，被人称赞为"理义公正，才情高绝"。

然而林觉民并没有沉溺在幸福温暖的小家庭中。那时候，许多对时局不满的青年知识分子，为了寻找富国强民的出路，纷纷出国留学，尤以去日本的为多。林觉民从全闽高等学堂毕业后，也希望去日本自费留学。嗣父答应了他的要求。可不过一年，嗣父给的钱就用完了。就在他别无他法，准备打道回府时，一个丁姓官费生死了，于是林觉民得以补缺，进入日本庆应大学。在这里，他攻读哲学，兼学英语与德语，决心更广泛地向外国学习，汲取各国先进思想和科学成果。他十分珍惜这个学习机会，经常读书到深夜。

留学期间，他眼见国势日衰，清政府专制暴虐，劳苦群众在水深火热中挣扎，同盟会在国内多次发动起义均遭失败，许多革命同志英勇牺牲。消息传至日本，一些同学瞻念前途，不禁颓丧气馁，有的甚至失声痛哭。每遇这种情形，林觉民便拍案而起，说："中国危殆至此，男儿死耳，奈何效新亭对泣耶？吾辈既以壮士自许，当仗剑而起，解决根本问题，则累卵之危，庶可挽救。嗟乎！凡有血气，宁忍坐视第二次亡国之惨状哉！"众闻之无不肃然起敬。此时的林觉民不但重视学业，对国内政治、时局走向亦是非常关注，他不断发表文章到国内，《驳康有为物质救国论》《莫那国之犯人》等为其当时的代表作。林觉民所撰文章不仅说理透彻，亦极具文采，如读过《原爱》这篇文章的人无不击节赞赏。

宣统二年（1910）11月13日，孙中山和同盟会的主要骨干黄兴等人在槟榔屿秘密集会，策划在广州举行大规模武装起义。留学在日本的林觉民和其他革命志士也积极响应，决心投身起义，为革命贡献力量，在日本秘密购置枪械弹药。林觉民同吴玉章等一道，还担负起把枪械从日本秘密运回国内的艰巨任务。

宣统三年春，黄兴、赵声写信给林觉民，说"事大有可为"。林觉民看信后很兴奋。他毅然放弃学业，于3月3日和林文一道乘船离开日本回国。

到香港后，林觉民本来是为接洽协调相应的事，准备立即回福建发动群众的。但被黄兴留在香港，参加筹划起义的工作。为召集更多的革命同志来参加广州起义，林觉民还是于3月底4月初秘密回到福建。嗣父看到他突然回来，惊奇不已，他谎说学校放假，日本同学要他回来陪伴游览江南山水名胜。他也没有向妻子说明筹备起义的事情，虽知道这可能是永别，但是他竭力控制自己，不露真情。他在福建革命党人的会议上，报告了统筹部关于广州起义的决定。经热烈讨论，决定一方面派出革命志士去广州参加起义，一方面在福州、厦门准备届时响应。林觉民约同冯超骧、刘元栋等十几名福建籍革命青年于4月9日告别故乡返回香港。在分期分批运送这些勇士去广州时，林觉民地对战友们说："此举若败，死者必多，定能感动同胞。今日同胞，非不知革命为救国唯一之手段，不可一日缓，特畏首畏尾，未能断绝家庭情爱耳！今试以余论，家非有龙钟老父、庶母、幼弟、少妇、稚儿者耶？顾肯从容就死，心之摧割，肠之寸断，木石有知，亦当为我坠泪，况人耶！推之诸君，家族情况莫不类此，甚且身死而父母、兄弟、妻子不免冻馁者亦有之。故谓吾辈死而同胞尚不醒者，吾决不信也。嗟乎！使吾同胞一旦尽奋而起，克服神州重兴祖国，则吾辈虽死之日，犹生之年也，宁有憾哉！"慷慨之语表明林觉民早已清醒地认识到此举之艰险，他决心以自己的鲜血来激励战友和换取中国人民的觉醒。后来这批福建籍的勇士成了黄花岗起义的中坚力量。

起义的各项准备工作在黄兴、赵声的领导下加紧进行。在南洋各地及美洲各国的爱国华侨中募集的经费，源源不断地汇寄来香港。在日本和安南西贡（今越南胡志明市）购置的军械弹药，伪装在头发、医疗器械、颜料罐中，一批批秘密经香港转运广州。统筹部在广州秘密设立了几十处机关，有办事联络的，有供起义者住宿的，有储藏枪支弹药的，有制造炸药的，其中两处是米店，利用米包隐藏枪药。数以百计的"选锋"（敢死队），也迅速云集在革命义旗之下，广东各地的志士均在广州附近花县等地集结待命，来自外省和海外的志士也陆续集合在香港，以便临期进入广州。

4月8日，统筹部召集会议，详细研究了广州起义的具体步骤和战术，决定以八百名"选锋"分十路进攻，破坏清政府在广州的总督署等重要行政机关，占领军械局，策应新军的防营，并在旗界九处放火扰乱视线，以便完全占领广州。可是就在4月8日这一天，在广州发生了温生才刺杀孚琦事件。清吏惊慌万分，严密防范，加紧搜捕；另一方面，各地筹措款项、购置及运送军械等准备工作也未能如期完成，所以起义日期由 4 月 13 日改为 28 日，后又准备改在 26 日，集结在香港的"选锋"便逐日分批进入广州。

4 月 23 日晚，林觉民和林文、陈更新等人，从香港乘船秘密回到广州。第二天林觉民听说林尹民等战友已由日本到达香港，又特地和陈更新一道再到香港来迎接。他们在香港相见感到十分兴奋，更为自己即将投身轰轰烈烈的革命起义激动不已。这一晚，林觉民在他人都睡下之后，一人挑灯挥笔，写下了《致父老书》《禀父书》《与妻书》三封绝命书。他在《致父老书》中说，印度、埃及的沦亡告诉我们，一个国家要在世界上存在下去，是不能依靠其历史之久、土地之大、人民之众的，今天中国也是处在危亡的时刻，他呼吁父老思虑亡国之惨，应万倍于饥寒、疾病、水旱、盗贼。他在《禀父书》中写道："不孝儿觉民叩禀父亲大人：儿死矣，惟累大人吃苦，弟妹缺衣食耳，然大有补于全国同胞也，大罪乞恕之。"这封信只有 41 个字，言简意明，充满了他热爱祖国、为争取自由独立而勇蹈死地的崇高精神。

林写给妻子的绝命书，是忍着极大的悲痛，"泪珠和笔墨齐下"的。他和妻子的感情十分深厚，过去一直没有把参加革命活动的事情告诉她，如今要为革命捐躯、与亲人永诀了，而想到妻子对自己的感情，此时又怀孕在身，当妻子读到今夜写的这封绝命书，自己将已是"阴间一鬼"，心情怎能不激动。他以极大的毅力，用"为天下人谋永福"的理智战胜自己的感情并说服妻子。他写道："吾至爱汝，即此爱汝一念，使吾勇于就死也。吾自遇汝以来，常愿天下有情人都成眷属；然遍地腥云，满街狼犬，称心快意，几家能彀？司马青衫，吾不能学太上之忘情也。语云：仁者'老吾老，以及人之老；幼吾幼，以及人之幼。'吾充吾爱汝之心，助天下人爱其所爱，所以敢先汝而死，不顾汝也。汝体吾此心，于啼泣之余，亦以天下人为念，当亦乐牺牲吾身与汝身之福利，为天下人谋永福也。汝其勿悲！"最后，他还要求妻子将来教育两个孩子"以父志为志"，使他们像自己一样，为了国人的自由勇敢战斗。

黄兴是 4 月 24 日由香港进入广州，来主持起义的准备工作的。他到广州后看到清吏警戒森严，搜捕的风声很紧，便打电报到香港，说"省城疫发，儿女勿回家"，阻"选锋"再来广州。可是筹划良久的起义就这样告吹了？与其坐以待毙，不如先发制人，黄兴决心就已有的人力发动起义。因为预计从日本安南买来的枪支要 26 日晚才能运到，就将起义时间由原来准备的 26 日改为 27 日。十路进攻的计划，因"选锋"不能集齐，临时改为四路：一路由黄兴率队攻总督署，二路由姚雨平率队攻小北门，占飞来庙，三路由陈炯明率队攻巡警教练所，四路由胡毅生率队守大南门。然而，陈炯明、胡毅生两路，以起义日期一改再改而仍要求延迟，结果没有出动。姚雨平因为没有领到足够的枪支弹药，与所部失去联系，也未能及时行动。结果，只有黄兴率领的100多人发动了这次起义。虽然香港的统筹部要求改在28日，以便在香港的赵声和"选锋"赶来参加，黄兴也未予考虑。

4月27日下午5时25分，林觉民同来自福建、广东花县、四川以及海外华侨共130名"选锋"，在黄兴的率领下，由小东营出发。他们个个臂缠白布，脚穿黑面树胶鞋，腰缠炸药，手持枪、刀、螺角为号，奋勇无畏地向总督署进发。他们打死了沿路遇到的警察，炸死了守在总督署大门前的几名卫兵，冲进总督署又打退了两厢及大堂的卫队，直入内进。然而，两广总督张鸣岐及其他官吏都已经逃掉了，没有抓到一个重要人物，黄兴等便纵火焚烧督署。这时候，广东水师提督李准派卫队亲兵赶到都署，在东西辕门架设机关枪狙击"选锋"，黄兴率领大家英勇还击，展开了激烈的巷战，不幸，林觉民腰部中弹倒地。他忍住剧痛再跃起向敌人冲杀过去，又受了几处枪伤，流血不止，力竭倒地，终于被抓。黄兴率领其他"选锋"出了总督署又分路出击，但是敌众我寡，势单力薄，被李准的卫队及巡防营追击，许多人英勇牺牲，生还者也多受伤，散失隐匿。起义失败了。

林觉民被俘后，大义凛然。张鸣岐和李准在水师提督署询问他，他镇定自若，侃侃而谈，纵论世界大势和各国时事，说得清吏们倾耳恭听，暗暗钦佩。后来解除了他的镣铐，让他坐在椅子上，给以笔墨。林觉民纵笔疾书，很快写完了两张纸。接着他又在堂上演说，劝诫清吏洗心革面，献身为国，革除暴政，建立共和。他说，如果有一天能使国家富强，民族团结，那么我死也瞑目了。

林觉民在被囚禁的几天里，不喝一口水、不吃一粒饭，以绝食相抗议。他受到残酷的刑罚，体无完肤。然而他就义时面不改色，俯仰自若，引颈就戮，视死如归。林觉民牺牲时才25岁，遗体与其他烈士共72人合葬于广州黄花岗，供后人祭奠。

（谢彪）

辜鸿铭

辜鸿铭（1857—1928），名汤生，字鸿铭，号立诚，自称慵人、东西南北人，又别署为汉滨读易者、冬烘先生，英文名为 Tomson。祖籍福建省同安县，咸丰七年（1857）七月十八日出生于南洋英属马来西亚槟榔屿，是第四代侨生。学贯中西，号称"清末怪杰"，精通英、法、德、拉丁、希腊、马来亚等 9 种语言，获 13 个博士学位，是清代精通西洋科学、语言兼及东方华学的中国第一人。

他翻译了中国"四书"中的三部——《论语》《中庸》和《大学》，创获甚巨；并著有《中国的牛津运动》等英文书籍。辜氏热衷向西方人宣传东方的文化和精神，并产生重大的影响，因而在西方曾流传这样一句话："到中国可以不看三大殿，不可不看辜鸿铭。"他曾这样概述自己的一生："生在南洋，学在西洋，娶在东洋，仕在北洋。"

早年，他的曾祖父辜礼欢，在清朝乾隆年间南渡谋生，先是到达暹罗（今泰国），后来转入马来亚北部的吉打，乾隆三十四年五月被委任为当地甲必丹（首领）；祖父辜龙池曾获吉打苏丹所赐拿督（Datok）勋衔，后定居槟榔屿。他的父亲辜紫云当时是英国人经营的橡胶园的总管，操着一口流利的闽南话，兼能讲英语、马来语。他的母亲则是金发碧服的西洋人，讲英语和葡萄牙语。这种家庭环境下的辜鸿铭自幼就对语言有着出奇的理解力和记忆力。辜鸿铭 7 岁时，父亲去世。没有子女的橡胶园主布朗先生非常喜欢他，将他收为义子，让他自幼阅读莎士比亚、培根等人的作品。在 10 岁时他被带到英国的苏格兰受教育。同治九年（1870），14 岁的辜鸿铭被送往德国学习科学。后于同治十一年回到英国后，辜鸿铭以优异的成绩被著名的爱丁堡大学录取，并得到校长（兼著名作家、历史学家、哲学家）卡莱尔先生的赏识，专修英国文学，兼修拉丁文、希腊文、数学、形而上学、道德哲学、自然哲学、修辞学等。光绪三年（1877）辜鸿铭以优异成绩毕业于爱丁堡大学，获文学硕士学位，成为中国最早完成全部英国式教育的第一人。接着，他赴德国莱比锡大学等著名学府研究文学、哲学，其后又赴法国巴黎大学学习法文。此时，辜鸿铭获文、哲、理、神等 13 个博士学位，会讲 9 种语言。他在德国人举办纪念俾斯麦百年诞辰会上所作的即席演讲，博得一片喝彩。他还会用拉丁文作诗。民国初年上海愚园路廊壁上镶嵌的拉丁文诗，系辜鸿铭手笔。

光绪六年辜鸿铭回到槟榔屿时，以通晓汉、马来、德、英、法、拉丁、希腊等多种语言的优越条件，奉派新加坡任海峡殖民地政府职务。不久之后，他在法国时认识的朋友马建忠（江苏丹徒人，《马氏文通》著者）赴欧洲途经新加坡，向他介绍中国情况并劝他以己之长报效国家。他随即辞去殖民政府职务，潜心钻研中国经史典籍，并着长袍马褂，蓄辫留甲，终生引为自豪。后来，他到香港一家英国人的商行当助理，业余时间专攻"四书五经"。他以为儒家学说之仁义之道，可以拯救弱肉强食竞争中出现的冷酷与毁灭；他相信，正被国人摒弃的传统文化，恰是拯救世界的良方，而儒学即是这种文化的精髓所在。故他不仅自己顶礼膜拜，更不遗余力推向世界，以为担起强化中国、教化欧美的重任。光绪九年，他开始在英文报纸《字林西报》上发表题为"中国学"的文章，走上宣扬中国文化、嘲讽西学的写作之路。尽管辜鸿铭求学海外多年，并取得了令西人瞠目的成绩，但却改变不了清末国势衰微、政治动荡，华人备受歧视的社会现实。中西文化、民族、信仰、视角的不同，使得辜氏能清楚地洞察西方社会弊端，同时也明白自身不可能接受西方社会的价值观，最终发展成为宣扬东方社会的儒家观念来拯救西方的文化意图。

光绪十一年，辜鸿铭由杨汝树推荐，任两广总督张之洞的英文案牍司理，长达20年之久，他一边帮助张之洞统筹洋务，一边精研国学，自号"汉滨读易者"，甚为张之洞所器重。光绪十九年十一月二十九日，经辜鸿铭鼎力谋划并拟稿，再呈张之洞审定，上奏光绪皇帝，筹建由国人自力建设、自主管理的高等学府——自强学堂（武汉大学前身），得到钦准。自强学堂正式成立后，蔡锡勇受命担任总办（即校长），辜鸿铭任方言教习，成为自强学堂一代名师。光绪十七年，俄国皇储访问中国抵达湖北，张之洞于汉阳晴川阁宴请。席间辜鸿铭为翻译，俄、法、希腊诸语对答如流，使俄皇储惊叹不已，赐赠镂皇冠之金表。

光绪三十一年，上海海关从总税务司收回自主权并设立黄浦江浚治局，辜鸿铭被聘任该局督办，任职期间查获两名西方工头贪污施工费用，力主严罚，还将案件证据公开登报。光绪三十四年，辜鸿铭调任外务部员外郎，后擢升为郎中、左丞。宣统二年（1910），他与严复、詹天佑同榜获宣统皇帝赏赐文科进士荣衔，这一年他整理编就《张文襄幕府纪闻》二卷，以怀念他追随 20 年之久，于宣统元年去世的张之洞。同年，他辞去外务部职务，出任上海南洋公学校长。辛亥革命后，辜鸿铭依然拖着长辫公开宣称效忠于清室，他声明说："我之忠于清室，非仅忠于吾家世受皇恩之王室，乃忠于中国之政教，即系忠于中国之文明。"为表示效忠清室，民国建立后即辞去校长职务，先住上海，后迁北京。1913 年，辜鸿铭一度担任五国银行团翻译；1917 年，张勋复辟历时 13 天，辜鸿铭并参与其事。此后，曾在北京大学任教，到日本、台湾讲学。在五四运动期间，他与林琴南一起反对白话文运动，认为中国经典文言比市井话典雅、华丽。在他应蔡元培之聘到北京大学讲授英国诗歌和希腊文课程时，却结合中国儒家经典、大谈孔孟之道，旁征博引将中西文化加以比较，极为引人入胜，加之用英语讲授时，其语章之纯正、用词之典雅令学生举座倾倒。

辜鸿铭的学术成就主要是将中国古代文化介绍给西方人。他的英文译作均刊行于国外，所出版的英文译本，光绪二十四年（1898）有《论语》，光绪三十年有《中庸》。《大学》亦有译本但未正式出版。他也用英文写政论性文章。宣统二年（1910）为纪念张之洞去世，用笔名"汉滨读易者"撰写《中国的牛津运动》一书，慨叹张之洞抨击西方物欲文明，提倡"中学为体，西学为用"的失败。这本书译成德文，指定为德国大学哲学系学生必读参考书。1915 年辜鸿铭在北京出版了《中国人的精神》一书，是中国有史以来第一部关于国民性问题研究的专著，不久即被译成德、法、日等多种文字出版，一时轰动东西洋，在德国甚至掀起了持续十几年的"辜鸿铭热"。《中国人的精神》是辜鸿铭最有影响的英文代表作品，全书系由作者 1914 年发表于英文报纸《中国评论》、以"中国人的精神"为核心的系列论文结集而成。面对当时西方列强对中华民族的欺凌和对中国文化的歧视，辜鸿铭论述的主旨就是揭示中国人的精神生活，阐发中国传统文化的永恒价值。辜鸿铭认为，要估价一种文明，必须看它"能够生产什么样子的人，什么样的男人和女人"。他批评那些"被称作中国文明研究权威"的传教士和汉学家们"实际上并不真正懂得中国人和中国语言"。他独到地指出："要懂得真正的中国人和中国文明，那个人必须是深沉的、博大的和纯朴的"，因为"中国人的性格和中国文明的三大特征，正是深沉、博大和纯朴"，此外还有"灵敏"。也正因如此，辜鸿铭说，中国人的总体性格特征是"温良"，是"那种难以言表的温良"。他指出："文如其人，要了解中国的文，就必须了解中国人。

不了解中国人，就不可能准确了解中国文。"他试图通过阐述中国人的精神，来表现中国文明的价值之所在，来表现中国文学的价值之所在。

1915年4月，辜鸿铭被蔡元培聘任为北京大学教授，讲授英国文学。辜氏在北大非常出名，不仅因为他学贯中西，也不仅因为他能操一口流利的外语，还因为他奇特的外貌和许多特立独行的做法。辜鸿铭的外貌比较古怪独特，周作人曾专门撰文对其描述："北大顶古怪的人物，恐怕众口一词的要推辜鸿铭了吧。他生得一副深眼睛高鼻子的洋人相貌，头上一撮黄头毛，却编了一条小辫子，冬天穿枣红宁绸的大袖方马褂，上戴瓜皮小帽，成为北大门前的一道风景。"这样一个清朝遗老式打扮的人物，却有一个受过西式教育的脑袋，内外形成极大反差，因而古怪。而正因为他的守旧，与李大钊、胡适等具有革新思想的学者同被蔡元培邀请入北大教书，使得北大"包罗万象"，开自由宽和之风气。

辜鸿铭晚年自号"东西南北老人"，这是因为生在南洋，受教育于西欧，讲学于东京并娶日女田贞子为妻，晚年隐居于北平。辜鸿铭将中国儒家经典译为外文输往西方，系统介绍中国传统文化教育、道德观念和人生哲学，为中西文化交流做出历史性的贡献，因此，辜鸿铭曾被提名为1913年诺贝尔文学奖的候选人。1924年至1927年间，辜鸿铭应日本大东文化协会邀请，曾数次东渡讲学，他极力阐扬孔孟之道，对西方文化则多所非议，有关文章被德国学者收集译为《怒吼之声》，并组织"辜鸿铭研究会"。1927年自日本讲学归国后，辜鸿铭被张作霖聘为顾问，不久又被委任为山东大学校长，但未及上任，就于1928年4月30日病逝北平（今北京），终年71岁。

（胡家保）

萨镇冰

萨镇冰（1859—1952），字鼎铭，晚清著名海军将领、民国海军上将和军政要员，也是中国近代著名的海军将领。先后担任过清朝海军统制（总司令）、民国海军总长等重要军职，还曾代理过国务总理。他在担任清朝北洋海军副统领（副司令）时，创建了烟台海军学校。萨镇冰经历了清末、民国与中华人民共和国的各个历史时期，他出身于清朝政治腐败沦为半封建半殖民地时期，年轻时亲眼目睹了中日甲午战争的失败，耄耋之年看到了日本的投降。1949 年 8 月，拒绝蒋介石的去台邀请。萨镇冰既是中国近代史中一位在国共两党都享有声望的人物，也是中国海军史上一位卓越的人才。同时，他一生扶贫济困，广造福祉，被称为"活菩萨"。生前享有隆声，死后享有美誉。

萨镇冰出身于著名的福州色目人萨氏家族。父萨怡臣，字怀良，号纳吉，为诸生，以教书为生。萨镇冰幼时家境清贫，而勤奋好学。同治八年（1869），年仅 11 岁的萨镇冰考取马尾船政学堂第二届驾驶班。在马尾船政学堂学习三年，他成绩优异，名列全班第一。同治十一年毕业分配到"海东云"舰当见习二副，参加闽台海域的缉私捕盗巡航。由于年纪尚小，加以身材瘦小，舰长和教官不肯把重要的工作交给他，唯恐他难以胜任。可是，怀有强烈求知欲的萨镇冰每逢随舰巡航，仍不时跑上甲板与士兵们一起检验枪炮、刷油漆、结绳等。

19 世纪 70 年代，为兴办洋务创设海军，清政府决定派送学生留学欧美。光绪元年（1876）冬，萨镇冰与叶祖珪、刘步蟾、方伯谦、严复等被派往英国格林威治皇家海军学院学习驾驶。留学期间，他们先赴西班牙登兵舰实习，除专攻驾驶外，还研修军火、火炮、电气等其他学科；对于轮机和制造也稍有涉猎。光绪六年，萨镇冰学成回国，适逢福州船政局造成"澄庆"号兵舰亟须上舰带兵的军官，其遂被任为"澄庆"舰大副，历时半年。光绪八年，萨镇冰应严复之邀往就天津水师学堂管轮学堂正教习达 4 年余，担任普通课程的教学。光绪十一年，清政府设立海军衙门后，北洋水师进入迅速发展时期。光绪十二年，萨镇冰升任北洋水师"威远"兵舰管带。光绪十三年，他调任北洋水师"康济"练舰管带。光绪十四年，萨镇冰晋升参将衔。光绪二十年，萨镇冰晋升副将衔，仍任"康济"练舰管带。同年七月，日本海军在鸭绿江口丰岛突然袭击北洋水师舰队，挑起了中日甲午海战，战火很快蔓延到黄海、渤海、辽东半岛和山东半岛。萨镇冰奉命守卫渤海湾口的日岛。光绪二十一年一月底，日岛保卫战爆发，日军以18艘舰艇分四批轮番进攻，并从已被日军占领的威海卫南北炮台以猛烈的炮火狂袭日岛，在十分险恶的情况下，萨镇冰始终沉着指挥反击，英勇抵抗了11天，最后在接到提督丁汝昌的命令才撤回刘公岛。甲午战争以清军失败告终，残存下的所有海军官兵遭革遣返乡，萨镇冰回到福州，当塾师挣钱糊口。

光绪二十一年十一月，两江总督张之洞牵头组建"自强军"，起用萨镇冰为吴淞炮台总台官。光绪二十二年张之洞回任湖广总督后，"自强军"交由两江总督刘坤一移驻吴淞续练，萨镇冰受荐为帮统带。光绪二十四年，萨镇冰调任"通济"练舰管带。同年，清政府议重建海军，分别向英国和德国定购了"海天""海圻"等舰，授予萨镇冰担任帮统兼"海圻"号管带。八国联军侵华之后，清政府签订《辛丑条约》，议和大臣中有人提出将"海天""海圻"等五艘大型军舰出售，撤销一切防务，以表示中国绝无对外备战之意，以此讨好外国人，此提议一经提出，即遭到萨镇冰等的强烈反对，后来在叶祖珪等爱国将领的抗议下被废除。光绪二十八年，叶祖珪调驻天津，萨镇冰开始统领全部北洋海军舰艇。萨镇冰到任之后，即开始对北洋海军进行整顿。他经常乘坐舰只在海上游弋视察，并亲自指导海军官兵练习航海驾驶技术以及演放鱼雷、打炮靶、备战操练等战斗技术。宣统二年（1910）十月，海军筹办处改海军部，正式脱离陆军系统，载洵为海军部大臣，谭学衡为副大臣，萨镇冰仅任海军提督。萨镇冰当时51岁，资望甚高，且经验丰富，又掌有实际的统兵权力。萨镇冰认为建设海军必须先培养人才，所以他一方面创办烟台海军学堂亲自培养海军人才，另一方面选派学生出国留学。萨镇冰还致力于南北洋海军收归统一，他将大小舰艇40余艘分编为巡洋、长江两舰队，撤销互不统属的南北两洋水师建制，把它变成一支统一事权的国家海军，按舰的大小、性能、吨位，把海军分成巡洋舰队和长江舰队。他还仿效欧美各国，特别是英国海军建军经验，订立官阶，整肃军队，严肃军仪，厘定建制，健全海军铨衡制度等。又两度游历欧美，考察海军，购买军舰 10 余艘，其中包括后来著名的"中山"舰，也是萨镇冰任海军提督后在日本长崎三菱工厂订造的，在当时东西方同型的炮舰中，性能较为先进，火力较强。就这样，甲午战争中全军覆没的中国海军，经他恢复重建，悉心规划，置械练兵，实力逐渐恢复。

宣统三年（1911）武昌起义，萨镇冰奉命率海军前往镇压，驻刘家庙及武汉、九江之间。10 月 17 日，在海军炮火轰击下，革命军占领的武昌刘家庙车站失守。当时革命军虽已得武昌，而清军与革命军仍在对峙。革命军政府都督黎元洪，早年毕业天津水师学堂，又曾在威海北洋舰队当过兵，与萨镇冰有师生之谊。黎元洪致函其师萨镇冰，情真意切陈明大意。萨镇冰目睹清政府摇摇欲坠，各省纷纷独立的局面，既不愿为清政府殉葬，也不愿公然易帜加入革命军，对黎元洪回信说："彼此心照，各尽其职。"黎元洪收到信后又致书萨镇冰："吾师抱救国之卓见，熟察现势，必知专制政体之必亡。"萨镇冰于是选择了一条中间的道路，以有病需医为由离开舰队，搭乘英商太古公司轮船赴沪。11 月 11 日晚，萨镇冰乘坐的"江贞"号军舰发出信号灯："我去矣！以后军事，尔等舰艇好自为之。"他以离舰出走向部下暗示对起义的默许，从而解除了各舰官兵的顾虑。第二天，由副官汤芗铭等以他的名义命令军舰退向九江，汤芗铭中途反正，参加革命。

1912 年，萨镇冰从教就任吴淞商船学校校长。1916 年，黎元洪继任大总统后，萨镇冰出任海军临时总司令、海军总长。1918 年冯国璋为大总统，他入阁任海军总长，次年 5 月 14 日，萨镇冰兼代国务总理，至 8 月 9 日免兼职。1921 年 5 月 14 日，他卸了海军总长职务，遂回闽任福建省清乡督办。1922 年 10 月 15 日，北京政府任命他为福建省长，同年 11 月 31 日解职。1923 年 2 月，军阀王永泉等策动毛一丰掀起"倒林（森）拥萨"风潮，他由福州南台中洲海军公所迁入城内省长公署，担任了"自治"省长。1926 年卸省长职，驻南港散赈，督导灾民建屋、修路、筑桥、劝耕。1929 至 1933 年间，曾赴闽西、闽东施赈、筑堤、铺路，从事社会慈善事业。1933 年支持和赞助李济深等在福州成立中华共和国人民革命政府，并任福建省人民政府主席。1934 至 1935 年居福州，修编《雁门萨氏家谱》。1937 年徇福建省政府请，往南洋考察，并宣慰侨胞，1938 年取道安南（今越南）回国。

1945 年秋，日本宣布无条件投降，86 岁的萨镇冰从重庆飞往上海小住，1946 年归里，居住在福州中山路仁寿堂。此堂是他 80 岁高龄时，由陈兆锵、陈培锟等 20 多位乡亲捐资建赠的。1948 年，萨镇冰 90 岁诞辰，福建省会各界人士为他祝寿，成立筹备会，由当时的省政府、省参议会以及地方知名人士参加。国民党政府崩溃前夕，代总统李宗仁来榕，谒萨镇冰于福州佛教医院（他有小恙住院），转达蒋介石之意，力劝他前往台湾，他以病坚辞。萨镇冰晚年走上与中国共产党合作的道路，为迎接人民解放军进入福州城做了不少有益的工作。

其后，萨镇冰受聘为第一届全国政协委员、中央人民政府革命军事委员会委员、中央人民政府华侨事务委员会委员、福建省人民政府委员会委员。1952 年 4 月 10 日萨镇冰逝世，终年 94 岁。

（胡家保）

陈嘉庚

陈嘉庚（1874—1961），又名甲庚，字科次，同治十三年（1874）十月二十一日，出生于福建泉州同安县仁德里集美社（今厦门集美镇）。光绪十六年（1890）秋，陈嘉庚应父函召去新加坡，在其父陈杞柏所经营的顺安号米店学商，帮助族叔管理银钱货账。光绪二十年奉母命回乡完婚，又在家乡读书一年。光绪二十一年夏，陈嘉庚第二次出洋到新加坡，仍在顺安号从商，所营各业利路畅通，房地产业尤著。光绪二十四年回集美奔母丧。光绪二十五年春，偕同眷属第三次出洋到新加坡，仍在顺安号营商。

光绪三十一年春，由于米店歇业，陈嘉庚开始自立门户，走上了创业的道路。他首先开设了"新利川黄梨厂"（生产菠萝罐头），后又继承遗产"日新公司"（生产菠萝罐头），仅经营了三个月，便获利丰厚。当年夏天，他又开设了"谦益号"米店。不久，由于看到陈齐贤、林文庆等华侨在橡胶业上取得了成功，便决定经营橡胶种植业。经过20年的发展，到1925年，陈嘉庚拥有15万余英亩的橡胶园，成为当地华侨中最大的树胶种植者之一。同时，他也开设了橡胶产品的制造厂，生产胶鞋、轮胎等产品。陈嘉庚的产业中三大支柱为橡胶园、生胶厂和胶品制造厂。另外，他还经营菠萝罐头、冰糖、肥皂、药品、皮革等等十余种产业。他的销售网点遍布东南亚各大城市以及香港、上海、厦门、广州等地。1923年到1925年间，是陈嘉庚公司发展的鼎盛时期。当时他拥有工厂30余个，分店150家，雇员达3万余人，资产达新加坡币1200万元，成为南洋华侨三大巨商之一，达到他实业发展的顶峰。但从1926年起，由于胶价猛跌，加上日本在东南亚倾销胶制品的冲击，陈嘉庚连年亏损。1929年，世界经济危机爆发，帝国主义银行以债权人资格加入陈嘉庚企业，陈嘉庚无奈，于1931年8月被迫接受帝国主义银行条件，将企业改组为陈嘉庚股份有限公司。1934年，陈嘉庚破产，他在国内外的所有企业商店全部收盘。

陈嘉康身在海外，时刻不忘报效家乡和祖国，他认为，教育文化的发达，是报效祖国力所能及的最好方向，乃立志兴学。1913年1月，陈嘉庚创办乡立集美高等小学；1917年2月，又创办集美女子小学；1918年3月创办集美师范部和中学部；1919 年 2 月，创办幼稚园。随着他企业的兴旺发展，他又在集美陆续开办水产航海学校、商业学校、农林学校、幼儿师范等，同时也设立了科学馆、图书馆和医院等，使集美成为了系统完整的学村。陈嘉庚对于新加坡华侨子女的教育也非常热心，1918 年他在新加坡创办的南洋华侨中学，是当时南洋地区华侨的最高学府。之后他还相继创办道南学校、崇福女子学校、华侨中学、华侨女中、南侨师范、爱同学校及水产航海学校等。1919 年，陈嘉庚痛感福建文化教育的落后和人才的匮乏，回国筹办厦门大学。陈嘉庚在厦门大学发起人会议上，当场认捐开办费 100 万元，常年费分 12 年付款 300 万元。此外，他还亲选校址，物色校长，延聘人才。经过陈嘉庚的精心筹备，1921 年 4 月 6 日，厦门大学正式开学。陈嘉庚还亲自管理集美学校校务，并根据厦门的特点和形势发展的需要，增办水产科、商科，使学科设置更加广泛，使厦门大学成为当时国内的知名高校。陈嘉庚一生所捐献的教育经费，总值在 1000 万元以上，相当于他拥有的全部不动产。到 1932 年止，他在国内外共创办或协助别人办学 70 余所，是中国近代华侨兴办教育的典范。

陈嘉庚身处南洋，一直心系祖国，积极支持国内的革命活动。光绪三十二年（1906）2 月，孙中山在新加坡建立中国同盟会分会，领导南洋各地革命活动。陈嘉庚赞同孙中山的革命主张，积极支持孙中山的革命活动。宣统二年（1910）春，陈嘉庚在新加坡加入中国同盟会。辛亥革命爆发后，福建侨胞决定组织福建保安会，筹款救济和支持福建革命党人开展活动；陈嘉庚被推为福建保安会会长，并担任新加坡商会董事长。陈嘉庚领导福建保安会在华侨中筹款，并立即给中国同盟会福建分会会长黄乃裳汇去银元 2 万元，后又筹款 10 余万元。武昌起义成功后，陈嘉庚从欧洲转道新加坡回国，在与孙中山见面中，允诺给予财力支持。孙中山就任中华民国临时大总统后，陈嘉庚非常高兴，立即汇去 5 万元。1928 年 5 月，日本帝国主义制造"济南惨案"时，陈嘉庚在新加坡组织华侨成立山东惨祸筹赈会，并被推选为会长，发起华侨抵制日货运动。

1931 年"九一八"事变爆发后，陈嘉庚在新加坡召集侨民大会，通电国际联盟及美国总统，要求履行国际公约维护世界和平。他号召华侨捐款捐物给东北抗日的军队，并联络华侨开展救亡运动。1932 年，华侨各界纷纷向国内提供人力物力财力方面的支援。1934 年陈嘉庚虽然破产，仍积极关注祖国国事，并尽其所能，支持祖国的抗战事业。1937 年 8 月，马来亚新加坡华侨筹赈祖国伤兵难民大会委员会成立，陈嘉庚当选为主席。1938年10月10日，南洋各地侨领共168人，在新加坡召开代表大会，正式成立南洋华侨筹赈祖国难民总会（简称"南侨总会"），陈嘉庚被推举为主席。此后，南洋华侨的爱国救亡运动得以有组织有秩序地进行。陈嘉庚还发动华侨志士回国服务。据统计，从1937年到1945年，华侨捐献义款70亿元国币、飞机217架、坦克27辆、汽车500辆、救护车1000辆，大米1万包和寒衣30万件及大量药品、雨衣、胶鞋等，南侨总会还动员3200多名司机、机工及医生护士回国服务。通过滇缅公路，南洋车队运送的抗战物资达45万吨。

陈嘉庚对中国的抗战事业不仅在经济上有巨大贡献，在政治上也给予有力支持。广州、武汉失守后，汪精卫多次发表主和言论，陈嘉庚闻讯后，多次以南侨总会主席名义致电汪精卫予以规劝和驳斥。1938年10月底，国民参政会一届二次大会召开，陈嘉庚以国民参政会参政员身份，从新加坡向大会提出了"敌未出国土前言和即汉奸"的11字提案，并获得通过。汪精卫公开投敌后，1939年4月13日，陈嘉庚代表南洋华侨，致电蒋介石，质问蒋介石"容汪逆及其党羽逍遥法外，实为南洋800万侨胞所莫解"。1939年冬，陈嘉庚发起组织南洋华侨回国慰劳考察团，于1940年3月回国开展慰劳考察活动。陈嘉庚此举的目的，一是向抗战军民致敬慰问之意；二是考察战时国内状况。1940年5月31日，陈嘉庚率慰问团第一团到达延安慰问，在延安期间，陈嘉庚走访了一些中共领导人，参观了陕甘宁边区，对中共在艰苦条件下坚持抗战的行动表示了由衷的敬佩，对中共在抗战中的作用有了更深刻的认识。1940年12月31日，陈嘉庚回到新加坡。蒋介石害怕陈嘉庚在南洋华侨中扩大中国共产党的影响，乃派国民党海外部部长吴铁城到南洋破坏陈嘉庚的威信。陈嘉庚不愿侨胞自相倾轧，乃愤然在报上刊登启事，要求辞去南侨总会主席一职。1941年3月底，第二届南洋华侨大会在新加坡召开，陈嘉庚斥责了吴铁城分裂华侨、破坏抗战的言行。大会不同意陈嘉庚辞职，并选举他连任南洋华侨总会主席。4月初，南洋闽侨代表召开大会，正式成立南洋闽侨总会，并选举陈嘉庚为主席。

太平洋战争爆发后，陈嘉庚组织华侨成立新加坡华侨抗敌后援会，并任会长，积极开展救亡运动。1942年1月底，日军占领新加坡。日本侵略者对他极为仇恨，悬赏100万元捉拿陈嘉庚。2月3日，陈嘉庚抵苏门答腊，随赴爪哇，开始了三年流亡印度尼西亚的生活。在流亡期间，陈嘉庚历尽艰辛躲过了日军的搜捕。1943年3月，开始撰写《南侨回忆录》，详尽介绍了华侨支援和参加抗战的情况。抗日战争胜利后，陈嘉庚于 1945 年 10 月 6 日结束流亡生活，回到新加坡。11 月 8 日，重庆各界举行陈嘉庚脱险庆祝大会，毛泽东赠送"华侨旗帜，民族光辉"条幅以示祝贺。

1946 年 11 月，陈嘉庚在新加坡创办《南洋日报》，从事爱国民主运动。1947 年 5 月，他领导新加坡华侨组成"星州各界促进祖国和平民主联合会"，并任主席。同年又创办《南侨晚报》。1948 年 5 月 1 日，中共中央向各民主党派和海外侨胞发出召开新政治协商会议、成立民主联合政府的号召。5 月 4 日，陈嘉庚致电毛泽东，代表新加坡华侨响应。1949 年 5 月 5 日，陈嘉庚离开新加坡，6 月 4 日到达北平，参加政治协商会议筹备会。1949 年 9 月 21 日至 30 日，中国人民政治协商会议第一届全体会议在北平召开，陈嘉庚参加会议，并以华侨首席代表致辞。1950 年 2 月，陈嘉庚返回新加坡。此后，陈嘉庚积极介绍他对新中国的观感，并编成《新中国观感集》，使华侨充分了解新中国。1950 年 5 月 21 日，陈嘉庚回到北京，从此定居国内。1953 年 1 月，任华东军政委员会副主席。他历任第一届、第二届全国人民代表大会常务委员会委员和第二届、第三届中国人民政治协商会议副主席以及中华全国归国华侨联合会主席。1952 年，陈嘉庚上书毛泽东，提议修筑鹰厦铁路，国务院批准了陈嘉庚的建议。1956 年底鹰厦铁路通车，促进了福建经济的发展。陈嘉庚还亲自规划厦门大学和集美学校的扩建，使两校有了很大的发展；他还募款筹建了厦门华侨博物院。陈嘉庚一生献给了祖国的文化教育事业。1961 年 8 月 12 日，陈嘉庚因病医治无效，与世长辞，终年 87 岁。

陈嘉庚是我国近现代史上伟大的爱国主义者，杰出的华侨领袖，著名的实业家、教育家和社会活动家。在其光辉的一生中，既大力弘扬中华民族的优良传统，又重视吸收西方文明的积极成果，思想随时代潮流不断进步。他关怀乡梓，热爱祖国，服务社会，造福人群，以其丰功伟绩和高贵品质，为后人留下了一座不朽的丰碑。

（胡家保）

林白水

林白水（1874—1926），原名獬，字少泉，后改名万里。同治十三年（1874）一月十七日生于今闽侯县青圃镇。中国著名报人、教育家、新闻工作者。他一生有笔名多个，如"宣樊""宣樊子""退室学者""白话道人""白水"等，其中以白水最为人知。

林白水幼时家道中落，14岁前都是靠其父母进行传统教育启蒙。林白水聪颖过人，读书过目不忘，理解力极强，他的诗词常常得到闽中名士们的赞扬，足见他活跃开放的思想性格，从小已露端倪。其后，母亲黄氏认为他应该得到更好教育，便把林白水送到她娘家的私塾学习。在塾师辞职后，林白水和他的表兄弟黄翼云、黄展云一起，拜著名文士高啸桐先生为师。在高啸桐的指导下，林白水的学识突飞猛进。十八九岁时，林白水便因他的诗词和书法出名，成为闽中的名士，许多文人墨客都喜欢与他结交。同时在与老师高啸桐及老师朋友的交流中，林白水开始喜欢学校和报纸，对学校和报纸相当关注。林白水自小便十分孝顺父母，他的父亲经常担任塾师在外，生活的重担落在他的母亲身上。作为家中长子，他经常做些卖文卖字的工作，例如写寿联、春联等，得到报酬，不管多少，总是全部拿去给他的母亲，希望母亲少做点刺绣，以免伤害眼睛或过于劳累。然而林母还是因为长年的劳累，生病过世了。

在老师高啸桐的介绍下，林白水到浙江石门知县林伯颖家任私塾教师，开启了林白水教书育人之路。林家的子侄，林长民、林肇民、林尹民、林觉民等都对林白水知识的渊博，教材的新颖，极为钦佩。其后，林白水先后任教于蚕桑学堂、求是书院、养正书塾、东城讲舍等。光绪二十七年（1901），林白水任《杭州白话报》的主笔，撰写发刊词《论看报的好处》，踏出了其作为报人的第一步。光绪二十八年，林白水返闽创办近代福州第一所新式学堂——蒙学堂，而后又匆匆赴杭。

光绪二十八年林白水与蔡元培等友人在上海成立中国教育会，继设爱国女学、爱国学社，出版《学生世界》。光绪二十九年初，林白水东渡日本，开启了他第一次留日生涯。彼时俄国侵占东北不还，并妄图进一步侵略东北与蒙古，听到这个消息，留日中国学生非常愤慨。四月，林白水在日本参加拒俄义勇队，而后拒俄义勇队改学生军，林白水任丙二分队长。然而懦弱的清政府对外无能，却通过日本政府开始强硬镇压留日革命学生，林白水便于年底回国在上海创办《中国白话报》，而后与刘师培接手蔡元培等人创办的《俄事警闻》，改名《警钟日报》。十九日林白水偕万福华、刘师培刺王之春，随后营救黄兴等人。在进行革命活动的同时，林白水不忘教育事业。同年，他返闽办官立、府立七小学。次年初，又一次自费赴日留学，入早稻田大学学法科、新闻。光绪三十一年十二月加入同盟会。随后，由于日本政府颁布限制中国学生活动的通告，林白水等留学生怒而回国。

光绪三十二年四月，林白水返闽编八册《高等小学修身手册》。光绪三十三年开始翻译《日本明治教育史》。光绪三十四年十月《日本明治教育史》出版，宣统元年（1909）其编纂的少年丛书《华盛顿》《纳尔逊》《毕斯麦》《大彼得》出版。宣统二年三月其校订的《自助论》出版。1912 年 12 月，编纂的少年丛书《加里彼得》出版。

宣统三年，福建光复，林白水作为福建省唯一在日本学过法律并研究过英美各国法律的人，被公推为法制局局长，首创全国文摘式期刊《时事选刊》，并编写《法典》。而后，林白水当选国会众议院议员，被聘为总统府秘书直隶省督军署秘书长。1914 年，袁世凯解散国会，林白水回闽。次年，再度入京，被委为参政院参政。

光绪二十四年（1898）底，林白水经私塾启蒙老师高啸桐推荐，应杭州知府林启的聘请，赴杭州"求是书院"执教。同时，还协办了"养正私塾""蚕桑馆"等两所新学校，整顿了东城讲舍。用杭州知府林启的话来说就是：立求是书院。综中西之学，以淑成人；立养正私塾，授童蒙经，兼导以欧洲普通之学；修东城讲舍，课经史策论，伴杭士通晓时务，以归本于道德；开蚕桑馆于西湖。延东人蚕业之良者，以授学徒。这四所学校，学习的课程，虽有些不同，但中西课程兼学，时务道德并教。林白水和高老师兄弟都去兼课，讲些时事和新学。

林白水在福州三坊七巷办蒙学堂；在故乡闽侯青圃办鳌峰学堂；还在福州市区内办了七所官立、府立小学，还与表弟黄展云等合编八册《高等小学修身手册》，这是近百年思想、品德教育的结晶，也是近代最早、最完整的思想、品德教材，值得认真研究和借鉴。

林白水在办学过程中十分重视德育，把德育放在优先地位。他要学生以新知报故国，以巧技振家邦。这是他办学的教育宗旨。他反对奴化教育，要学生学会做人道理，吸收中西先进文化。强调知识和技能并重，一切都为能报效祖国。林白水十分强调爱国主义思想教育，这是今日教育主题，也是教育的灵魂。如果离开报效祖国，谈教育是无方向的教育。在他新办学校中，都设时务课，并亲自讲时事和做人做事道理，以灌输维新和革命思想。

林白水还应邀参加蔡元培先生组织"中国教育会"，创办爱国女校、爱国学社等，鼓吹中国革命。在中国教育会议中，林白水妹妹林宗素提出要办一所女子学校的要求，在林白水和中国教育会会员们认可和支持下，会长蔡元培正式决定办爱国女学校。

林白水以办学、办报为职业，以笔杆子为战斗武器，奋斗一生，被誉为旧民主主义革命时期反帝、反封建、反军阀的急先锋、报坛先驱，已载入史册。

林白水最主要的功绩突出表现在他创办各种报刊上。他是我国历史上第一个出国留学攻读新闻学的人。光绪二十七年（1901）投身报业，到1926年以身殉报，中间除五年左右的官场生涯外，林白水都是以报人身份参与社会事务的。他不仅亲手创办了多种报刊，还撰写了大量消息、通讯、评论以及文学作品等。正是20多年悲壮、热烈的报业生涯和数百篇"如云驱电掣，如风马之驰"的文章，奠定了他作为一名优秀的新闻工作者和出色的民主革命宣传家的历史地位。

自光绪二十七年开始办报，20余年中，他先后在杭州、上海、北京等地，自办或与他人合办过《杭州白话报》《中国白话报》《俄事警闻》《警钟日报》《公言报》《平和日报》《新社会报》《社会日报》等近10家报纸。在报上，他以"宣樊""宣樊子""白话道人""白水""突飞子"等二十几个笔名，发表大量新闻和时评，积极宣传爱国民主思想，鼓吹革命，抨击时弊，为民鼓与呼，使他成为当时新闻界与邵飘萍齐名的人物，被誉为报界先驱。此外，他才思敏捷，笔锋犀利，在诗词、书法、金石、著译、文物甄别等方面都有较深造诣。

林白水有句名言："新闻记者应该说人话，不说鬼话；说真话，不说假话"。这既是他笃定的新闻工作者的职业规范，也是他一生新闻实践中所坚守和追求的专业主义品格。其新闻思想主要体现在以下几个方面：

一、以开启民智为宗旨，大力倡导白话报刊。光绪二十七年六月，应《杭州白话报》办人向藻馨的邀请，林白水加盟该报任主笔，这是他整个新闻生涯的起点。在为该报撰写的发刊词《论看报的好处》中，林白水开宗明义地指出："我们办这个报的意思，原为广开民智……"，并强调看报的好处是"秀才不出门，能知天下事"。由此可见，从涉足新闻事业的第一天起，林白水就已明确地将广开视野、启迪民智当作报刊的首要职责。

二、追求专业主义品格，以"说人话、说真话"为新闻工作者的生命线。所谓"说人话"，主要表现在两个方面：一是新闻形式要"说人话"，即以读者的阅读需求为出发点，用普罗大众看得懂的文字和符码来传播信息；二是新闻内容要"说人话"，即通过报纸反映普罗大众的疾苦，传达底层民众的呼声，从普罗大众的立场和视角来识人论世。所谓"说真话"，也包括两种含义：一是指新闻信息要真实，二是指要有说真话的勇气。

林白水通过报刊语言白话化的倡导，通过新闻体裁的革新，以媒介大众化为追求，实现了自身价值取向与价值体系的根本转换，实现了由传统士大夫的"代圣人立言"向现代知识分子的"代百姓立言"的转型，从而融入时代大潮之中，与国家和民族的命运连在一起。林白水以报为阵地，以笔做武器，或时评、或通讯、或小品、或言论、或诗词小说，十八般武艺统统上阵，对中国民主革命给予热情支持，对腐败透顶的满清政府、外国强权势力以及封建军阀给予无情揭露，猛烈抨击。1926 年 8 月 6 日，他因发表大胆抨击北洋军阀的文章而惨遭杀害，时年 52 岁。

（谢彪）

陈绍宽

陈绍宽（1889—1969），字厚甫，福建闽县（今福州）人，光绪三十四年（1908）毕业于南洋水师学堂。1929 年，任海军部次长。1932 年，升任海军部上将部长、国民政府国防委员会委员，指挥海军进行抗战。1934 年，创办"海军大学"。1935 年，晋升一级海军上将，国民党第五届中央执行委员。1938 年，改任海军总司令。1945 年，以中国代表团海军顾问身份，赴美参加联合国的筹组。中华人民共和国成立后，历任福建省人民政府副主席、民革中央副主席、国防委员会委员等职。

陈绍宽光绪十五年（1889）出生在一个普通家庭。其父陈兆雄（又名伊黎），谱名世盘，自幼被过继给其伯父一房，曾在家乡开设了一家杂货铺，是一名箍桶匠，后与其弟，即陈绍宽的叔父陈兆汉一起投身晚清海军。陈父入伍，初时担任水手，后升为中士管轮。凭借在南京舰上服役之便，举荐陈绍宽给海军元老萨镇冰。萨镇冰可谓陈绍宽一生的伯乐，陈绍宽每遇人生中大抉择之际皆请教于萨镇冰，故萨氏对其影响甚深。

这种影响表现在陈绍宽于求学时代就不自觉地向海军靠拢。他进入南洋水师学堂时方 17 岁，入学攻读航海技术。毕业后，即进入清朝海军服役。由于生长于清朝末期，当时的海防思想对陈绍宽海防思想的产生与发展有着重要影响，而清末这一中国历史上极特殊的历史时期又为其当时所产生的海防思想打上了鲜明的时代烙印。

陈绍宽军旅生涯的 40 年见证并促成了中国海军的成长与发展。他曾亲历第一次世界大战，协同英国海军在格罗林战役中战斗，并由于骁勇得到英女王与清政府的嘉奖。国内北伐战争时期，他顺应历史大潮加入国民革命军，并先后参加了两次西征，战功卓著。以致在南京国民政府时期历任海军要职，直至官拜海军部长。陈绍宽亦在抗日战争中率领海军在正面战场上做出了重要贡献，展现了军人的气节。但其在抗战胜利后因坚持不打内战，而与蒋介石产生分歧，最终被免职，之后便挂冠归里。直到新中国成立后才出任人民政府要职。他的一生历任代理舰长、舰长、第二舰队司令、海军署长、海军总司令等要职，倾毕生精力于中国的海军建设之中。他亲身考察世界上多个海洋大国的海防建设，这些经历使得陈绍宽的海防思想达到较高水平，内容丰富，具有很高的研究价值。

光绪三十一年，陈绍宽偕胪雷乡族人陈元海赴南京，这时其父在南京服役，将陈绍宽推荐给海军元老萨镇冰，萨镇冰鼓励其多读国学，并推荐其就读于江南水师学堂学习驾驶。光绪三十四年毕业，被派往"通济"练习舰见习，后任"联馆"舰二副兼教习，同年与福州人潘璧玉结婚。

1911年10月10日，武昌起义爆发，革命随即席卷大江南北。1912年1月1日，孙中山宣誓就任临时大总统，南京临时政府正式成立。同年中华民国海军部成立，陈绍宽任"镜清"号练习舰上尉大副。1914年，陈绍宽调任海军总司令部练习舰队司令处少校副官。1915年12月，陈绍宽挫败了南方革命党人陈其美图谋夺取北洋军舰的计划，并在护舰战斗中抢回"肇和"舰有功，被破格提升为"肇和"舰上校代理舰长，也使陈绍宽在北洋政府的海军之中受到重视。1916年1月，陈绍宽卸任代理"海容"舰长职，被派赴美国学习，主要学习海军人才培养办法、潜艇和飞机。是年12月参谋本部选派刘家倓等六人赴欧洲各交战国观察战事，海军总长陈壁光派陈绍宽随同观战，顺便留英深造，获大总统黎元洪同意。1917年，陈绍宽赴欧途中经过日本和美国，又顺便在两国进行考察。由于美德断交，德国潜艇在大西洋非常猖獗，是年5月陈绍宽冒险东渡大西洋，得以有机会随同英国海军参加第一次世界大战中的格罗林战役，并获得英国女王在大战后颁发的"欧战纪念励章"。1918年2月间，陈绍宽由英赴法参观海军备战，并考察了意大利海军，月底返回英国。

1918年8月，北京政府任命陈绍宽为驻英使馆武官，继续考察英国海军。第一次世界大战结束，陈绍宽以中国代表团海军专门委员会委员身份出席巴黎和会。1919年，陈绍宽回国后，拜访海军元老萨镇冰。萨老期望他到舰队中实地苦练，因此陈绍宽放弃了留在海军部充任副司长的缺额。1920年，陈绍宽回到"通济"号练习舰，并出任中校舰长。1922年，第一次直奉战争，因助直有功调任海军总司令部上校参谋长。1923年1月，陈绍宽调任"应瑞"舰舰长，并晋升为海军少将。1924年2月，陈绍宽因在汕头收回"豫章"舰而获嘉奖。1926年7月，海军第二舰队司令许建廷因病辞职。9月18日，陈绍宽接任海军第二舰队司令，驻防上海及长江一带。

陈绍宽作为民国海军的高级将领，他的海防思想深受孙中山的影响，可以说陈绍宽是孙中山的忠实拥趸，他的海防思想也不可避免地带有孙中山海防思想的诸多特征，甚至可谓是对孙中山海防思想的继承与发展。

陈绍宽同孙中山一样，其海权、海防思想的形成源于他对近代以来世界发展走势的认识，且与其救国理想密切相关，因此其海权思想中的时代性和历史进步十分明显。他坚信孙中山的海权观念以及海军建设思想，其目的不仅单纯地为了抵御外侮，更是向海洋要求生存和发展，进而实现发展中国的近代海洋经济的目的。

1945 年 9 月 9 日，陈绍宽以中国海军总司令的身份在南京黄埔路中央军校大礼堂参加了中国政府接受日本侵华军投降的仪式。日本投降后，蒋介石裁撤海军司令部，免去陈绍宽海军总司令之职，而在军政部下设海军处，让心腹爱将陈诚兼任处长。陈诚接收海军时，竟派兵将海军司令部警卫连缴械。陈绍宽愤懑不已，归隐故乡。内战中，蒋介石要他去台湾，陈绍宽答：再逼我就投海。

1949 年 8 月 17 日，陈绍宽家乡胪雷村解放了。福建省人民政府主席张鼎丞亲临胪雷，邀请陈绍宽先生出山为新中国服务。陈绍宽先生欣然同意，并与中国海军老前辈、一代名将萨镇冰一起，通电拥护中国共产党和毛泽东主席的领导。他多次当选为全国人大代表，并先后出任国防委员会委员、福建省副省长、省政协副主席和民革中央副主席等职，为社会主义建设事业呕心沥血、鞠躬尽瘁。朱德委员长视察福建时曾亲切看望了他。1969 年，陈绍宽先生病情危重，周恩来总理多次亲自打电话，指示福建省立医院尽力治疗抢救。在弥留之际，陈绍宽先生仍口授遗书，衷心感谢中国共产党和人民政府对他无微不至的亲切关怀，并谆谆劝告在台湾的国民党军政人员和海军故旧袍泽，要为台湾早日回归、实现伟大祖国统一贡献自己的力量。同年 7 月 10 日，他在福州溘然长逝，走完了叱咤风云、波澜壮阔的人生历程。他的骨灰安放在福州文林山革命公墓。

（谢彪）

林语堂

　　林语堂（1895—1976），福建龙溪（今漳州）人，原名和乐，后改玉堂，又改语堂，中国现代著名作家、学者、翻译家、语言学家。

　　林语堂光绪二十一年（1895）十月初十出生于福建省龙溪县坂仔村的一个基督教牧师家庭里。6 岁在村小从师启蒙，并由父亲授以古文、古诗和对句等一般知识。由于父亲的职业关系，10 岁时，到鼓浪屿一所教会小学上学，13 岁入厦门一所教会办的旧制中学读书，直到 1912 年夏毕业，完成了他的中小学教育。

　　教会学校的教育和牧师家庭的生活，使林语堂从童年时代起就成为一名热诚的基督教徒。父亲林至诚，在林语堂出生时已 40 多岁，是林家的第二代基督教徒。林至诚年轻时家境贫寒，贩运过大米、竹子，也当过小贩和受人雇佣的小工，所以对于贫民生活的况味，有所体会。当了牧师之后，每月可以从教会领取 20 元左右的薪水，生活稍有好转。但因为在林语堂出生时，前面已有四位兄长和两位姊姊，不久又有一个弟弟，兄弟姊妹多，家境仍较清苦。林语堂童年时代除上学之外，每天必须和兄姊们一起从事浇菜园、打水、扫地等生产劳动和家务劳动。由于父亲思想开通，关心子女的成长，母亲勤劳仁慈，兄弟姊妹之间也十分友爱，家庭生活很和睦。

　　林语堂后来因此而自诩"我本龙溪村家子"，以农家子弟自居。他对自己的童年生活十分满意："在造成今日的我之各种感力中，要以我在童年的家庭所身受者为最大，我对于人生与平民的观念，皆在此时期得受深刻的感力。"不能否认，质朴的农村生活和秀丽的自然景色，对养成林语堂童年时期简朴的心思和生活情趣有一定的影响。我们只要看一看他家和教会的关系就可以知道对他童年生活"感力"最大的是什么了。林语堂的父亲曾经拥护过资产阶级改良派的"维新运动"，也拥护过孙中山的资产阶级民主革命。少年时代的林语堂在这个接受西方教会的家庭长大，对他影响最大、浸淫最深的是西方文明，这是他"西化的重要开端"，决定了他一生的道路和思想发展。

　　1912 年秋，17 岁的林语堂来到上海经过考试，升入上海圣约翰大学文科学习。圣约翰大学是美国基督教圣公会用"庚子赔款"创办的当时国内最著名和最严格的英文大学。林语堂在大学期间的学习生活，表现了对于西方哲学、社会科学的浓厚兴趣，他在图书馆内仔细地研读了这方面的著作。例如，英国历史学家张伯伦的《十九世纪的基础》，德国生物学家赫克尔的《宇宙之谜》，英国社会学家王尔德的《社会学》，以及哲学家斯宾塞的《伦理学》等著作，都曾经是他极感兴趣的书籍。同时，该校外籍校长卜舫济和众多的西方教员，他们的思想观点、伦理观念、文化教养以至生活方式，使林语堂受到了较之童年时期更深的感染和影响。对于西方文明和西方生活方式，已经从感性的追慕上升为理性的服膺。

1916 年秋，林语堂于圣约翰大学毕业，到北京清华大学任英文教员。教学之余，偶尔在《新青年》杂志上发表关于文字改革的文章。1917 年初，胡适、陈独秀先后在《新青年》发表文章，提倡文学革命。不久，白话文运动的浪潮席卷全国。林语堂在报刊上发表支持白话文运动的文章，提出"要为白话文学设一个西方论理细慎精深，长段推究，高格的标准"，以尽到"唤醒国人心目的责任"。

光绪二十年（1894），美国传教士 A·H·史密斯（中文名字明恩溥）在纽约出版《中国人的性格》一书，开始了外国学者对中国民族性格的系统研究。此书"面子"一章最为精彩，指出中国人自觉不自觉的表演意识，使一切问题都成了"形式"问题，人生真的成了大戏台。这一说法为不少后来的学者所接受。鲁迅虽然指出此书"错误亦多"，仍希望有人译成中文，逼使中国人"看了这些，而自省，分析"。

1935 年出版的英文著作《吾国与吾民》，即是林语堂思考中国人性格的结晶。此书被赛珍珠评为"历来有关中国的著作'最忠实、最深刻、最完备、最重要的成绩"。《吾国与吾民》分"中华民族之素质"和"中国人民的生活"两部分，上部总论，下部分论。其中第一章借用西方历史学家和人类学家观点，解释中华民族"延长的童年"，以及 800 年一周期的历史循环等等，漏洞最多。其余各章虽时有偏颇，毕竟有作者自己的体悟，再加文章写得潇洒，可读性很强。对中国人直觉的思维方式、中国文化的人文主义特性以及中国语言对文学的制约，林语堂此后还做了进一步的发挥；而第九章"生活的艺术"之大受西方读者赞赏，更直接促使他写作《生活的艺术》一书。可以说，《吾国与吾民》一书是林语堂生命的转折点，此后他就由对中国人讲西方文化转为对西方人讲中国文化了。

全书讲得最精彩、最有特色的是关于道教、道家对中国人心灵及中国文化的决定性影响。也正是这一点，使得林语堂讲中国文化讲出了自己的味道。对国民性的思考，无疑是 20 世纪中国思想文化界的一个长盛不衰的话题。而鲁迅、周作人、许地山之强调道教对中国人性格的极为深刻的影响，对林语堂大有启发。30 年代前期，林语堂在上海办杂志写杂文，已多次涉及这个问题。《吾国与吾民》更是大谈"中国人民出于天性的接近老庄思想甚于教育之接近孔子思想"。

对道家哲学，由早期的政治层面的批判，深入到文化——心理层面的研究——其中从道家精神的渗透角度把握中国文学艺术的特性以及审美精神的发展，已为时下学者所进一步发挥——这对林语堂来说很有意义。五四时代的斗士风采没了，这自然很可惜；可终于找到他自己所理解的东西方文化的最佳契合点，这又实在值得庆幸。

最能体现林语堂的幽默和闲适的，自然是他 1937 年在美国出版的英文著作《生活的艺术》。此书 1938 年始由黄嘉德译载《西风》杂志，1941 年由西风社出全译本。全书共十四章，行文幽默，不少章节相当精彩，如"以放浪者为理想""人生像一首诗""嬉戏的好奇心""论梦想""论幽默感""悠闲的重要""生活的享受"等章节，都写得洒脱隽永，不乏奇思妙想。全书的中心论题是：世界过于严肃，需要一种智慧的欢乐的哲学，而中国人生活的艺术即是"快乐的科学"，值得推荐给过分忙碌的西方人民。

《吾国吾民》中曾说："道家精神和孔子精神是中国思想的阴阳两极，中国的民族生命赖之以互动。"在中、西宗教文化思想中，道教文化思想对林语堂的影响最为巨大，学者陈平原把林语堂视为"道家文化的海外回归者"。林语堂也把道家看成自己的宗教信仰来崇信，他说："倘若强迫我在移民区指出我的宗教信仰，我可能会不假思索地对当地从未听过这种字眼的人，说出'道家'二字。"

林语堂对老子的不斗、不争、不抵抗思想颇感兴趣。他幽默地提出，假如希特勒是老子，他决不会做出那样无知的举动。老子强调柔弱的力量，居下的优势和对强力的不信任也促使林语堂反对竞争，反对武力征服观念的形成。而且老子的告诫"不可为天下先"也使林语堂明白了争论之无益，坚信老子的做人观念："大巧若拙，大辩若讷，静胜躁，寒胜热，清静为天下正。"

林语堂的一生，经历了清末、民初的军阀混战和蒋介石政府专制统治时代，他的足迹遍及欧美多国，还曾在美、法等国长期居住。他从小生活在一个中式的牧师家庭，家庭对他的教化与影响可谓"中西合璧"。从小学到大学，林语堂上的都是教会学校，接受西式教育。当他大学毕业后到了北京，出于兴趣才开始苦读中国传统文化典籍，并曾陶醉其中。出国留学后，虽深受西方思想文化的教诲，但在骨子里还是浸润着传统文化的影响。

20世纪中国的前半叶，林语堂在弥漫革命与抗争精神的时代潮流中，在政局世事的剧变里的经历与言行，揭示他的思想变化与文化心态，表现他的精神世界与心灵历程。

从五四时期到20年代初，林语堂怀着爱国热情，同爱国反帝的民众和进步学生站到一起，抨击军阀混战与社会黑暗，表现出"热烈及少不更事的勇气"，"留下进步的足迹"。但在"四一二"政变后，他就由"激烈改为平和"，声称"死无葬身之地的祸是大可不必招的"，从时代激流中后退了。30年代，他竭力提倡幽默与性灵小品，曾受到以鲁迅为首的左翼联盟的批评。全民抗战前夕，林语堂在赴美的《临别赠言》里表白思想主张，说明他"政治上已转为对当时政府进'忠言'的文士"。而在海外，林语堂却十分关注国内抗战局势，大力宣扬抗战到底。40年代初，他回到重庆，受到蒋介石的接见，还荣获侍从室"顾问"的头衔。后来，他曾写作《枕戈待旦》等文字，为蒋介石政府辩护。

林语堂自诩"脚踏东西文化"，其实他内心潜藏的还是中国士大夫与文人的传统观念，在入世与避世之间徘徊。他自称是"大荒中孤游的人"，"我走我的路"，却在时代风暴中后退，"一被袭击，我就逃走，再度被击，再次后退"。后退而不甘寂寞，应该说，他是中国现代文化名人中，一种类型的代表性人物。

（谢彪）

庐　隐

　　庐隐（1898—1934），原名黄淑仪，又名黄英，福建省闽侯县南屿乡人。五四时期著名的作家，与冰心、林徽因齐名，并被称为"福州三大才女"。

　　笔名庐隐，有隐去庐山真面目的意思。从 1921 年 2 月在茅盾主编的《小说月报》上发表第一篇小说《一个著作家》起，至 1934 年难产去世，短短 13 年间，她为新文学奉献了《海滨故人》《曼丽》《灵海潮汐》《归雁》等 12 部作品集及散见于各种报纸杂志的论文、小说、散文、书信等，150 多万字。仅就小说创作而言，她便有近 80 个中、短篇及 4 部长篇问世，堪称"五四"时期第一高产女作家。

　　光绪二十四年（1898）庐隐出生在落魄的官僚家庭，父亲是前清举人，母亲是一个没有读过书的旧式女子。在黄英出生前，家里已有三个男孩，因此，在那个只盼生男不望生女的时代，这家父母却盼望生个女孩。不巧的是，黄英出生的当日适逢外祖母病逝，这个原本在期待中降生的千金被认定是克死外祖母的灾星，母亲于是无心哺乳，只雇了一个奶妈把她远远打发开。由于缺乏母乳喂养和充分抚育，黄英自幼体弱多病，哭闹无常，而且脾气拗傲，这样一来不但失掉母爱，就是哥哥们见了她也觉得讨厌。2 岁时，黄英生了一身疥疮，总不见好转，终日号哭不停，母亲气得就差一棒子打死她。奶妈看她可怜，就同夫人商量带回自家抚养。意思是说，如果能好，就送回来，死了呢，也就算了。或许是乡下空气好、阳光充足的缘故，黄英的疥疮不但痊愈，身体也变得强壮了。3 岁时，父亲外放湖南长沙当知县，家里就把她接了过去。

　　黄英 6 岁那年，父亲因心脏病发作死在任上。母亲料理完丧事，把父亲历年存下的银子和一些东西变卖，折成 2 万块钱，几经波折，一群孤儿寡母来到北京，投奔舅父。黄英的舅父力钧，福州永泰人，是清末农工商部的员外郎，兼太医院御医，生活殷实，房间很多，仅黄英的表姊妹就有二十来个，是一个很大的家族。舅舅把父亲留下的 2 万块钱，存进钱庄，每月可得 200 元的利息，这就是黄英一家的全部家底。

　　宣统元年（1909），庐隐被送到教会学校慕贞学院就读。教会学校死气沉沉的生活也无法让庐隐感到幸福。有一次学校开"复兴会",校长朱太太为她的灵魂得救和人生许多痛苦祷告到流泪,那一刻她感受到了耶稣对她的爱,她想到了母亲及家人对她的嫌弃,以及她在学校期间所遭受的病痛折磨。她空虚无助的心需要耶稣的帮助,她就答应朱太太信教。在复兴会结束后,庐隐受洗成了信徒。那段时期,她信仰十分虔诚。

在教会小学度过 5 年之后,1912 年,庐隐考进女子师范学校。1917 年,她在安庆担任小学女教员一职,1919 年进入北京高等女子师范学校国文系就读。1922 年毕业后,庐隐来到安徽宣城中学任教,半年后回北平师范大学附属中学教国文。1925 年,她出版了第一本小说集《海滨故人》。

五四新文化运动来临,受到新思潮冲击的她对先前所信仰的基督教产生了怀疑,她说:"在童年的时候,我皈依了耶稣,等到我离开那所教会学校,我本来不彻底的信仰,便渐渐趋于破产。"即便如此,她 20 年代初还是创作了一系列基督教小说,如《灵魂可以卖吗?》(1921)、《余泪》(1922)、《两个女教员》(1922)等。

1923 年,庐隐不顾家人的强烈反对,嫁给有妇之夫郭梦良,婚后却发现这不是她理想的婚姻生活。后来,在一段不太长的时间里,她母亲、丈夫、挚友石评梅和哥哥等相继去世。好友石评梅的死对她打击很大,用她自己的话说,"评梅死后,我不但是一个没有家可归的漂泊人儿,同时也是一个无伴的长途旅行者,这时节我被浸在悲哀的海里,我但愿早点死去"。那段时期是她人生最低谷的时期,信仰之光在她生活中逐渐黯淡,她感叹命运的无常,开始转向以己之力挽回命运的波澜。她在自传里写道:"虽然世界是有缺陷的,我要把这些缺陷,用人力填起来。"1928 年,庐隐爱上小她 9 岁的清华大学学生李唯建,1930 年与其成婚。1934 年,庐隐因难产而死,年仅 36 岁。在她的葬礼上,她边上安放着她的 9 部遗作,脚头放了十字架,并请了牧师读经。

1919 年底至 1922 年,庐隐发表了《论妇女们应该剪头发》《"女子成美会"希望于妇女》《利己主义与利他主义》《新村底理想与人生底价值》《劳心者与劳力者》《整理旧文学与创造新文学》等锋芒毕露的杂论,显示了她的政治倾向和艺术观点。在这些杂论中她提倡男女平等、个性解放和妇女解放,宣扬新的社会理想,要求铲除压迫和剥削,体现了朴素的民主主义思想,表现了反封建的巨大勇气,同时也表现了否定旧制度,向往新生活的积极进取的态度。

在《创作之我见》文中，她又主张艺术上的"写实主义"。在文学创作中，一开始她的目光就注视到社会问题，广泛地对人生进行反映和探索。在《一个著作家》《一封信》《两个小学生》《灵魂可以卖吗?》《思潮》《余泪》《月下的回忆》这些短篇小说中，都提出尖锐的社会问题，触及了社会矛盾和阶级压迫。这些作品或写封建包办婚姻对青年幸福和生命的摧残，或写军阀政府对请愿学生的残酷镇压，或写纱厂女工的痛苦，或写军阀混战，帝国主义对中国人民的毒害奴役等等，有血泪的控诉，有凌辱的呼喊，有压迫的喊叫，感情强烈，格调豪放，饱含着作者的正义和不屈的坚强性格。

五四运动狂飙突进的大浪潮过去之后，中国仍然处在帝国主义和封建主义的统治之下。那些曾在五四运动中呐喊的斗士们很快产生了分化，卢隐感到深深的失望，再加上她当时已从北京女高师毕业，为求衣索食不得不离开北京，"挣扎在万恶的人间"，后来又惨遭亡夫丧母的惨重打击。她陷入了痛苦的重围。在残酷的社会现实面前，卢隐向往、追求并指导她行动的个性解放思想已经越来越无力，但她当时当然不可能清醒地认识到这一思想武器所具有的根本性的先天不足。她感到孤独、空寂、苦闷、怅惘，思想上陷入了悲观彷徨的境地。她的创作便改变了方向，笔锋转向写自己、写爱人、写朋友的"自叙传"性质。从1922年发表《或人的悲哀》开始以及其后的《彷徨》《丽石的日记》《海滨故人》《前尘》《父亲》《胜利以后》《何处是归程》《沦落》等作品，取材范围明显缩小到她自身生活和自身所处的教育界、知识界，这些作品的主旋律充满哀伤幽怨，带有"世纪末"的情绪。这些人物是"五四"时期的时代儿，这类作品组成了一面反射那个特定时代折光的镜子，有其重要的社会意义。茅盾说："在反映了当时苦闷彷徨的站在享乐主义边缘上的青年心理这一点看来，《海滨故人》及其姐妹篇是应该给予较高评价的。"

卢隐的第二次转向是1928年第二个短篇小说集《曼丽》的问世。茅盾说："促成了她这一转向的，与其说是她本人生活上的变动，倒不如说是时代暴风雨的震荡。"卢隐在经受了亡夫丧母的惨重打击之后，辗转颠沛回到北京。这时，蒋介石已公开叛变革命，北方笼罩在一片白色恐怖之中，具有革命思想的卢隐也被人写了匿名信告到国民党市党部，险遭逮捕。残酷的社会现实，加剧了卢隐内心的痛苦，似熔岩灼噬着她的心，她试图"奋力地跃起"，"追求自由的灵魂"，"从颓唐中振作起来"。《曼丽》集中小说的共同主题是：诅咒黑暗，向往光明，寻求新的出路。这些作品的基调由低沉渐为高亢，由忧伤渐为开朗，艺术上也比较成熟，体现了庐隐这一时期思想上和创作上的转变。

30 年代以后，特别是 1932 年日本进犯上海，"一二八"淞沪抗战爆发，民族矛盾和阶级斗争的空前尖锐，她终于从小我的感情中挣扎出来，把个人的视野和艺术的触角转向了广阔的现实社会。她说："我现在写文章，很少想到我的自身。"当她的创作世界重新和广阔的社会生活联系起来的时候，她又勇敢前进了。她为我们留下了长篇小说《火焰》、散文集《东京小品》等。这一时期，庐隐的创作进入鼎盛时期，达到了多产丰收，无论从思想还是写作都有前所未有的突破。

庐隐是一位聪明独立、有自我判断能力的知识女性。她率真中不乏真诚与单纯，爽朗旷达，待人真诚。在作家谢冰莹眼里，庐隐是一个很痛快的人："高兴起来，就哈哈大笑；烦闷的时候，就痛饮几杯；伤心的时候就大哭一场；看不顺眼的事情，就破口大骂，毫不顾到什么环境不环境。"庐隐的"痛快"还表现在她"行云流水"的语言风格中，她写作时把读者当作倾诉的对象，有一说一，实话实说。她说她自己"在文章里，我是一个易感多愁脆弱的人，——因为一切的伤痕，和上当的事实，我只有在写文章的时候，才想得起来，而也是我写文章唯一的对象，但在实际生活上，我却是一个爽朗旷达的人。"

庐隐在她坎坷的人生道路和文学道路上是不断地探索、追求，在曲折反复中不断前进而有成就的。她留下的那些反映时代历史、表现五四时代群像的作品，以及爱国主义、针砭时弊的篇章，在中国现代文学史册上留下了特色鲜明的一页。

（谢彪）

郑振铎

郑振铎（1898—1958），原籍福建长乐。中国现代杰出的爱国主义者和社会活动家、作家、诗人、学者、文学评论家、文学史家、翻译家、艺术史家，也是著名的收藏家、训诂家。

郑振铎于光绪二十四年（1898）十二月十九日出生于浙江省永嘉县（现温州），原籍福建省长乐县。这一年正是中国近代史上著名的戊戌维新发生之年。郑振铎的祖父是一位读书人，曾在官居道台的表亲手下当幕僚，据说，后来还被委派为铜山岛的海防小官。祖父共生有二男三女，长子就是郑振铎的父亲，长女后来出嫁到福州陈家，其父亲在云南大理府任知府。二男即郑振铎的三叔，早年曾赴西班牙留学，归国后在北京外交部任佥事等职。

然而，在郑振铎尚未成年的时候，家庭接二连三发生变故，使得原本属于小康的生活顿时陷入了困顿。大概在郑振铎十一二岁的时候，他的父亲病逝，此后，家庭沉重的经济负担便全压到祖父的肩上。大约又过了五六年的光景，祖父也郁郁而亡。这样一来，全家的生活只能依赖郑振铎那三十几岁的寡母了。郑振铎有兄妹三人。母亲要拉扯三个未成年的孩子和赡养同样守寡的婆婆，家庭的困顿不言而喻。

天真活泼的童年生活结束了，郑振铎过早地体验到了人生的艰难和世情的冷暖。由于生活所迫，郑振铎曾经到过乡下的亲戚家寄居了一段时间，深深地感受到了劳苦大众的困苦生活。他后来回忆道：“那时已经是在民国初元了——曾经有一个时期居住在农民之间。农民们常苦于横征暴敛，叹息于兵戈的扰乱不息。”这种过早地知道了人世间的艰辛和看到了社会的真面目，对郑振铎此后的思想和创作都产生了深远的影响。

为了不辜负母亲的期望，为了能让母亲过上好的生活，为了谋求将来自己有出人头地的一天，读书成了少年郑振铎唯一的选择。经过努力，郑振铎于1917年夏，考上了北京铁路管理学校。而来到北京的郑振铎，住在时任北京外交部佥事之职的三叔家里，开始了新的“寄居”生活。虽然要面对叔叔婶婶的冷漠，甚至于冬天外面只穿一件棉袍，里面贴身穿的还是夏天的那件布褂衫，但是新的世界，给他带来了新的希望。

1919年五四运动期间，郑振铎作为铁路管理学校学生代表和福建学生联合会领导人之一，参加了北京中等以上学校学生联合会，积极投身于反帝反封建的伟大斗争。6月，学校为瓦解学生运动提前放假，免费送外地学生回家。郑振铎回到温州后即参与发起"救国讲演周报社"，与陈仲陶一起创办《救国讲演周刊》，不久被当地反动派查封。同时，他还参与发起温州第一个新学术团体"永嘉新学会"，并倡议创办会刊《新学报》，被推选为该刊编辑。暑假后，郑振铎回到北京，继续参加学生运动。8月，日本帝国主义者在福州开枪逞凶，并派军舰相威胁，郑振铎又参与组织旅京福建学生联合会，编印《闽潮》，奔走呼告，十分英勇。11月1日，郑振铎与瞿秋白、耿济之等人创办《新社会》旬刊，由北京基督教青年会所属"社会实进会"刊行。他在该刊《创刊号》上发表了《发刊词》和最初的诗作《我是少年》，此后还撰写《我们今后的社会改造运动》《现代的社会改造》《中国劳动问题杂谈》等十余篇政论性文章，宣传早期的朦胧的社会主义思想。《新社会》旬刊才出了半年，便被北洋政府查禁了。这时期，郑振铎还参加李大钊组织的秘密学习小组的活动。12月，在《新中国》月刊上发表了列宁《俄罗斯之政党》的译文，这是最早译成中文的列宁著作之一。同时，他还开始翻译、介绍俄罗斯文学作品。1921年，郑振铎与耿济之合作翻译了《国际歌》歌词，分别刊载于5月27日《民国日报》副刊《觉悟》和《小说月报》第12卷号外《俄国文学研究》上。这期间，他除了发表多篇俄国文学的研究论文外，还为商务印书馆出版的"共学社丛书"主编翻译了《俄国戏曲集》，成为我国最早的俄国文学译介者和研究者之一。1920年11月，郑振铎和沈雁冰、叶圣陶、耿济之等12人，在北京发起成立我国第一个新文学团体——文学研究会。他写了《血和泪的文学》等文学评论文章，提倡为人生的现实呐喊。

郑振铎是新文化运动的一员干将。他和他的战友们，将文学革命演绎成以通俗形式进行启蒙教育的思想运动，为中国现代新文学的创造立下了不朽功绩。

五四运动后，新文化运动由原来侧重艺文、思想的改造，逐渐转移到对现实的思考。许多思想家把解决问题的出路放在了"社会改造"上。俄国十月革命的成功和第一次世界大战的结束，资本主义制度的弊端暴露无遗。人民在思考着如何建立新的政治制度以便改造资本主义的社会。因此，很多人认为"社会改造"是当时中国最迫切的任务和最大的政治问题。社会改造也成了五四时期进步刊物的主张和讨论的中心。郑振铎也提出了自己的社会改造思想。郑振铎把问题归结为三点：

1. 缺乏群众基础。他指出："我们的运动，仍旧是阶级的"，"大多数的平民间——工商界及农民——的新思潮输入问题，他们却完全不会顾虑此及"，"普通一级的平民，则绝对没有受到这种纸上的文化运动的益处"。

2. 缺乏实际行动。郑振铎认为当前的社会改造运动，"不向切实的方面去做"。"都是纸上、口头的文章，没有切实的做去的"。虽然他赞成文字上的工作，但是"中国不识字的怎样多，识字的人，又大半数是顽固的守旧党。言论的效力，能有多少？……况且他们的言论，又都是直觉的空论多而解决实际问题的著作很少！近来虽风气略变，有好些人注意到切实的根本的设施，研究到实际的问题，但大多数还是埋头于口头、纸上、肤浅、直觉的著作。"

3. "好务虚名，急功近利"。他说当时运动的范围"过于广漠"。口号有些不切合实际。"中国人素来有一种毛病，……凡做一件事情，不问自己的根底稳固不稳固，自己的力量做得到做不到，始初就要希望有大影响，生大效力；即使做不到，博得一个虚名也好。就是现在改造的运动，也免不掉这种习惯。"

在文学领域里，郑振铎特别活跃，纵横驰骋，以研究小说、戏剧、俗文学为己任，认为研究者应有"世界的观念"，他热情推崇反映俄国社会巨大变革的俄罗斯文学，进行大量欧洲文学的翻译工作。与此同时，郑振铎还编印了"文学研究会丛书"，主编了《戏剧》《儿童世界》，并写了许多文学作品和评论。在郑振铎等人的努力下，文学研究会接过新文化运动中文学革命的大旗，筚路蓝缕，披荆斩棘，为中国新文学做了开拓工作。郑振铎也因此成为中国现代新文学的主要创造者之一而被载入史册。

和鲁迅、郭沫若、茅盾等译界前辈一样，郑振铎登上文坛是从翻译开始的。他的翻译活动大致可分为三个阶段。

第一阶段（1918—1921）主要译介俄国文学作品。他不懂俄语，但孜孜不倦地阅读高尔基、契诃夫、托尔斯泰等名家作品的英译本，并试译成汉语。1920 年，他翻译了高尔基的《文学与现在的俄罗斯》一文，发表在《新青年》第 8 卷第 2 期上。这阶段的主要译作有高尔基的《木筏上》、斯拉美克的《六月》、梭罗古勃的《飞翼》、《芳名》、普希金的《莫萨特与沙莱里》、克洛林科的《丈林语》等。还译了泰戈尔的《吉檀迦利》、《飞鸟集》

中少数诗篇。他译的契诃夫剧本《海鸥》也于 1921 年由商务印书馆出版。政治性译品有《俄罗斯之政党》与《对于战争的解释》。他和耿济之共同献出的译作《第三国际党的颂歌》是《国际歌》最早的汉译本之一。

第二阶段（1922—1924），他翻译了泰戈尔的诗选，继续翻译俄国文学作品，并译了不少童话。泰戈尔诗集中首先译出的是《飞鸟集》，泰氏诗集被介绍到中国来，当以此为始。接着出版的是《新月集》。他成为我国较系统地介绍和研究泰戈尔的第一人。此期间刊行问世的译作还有阿史特洛夫斯基的《贫非罪》，路卜询的《灰色马》，克鲁洛夫的《箱子》《平等》，梭罗古勃的《你是谁》和印度寓言等。童话集《天鹅》是他和夫人高君箴合译的成果。

第三阶段（1925—1936），广泛译介各国优秀的文学作品、民间故事、神话等。他奉献给读者的译作包括歌德的《列那狐》，以笔名"文基"译出的《列那狐的历史》《莱森寓言》，安徒生的《孩子们的闲谈》，阿志巴绥夫的《血痕》（与鲁迅合译），狄尔的《高加索民间故事》，《希腊罗马的神话与传说中的恋爱故事》，《民俗学浅说》，《俄国短篇小说译丛》等。郑振铎主张有计划地翻译世界名著。1935 年，他在生活书店着手主编《世界文库》，旨在介绍中国古典文学与外国文学中的精品，计划十分庞大。茅盾指出这是"三十年代继《译文》之后的又一大型介绍世界文学的刊物"。可惜只出了第 1 集 12 册便因故中止。但他作为整理介绍世界文学名著的"先行者"却是当之无愧的。

郑振铎是我国现实主义文学翻译道路的开拓者之一。早在新文学运动初期，他就主张"为人生的艺术"，与"为艺术而艺术"的资产阶级口号针锋相对，后又进而主张"血和泪的文学"。他和鲁迅、茅盾等一道，坚持首先翻译反映劳苦大众的生活和反抗的现实主义文学，尤其是俄苏进步文学与弱小民族文学，对我国文坛与译界产生了深远的影响。

新中国成立后，郑振铎被任命为文化部文物局局长。

郑振铎就任文物局局长后不久，即将他在上海重金收购的几百件古代陶俑全部捐献国家，并与王冶秋共同倡议从事文物工作人员，都不要购买和收藏文物。这成了文物局工作人员的一个传统，以后被列为《文物工作人员守则》的内容之一。1950 年，在他主持和指导下，草拟了一系列有关文物保护的法规文件，提请中央人民政府政务院颁布《禁止珍贵文物图书出口暂行办法》《古文化遗址及古墓葬之调查发掘暂行办法》《关于征集革命文物的命令》和《关于保护古建筑的指示》等中华人民共和国第一批保护文物的法令、指示和办法，为中国文物的保护管理做出了积极贡献。

新中国成立前后，我国图书馆建设经历了一次巨大变革，清理了部分书刊，增加了马列主义和经典著作，改变了图书馆的藏书成分，同时也加强了党对图书馆事业的领导。在对各图书馆的接收中，郑振铎作为新中国第一任文化部文物局局长，站在建设国家图书馆的高度给予关心和指导。尤其是对北平图书馆的接收，他从该馆领导班子的配备到各项重要规划，都直接与闻，凡有接收捐献或收购到的重要善本，都优先转给北图收藏。当时，上海还没有一个大型的公立图书馆和博物馆。他非常着急，多方呼吁。1951 年 4 月，他在致端毅（当时的华东文物处副处长）的信中说："此事必须早日办，上海市实在不可一日无图书馆、博物馆也。"后来，他多次到上海视察、商量、督促。1952 年 3 月，上海正式建立了图书馆和博物馆。他又给陈毅市长等人写信，推荐可以发挥一技之长的人士，其中有"邃于版本目录之学"的瞿济苍、瞿凤起两兄弟。1950 年，他领导成立了图书分类法工作小组，参加者有于光远、王重民、向达等人，甚至革命前辈徐特立也被他请来参加了座谈，几经努力，制订出新中国第一部比较科学的图书分类法。1954 年，他亲自主持了全国第一届公共图书馆工作人员训练班，并主讲"中国古典文学的宣传"，此外，还邀请冯雪峰、傅青华、何干之、袁翰青等名家去讲课。"九载辛勤筹划忙"，"规划苦君常不眠"，他的同事王冶秋所写的悼念诗句正是他呕心沥血的真实写照。

据不完全统计，由他主编、参加编辑的报纸、杂志 37 种，丛书、丛刊 23 种，由他发起和参加组织的政治、文学、学术社团近 30 种，编辑图籍 14 种，创作 12 种，文学学术论著 20 种，翻译的作品和论著 23 种，选编、校点、影印的著作 42 种，未刊书稿 28 种。

1958 年 10 月 17 日，郑振铎率领中国文化代表团前往阿富汗和阿联酋进行友好访问，途中因飞机失事不幸遇难，终年 60 岁。郑振铎等人遇难后，陈毅、贺龙、郭沫若、茅盾等 38 人组成治丧委员会，首都 1400 多名各界人士参加了追悼会。苏联、捷克斯洛伐克、波兰、印度等国著名学者纷纷撰写文章表示痛惜和悼念。郑振铎先生夫人高君箴女士遵照他的遗愿，将他数十年呕心沥血收藏的图书 17224 部（共 94441 册）以及他的手稿、14 部日记捐献给国家，现存国家图书馆。

（谢彪）

冰　心

冰心（1900—1999），原名谢婉莹。祖籍福建省长乐县甘墩乡横岭村，出生于福州市隆普营谢家大宅（今福州市鼓楼区乌山脚下乌塔之侧）。中国现当代著名文学家、翻译家和社会活动家。曾任中国民主促进会名誉主席、中国文联副主席、中国作家协会名誉主席、顾问等职。

冰心的父亲谢学朗（字葆璋，号镜如）生于同治四年（1865）。光绪十年（1884）十一月，谢葆璋以第一名的优异成绩毕业于天津水师学堂。谢葆璋先上"威远"练习舰实习，后随邱宝仁等一道赴德国接收北洋水师购进的"来远"舰，不久由驾驶二副升任枪炮官。中日甲午海战战败后，侥幸从击沉的"来远"舰上死里逃生的谢葆璋被清政府任命为"海圻"巡洋舰帮带（副舰长）。1927年6月，62岁的谢葆璋升任第七任海军部次长——北洋政府最后一任海军部次长。1930年，退休后的谢葆璋由上海迁居北京。1940年8月4日，谢葆璋在北京家中病逝，享年75岁。冰心的母亲杨福慈是一个出身书香门第，能诗善文的开明女子。冰心在散文《我的故乡》中写道："我生于一九〇〇年十月五日（农历庚子年闰八月十二日），七个月后我就离开了故乡——福建福州。但福州在我的心里，永远是我的故乡，因为它是我的父母之乡。我从父母亲口里听到的极其琐碎而又极其亲切动人的故事，都是以福州为背景的。"

1910年，谢葆璋辞去烟台海军学校首任校长的职务，举家返回故乡福州，住在福州城内祖父家中。开明、博学的祖父谢銮恩十分疼爱孙女，他的书房成为少年冰心的乐园。地处东南沿海的福州，自"开眼看世界第一人"林则徐以来，出现了一批立志改革、走在时代潮流前面的爱国志士，如最先翻译《天演论》的严复、最早介绍西方近代小说的林纾，都是谢家的故交老友。冰心90岁时，仍充满深情地回忆道："我和外国文学接触得较早，首先是在我11岁那年从山东烟台回到福建福州的老家，在我祖父的书桌上看到一本线装小说，是林琴南老先生送我祖父的《茶花女遗事》，其中的人情世故，和我看过的《三国演义》《水浒传》等都大不相同，而且译笔十分通畅有力。从那时起我就迷上了林译小说，只要自己手里有一点钱，便托人去买林译小说来看……"冰心又写道："在我父亲的书桌上，我看到了严复（又陵）老先生译的英国名作家斯宾塞写的《群学肄言》、穆勒写的《群己权界论》等等"，"严老先生是到英国学习海军军事技术的，他却自己研读了哲学和社会科学……在当时，都起了启蒙和沟通中西文化的作用"。的确，这种进步出版物的启蒙教育，对冰心一生的影响是巨大而深远的。她把书籍称之为"维持我们身心健康的精美的精神食粮"。1912 年，冰心以第一名的成绩，考入福州女子师范预科读书。

1913 年 8 月，海军部总长黄钟瑛任命同是福州长乐老乡又同是驾驶专业毕业的谢葆璋为海军部军学司少将司长，让时年 48 岁、办事认真的谢葆璋主管海军教育。冰心于是跟随全家从福州迁居北京，在铁狮子胡同中剪子巷 14 号院住了整整十年，这是冰心完成中学教育和大学教育的关键十年。1914 年，冰心入北京教会学校贝满女中就读直至毕业。

1919 年，19 岁的谢婉莹首次以"冰心"为笔名发表了小说《两个家庭》。

1923 年，冰心从燕京大学毕业。8 月，冰心和师长许地山、同学陶玲以及众多的清华学子一起搭上了开往美国的杰克逊号邮轮。冰心此行的目的，是要去美国威尔斯利女子大学研究院学习英国文学。这时的冰心除发表了引人注目的小说和散文外，还受泰戈尔《飞鸟集》的影响，写出了 300 多首无标题的格言式自由体小诗，结集为《繁星》和《春水》，在"五四"新诗坛上也是别具一格，深受读者欢迎。在留美期间，冰心仍保持着旺盛的文学创作力。《寄小读者》就是冰心 1923 年至 1926 年在美国留学期间为小读者所写的异邦见闻，共 29 篇。最初发表在《晨报副镌》的"儿童世界"一栏上。《寄小读者》出版后，成为中国儿童文学的奠基之作。

1926 年，冰心获得文学硕士学位后回国，并于同年任教于燕京大学。尽管冰心早期受过严格的教会教育并受洗入教，但随着时间的推移，冰心的文学作品中所透露出来的泛爱主义越来越明显。如果说她前期的作品还有明显的基督教之爱，她后期作品中的爱更多混合了泰戈尔的泛神论思想以及中国传统伦理中的母性之爱、儿童之爱和自然之爱。1929 年，冰心与吴文藻结婚。

1937 年 7 月 7 日，日本侵略者的枪炮声将整个北平推入一片惊恐之中。7 月底，北平沦陷。1938 年，冰心和吴文藻带着儿子和两个女儿去了昆明。吴文藻在云南大学任教，冰心则在云南呈贡县农村的一个临时居住地——一座称之为"华氏墓庐"的祠堂里照料着家和孩子。1940 年冬，冰心收到宋美龄托人转交的一封信，信中宋以威尔斯利同学的身份动员冰心来重庆参加抗日工作。冰心被宋美龄召去出任妇女指导委员会文化事业组组长，并在宋的推荐下被选聘为国民参政会第二届、第三届、第四届参政员。在重庆，冰心认识了史良、邓颖超等一些进步人士和共产党人，冰心通过她们了解了国共两党之间的许多事情，于是毅然辞去职务，将家搬入重庆近郊的歌乐山"隐居"起来。1946 年，吴文藻的清华同学朱世明将军受任中国驻日代表团团长，约吴文藻担任该团政治组组长兼任出席盟国对日委员会中国代表团顾问。冰心随吴文藻去了日本。冰心随后曾在日本居住了近 5 年（1946 年 11 月—1951 年 8 月），这期间她先在日本的最高学府东京大学讲演，后成为历史上首位在东京大学任教的女教师。

1951 年秋，冰心和吴文藻历尽艰险后回到了祖国的怀抱。1952 年仲夏的一个傍晚，周恩来总理在中南海招待冰心和吴文藻，对他们回国参加建设表示热忱的欢迎。1953 年，经丁玲和老舍介绍，冰心加入了中国作家协会，她把主要精力放在为孩子们的写作上，她曾同张天翼等人领导了北京的儿童文学创作活动，培养了不少儿童作家。1957 年反右斗争中吴文藻被错划为右派，这突然而来的袭击使冰心万分痛苦。"文化大革命"开始后，中央民族学院的造反派认为吴文藻是社会学的鼻祖，对他横加批判，还罚他每天打扫厕所。冰心也没能幸免，家被抄了，还挨了批斗。1970 年，冰心和吴文藻被一起下放到湖北沙洋"五七干校"劳动，他们一起种麦子，一起种豆子，一起摘棉花，在逆境中两位风雨同舟的老人互相照应，互相关心。直到1971 年美国总统尼克松即将访华，冰心与吴文藻、费孝通、邝平章等 8 人被从沙洋干校调回北京民族学院，成立了研究部编译室。他们共同翻译校订了尼克松的《六次危机》下半部，接着又完成了《世界史纲》《世界史》等著作的翻译，冰心夫妇也过着"早起 8 点到办公室，12 时回家午饭，饭后 2 时又回到办公室，下午 6 时才回家"的规律生活。1978 年，冰心被选为第五届全国政协常委，并任全国文联委员。

1992 年 12 月，冰心研究会在福州成立，著名作家巴金出任会长；1995 年，海峡文艺出版社出版八卷本的《冰心全集》，同年在北京人民大会堂召开出版座谈会，赵朴初、雷洁琼、费孝通、韩素音、王蒙、萧乾、谢冕等出席座谈会并发言，高度评价冰心巨大的文学成就与博大的爱心精神。由冰心研究会常务理事会提议、经中共福建省委和省政府批准，在福建省文联的直接领导下，冰心文学馆也于 1997 年在冰心的故乡——福建长乐开馆。

　　1999 年 2 月 28 日 21 时，享年 99 岁的冰心在北京逝世。党和人民给予冰心以高度的评价，称她为"二十世纪中国杰出的文学大师，忠诚的爱国主义者，著名的社会活动家，中国共产党的亲密朋友"。

　　冰心在文学上的成就得到了时人的充分肯定。早在 1942 年，王森然所作的《冰心女士评传》中就称赞："回顾女士十数年来之创作生活，自有无限感慨，虽因时代演变，其作品不能如以前之惹人注意，但其所留于人间之影响，永远不能消逝，其在文学史上之地位，将亦不能动摇，尤其在女作家中，现代闺阁派中，诚属国内独一无二者也。"著名作家巴金曾评价："她的头脑比好些年轻人的更清醒，她的思想更敏锐，对祖国和人民她有更深的爱。"著名作家茅盾也说："在所有'五四'期的作家中，只有冰心女士最最属于她自己。……在这一点上，我们觉得她的散文的价值比小说高。"

　　在近半个世纪的创作生涯中，冰心著有诗集《繁星》（1923）、《春水》（1923），短篇小说集《超人》（1923）、《往事》（1930）、《南归》（1931）、《姑姑》（1932）、《去国》（1933），散文集《寄小读者》（1926）、《关于女人》（1943）、《归来以后》（1958）、《我们把春天吵醒了》（1960）、《樱花赞》（1962）、《拾穗小札》（1964）、《记事珠》（1982），散文小说集《晚晴集》（1980），儿童文学作品《小桔灯》（1960）等。此外，还有 3 部重要翻译作品，即李清照的《漱玉词》英译本、纪伯伦的《先知》和泰戈尔的《吉檀迦利》中译本。

（谢彪）

林徽因

　　林徽因（1904—1955），原籍福建闽侯（今福州），原名林徽音，后改名林徽因，曾用笔名尺捶、灰因，此外还有西名 Phyllis（菲丽斯）。光绪三十年（1904）六月十日生于浙江杭州陆官巷住宅。中国建筑学领域的先驱，中华人民共和国国徽主要设计者之一。

　　林徽因祖父林孝恂，光绪己丑科（1889）进士，授翰林院编修，历任浙江海宁、孝丰、石门、仁和等各州县地方官。他思想开明，注重教育，族中子女，不分性别均送到新式学校接受教育，受他资助赴日留学的青年学生，多参加孙中山领导的革命运动。祖母游氏，擅女红，喜好读书，工于书法，生有子女7人。林徽因父林长民（1876年生），为孝恂长子，幼名则泽，字宗孟，号苣冬子、桂林一枝室主人，晚年又号双括庐主人、桂室老人。幼年从古文家林纾学习国学，又从新派人物林白水习西学。中秀才后放弃科举仕途，跟随外籍教师授英、日文。光绪三十二年赴日留学，不久回国，在杭州东文学校毕业，后再度赴日早稻田大学，学习政治法律。宣统二年（1910），林长民毕业于早稻田大学，善诗文、工书法，回国后与同学刘崇佑创办福州私立法政学堂，并任校长。随后又先后任南京临时政府参议院秘书长以及段祺瑞政府司法总长。后于1925年因参与东北军阀郭松龄反对张作霖的兵变而遇难。林徽因之堂叔林觉民为黄花岗革命烈士。

　　林徽因自幼跟随祖父母和大姑母生活，宣统元年随祖父母迁居杭州蔡官巷。1912年，随祖父由杭州迁居上海，进入住家附近的爱国小学读书。1914年祖父亡故后，因父亲林长民一直在北京忙于政事，全家搬到天津，偌大一家几乎全部由她一个人操持，各种家务杂事都由她张罗处理，同时还要读书学习。1916年，林长民将家迁到北京，林徽因进入英国教会学校培华女中学习，开始打下扎实的英文基础。1918年，认识梁启超之子梁思成。

　　1920年春，时任段祺瑞内阁司法部长的林长民以中国国际联盟同志会驻欧代表的身份前往伦敦，林徽因亦随父赴英。临行前，林长民告诉女儿："我此次远游携汝同行。第一要汝多观察诸国事物增长见识。第二要汝近我身边能领悟我的胸次怀抱。第三要汝暂时离去家庭烦琐生活，俾得扩大眼光，养成将来改良社会的见解与能力。"7月，林徽因随父到巴黎、日内瓦、罗马、法兰克福、柏林等地旅行，9月回伦敦，以优异成绩考入圣玛莉学院学习。10月上旬，与在伦敦经济学院上学的徐志摩初次相遇。1921年底，随父归国，进北京培华女中读书。1922年初，与梁思成确立恋爱关系。受林徽因影响，梁思成立志从事建筑事业。1923年1月初，梁启超、林长民认定梁思成与林徽因婚约关系。林长民欲即行订婚仪式，梁启超意见是："须彼此学成后乃定婚约，婚约定后不久便结婚。"12月1日，林徽因发表童话译作《夜莺与玫瑰》，署名尺捶。是年，林徽因毕业于培华女中，并考取半官费留学。

1924年4月23日，印度诗哲泰戈尔应北京讲学社梁启超、林长民等邀请，来华访问，在日坛草坪讲演，林徽因挽扶上台，徐志摩担任翻译。5月8日，为庆祝泰戈尔先生六十四诞辰，林徽因、徐志摩等在东单三条协和小礼堂演出泰翁诗剧《齐德拉》，林徽因饰公主齐德拉，徐志摩饰爱神玛达那，梁思成负责舞台美术。鲁迅等应邀观看。演出前，林徽因饰一古装少女恋望"新月"，以示新月社组织的这场演出活动。5月10日，《晨报》详细报道演出，说："林宗孟（即林长民）君头发半白还有登台演剧的兴趣和勇气，真算难得。父女合演，空前美谈。第五幕爱神与春神谐谈，林、徐的滑稽神态，有独到之处。林女士徽音，态度音吐并极佳妙。"是年6月，林徽因、梁思成同往美国留学，7月抵达康奈尔大学。9月，结束康校暑期课程，林徽因、梁思成同往宾夕法尼亚大学美术学院就读。梁思成在美术学院建筑系，因建筑系不收女生，林徽因即注册在美术系。1927年6月，林徽因于美国宾夕法尼亚大学美术学院毕业，获学士学位，又因成绩优异被该校聘为建筑系"建筑设计课兼任讲师"，同时梁思成获该校硕士学位。12月18日，梁启超在北京为梁思成、林徽因的婚事"行文定礼"。

1928年3月，林徽因、梁思成结束在美学业。3月21日，林徽因、梁思成在加拿大渥太华结婚。婚礼在中国驻加拿大总领事馆举行，由梁思成姐夫、当时中国驻加拿大总领事周希哲主持。林徽因为自己设计了一套具东方色彩带头饰的结婚礼服。婚后按照梁启超的安排，赴欧洲参观古建筑，于8月18日回京。从欧洲回来后，梁启超为二人回国后的工作做了些许安排，去东北大学或者清华大学任教。梁启超建议儿子去东北，他的理由是："那边的事业将来大有发展的机会，比温柔乡的清华园强多了。但现在总比不上在北京舒服，我想有志气的孩子，总应该往吃苦的路上走。"当时的东北大

429

学正在创办中国第一个建筑系，怀着极大的热忱邀请梁思成任教授，并早已把聘书寄给梁启超，聘梁思成为系主任，林徽因为教员。9 月，梁思成、林徽因受聘于东北大学建筑系，分别为主任、教授。作为建筑系仅有的两位教职人员，夫妇二人在学校的工作十分繁忙。当时，张学良发动征集东北大学校徽图案，林徽因设计的"白山黑水"图案古朴大气被选中。她设计的校徽整体是一面盾牌，正上方是"东北大学"四个字，中间是白山和滔滔江水，其中水的波纹是易经八卦中的艮卦，代表山也代表东北，此后"白山黑水"一直作为东北大学的标志，甚至成为了整个东北的关键词。11 月，梁启超病重住院，梁思成、林徽因赶赴北京。1929 年 1 月 19 日，梁启超病故，梁思成、林徽因为其父设计墓碑。8 月，林徽因从东北回到北平，在协和医院生下其女儿，取名再冰，意为纪念已故祖父梁启超"饮冰室"书房雅号。

"九　八"事变后，东北大学建筑系停办，受朱启钤之邀，梁思成、林徽因夫妇决定回到北平加入"中国营造学社"。梁思成担任学社的研究部主任，林徽因担任校理。期间，林徽因到香山双清别墅养病，先后发表诗《那一晚》《谁爱这不息的变幻》《仍然》《激昂》《一首桃花》《山中一个夏夜》《笑》《深夜里听到乐声》《情愿》《寞》等诗歌、散文、小说。11 月 19 日，林徽因在协和小礼堂为驻华使节讲中国古代建筑。同日，徐志摩由南京飞北京，遇大雾，飞机触济南党家庄开山，因而遇难。徐志摩出事后，由林徽因等主持，在北平为徐志摩举行追悼活动。12 月 7 日，发表散文《悼志摩》。

1932 年，营造学社又请刘敦桢任文献部主任，梁思成为法式部主任，着重实地考察。是年，结识美籍学人费正清、费慰梅夫妇。1933 年，林徽因参加朱光潜、梁宗岱举办的文化沙龙，每月集会一次，朗诵中外诗歌和散文。秋，林徽因与闻一多、余上沅、杨振声、叶公超等筹备并创办了《学文》月刊。1934 年，发表诗《年关》《你是人间四月天》，小说《九十九度中》。夏，林徽因、梁思成同费正清夫妇、汉莫去山西汾阳、洪洞等地考察古建筑。从 1930 年到 1945 年，梁思成、林徽因夫妇走遍了国内 15 个省，200 多个县，考察测绘了 200 多处古建筑物，河北赵州桥、山西应县木塔、五台山佛光寺等就是通过他们的考察才得以被世界认识，并加以保护。正是由于在山西的数次古建筑考察，他们最终破解了中国古代建筑机构的奥秘，完成了对《营造法式》这部天书的解读。在此过程中，二人陆续发表了《论中国建筑之几个特征》《平郊建筑杂录》《晋汾古建筑调查纪略》等有关建筑的论文和调查报告。梁思成的《清式营造则例》是一本研究我国古代建筑必读的重要工具书，他为此书写序时特别说明："内子林徽因在本书上为我分担的工作，除'绪论'外，自开始至脱稿以后数次的增修删改，在照片之摄制及选择，图版之分配上，我实指不出彼此分工区域，最后更精心校读增削。所以至少说她便是这书一半的著者才对。"

抗战期间，林徽因随梁思成辗转于西南各省，并于1940年迁居四川南溪县李庄镇，因肺病复发，抱病卧床四年多。1942年，梁思成接受国立编译馆委托，编写《中国建筑史》，林徽因为写作《中国建筑史》，抱病阅读"二十四史"，作资料准备。她写了该书的第七章"五代、宋、辽、金"部分，并承担了全部书稿的校阅和补充工作。11月4日，费正清、陶孟和从重庆溯江而上，去李庄访问林徽因、梁思成。费正清等曾表示邀请林徽因到美国长住和治病，林徽因却以"我要和我的祖国一起受苦"为由婉言谢绝。

1946年8月，他们回到北京开始筹建清华大学建筑系。但梁思成受邀赴美讲学、考察，筹建工作实际落在了林徽因的身上。1948年11月，国民党当局迫使北平高校南迁。清华园展开反迁校斗争，是年，大军攻城前夕，张奚若带两名解放军到林徽因家，请梁、林划出保护古建筑目标。1949年北平解放，林徽因被聘为清华大学建筑系一级教授。为配合百万大军挥师南下，与梁思成等编印《全国重要文物建筑简目》。

中华人民共和国成立后，林徽因任清华大学建筑系教授、北京市政协委员、北京市都市规划委员会委员。她参与中华人民共和国国徽和人民英雄纪念碑的设计，充分展现了她美术学、建筑学的才华。

1955年4月1日，林徽因病逝于北京同仁医院。张奚若、周培源、钱端升、钱伟长、金岳霖等13人组成治丧委员会。4月4日，林徽因的追悼会在北京市金鱼胡同贤良寺举行。由于林徽因生前设计国徽和人民英雄纪念碑的特殊贡献，北京市人民政府决定，将她的遗体安葬于八宝山革命公墓。墓碑由梁思成设计，上面镌刻着"建筑师林徽因之墓"几个字。

林徽因是五四运动后中国新知识女性的杰出代表，正如著名作家李健吾所评价的："恰恰就是这样的林徽因，既耐得住学术的清冷和寂寞，又受得了生活的艰辛和贫困。沙龙上作为中心人物被爱慕者如众星捧月般包围，穷乡僻壤、荒寺古庙中不顾重病、不惮艰辛与梁思成考察古建筑；早年以名门出身经历繁华，被众人称羡，战争期间繁华落尽困居李庄，亲自提了瓶子上街头打油买醋；青年时旅英留美，深得东西方艺术真谛，英文好得令费慰梅赞叹；中年时一贫如洗、疾病缠身仍执意要留在祖国。"

（谢彪）

后　记

2017 年春节期间，海峡文艺出版社的领导与编辑来协商，希望编撰《福建历代名人传》和《福建历代名篇选读》两部书。这是一个很好的动议。福建历代名人传记，此前有福建师范大学历史系编的《福建历代名人传略》（福建人民出版社 1987 年版），编撰福建历代名人传记 36 篇；还有《福建名人词典》（福建人民出版社 1995 年版），收入古代至当代的闽籍名人约 1500 人。大概限于词典的体例，此书人物传记长者三四百字，短者仅六七十字，颇不平衡。有鉴于此，经多次与出版单位商议，并召开座谈会听取专家意见，本书选取在福建历史上最有影响的杰出人物近百人进行编写，篇幅 40 余万字。全书由福建工程学院福建省社会科学研究基地地方文献整理研究中心组织编撰，由我确定编写体例框架和入选传主，并最后统稿。参加编写人员如下：

福建工程学院：祁开龙、庄恒恺、庄林丽、胡家保、曹丹、杨冬冬、邓少平、赵雅丽；

福建师范大学：孙清玲、肖满省；

福州大学：蔡莹涓；

福建师范大学福清分校：谢彪；

福建省泉州海外交通史博物馆：林瀚；

南安国光中学：林义元；

厦门大学：章广；

福州市博物馆：张春兰。

本书的编写，还有几点须加以说明。

1. 全书传主按照生年次序排列，生年不详者，按传统说法排列。

2. 每篇传记后面都署编写者的名字，以表明作者所负责的篇章，也以示文责自负。

3. 本书参考了多种文献，包括古籍文献如历朝史志、《福建通志》、《福

建名人词典》、《福建历代名人传略》、朱维幹《福建史稿》（福建教育出版社
2008 年版）、徐晓望主编《福建通史》（福建人民出版社 2006 年版）等。限
于篇幅和体例，各篇编撰者所用的参考文献遂不一一列出，在此一并致谢！

4. 全书成于众手，在文字风格上存在差异，难以苛求统一，敬请读者
见谅。

限于学识和学力，本书在人物入选和编写过程中，缺漏、讹误和不足依
然存在，敬请读者批评指正。

郭丹